UN ENFOQUE MÚLTIPLE DE LA ECONOMÍA ESPAÑOLA: PRINCIPIOS Y VALORES

175 opiniones de los principales investigadores de España

JESÚS RUEDA RODRÍGUEZ (COORDINADOR)

Colaboración:
La Gaceta de los Negocios
Intertell

Cristo, 3 - 28015 Madrid (España)
Tel.: 915 595 130 - Fax: 915 595 072
www.ecobook.com

Maquetación: Cristihan González Suárez

Imprime: Publidisa

ISBN: 978-84-96877-03-0
Depósito legal: SE-1055-2008

ÍNDICE GENERAL

Sección 1

Sección 2

ÍNDICE POR MATERIAS

Sección 1

Sección 2

ÍNDICE POR AUTOR

PRÓLOGO

Desde que concluí la licenciatura en Ciencias Económicas, me convertí en un asiduo lector de los semanarios económicos. Mi artículo «Situación económica en España en 1948», aparecido en «Cuadernos Hispanoamericanos» en marzo-abril 1948, págs. 297-310, sobre un año clave de nuestra economía, pues es el inicio, superada a causa de la Guerra Fría, la economía bélica que España tenía desde 1936 a 1947 —a causa de la Guerra Civil, la II Guerra Mundial y la acción guerrillera comunista— de un proceso de fuerte desarrollo con sustitución de importaciones que habría de hacer crisis en 1957. Estaba basado, aparte de en cifras del «Boletín de Estadística» y en una «Memoria» del Comité de Enlace de las Bolsas de Comercio, en innumerables notas recogidas de textos de «El Economista», donde aparecían artículos de Germán Bernácer que nunca se han recopilado, de «Economía Mundial», con comentarios de cierto interés de Juan Aurelio Torrente; de la catalana «Fomento de la Producción», de «Economía», y sólo muy de tarde en tarde, de «Nueva Economía Nacional», la extravagante publicación semanal que dirigía Vicente Gay.

Hoy, sesenta años después, me sucede lo mismo, ahora con «Expansión», «Cinco Días», «El Economista», «Negocios» y, por supuesto con «Gaceta de los Negocios». Ya no es una lectura semanal. Ahora la prensa económica es diaria, como consecuencia evidente de nuestro progreso general material, y concretamente del empresarial y del interés de los españoles por la marcha de la economía, y los diarios de información general tienen multitud de columnistas que siguen el camino abierto en «El Sol» por Olariaga y en «El Debate» por Bermúdez Cañete y Larraz, y después, en «Arriba» por los componentes de la Sección de Economía —Fuentes Quintana, Arnáiz, Cotorruelo, Mira, Cerrolaza, Gutiérrez Barquín, Albiñana y Plaza Prieto, que yo dirigía— en «Ya» por Mariano Sebastián y Emilio de Figueroa, y en «La Vanguardia», por Fabián Estapé.

La actual generación de columnistas impresiona por su calidad y, como el alud diario es grande, corre el riesgo de que sus puntos de vista, sus enseñanzas —más de una vez nos topamos con auténticas noticias de investigaciones importantes debidas al que firma el artículo— corre el riesgo de que se pierda parte notable de esas aportaciones, nada despreciables.

Por eso me he regocijado por la publicación de este haz de 175 opiniones aparecidas en «La Gaceta de los Negocios» en 2007, que yo había leído, pero que me iban a resultar de difícil hallazgo en medio de la catarata de papeles y de informaciones recibidas por Internet que impiden su aprovechamiento. Piénsese en el interés de tener a nuestra disposición, aparte de algunos nombres interesantes por sí mismos, aportaciones que proceden de 35 ámbitos universitarios, complementados con los parauniversitarios, como pueden ser el IESE, el Instituto Garrigues, la Escuela de Estudios Empresariales de San Sebastián, o ICADE. Por supuesto, también aparecen artículos de personas vinculadas a otros ámbitos intelectualmente importantes, que van de AECA a la Federación Española de Familias Numerosas.

Como era de esperar, no se trata de un conjunto conformista, sino todo lo contrario. El talante crítico brilla intenso en todos ellos, pero con un centro fundamental: la empresa, analizada, ya desde una problemática general que afecta a todo el ámbito empresarial —la Sección I— ya desde cuestiones sectoriales concretas, en la Sección II.

Confieso que, aunque recordaba haber leído la inmensa mayor parte, pronto me dediqué con fruición a subrayar y a alegrarme de que así iba a poder disponer cómodamente de auténtica joyas para todo empresario o economista que se precie. ¿Cómo no agradecer la cita a la expresión de Druker, «knowledge worker» y a toda una serie de referencias a la Gestión del Conocimiento que efectúa el profesor Araujo de la Mata, en «La gestión del conocimiento e I+D? Y, ¿cómo no considerar que es insuperable lo que expone el profesor Argandoña en su artículo «Ética y responsabilidad de la empresa», que convendría releer una y otra vez? ¿O el mensaje, tan emparentado por otro lado con lo que fue y es la elaboración del Derecho mercantil, que expone el profesor Sastre bajo el título de «Los Códigos de Responsabilidad Social Corportativa»?, y esto sin olvidar el de Belén Fernández Feijóo, «La responsabilidad social corporativa es más que una moda».

He de suspender esta serie de glosas, porque no se trata de que me dedique a una especie de crónica exhaustiva de lo que es el rico contenido de este libro, porque, tras repasarlos, me encuentro con que todos los 175 artículos merecería la pena que se exhumasen. Pero he de añadir que algunos tienen, además, en estos momentos de la vida española, una especie de rabiosa actualidad al ser referentes concretos a nuestro presente. Por ejemplo, lo que sobre las empresas españolas destacadas por la European Foundation for Quality Management, se señala por Alberto Díaz de Junguitu e Iñaki Heras en «EFQM. La excelencia como motor de Competitividad». O también el de Nuria Chinchilla y Consuelo León, «Los modelos en la estructura familiar, Incorporación de la mujer al mundo laboral», que junto con el de Mertxe Larrañaga, «El desigual uso del tiempo de mujeres y hombres», proporcionan algo así como una ratificación española de los estudios de W. Polachek, «Occupational segregation: a defense of human capital predictions», publicado en el «Journal of Human Resources», 1985, vol. 20, nº 3, y asimismo de Gary S. Becker, «Human capital, effort and the sexual division of labor», aparecido en el «Journal of Labor Economics», 1985, vol. 3, nº 1, sin olvidar, en relación con estos asuntos lo que significa la excelente crítica que se hace a la Ley Orgánica para la Igualdad Efectiva de Mujeres y Hombres, por María Crespo Garrido y María Hernandez-Sampelayo en el artículo titulado con el epígrafe de esta disposición. Enlazaría todo esto con los muy buenos artículos de Mariano del Castillo —«La igualdad de género en la educación»— de Eva Holgado Pascual y Julio Iglesias de Ussel —«Repartir y compartir familia y trabajo»— y de Mari Cruz Sánchez, «La mujer: la nueva promoción empresarial». Y en estos momentos que el Informe 2005 PISA pone de actualidad la muy mala calidad de la instrucción recibida por los escolares españoles, el sendero que la reciente Ley Orgánica de la Educación (LOE) traza con la asignatura radicalmente inútil para cubrir ese déficit que es la «Educación para la Ciudadanía», resulta oportunísimo releer los artículos de Benigno Blanco, y Mariano del Castillo sobre esta cuestión.

El lector se topa con realidades tan actuales, como la intermediación financiera en relación con la unificación de deudas, que es tratada en un artículo de Ricardo J. Palomo y en otro de Arturo Rodríguez Castellanos y Patxi Ibáñez Hernández, con claras referencias a España. O como la mala evolución de la productividad del trabajo en nuestra nación, en una interesante recopilación de cifras ofrecidas por la OCDE, de la que se ocupa un artículo de Jorge Julio Maté García y Aurelio Pérez Domínguez.

Finalmente, en relación con la polémica española sobre la energía nuclear, que ha sido amparada por el Gobierno actual en varias ocasiones, llegando a simplismos poco serios, como son las recientes afirmaciones de Jeremy Rifkin, es conveniente leer el excelente artículo de Javier Arana Landa, subdirector general de Política Energética, titulado «La energía nuclear en España». Frente a sofismas, conviene, como es este caso, leer informaciones contrastadas y documentadas.

Dentro de la veloz dinámica que existe en la actual etapa de la Revolución Industrial, es urgente remansar ciertas reacciones inmediatas del caudaloso y rápido río del mundo de los medios de comunicación. Es lo que se hace con este libro, y ese remanso se convierte por eso en algo necesario para el trabajo de los economistas, para aviso de los políticos y para formación de buenos empresarios.

Madrid, 12 de diciembre de 2007
Juan Velarde Fuertes

INTRODUCCIÓN

A lo largo de 2007 se han venido publicando en *La Gaceta de los Negocios* columnas de opinión realizadas por prestigiosos expertos y que se han recopilado en torno a esta obra, son temas de actualidad en la cual se comenta la misma y se proyecta al futuro. Ya con el año vencido observaremos que gran parte de lo que en las columnas se apuntaba ha sucedido a corto plazo, y a largo parece que las tendencias que allí se anunciaban se van a cumplir, y es que están realizados estos apuntes de opinión breves desde el estudio y la reflexión serena de la realidad y desde fuera de la misma, es decir, los actuantes son normalmente docentes más que empresarios.

En este recopilatorio de temas se han clasificado en dos grandes grupos, la primera sección abarca los seis primeros capítulos, donde incluiremos los temas «filosóficos» y de valores, la segunda sección consta de nueve capítulos en los que comentaremos temas sectoriales.

Trata el primer bloque de los siguientes temas:

—Conocimiento.

—Responsabilidad social en la empresa.

—Desarrollo sostenible.

—Empresa familiarmente responsable.

—La ley de igualdad y las relaciones familia/Estado.

—Empresa familiar.

Todos estos capítulos tratan del tema de los intangibles, la nueva disciplina que invade todos los foros, éstos se han clasificado a partir de la capacidad de gestionar adecuadamente todos los conocimientos de una empresa o cómo integrar conocimientos de terceros en el proceso productivo. En los siguientes capítulos analizaremos la responsabilidad de la empresa frente a la sociedad, al medio ambiente, al Estado y a la familia para concluir con diversos aspectos de la empresa familiar.

El segundo bloque son temas sectoriales divididos en los siguientes capítulos:

—Banca.

—Seguros.

—Bolsa.

—Empresas industriales, comerciales y de servicios no financieros.

—Promotoras y gestoras inmobiliarias.

—Empresas hoteleras.

—Energía eléctrica.

—Automoción.

—Agencias de publicidad.

—Medios de comunicación.

En cada uno de ellos se tratan temas de actualidad que tienen que ver con las nuevas formas de contabilidad y valoración, con los nuevos horizontes específicamente de Internet, con los sistemas de control y vigilancia, con los nuevos aspectos legales, las interrelaciones multisectoriales, las nuevas tecnologías, etc.; en definitiva, son enfoques desde distintas perspectivas de temas que de una u otra forma han tenido y de hecho están teniendo una gran trascendencia en el mundo empresarial.

Todas las columnas están realizadas por docentes, investigadores y en menor lugar por empresarios, lo que garantiza la calidad y sobre todo la independencia.

En Madrid a 10 de diciembre de 2007

SECCIÓN 1

1. GESTIÓN DEL CONOCIMIENTO

1.1. Información, conocimiento y gestión empresarial

Arturo Rodríguez Castellanos. Catedrático de la Universidad del País Vasco y miembro de la Real Academia de Ciencias Económicas y Financieras

En la actualidad nos encontramos ante una sociedad mutante, en la que los cambios son continuos, profundos y a menudo inesperados: las que fueron seguridades durante mucho tiempo en el pasado devienen rápidamente en incertidumbres. En estas circunstancias, la gestión empresarial se vuelve cada vez más compleja. ¿Queda alguna referencia que pueda proporcionar una cierta guía confiable? Muchos opinan que esa referencia puede ser el conocimiento, pues se manifiesta como la única fuente de ventaja competitiva sostenible. Por ello, la gestión de los procesos relacionados con el conocimiento en las empresas, también denominada «gestión del conocimiento», cobra cada vez mayor relevancia.

Debe distinguirse entre «conocimiento» e «información». Los elementos más simples de la información son los «datos». Un conjunto de datos estructurado es «información». El «conocimiento» requiere «información», pero ante todo requiere la existencia de uno o varios seres humanos que asimilen esa información y le den sentido y significado en un contexto concreto.

La concepción clásica de conocimiento como «creencia verdadera asumida de forma razonada por un ser humano», siendo correcta, puede favorecer una visión «estática» del conocimiento, como algo ya hecho y acabado. Porque lo que hace tiempo se descubrió es que la riqueza del conocimiento está en su capacidad para favorecer la adquisición de más conocimiento, e incluso la creación de nuevo conocimiento, a través de una serie de procesos tanto individuales como colectivos. Por ello, en el nuevo enfoque se insiste ante todo en el carácter «dinámico» del conocimiento: interesa ante todo «conocer» cómo se «conoce» (cómo se adquiere conocimiento, cómo se «aprende»), cómo se comunica el conocimiento, cómo se difunde y se intercambia, y cómo se crea nuevo conocimiento. Asimismo, interesa saber cómo el conocimiento de los individuos pasa a ser compartido por un grupo amplio, esto es, pasa a ser «conocimiento organizativo».

Si el conocimiento reside en los seres humanos, en propiedad no puede ser gestionado. Pero sí pueden ser gestionados, al menos parcialmente, los procesos relacionados con el mismo; eso es lo que convencionalmente es denominado «gestión del conocimiento» o «dirección del conocimiento». No obstante, debe tenerse en cuenta que dicha gestión es más compleja que la de los procesos empresariales «convencionales»; aunque también es mayor fuente de ventajas competitivas para una organización que sepa llevarla a cabo acertadamente.

Para una acertada gestión del conocimiento resulta necesario distinguir entre los tipos básicos de conocimiento que pueden existir. Aunque se pueden realizar muy diversas clasificaciones según distintas perspectivas, al menos deben aplicarse dos de ellas: una es la que diferencia entre conocimiento explícito y tácito; la otra, en el contexto del análisis del capital intelectual, diferencia entre los distintos tipos de conocimiento que actúan como impulsores o *drivers* de las diferentes formas de capital intelectual: humano, estructural y relacional.

El conocimiento explícito puede expresarse y comunicarse fácilmente mediante palabras, números, símbolos, fórmulas, especificaciones, etc.; resulta sencillo de desglosar y analizar, para ser luego formalizado y sistematizado, de modo que se pueda recuperar en cualquier momento. Por su parte, el conocimiento tácito se deriva de la intuición y de la experiencia de las personas; no puede ser sistematizado de forma automática, ni comunicado fácilmente, porque se basa tanto en habilidades y capacidades como en los valores, percepciones y esquemas mentales que poseen los individuos. Muchos insisten en que, dada su difícil reproducibilidad, éste es el tipo de conocimiento sobre el que debe incidir fundamentalmente la dirección de la empresa; no obstante, una consideración razonable cae en la cuenta de que ambos tipos resultan necesarios, pues, son mutuamente dependientes. Así, el conocimiento tácito forma la base para desarrollar e interpretar el conocimiento explícito.

El «capital intelectual» puede ser definido como el conjunto de conocimientos, en un instante de tiempo determinado, que generan, o generarán en el futuro, valor para una organización, sea ésta una empresa u otro tipo de entidad. Existen diversas clasificaciones para el mismo, pero aceptamos la propuesta del Foro Intellectus, auspiciado por el Centro de Investigación para la Sociedad del Conocimiento de la Universidad Autónoma de Madrid, que divide el capital intelectual en tres clases o categorías: capital humano, capital estructural —compuesto de capital organizacional y capital tecnológico— y capital relacional —compuesto de capital negocio y capital social—. Capital humano es el conjunto de conocimientos explícitos y tácitos de las personas en la organización, compartidos o no entre ellas, que tiene valor para la misma. Capital estructural es el conocimiento explícito relacionado con los procesos internos de la organización, pudiendo ser organizativo (el entorno operativo derivado de la interacción entre la dirección y los procesos de negocio, tecnología y cultura) o tecnológico (patentes, licencias, *software* del que la empresa es propietaria, bases de datos y así sucesivamente). Capital relacional es el conjunto de conocimientos explícitos y tácitos acerca de la manera en que la organización trata con los agentes externos, pudiendo ser capital negocio (base de relaciones con agentes directamente involucrados en el negocio: clientes, proveedores, aliados, etc.) o capital social (base de relaciones con agentes en un entorno más amplio, en la perspectiva actual de responsabilidad y acción social de la empresa: administraciones públicas, organizaciones ciudadanas, medio ambiente, etc.).

Pasando a la «gestión del conocimiento» como tal, puede ser definida desde dos enfoques diferentes, aunque complementarios, basado uno en los procesos y otro en los contenidos. El primero centra su atención en cómo se producen los flujos que afectan al conocimiento, mientras que el segundo se enfoca sobre el nivel de conocimientos. Así, según el enfoque de procesos, la gestión del conocimiento es «la planificación, organización, coordinación y control de las actividades y procesos relacionados con los flujos de conocimiento existentes en la empresa o entidad». Desde el enfoque basado en los contenidos, la gestión del conocimiento es «el conjunto de procesos conducentes al incremento del capital intelectual en una empresa o entidad».

Ahora bien, ¿cuáles son esas actividades y procesos relacionados con los flujos de conocimiento, y que conducirán al incremento del capital intelectual en la organización? Ciertamente son muy variados, pero algunos de los que se han mostrado más importantes son: la generación de nuevo conocimiento; el acceso a conocimiento valioso del exterior; la explicitación del conocimiento en bases de datos, *software,* documentos, etc.; la difusión del conocimiento valioso al resto de la organización; la medición del valor del conocimiento disponible; el establecimiento de incentivos adecuados para que el conocimiento se cree y difunda entre los miembros de la organización; la transformación de la cultura actual de la organización hacia otra que facilite el crecimiento del conocimiento, etc.

Un subrayado final: si el conocimiento valioso de los individuos no se comparte con otros miembros de la organización, la actuación de ésta será mucho menos efectiva; por ello, una de las tareas más importantes de la gestión del conocimiento es la de facilitar las interacciones entre los miembros de la organización.

1.2. La gestión del conocimiento y las finanzas

Arturo Rodríguez Castellanos. Catedrático de la Universidad del País Vasco y miembro de la Real Academia de Ciencias Económicas y Financieras

Siendo el conocimiento una combinación organizada y estructurada de ideas e información, asumida por uno o varios seres humanos en un contexto concreto y para un propósito determinado, resulta claro que éste es un factor cada vez más decisivo en las empresas y organizaciones de todo tipo. Ahora bien, debe tenerse en cuenta que el conocimiento como tal, siendo una cualidad de los seres humanos, no puede ser gestionado. No obstante, los procesos organizacionales relativos al conocimiento sí pueden ser objeto de gestión, y por ello definimos la gestión del conocimiento como «la planificación, organización, coordinación y control de las actividades y procesos relacionados con los flujos de conocimiento existentes en la empresa o entidad, que conducirá al incremento de su capital intelectual»; siendo las actividades y procesos más destacados la creación, captación, adaptación, almacenamiento, comunicación interna, revisión y transferencia del conocimiento.

La gestión del conocimiento está adquiriendo cada vez más importancia en todos los niveles de la actividad empresarial; ahora bien, en el proceso global relativo a la misma no puede establecerse un principio y un final, ni tampoco una dirección única.

En una primera impresión pudiera parecer que las finanzas como ciencia, y su aplicación a la gestión financiera de la empresa, han permanecido impermeables al movimiento de la gestión del conocimiento. El supuesto de eficiencia que informa gran parte del trabajo teórico en finanzas durante las últimas décadas, así como los avances en ingeniería financiera, la gestión de riesgos, o el desarrollo de productos derivados, aparentemente nada, o muy poco, tienen que ver con la gestión de un recurso escaso, como es el conocimiento empresarial.

Pero esta impresión debe resultar necesariamente falsa, aunque no sea más que por el hecho de que las finanzas son la «ciencia del capital», y el conocimiento empresarial es el impulsor de un elemento de capital cada vez más importante, como es el capital intelectual.

Pues, efectivamente, el conocimiento sí que importa en las finanzas. Ya que, cuando se producen ineficiencias en los mercados financieros, es porque aparecen asimetrías de conocimiento, y por tanto existe un problema relativo al conocimiento. Debe insistirse en que cuando los autores especialistas en finanzas escriben sobre «asimetrías de información», en realidad se refieren a «asimetrías de conocimiento»: dos individuos pueden tener la misma información, pero distinto «conocimiento», y eso hace que actúen en los mercados de manera diferente.

Debido, pues, a esas asimetrías de conocimiento, los mercados no siempre son eficientes, ni son eficientes para todos los activos: existen problemas de aprendizaje, de comportamiento en manada, de «operadores ruidosos» de aparición de burbujas, etc., que en realidad son problemas de inadecuada distribución del conocimiento.

Y si esta inadecuación se lleva al campo empresarial, con las diferencias de conocimiento entre los agentes internos y los accionistas ordinarios, encontramos que estas diferencias se incrementan significativamente en las empresas intensivas en conocimiento, debido a la dificultad existente para valorar éste.

Todos estos aspectos tienen repercusión sobre el comportamiento de los mercados financieros y sobre la gestión financiera empresarial. Resultaría suicida para las finanzas, tanto las teóricas como las aplicadas, ignorar la creciente importancia del conocimiento, de las asimetrías en la posesión del mismo, y de los modos de resolver los problemas que por ello se plantean.

Los desarrollos relativos a la gestión del conocimiento, y a la gestión del capital intelectual, pueden enriquecer las finanzas en diversos aspectos, como por ejemplo ayudando a perfeccionar los métodos de valoración de los intangibles, permitiendo profundizar en el problema de las garantías para obtener financiación y en las distorsiones que esto puede acarrear en el coste del capital de la empresa, o consiguiendo una mejor gestión financiera en ciertos aspectos, como la gestión de riesgos y otros.

Pero también las finanzas pueden enriquecer la gestión del conocimiento, pues muchos desarrollos en aquel campo permiten en éste resolver problemas, o mostrarlos claramente, e incluso proporcionar fundamento a intuiciones y experiencias exitosas pero sin explicación clara hasta el presente.

Así, el análisis de los determinantes de la rentabilidad y el valor bursátil de las empresas, un campo clásico en las finanzas, ha permitido mostrar, y medir cuantitativamente, la importancia del conocimiento como un determinante fundamental de la creación de valor empresarial.

Otro campo clásico, el relativo al análisis de las asimetrías de información entre los diferentes agentes que aportan recursos a la empresa, al ser aplicado a las empresas intensivas en conocimiento, ha permitido mostrar cómo en éstas dichas asimetrías de información son mucho mayores, haciendo disminuir la eficacia de los mecanismos tradicionales para paliar el comportamiento oportunista de los agentes internos.

El principio de diversificación de carteras de activos también puede aplicarse al conocimiento, pues es un activo de rendimientos inciertos. En un entorno dinámico como el actual, la necesidad de diversificar conocimientos, explícitos y tácitos, incluyendo las capacidades, puede plantearse en el ámbito de las personas en la organización, lo cual contribuye a explicar ciertas experiencias interesantes (trabajadores «multifuncionales», carreras «duales», equipos multidisciplinares, etc.), pero también en el ámbito del conjunto empresarial: la empresa debe construir una cartera suficientemente diversificada de recursos y capacidades de conocimiento, en especial de capacidades de innovación y aprendizaje.

Activos, e incertidumbre, son también entornos en los que suelen aparecer opciones. Y el conocimiento empresarial está asociado a las opciones: puede ser una opción sobre desarrollo de productos, pero también puede ser activo subyacente, así como constituirse en una opción sobre más conocimiento. Los desarrollos relativos a las opciones financieras y su valoración pueden resultar útiles para tratar múltiples aspectos de las opciones asociadas al conocimiento, enriqueciendo de este modo el campo de la gestión del conocimiento. Pero también debe tenerse en cuenta que un seguimiento demasiado literal de la lógica asociada a las opciones financieras puede conducir a decisiones erróneas.

La vinculación entre campos del conocimiento empresarial como la gestión del conocimiento y las finanzas conducirá a una fecundación mutua que permitirá la generación de nuevos conocimientos enriquecedores para ambos. En esta época de interdisciplinariedad y mestizaje, las fronteras entre territorios científicos deben servir para unir, y no para separar; especialmente respecto de la gestión empresarial, en la que los problemas afectan siempre a distintas áreas de forma simultánea. Únicamente mediante una relación fructífera entre disciplinas, compartiendo conocimientos entre ambas, estaremos en condiciones de resolver los problemas, cada vez más complejos, que se presentan a las empresas y las organizaciones.

1.3. La capacidad empresarial para la absorción de conocimiento, fuente de innovación

Arturo Rodríguez Castellanos. Catedrático de la Universidad del País Vasco y miembro de la Real Academia de Ciencias Económicas y Financieras.

Si el conocimiento es posiblemente la única fuente de ventaja competitiva sostenible para las empresas, y teniendo en cuenta que las pymes, por su dimensión reducida, difícilmente pueden soportar los costes que conlleva el desarrollo sistemático de actividades que propicien la generación interna de conocimientos (por ejemplo, un departamento de I+D), se plantea como imprescindible en estas empresas el recurso a otros mecanismos para la obtención de conocimientos que constituyan fuentes de innovación, como son la cooperación, tecnológica o de otros tipos, con otros agentes, y también la captación de conocimientos del exterior, procedentes de otras empresas, o de agentes especializados en el desarrollo de la ciencia y la tecnología —universidades, centros de investigación, centros tecnológicos, etc.—.

Además, incluso las empresas de gran tamaño, con actividades de innovación potente y estructurada, pueden complementar su propio potencial mediante la captación de conocimiento externo.

Por tanto, la capacidad para identificar, asimilar, aplicar y explotar de forma rentable el conocimiento generado en el exterior de la organización, más conocida como «capacidad de absorción» *(absorptive capacity)*, es, en todo tipo de empresas, un determinante básico de su potencial innovador.

Esta capacidad reúne un conjunto de habilidades relacionadas entre sí, pues, por una parte, se deben identificar, evaluar y captar los conocimientos externos; por otra, es necesario analizarlos, procesarlos, interpretarlos y comprenderlos; además, se deben transformar, e incluso mejorar, mediante su combinación e integración con los conocimientos ya existentes en la organización; por último, los conocimientos ya asimilados y transformados se deben aplicar y explotar de forma rentable.

¿Qué factores influyen sobre la capacidad de absorción? Teniendo en cuenta lo anterior, muchos estudios plantean que ésta depende básicamente de dos grupos de factores: por una parte, los vinculados a las habilidades «tecnológicas» (desarrollo de actividades internas de I+D), y por otra, los dependientes de habilidades «relacionales» (relación con otros agentes para crear redes tecnológicas y empresariales). No obstante, nuestros estudios sobre empresas del País Vasco muestran que incluso las más innovadoras conceden la mayor importancia, con vistas al desarrollo de la capacidad de absorción, a los factores vinculados al capital humano, en especial la formación, la capacidad innovadora y un liderazgo claro. Asimismo, también se destaca la importancia de una cultura organizativa orientada al mercado, por delante incluso de la orientada a la innovación.

Por tanto, para captar y asimilar correctamente el conocimiento externo no le es suficiente a la empresa haber desarrollado I+D interna y tener una buena red de relaciones: también tiene que cuidar a las personas, saber liderarlas adecuadamente y construir culturas organizativas capaces de responder a los retos de los mercados.

1.4. Gestión del conocimiento e I+D

Andrés Araujo de la Mata. Catedrático de Economía Financiera y Contabilidad de la Universidad del País Vasco

El conocimiento es uno de los recursos más importantes de la empresa y de la sociedad. En su obra *La sociedad postcapitalista*, el gran visionario y gurú del *management* Peter Drucker, creador del término *Knowlegde worker*, ya consideraba que en una sociedad basada en el conocimiento el trabajador con conocimiento es el recurso más importante.

La gestión del conocimiento (GC)[1] ha cobrado un enorme auge a partir de la década de los noventa. La gestión empresarial se ha visto inundada de términos como empresa orientada al conocimiento, conocimiento tácito, conocimiento explícito, activos intangibles, aprendizaje organizacional, capital intelectual, etc.

Este movimiento ha nacido de la práctica empresarial[2] y de algunas intuiciones de

1. Este término fue acuñado por Karl Wiig en 1986 en una conferencia de la Organización Internacional del Trabajo celebrada en Suiza.

2. La primera experiencia en gestión del conocimiento de la que se tiene noticia es de la acería Chaparral, en 1975, y en 1995 la empresa sueca Skandia publica el primer informe del mundo sobre capital intelectual.

empresas de consultoría[3] mediante experiencias concretas. En sus inicios no contaba con modelos conceptuales previos ni teorías que los sustenten[4]. Esto ha dado lugar a que se tengan concepciones muy diferentes acerca de lo que es la GC. Así, para algunos la GC equivale a la construcción de sistemas para la gestión de la información, mientras que para otros se refiere fundamentalmente a la gestión de las personas en los procesos.

Una perspectiva que aglutina ambas perspectivas es entender la GC como la optimización de todas las actividades que lleven a la captura, creación y difusión de conocimiento en la empresa. Las actividades relacionadas con la gestión del conocimiento son, por lo tanto:

—Generación de nuevo conocimiento.

—Acceso a conocimiento valioso del exterior de la empresa.

—Uso de todo el conocimiento disponible en la toma de decisiones.

—Incorporación eficiente del conocimiento a los productos, procesos y servicios.

—Explicitar el conocimiento en bases de datos, documentos, *software*. Es decir, crear almacenes de conocimiento.

—Transferir el conocimiento existente a otras partes de la organización.

—Medir el valor del conocimiento disponible.

En el desarrollo de los procesos de la gestión del conocimiento son fundamentales las tecnologías de la información y los desarrollos que en ella se producen, véase si no todo el desarrollo habido en la investigación sobre redes o comunidades de prácticas, por ejemplo.

Uno de los resultados más importantes que ofrece la GC a la empresa es mejorar la eficacia de la innovación, tanto la que surge de las inversiones en I+D como de otras áreas de la organización. Por ejemplo, permite aumentar notablemente el rendimiento obtenido a la propiedad intelectual mejorando la gestión de las patentes, crecer la gestión de alianzas tecnológicas escogiendo a los socios más convenientes, determinando el conocimiento a compartir, mejorando la capacidad de absorción de conocimiento, etc. Asimismo, también le permite subir su posición frente a otros competidores en la apropiación de rentas derivadas de los resultados de la I+D.

---

3. En 1989 las cinco grandes empresas de consultoría mundiales empiezan a desarrollar modelos de gestión del conocimiento.

4. Actualmente esto ya no es así. Desde el ámbito académico se han realizado investigaciones para desarrollar una Teoría de la Empresa basada en el Conocimiento. Asimismo, la gestión del conocimiento ha ganado gran desarrollo con investigaciones apoyadas en la Teoría de Recursos y Capacidades. Con ello se han desarrollado modelos de medición de los activos de conocimiento (capital intelectual), modelos para la coordinación y cooperación en la creación y en la transferencia de conocimiento, etc.

1.5. Comunidades de prácticas virtuales: una novedosa forma de intercambio del conocimiento

Stanislav Y. Ranguelov. Director de Investigación de la Universidad del País Vasco

Cada vez con más fuerza se está realizando la transición de la sociedad industrial a la sociedad del conocimiento, donde el valor de las ideas es el verdadero valor de las empresas. En estas circunstancias el intercambio y adopción de nuevos conocimientos es la única forma de lograr ser competitivo e innovador.

El conocimiento radica siempre en las personas, pero cuando un grupo de ellas comparte sus conocimientos, puede decirse que el conocimiento individual se transforma en conocimiento colectivo.

Para facilitar esta tarea surgen las redes de conocimiento entre individuos, grupos u organizaciones; en ellas son tan importantes las relaciones bilaterales como la integridad de las actividades desempeñadas en su conjunto. Sus elementos básicos son, por una parte, los miembros, por otra, las herramientas, y finalmente los objetivos de las organizaciones (formales o informales) que las crean.

Un tipo de redes de conocimiento cada vez más difundido son las «comunidades de prácticas» *(communities of practice);* una de sus características básicas es la forma en la que se realiza el aprendizaje, a través de un proceso de participación continuada, de forma que no se basa sólo en la simple enseñanza práctica, sino también en un proceso de desarrollo de conocimientos basados en la experiencia.

Por tanto, las comunidades de prácticas tienen por objeto integrar el conocimiento específico, y así facilitar el paso del conocimiento individual al colectivo. Se diferencian de los equipos configurados formalmente en que no pretenden poseer características de jerarquía formal (impuesta por el exterior), sino que en ellas la legitimación se establece de manera informal, dependiendo de los intereses de los miembros.

Aunque existen comunidades de prácticas en las que sus miembros se relacionan sin emplear las tecnologías de la información y la comunicación (TIC), cuando estas tecnologías sí son utilizadas para la comunicación surgen las «comunidades virtuales». Éstas suponen un avance sustancial sobre las redes corporativas tradicionales, ya que no solamente se enfoca el trabajo en el espacio deslocalizado, sino que se eleva el nivel de participación y se tiene una actitud totalmente nueva hacia la organización del conocimiento, que es mucho más abierta.

Las comunidades virtuales pueden ser clasificadas según el tamaño, el soporte tecnológico, las formas de participación, la moderación de los grupos, etc., pero su elemento central es siempre el conocimiento que se intercambia entre los agentes. Su éxito depende primordialmente de que se consideren de forma adecuada los factores del entorno y la cultura organizacional de los miembros.

Utilizando esta novedosa forma de relaciones virtuales, las empresas pueden incrementar de forma importante su capacidad de innovación, manteniendo a la vez una constante relación con otros agentes y expertos en diferentes campos.

1.6. Conocimiento, capital intelectual y creación de riqueza

José Cabanelas Omil. Universidad de Vigo

Una medida habitual de la creación de riqueza de un país es la evolución del crecimiento del PIB puesto que esta medida representa con bastante fidelidad el valor de los bienes y servicios generados por dicho país durante un periodo de tiempo. Quizá durante mucho tiempo, a la hora de estudiar las bases de la creación de riqueza, el foco de atención estuvo más centrado en los bienes, productos y servicios finales que en los procesos intermedios a través de los que se llega a la generación de dichos bienes. Es decir, no nos hemos percatado suficientemente de la importancia de los procesos que posibilitan generar la riqueza colectiva. En definitiva, una observación detallada de los fenómenos de creación de valor nos lleva a entender que el origen de la riqueza es algo que está ligado a las capacidades humanas, es decir, al conocimiento.

Si el conocimiento es el factor básico de creación de riqueza, la economía y las empresas deben prestar especial atención a los procesos de creación, integración, transferencia y absorción de conocimientos puesto que cada vez más son la fuente crítica de la generación de capacidades y competencias diferenciales que a la postre deben condensarse sobre los productos y servicios que las organizaciones ofrecen.

El conocimiento invade todas las actividades humanas y puede transformar todas las áreas de creación de riqueza, de ahí la necesidad de cómo gestionarlo. Una de las bases principales de la gestión del conocimiento está en el enfoque de recursos y capacidades. Este enfoque parte de la idea de que es necesario atender a las competencias esenciales de la organización, fundamentalmente de naturaleza intangible.

Existen muchos enfoques a la hora de gestionar el conocimiento, el capital intelectual es uno de ellos, y surge de la idea de que los intangibles en las organizaciones suponen la fuente esencial de su valor. Se justifican por la gran diferencia que existe entre el valor de las acciones en el mercado y su valor en libros. De hecho, los inversores desarrollan expectativas de valoración de las empresas más allá del valor en libros, puesto que conocen la existencia de activos intangibles.

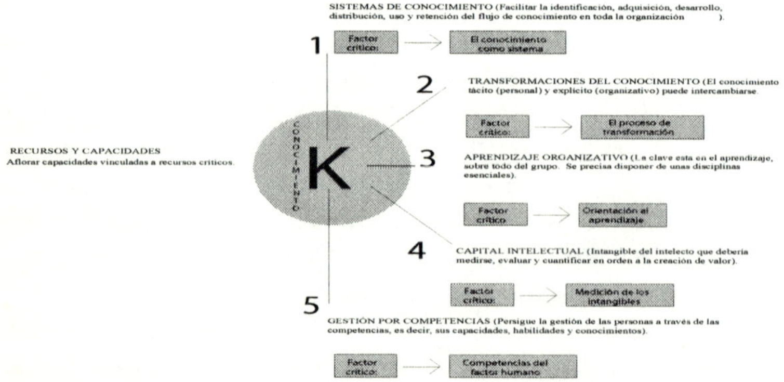

Distintos enfoques a la hora de abordar el conocimiento. Fuente: elaboración propia.

Estos intangibles son las competencias personales, la estructura interna y la estructura externa. Las competencias personales incluyen las competencias de la organización como son planificar, producir, procesar o presentar productos o soluciones. La estructura interna representa el conocimiento estructural de la organización tal como las patentes, los procesos, modelos, sistemas y cultura organizativa. La estructura externa comprende las relaciones con clientes y proveedores, las marcas comerciales y la imagen de la empresa.

En general, existen varios componentes del capital intelectual que incluyen en la mayoría de los casos el capital humano, el capital estructural y el capital relacional. A veces se incorporan el capital medioambiental y el capital social (valores colectivos). El capital humano está integrado por conocimientos, habilidades, actitudes, valores y emociones de las personas que componen la organización. El capital estructural está compuesto por el capital tecnológico y el capital organizativo. El capital clientes hace referencia a los activos generados en la relación con los clientes. El capital medioambiental y el capital social están relacionados con la atención hacia el entorno, en su dimensión de desarrollo sostenible y de valores a aportar hacia la sociedad en el que la organización opera.

Establecer una estrategia que detecte e impulse los intangibles de las organizaciones es la tarea esencial de los directivos bajo la óptica del capital intelectual puesto que a la postre es la fuente de las competencias diferenciales en los mercados, y éstos a su vez la clave de la creación de valor capaz de generar la espiral de generación de riqueza para las organizaciones y las sociedades en las que se asientan.

1.7. ¿Cuánto vale el conocimiento?

Arturo Rodríguez Castellanos. Universidad del País Vasco

El conocimiento está en las personas, y en ese aspecto es invalorable. Pero el conocimiento compartido por los miembros de la organización, y que crea valor para la misma —esto es, el «capital intelectual»—, sí puede ser valorado monetariamente, al menos de forma aproximada.

Para determinar el valor de un elemento de capital es necesario comprender los mecanismos a través de los cuales genera renta, así como los que permiten la apropiación de dicha renta por la organización (habitualmente ligados a los derechos de propiedad). Pero para los recursos basados en conocimiento estos mecanismos son bastante peculiares.

Así, en la generación de rentas del capital intelectual cobran especial relevancia las economías de red y de alcance (esto es, ciertos tipos de conocimiento son valiosos en la medida en que son compartidos). Esto implica que el valor de un determinado conocimiento puede ser enorme, o cero, simplemente en función de que, por ejemplo, en la lucha por un estándar tecnológico se imponga una u otra tecnología. Otros factores importantes pueden ser las interrelaciones con el resto de activos de la empresa, la suerte, la estrategia de otras empresas, etc. Esto supone una fuerte dificultad en la valoración.

En cuanto a la apropiación de la renta generada, para patentes o activos similares los derechos de propiedad están establecidos con bastante claridad, pero para competencias (por ejemplo, las propiciadas por una determinada estructura organizativa) tales derechos no están claramente definidos ni protegidos.

Por tanto, los métodos tradicionales de valoración plantean muchos problemas respecto de los recursos basados en el conocimiento. Así, el coste histórico parece especialmente inadecuado. En cuanto al valor de mercado, puede ser útil para los activos como patentes y similares, pero para las competencias no, pues no existe mercado para las mismas. Una valoración, también de mercado, pero conjunta, del capital intelectual de la empresa es la diferencia entre su valor bursátil y el valor contable de los activos tangibles y financieros, pero sólo es correcta si las acciones cotizan en bolsa y el mercado bursátil es eficiente.

Por ello, los métodos basados en la actualización de las ganancias futuras que proporcionan las competencias, teniendo en cuenta también las posibles opciones reales incorporadas, parecen los más prometedores a pesar de las dificultades que asimismo presentan. Sobre ellos está trabajando nuestro equipo de investigación.

1.8. La ciudad del conocimiento, ciudad de oportunidades

Pedro Manuel Gómez Rodríguez. Universidad del País Vasco / Euskal Herriko Unibertsitatea

Las claves de la competitividad urbana, más allá de la dotación en infraestructuras físicas, evolucionan cada vez más hacia los elementos intangibles. Aspectos como la imagen de la ciudad, los valores, la potenciación de la sociedad civil, la información y el conocimiento se han convertido en los ejes de acción de numerosas ciudades, que aspiran a desarrollarse y promocionarse como zonas óptimas para la inversión y la atracción tanto de turistas como de residentes.

Actualmente, el concepto de ciudades del conocimiento hace referencia a aquellas ciudades que han adaptado sus estructuras productivas a la creación de productos y servicios de alto valor añadido, basados en la información y el conocimiento. Se trata de entes urbanos que apuestan por la innovación, con sensibilidad ambiental, capaces de crear ventajas competitivas y conectadas a otras para el intercambio de ideas y experiencias en búsqueda del enriquecimiento mutuo.

Una ciudad del conocimiento se caracteriza porque sus integrantes comparten la misma visión: participar en el desarrollo de una economía basada en el conocimiento, esto es, una economía donde la generación de riqueza, prosperidad y calidad de vida reside en el aprendizaje continuo como vía para la correcta interpretación de los cambios que se producen en el entorno.

El desarrollo de estas entidades se fundamenta en la imprescindible colaboración de tres grupos de agentes: la Administración, que debe promover y facilitar la creación de condiciones óptimas para el desarrollo basado en la información y el conocimiento; el sector privado, creando una oferta de productos y servicios que se adapten cada vez más y mejor a las necesidades y deseos de la sociedad en general; y por último, las universidades, centros de investigación, centros tecnológicos y centros de formación, que en su papel de generadores de conocimiento deben adaptar sus estructuras, su investigación y sus planes formativos para atender las demandas sobre los conocimientos, destrezas y habilidades necesarios para responder a las exigencias de la sociedad y las empresas.

La actuación conjunta de estos tres grupos ha de orientarse hacia la creación, utilización, evaluación y actualización del capital intelectual de la comunidad. Se trata, por tanto, de universalizar el conocimiento, aprovechando el potencial intelectual generado en la ciudad, y convertirlo así en herramienta de competitividad urbana. De esta forma, una ciudad del conocimiento deviene en una ciudad de oportunidades.

Por tanto, llegar a ser una ciudad del conocimiento es un reto al que debe responderse con un enfoque estratégico, trabajando conjuntamente las administraciones, el sector privado y la sociedad civil. Es la mejor forma de afrontar los retos ambientales, políticos, sociales y económicos a los que han de dar respuesta las ciudades en los próximos decenios.

2. RESPONSABILIDAD SOCIAL EN LA EMPRESA

2.1. Ética y responsabilidad social de la empresa

Antonio Argandoña. Cátedra «la Caixa» de Responsabilidad Social de la Empresa y Gobierno Corporativo. IESE Business School

En mi opinión, la responsabilidad social de la empresa (RSE) es, ante todo, una responsabilidad ética. Quien lleva a cabo una acción (u omisión), actúa como un «agente moral», es decir, es responsable de la acción y de sus consecuencias, con la obligatoriedad —nada despreciable— de los deberes de conciencia. Esa responsabilidad ética significa que la acción se le atribuye a él, que tiene que dar cuenta de lo que ha hecho y de sus consecuencias, y que asume unos deberes o responsabilidades por lo que hace. Y todo eso son categorías morales, al menos en la medida en que el agente actúe voluntariamente, es decir, se dé cuenta de lo que hace y consienta en ello —o sea, actúe con libertad—. Y este tipo de responsabilidad admite un más y un menos, según sea el grado de advertencia y consentimiento del agente.

El concepto de responsabilidad tiene también una dimensión legal: la ley, por ejemplo, dice que yo soy responsable de los daños causados por mi perro, y que tengo que compensar por los desperfectos que cause. Y esto puede dar lugar a una responsabilidad ética: soy culpable de los daños causados por mi perro si no lo sujeté adecuadamente, o, al menos, debo compensar los daños causados. Para mí, la responsabilidad legal forma parte de la responsabilidad ética, de modo que la RSE incluye los deberes legales. Pero, sin duda, va más allá de ellos.

La RSE es también una responsabilidad social. A menudo se interpreta como la respuesta de la empresa a una demanda o una expectativa de la sociedad. Pero si esa demanda no es de carácter ético o legal, no genera una auténtica responsabilidad. Mis vecinos, por ejemplo, esperan que no golpee sus coches cuando aparque el mío: su expectativa se basa en un deber legal y moral por mi parte. Y quizá también esperan que les felicite por Navidades, pero yo no tengo por qué tomar esto como un deber moral: pueden pedirme que lo haga, o esperar que lo haga, pero no pueden alegar que esto genera una especial responsabilidad por mi parte.

La RSE no es social simplemente porque la exija la sociedad, pero es social al menos en dos sentidos: primero, porque la sociedad puede ayudarme a concretar mis deberes morales en cada momento —qué se entiende hoy y aquí, por ejemplo, por respeto al medio ambiente—. Y segundo, asumo mis responsabilidades ante la sociedad y debo dar cuenta ante ella de mis acciones.

Nunca he entendido eso de que la empresa debe ganarse la «licencia» de la sociedad para actuar, al menos en un sistema legal democrático y desarrollado. Si la empresa cumple la ley y la moral, tiene licencia para actuar, y lo que pasa de aquí puede ser acción social o filantropía, pero me parece que esto no es la verdadera RSE. O, peor aún, puede ser una excusa para que los Gobiernos u otros entes, que dicen actuar en nombre de la sociedad civil, le impongan unas cargas o unas condiciones injustificadas.

La RSE es, pues, una responsabilidad ética (y, a veces, también legal), con proyección social. Y, en la empresa, es una responsabilidad personal (de las personas en la empresa y, principalmente, de sus directivos), pero también compartida (todos en la empresa asumen la RSE, aunque sea en diferente grado), colectiva (la asumen en cuanto son miembros de la empresa) y recíproca (la dirección tiene responsabilidades para con los trabajadores y éstos para con los directivos, y todos para con los clientes y proveedores).

2.2. Responsabilidad social de la empresa y buen gobierno: recomendaciones

José Miguel Rodríguez. Universidad de Valladolid

Con el actual desarrollo de la llamada economía globalizada, toma cuerpo lo que se ha dado en denominar la «empresa ciudadana» o la «ciudadanía empresarial». Dichas expresiones se han puesto de moda y, al menos en su acepción europea, intentan reflejar una noción amplia de la responsabilidad social de las compañías. Se espera de éstas compromisos activos y responsabilidad, yendo más allá de lo dispuesto en el ámbito de las leyes mercantiles, hasta articular un *management* que tenga en cuenta su impacto en un amplio abanico de áreas de interés para el conjunto de la sociedad. Esto implica no ceñirse a la mera «acción social empresarial», una especie de asistencia y promoción social, de carácter voluntario, altruista y externo.

Ahora bien, en la teoría y en la práctica nos encontramos de hecho con dos visiones bien diferentes de la responsabilidad social corporativa y la empresa ciudadana. Por un lado, un enfoque estratégico-instrumental *(business case)*, orientado hacia la potenciación de la competitividad empresarial para mejor alcanzar los objetivos tradicionales de rentabilidad y crecimiento; por ello, en último término, constituye un buen medio para generar valor a favor de los accionistas. De otra parte, una perspectiva institucional-normativa, esto es, una propuesta prescriptiva, lo que «debería ser»: se cree que cada grupo de *stakeholders* o partes interesadas merece consideración por lo que en sí mismo representa, no sólo por su capacidad para ser un medio útil a algún otro grupo. Los intereses de cada *stakeholder* son legítimos y tienen un valor intrínseco. Como es bien conocido, este último enfoque puede fundamentarse vía motivaciones éticas *(moral case)* o sociales *(social case)*, en un sentido amplio, de modo que se incluyen también razones que otros denominarían políticas o integradoras. Pero, además, existen argumentos —contratos implícitos, inversiones específicas, redes de conocimientos, efectos externos, riesgos no diversificables, etc.— derivados de nuevas aportaciones del análisis económico: cabe así hablar de un *economic case*, diferente al *business case* antes aludido.

Pues bien, esta segunda visión de la empresa exige: (1) un gobierno corporativo inclusivo —no excluyente—, articulado en torno a una cierta participación institucionalizada en la dirección y gestión de la empresa; (2) una generación de riqueza neta total a largo plazo, evaluada desde la perspectiva de todas las partes interesadas y sostenible en el tiempo, preservando el capital medioambiental general y el capital físico, financiero e intelectual de la organización; y (3) una rendición de cuentas ante el conjunto de la sociedad, con transparencia y verificación externa. Si nos centramos en el punto referente al gobierno corporativo, el modelo requiere articular un buen gobierno global o ampliado, para cuya puesta en práctica cabe sugerir algunas recomendaciones en relación con el consejo de administración de la compañía, tal como las que siguen a modo de ejemplo.

Ante todo, redefinir las responsabilidades estratégicas de ese consejo con el fin de: (a) integrar la responsabilidad social en el propio núcleo de la formulación estratégica de la organización, intentando crear valor a largo plazo y de modo sostenible en términos de la ya citada riqueza neta total; (b) mantener un diálogo fluido con los *stakeholders*, lo cual fortalecerá la confianza mutua y a la vez potenciará la acumulación de conocimientos, el aprendizaje y la innovación en el marco de la organización; (c) establecer los sistemas de retribución o compensación de los altos ejecutivos dando entrada al cumplimiento de objetivos en materia de responsabilidad social; (d) aprobar y difundir informaciones económico-financieras, sociales y medioambientales fiables y relevantes; y (e) ampliar los habituales deberes de lealtad y diligencia de los administradores, para incorporar deberes análogos en cuanto atañe a la responsabilidad social corporativa.

Algunas de estas sugerencias requieren a su vez repensar la estructura y funcionamiento del propio consejo de administración. Así, por ejemplo:

—Asignar derechos de propiedad formales y/o articular cierta presencia en el consejo de administración de los principales *stakeholders,* sobre todo en el caso de ser portadores de importante capital humano específico, capital financiero relevante o capital relacional apreciable —derivado de relaciones comerciales o de su peso en un contexto social concreto—.

—Incluir en el consejo de administración algunos miembros independientes —en el sentido estricto de externos no representativos de la propiedad accionarial— expertos en responsabilidad social corporativa, al mismo tiempo que se facilita la formación de todos los consejeros o administradores en materia de responsabilidad social.

—Crear una comisión de sostenibilidad o responsabilidad social de la empresa, formada por consejeros independientes expertos en la materia, sin perjuicio de que esta orientación sea asumida por el conjunto del consejo de administración.

—Eventual organización, con carácter consultivo, de paneles, foros o asambleas para cada uno de los principales grupos de interés, que, en su caso, cabe englobar en un congreso general, sin olvidar las encuestas. Por una u otra vía, aquí lo relevante es encontrar un diseño institucional para dar entrada al diálogo con los diferentes *stakeholders,* incluyendo a las organizaciones no gubernamentales.

—Adoptar un «cuadro de mando integral» ampliado, basado en indicadores económicos, sociales y medioambientales, como instrumento de control estratégico.

Por último, este modelo pluralista de empresa ha de trasladarse desde el consejo de administración hacia la alta dirección y el conjunto de ejecutivos de la empresa, requiriendo de éstos la obligación fiduciaria de atender, gestionar prudentemente e intentar buscar el consenso entre las demandas de los diferentes *stakeholders,* en ocasiones potencialmente contrapuestas. El propósito es hacer compatibles incentivos y posiciones diversas, convencer y generar adhesiones, basándose en criterios de razonabilidad y satisfacción de acuerdo con las contribuciones realizadas y los riesgos asumidos por las diversas partes interesadas, no necesariamente iguales.

2.3. Códigos de buen gobierno y responsabilidad social corporativa

Gaudencio Esteban. Profesor de Derecho Mercantil de la Universidad Complutense

Buen gobierno (BG) y responsabilidad social corporativa (RSC) son cuestiones interdisciplinares que preocupan no sólo al economista, al jurista, al sociólogo y al filósofo, sino también al ciudadano con un mínimo de conciencia social. Me gustaría advertir que no se trata de cuestiones sustancialmente novedosas, sino del retorno de viejos y permanentes problemas sobre la función de la empresa y el control de poder en y de la empresa en un sistema de economía de mercado. La relativa novedad reside en el enfoque del debate derivado de nuevos hechos (globalización y competitividad) y nuevo clima de ideas (liberalización y desregulación). Y en este contexto la cuestión es, como propone el modelo financiero de la empresa, si los administradores son meros agentes de los accionistas, cuyos intereses deben defender exclusivamente. o más bien, pueden y deben, como sostiene el modelo pluralista de la empresa, actuar de forma que consideren también los intereses de otros grupos de afectados o implicados por la actividad empresarial.

¿Qué dice al respecto nuestro Código Unificado de Buen Gobierno de mayo de 2006? Parece situarse en la perspectiva hoy dominante sobre las relaciones entre gobierno corporativo y responsabilidad social corporativa. En la Introducción parece dejar fuera las implicaciones de la RSC (la resolución de conflictos de intereses entre los propietarios de la compañía y las otras diversas partes implicadas en la actividad empresarial) y centrarse en el núcleo del gobierno corporativo financiero (resolución de los conflictos de intereses entre accionistas —mayorías y minorías— y administradores a través de diversos instrumentos societarios), pero una atenta lectura de sus importantes recomendaciones 7 y 8 (y de otras sobre los consejeros independientes, el impulso de la adecuada diversidad de género en los consejos y la previsión de mecanismos de denuncia de irregularidades por los empleados) cuestionan esa primera conclusión. Se puede entender más bien que la RSC no es mera estrategia comercial, sino una inversión estratégica (no mero coste en perjuicio de los accionistas) que se debe insertar en el núcleo de la política empresarial que incumbe al consejo de administración y que por tanto los administradores tienen espacio para componer, salvaguardada la supervivencia de la empresa en un contexto competitivo, los intereses de los diversos grupos cuyas aportaciones son relevantes por su contribución al valor a largo plazo de la empresa (inversores, empleados, clientes y proveedores).

Ahora bien, se imponen dos importantes limitaciones teóricas y prácticas que vienen marcadas por las opciones del marco jurídico societario vigente: una que éste no suministra apoyo para exigir responsabilidad por «incumplimiento» de las exigencias de RSE, y otra, que en el contexto de una economía de mercado en la que los inversores de capital disponen de diversas opciones de inversión, la vinculación de su inversión a buenas prácticas en materia de RSC va a depender, en última instancia, de la medida en que consideren que sea compatible obtener una rentabilidad razonable con la asunción de los compromisos sociales de la RSE y de que «su» empresa deba contribuir a mejorar el bienestar social. El reto de nuestro tiempo es articular diversos procedimientos de implicación (información, voz y en su caso voto) de los diversos grupos de interés.

2.4. Los códigos de responsabilidad social corporativa

José Manuel Sastre. Universidad de Valladolid

Han pasado ya treinta años desde la redacción de un documento que intentase definir cuáles habían de ser las pautas básicas a respetar por las empresas en el desarrollo de su actividad.

Los códigos que marcan el inicio, la Declaración Tripartita de la OIT, el Pacto Mundial de las Naciones Unidas y las Líneas Directrices de la OCDE para empresas multinacionales, ofrecían ya principios y valores que partiendo de los derechos humanos básicos se centraban, según la orientación del órgano intergubernamental emisor, en aspectos laborales, medioambientales o sociales. Común a los tres es su carácter voluntario, así como el establecimiento de sistemas más o menos formales de vigilancia sobre su aplicación por parte de las entidades que se han adherido a los mismos.

El tiempo transcurrido permite afirmar que estos estándares han quedado como meras pautas de comportamiento sin trascendencia efectiva, consecuencia fundamentalmente de tres factores: la no inclusión de indicadores específicos para medir la actuación de las compañías; la falta de sistemas de control externos que avalen la información expuesta por las firmas, y, finalmente, la inexistencia de mecanismos que obliguen al cumplimiento del compromiso adquirido.

En un intento de enmendar esta situación van apareciendo un segundo tipo de documentos que establecen mecanismos para integrar aquellos principios en la gestión de las organizaciones empresariales, la manera de medir los resultados obtenidos, la forma de comunicarlos y, en algunos casos, sistemas de verificación de dicha información.

A pesar de este sustancial avance, desde diversas instancias se sigue dudando que los mencionados estándares hayan servido para otra cosa que no sea un cambio en el discurso empresarial, con el objeto de evitar medidas de mayor calado, léase por ejemplo legislación pública.

Las posibles causas son varias. El mercado no es un medio eficaz para premiar o castigar el comportamiento de las entidades en este terreno, salvo en sectores muy concretos, por lo que, a priori, las empresas no se encuentran incentivadas a incurrir en mayores costes para incluir la responsabilidad social corporativa en su estrategia empresarial. La información ofrecida sobre los resultados sociales de las empresas es, en muchos casos, incompleta, sesgada e irrelevante. La gran cantidad de códigos emitidos sólo añade confusión al panorama. Por último, baste añadir que la escasez de controles externos que verifiquen la información facilitada es otra de las razones que generan desconfianza.

Parece, pues, que a pesar de los logros obtenidos sigue siendo largo el camino a recorrer. Un primer paso en este sentido sería el que han de realizar gran número de empresas, que conciben la responsabilidad social corporativa como un *business case*, es decir, como otra forma de crear valor para el accionista.

Es necesario además crear enlaces entre las diferentes iniciativas, de tal forma que presenten una base común en la elaboración de sus códigos que permita la comparabilidad de la información ofrecida. Es imperativo, finalmente, dotar a los códigos de los medios precisos para sancionar el incumplimiento del compromiso adquirido.

Queda la duda de si este proceso ha de seguir siendo dirigido desde las mismas organizaciones empresariales, como ha ocurrido hasta ahora, o necesita de la introducción de regulación por parte de los poderes públicos. El camino a seguir bien pudiera ser una vía intermedia, legislando en cuestiones como la transparencia informativa y su verificación externa, y facilitando a las entidades autorregularse en los demás aspectos. Este delicado equilibrio entre voluntariedad y obligatoriedad dependerá de la percepción que la sociedad tenga sobre la verdadera intención de las firmas, en definitiva, de si su cambio de actitud supone incluir la responsabilidad social en su estilo de gestión como un fin en sí mismo, o simplemente como un factor más a manejar en el diseño de una estrategia empresarial centrada en la obtención de beneficios.

2.5. ¿Sirven para algo los códigos de responsabilidad social?

Carmen Valor. Universidad San Pablo-CEU

Para que los códigos funcionen tienen que darse dos grandes condiciones: que el código cumpla con unos principios en su diseño e implantación y que el contexto que rodea al código permita la eficacia.

En primer lugar, los códigos sirven si están bien atados. Los códigos del tipo *inspiracional,* que sólo contienen principios generales, son menos eficaces que los que especifican unos criterios claros. No es lo mismo decir «no vengas tarde» que decir «no puedes llegar más tarde de las 22.00». Lo primero puede ser fuente de discusiones, porque las partes no se pondrán nunca de acuerdo en si se ha cumplido o no. Además, deben ser exigentes. Es cierto que muchos códigos optan por un enfoque incremental, de forma que se va mejorando el grado de compromiso o la profundidad del mismo. Sin embargo, hay dos condiciones esenciales que deben cumplir:

deben tener el alcance suficiente y deben estar consensuados. Por ejemplo, un código sobre derechos laborales debe cubrir, como mínimo, los derechos laborales básicos recogidos en las convenciones de la OIT. Con todo, es preciso conocer la visión de las partes porque quizá los problemas urgentes en las zonas donde se van a implantar sean otros; por ejemplo, salud y seguridad en el trabajo o salarios y remuneración.

Después, el código sirve si alguien lo vigila. Si no hay control, no será más que una declaración de intenciones, que no servirá para nada. Esto supone la necesidad de establecer sistemas de seguimiento para verificar que se cumplen las normas. Y, quizá más importante, deben establecerse organismos encargados del seguimiento. Si contamos con las condiciones anteriores, el código servirá si hay algún tipo de penalización en caso de incumplimiento. Si no la hay, el código no sirve para nada.

Ya tenemos el marco teórico. En la práctica vienen los problemas. De los más de 300 códigos identificados por la OCDE, el 80% no incluye ningún sistema de seguimiento. Otros estudios cifran en 4 de cada 100 las empresas estadounidenses que introducen sistemas de penalización por incumplimiento. Esto hace pensar que se crearon, no para servir como forma de control, sino con otros fines.

Vistos estos datos no puede extrañar que muchos critiquen/critiquemos los códigos por considerarlos una herramienta más de RRPP que de RSC. Si la empresa quisiera aprovechar sus potenciales ventajas (son más flexibles, pueden ser globales, el cambio es más rápido que en la regulación tradicional, permiten entrenarse para anticiparse a la regulación), los diseñaría e implantaría tratando de maximizar los resultados. Si no lo hace, es porque no los está usando como elemento de control, sino de imagen, desvirtuando este instrumento.

Las experiencias más exitosas (o las citadas como más exitosas, como el SA8000) han convertido los códigos en estándares, con un alto grado de formalización, con auditoría por terceras partes independientes y con un sistema de incentivos en forma de etiqueta social. El consumidor, delante del lineal, puede escoger la empresa con la etiqueta y de esta forma favorecer a la empresa con mejores resultados sociales.

Aquí es donde entran las condiciones del contexto. Para que los códigos funcionen tiene que haber, en última instancia, un agente de mercado que penalice o incentive a la empresa. El agente de mercado puede ser un consumidor, un inversor o un empleado. Otros agentes sociales como ONG o sindicatos tienen un papel de intermediario. El que al final reparte premios y castigos en este sistema es el mercado.

Para que los agentes de mercado puedan hacer su papel, tienen que tener información. Piense en las marcas que suele comprar. ¿Sabe a qué códigos están adheridas? La mayoría de los consumidores tampoco lo saben. Le suena haber visto algo del Pacto Mundial en alguna de ellas. ¿Sabe si cumple con los principios del mismo? No, no se puede saber, porque no hay un sistema de seguimiento. ¿Conoce la certificación de Comercio Justo? La otorga un organismo creíble, está sujeta a seguimiento. Ya tenemos dos condiciones de tres. Como ciudadano responsable, elige el café con esta etiqueta. ¿Es eficaz? Sí, claro que lo es, los productores de ese café verán mejoras en su calidad de vida. ¿Va a resolver esto todos los problemas? No, lamentablemente no. La certificación no puede extenderse a todas las industrias ni a todas las empresas. No hay cuerdas de comercio justo, ni trajes de comercio justo. Además, las industrias que venden al mercado local no tienen certificación, pero son en estas donde hay más abusos.

En conclusión, los códigos tienen, de momento, demasiadas limitaciones. Con raras excepciones, están sirviendo más para dar titulares a los gabinetes de prensa que para mejorar las condiciones de vida de los beneficiarios a los que supuestamente sirven.

2.6. La responsabilidad social también es para las pymes

José Luis Lizcano. Director gerente y coordinador de la Comisión de Responsabilidad Social Corporativa de la Asociación Española de Contabilidad y Administración de Empresas (AECA)

Como otras novedades del mundo empresarial, podría parecer que la responsabilidad social es un concepto y forma de gestión de aplicación exclusiva por las grandes multinacionales. Sólo en la medida que son inducidas por éstas, las pequeñas y medianas empresas se introducirían en el, aparentemente, complejo sistema basado en la responsabilidad social.

Pero esto no es así. Toda clase de empresa y organización, del tipo y tamaño que sea, se comporta de manera social, consciente o inconscientemente. Las microempresas también tienen empleados a los que pagar sueldos y regular horarios, clientes a los que satisfacer, proveedores con los que colaborar, una comunidad con la que interactuar y desarrollarse, y un medio ambiente que cuidar y con el que disfrutar.

Ahora bien, no todas obtienen iguales ventajas de manejar los mismos elementos. Las organizaciones socialmente responsables piensan en los beneficios que conseguirán tratando a sus grupos de interés de manera inteligente, ordenando su actividad en función de una interacción de resultados positivos para todos en el largo plazo.

¿Por qué a las pymes les cuesta entrar en el discurso de la responsabilidad social?

El desconocimiento del concepto, la dificultad para incorporar nuevas tendencias por falta principalmente de recursos para la formación y la dificultad para digerir información acuciados por el día a día, son algunas barreras de entrada más o menos generalizadas.

¿Qué ofrece a las pymes la responsabilidad social?

- —Aporta una visión muy completa de la acción empresarial en su triple dimensión e impactos: social, económico y ambiental.
- —Pone en valor muchos elementos sustanciales de la gestión empresarial que pasan inadvertidos normalmente.
- —La diferencia de las demás.

¿Por qué conviene a las pymes integrar la responsabilidad social en su sistema de gestión?

—Mejora el conocimiento y análisis integral del negocio.
—Mejora la posición competitiva y los resultados.
—Se incorpora a las nuevas tendencias y da respuesta a las exigencias del mercado y la comunidad.

¿Qué medidas ayudarían a fomentar la implantación de la responsabilidad social en las pymes?

—Acceso a programas de formación subvencionados.
—Desgravación fiscal para determinados comportamientos y resultados.
—Consultoría — *coaching* a la medida.

La responsabilidad social corporativa incorpora valores humanistas a la dirección y a la gestión de la empresa, resaltando algunos aspectos propios de las pequeñas organizaciones como es el trato cercano entre las personas. La creatividad y la innovación, sellos distintivos de muchas pymes, también son estimulados por unas políticas socialmente responsables.

Si se quiere alcanzar el éxito, el convencimiento del propietario o la dirección de la empresa acerca de la implantación de una estrategia socialmente responsable es fundamental. Como muchos cambios en el seno de las empresas, la responsabilidad social debe acometerse como un proceso del que se irán obteniendo progresivamente resultados evaluables. Asimismo, la responsabilidad social se presenta como un instrumento eficaz de integración y legitimidad de la pyme en su entorno.

Teniendo en cuenta el peso específico de las pymes en el sistema económico, es fácil imaginar el resultado de implantar con éxito las políticas de responsabilidad social en el mundo.

2.7. La información en las memorias de auditoría sobre sostenibilidad: el modelo G3

José M. Moneva. Universidad de Zaragoza

Desde su nacimiento a finales del siglo XX, la Global Reporting Initiative (GRI) se ha consolidado como el principal referente internacional para la elaboración de memorias de sostenibilidad, que son aquellos informes que articulan y muestran la contribución de la entidad al desarrollo sostenible. Esto supone informar sobre el triple impacto: económico, medioambiental y social. Grandes corporaciones internacionales, como General Electric, Shell o Coca-Cola, han optado por utilizar las guías de la GRI para elaborar memorias de sostenibilidad. En España su utilización es mayoritaria, siendo el cuarto país del mundo por número de informes registrados en 2007 de acuerdo a la Guía de 2002, lo que, dada su aplicación voluntaria, demuestra un gran compromiso empresarial.

La tercera versión de la Guía GRI, denominada G3, fue lanzada en octubre de 2006 en Ámsterdam, con el fin de reforzar la calidad de las memorias, su fiabilidad y, sobre todo, la implicación de los partícipes en su elaboración. En esta versión, la transparencia pasa a ser el macroprincipio, al igual que la imagen fiel en la información financiera, sustentado en dos grupos de principios: aquellos que delimitan el contenido y los que definen la calidad de las memorias.

El contenido requerido por la GRI está dividido en cinco apartados: Estrategia y análisis; Perfil de la organización; Parámetros de la memoria; Gobierno, compromisos y participación de los grupos de interés, y, finalmente, Enfoque de gestión e indicadores de desempeño. Este último apartado recoge el desglose del triple impacto a través de indicadores de diversos tipos (ratios, descripciones...). La versión actual propone 49 indicadores centrales, que son los básicos, y 30 adicionales. En cuanto a su distribución, los aspectos sociales recogen más del 50% de los centrales (25), con 17 medioambientales y, únicamente, 7 de carácter económico. Una novedad introducida por la G3 es el denominado enfoque de gestión, que implica la explicación de cómo se han abordado estas cuestiones en la planificación y sistemas de dirección de la entidad.

Hasta ahora, la relevancia y la medida de la calidad de las memorias se asimilaba a su calificación *in accordance*, en la que España ocupa el primer lugar por número de organizaciones. La G3 introduce un nuevo marco basado en tres niveles (A, B y C), que depende básicamente del número de indicadores de desempeño desglosados. A estos niveles puede añadirse el signo (+), propio de las agencias de calificación, siempre que la memoria se encuentre verificada externamente. Este punto está ligado al incremento de credibilidad, que se pretende obtener por la opinión sobre los contenidos de expertos independientes. No existe actualmente una regulación de referencia sobre verificación de memorias de sostenibilidad, como sucede en la auditoría de estados financieros. La ISAE 3000, elaborada por International Federation of Accountants (IFAC), es una norma de espectro amplio. Por ello tiende a utilizarse conjuntamente con el estándar AA100AS de la consultora AccountAbility. Éste se fundamenta en la materialidad de la información, determinada por la participación de los grupos de interés. La habitual ausencia de éstos en el proceso ha provocado grandes dudas sobre la utilidad de las memorias de sostenibilidad.

La medición de la contribución al desarrollo sostenible a través de las memorias ha tenido un obstáculo en la delimitación del alcance y cobertura del contenido. La G3 introduce un criterio sobre las actividades y entidades a integrar en el triple impacto, sobre la base de criterios propios de la contabilidad financiera, como el control o influencia.

Uno de los grandes retos de la G3 es la extensión a su utilización por las pymes. Para ello, además de facilitar unas orientaciones bastante detalladas sobre la aplicación de la Guía, se ha elaborado un manual orientado a estas entidades. La necesidad de adaptaciones de la Guía se ha ampliado a otros sectores tales como el financiero, telecomunicaciones o transportes. Sus características propias hacen preciso proponer un grupo de indicadores adaptado.

Las organizaciones informantes de acuerdo a la GRI siguen creciendo. El reto de la utilidad de estos informes es fundamental si queremos tener organizaciones responsables con su entorno y comprometidas con la solución de los graves problemas sociales y medioambientales que nos rodean y que, en las circunstancias actuales, pueden crecer de manera irreversible.

2.8. Responsabilidad social en las memorias de las empresas del Ibex 35

Orencio Vázquez. Coordinador del Observatorio de RSC

La transparencia es uno de los principios sobre los que se sustenta la responsabilidad social corporativa (RSC), y es básica para generar confianza entre los grupos de interés. Uno de los vehículos a través del cual la empresa transmite al mercado y a la sociedad sus procesos de gestión y evolución en materia de RSC son los informes anuales de RSC o sostenibilidad. La transparencia en RSC debe sustentarse en un proceso de rendición de cuentas basado en la relación con los grupos de interés, y debe expresarse a través de indicadores cuantitativos y cualitativos que permitan realizar un seguimiento de las actuaciones de la empresa y su progresión tanto temporal como espacial.

Al contrario de lo que se podría presuponer a tenor del debate generado en España en torno a la RSC a partir de la creación de diversos foros y del incremento en las declaraciones de intención públicas, la información en materia social y medioambiental facilitada por las grandes empresas no ha avanzado conforme lo esperado. Según el estudio *La responsabilidad social corporativa en las memorias anuales de las empresas del Ibex 35* de las 35 empresas que cotizan en el selectivo, 21 brindan información «escasa» (entre 1 y 2, sobre 4) en sus informes anuales y 14 presentan información meramente «anecdótica» (entre 0 y 1, sobre 4).

El estudio se ha realizado empleando una metodología basada en normativa internacional (ONU) y herramientas/estándares de reconocido prestigio nacional (Códigos Conthe y Aldama), e internacional (GRI, AA1000, NEF, Líneas Directrices de la OCDE para Empresas Multinacionales). La herramienta empleada para el análisis cuenta con más de 500 indicadores y se basa en tres ejes de análisis: sistema de gestión, contenidos y gobierno corporativo.

Entre las conclusiones, el Observatorio destaca algunos resultados que considera especialmente preocupantes:

—Ninguna empresa incluye información sobre denuncias públicas, de ONG, sindicatos, asociaciones de consumidores, realizadas sobre los impactos sociales negativos derivados de sus actuaciones y gestión.

—Sólo ocho empresas facilitan información sobre los impuestos pagados en alguno de los países donde actúan, además de España. Esta información es básica para entender su aportación al desarrollo y a los recursos públicos de dichos países.

—Dieciséis compañías poseen empresas participadas con presencia en paraísos fiscales. Es importante resaltar que de los cinco bancos incluidos en el estudio, sólo uno no posee sociedades en paraísos fiscales.

—Sólo cinco empresas aportan información relevante que evidencie el ejercicio del derecho de libertad sindical y negociación colectiva en cualquiera de sus empresas y filiales, pese a que la mayoría opera en países donde dichos derechos no se pueden considerar como garantizados.

—La información sobre multas y sanciones referentes a incumplimientos medioambientales es poco exhaustiva.

—Ni una sola de las 35 empresas informa sobre los trabajadores contratados por empresas de trabajo temporal, ni sobre diferencias salariales entre hombres y mujeres.

—Por sectores, cabe destacar que la construcción, con un impacto tan importante en la sociedad desde el punto de vista medioambiental, laboral, social y económico, obtiene los peores resultados un año más. En este sentido, ninguna empresa del sector de la construcción informa de medidas tomadas para prevenir y evitar el blanqueo de dinero.

—Ninguna empresa reconoce explícitamente los derechos de los pueblos indígenas. Solamente el 51% y 46% de las empresas se comprometen a la no utilización del trabajo infantil y trabajo forzoso, respectivamente.

—Sólo seis empresas informan sobre algún tipo de sistema de gestión que busque que sus proveedores respetan los derechos humanos en su actividad.

—Sólo una empresa renuncia expresamente a la utilización de malas prácticas comerciales como prácticas contractuales abusivas, o requerir procedimientos más lentos, caros y menos accesibles para la baja del servicio que para la contratación del mismo.

Lo anterior pone en evidencia la necesidad de generar un marco regulatorio en torno al *reporting* en RSC. En este sentido se ha pronunciado el Foro de Expertos de RSE dependiente del Ministerio de Trabajo y Asuntos Sociales: «La Administración Pública es partidaria de la máxima información objetiva y verificable sobre políticas y prácticas de RSE y, por ello, quiere promover la estandarización de la información básica de las organizaciones en materia de RSE...». «Se deben regular y universalizar los aspectos cruciales que dan credibilidad y rigor a la RSE: el reporte de las empresas a las partes interesadas y a la sociedad en general y la verificación de dicho reporte» (Ministerio de Trabajo y Asuntos Sociales, 2006).

La importancia de un reporte integrado social, medioambiental y financiero fue puesto de manifiesto en el informe elaborado por el parlamentario Richard Howitt que ha sido aprobado por el Parlamento Europeo en marzo de este año.

Por otro lado, la Subcomisión Parlamentaria de RSC, que presentó sus conclusiones en diciembre de 2006, recomienda impulsar la elaboración de la triple memoria por todas las empresas cotizadas, estableciendo dicha práctica como una exigencia normativa del código español de buen gobierno.

2.9. La responsabilidad social en las organizaciones no lucrativas

Carmen Marcuello. Universidad de Zaragoza

Podemos considerar que una gran mayoría de las organizaciones no lucrativas (ONL) nacen, crecen y se desarrollan asumiendo como misión y objetivos «las preocupaciones sociales, las preocupaciones medioambientales y el diálogo con los grupos de interés» que promulga la responsabilidad social corporativa. Así para algunos la RSC es una respuesta a la exigencia de los ciudadanos para que las empresas asuman un modo diferente de convivencia y de relaciones y que no afecta a las ONL. Sin embargo, debido a su papel, en muchos casos, como proveedoras de bienes públicos y generadoras de beneficios colectivos, ¿deberían cumplir con obligaciones y condiciones más exigentes?, o sencillamente ¿sería suficiente que demostrasen que cumplen las condiciones exigidas a las empresas sobre responsabilidad social corporativa?

La respuesta a estas preguntas requiere una reflexión compartida por los diferentes actores dado que es un tema complejo debido a la heterogeneidad de estas entidades. En este texto se presentan algunas ideas que pueden contribuir a este debate. En primer lugar, como punto de partida, hay una gran diversidad de organizaciones que se pueden considerar entidades sin fines de lucro. Esta diversidad viene dada por la variedad del tamaño, las diferentes formas jurídicas que pueden adoptar y las múltiples actividades económicas donde están presentes, entre otras. Asimismo, son entidades privadas y sus miembros son los responsables últimos de las actuaciones de la entidad, sin embargo, desde el momento que reciben subvenciones públicas o apoyos públicos a través de infraestructuras e incentivos fiscales nos debemos preguntar en qué casos las entidades tienen más responsabilidad social. Esto es, podemos pensar que no se producen las mismas circunstancias en una pequeña asociación filatélica, en una fundación dedicada a la atención de discapacitados, en una ONG de cooperación al desarrollo o en una cooperativa de viviendas.

En segundo lugar, las ONL asumen diversas funciones económicas y sociales: por un lado, actúan principalmente como proveedoras de servicios públicos (educación, sanidad, servicios sociales...); y, por otro, la naturaleza, vitalidad y densidad de la vida de las ONL se relaciona directamente con el desarrollo, la prosperidad y la cohesión social de una sociedad. Asimismo, han sido especialmente protagonistas en el avance de la responsabilidad social corporativa asumiendo un doble papel: uno, como interlocutoras de la sociedad con las empresas; y dos, como vigilantes *(watchdogs)* de las promesas en materia de responsabilidad social realizadas por las empresas.

Por otro lado, al igual que cualquier otra organización económica, las ONL deberán utilizar eficientemente los recursos que disponen, cumplir sus objetivos y obtener el mejor resultado posible. Sin embargo, para ser consideradas socialmente responsables y dadas las funciones que asumen, habrá que evaluar sus objetivos, esto es, una ONL será socialmente responsable si busca transformar las causas de los problemas sociales que atiende, en lugar de sólo paliar las consecuencias, y que su presencia y acciones supongan un avance hacia la justicia social. Asimismo, habrá que exigir que los medios utilizados sean coherentes con los objetivos. Así, una ONL con una visión hacia fuera en lugar de un «para sí», que está atenta a las necesidades actuales y futuras de la sociedad, con procesos de participación y toma de decisiones plurales y corresponsables, profesionales, con una base social fuerte y unas fuentes de financiación coherentes con sus objetivos y, todo esto, desde la transparencia y la rendición de cuentas, podemos afirmar que será una ONL socialmente responsable.

2.10. La responsabilidad social en el sector público

Mónica Melle Hernández. Profesora titular de Economía Financiera de la UCM

La responsabilidad social empresarial (RSE) es una forma de gestión empresarial que tiene en cuenta los diferentes grupos de interés *(stakeholders)* que participan en las empresas, y no sólo a sus propietarios o accionistas, pero también una nueva forma de entender los efectos externos que producen las empresas en lo económico, lo social y lo medioambiental. Esto motiva que los límites dentro de los cuales se vean los costes y beneficios de la actuación de las empresas sean una cuestión de estrategia empresarial, pero cada vez más de su incidencia en el espacio de lo público y, en consecuencia, de la *gobernanza.* De ahí la necesidad de que los Gobiernos definan una propuesta política en relación con este importante desafío social: «Dar respuesta al nuevo papel de la empresa en el actual proceso de desarrollo económico y a los consiguientes retos sociales y medioambientales que se plantean».

Dentro de esa política de *gobernanza,* el propio sector público debe dar ejemplo con sus actuaciones, impulsando y liderando pautas de conducta responsable en todas sus actividades económicas, empresas públicas y organismos públicos. Aparte que, como un empleador más, tiene que diseñar sus propias políticas de transparencia y rendición de cuentas, de relaciones laborales, de integración de minorías y de gestión de los fondos públicos (como el fondo de reserva de la Seguridad Social, en pro de la inversión socialmente responsable).

En España, las Administraciones Públicas integran cada vez en mayor medida los principios de responsabilidad en sus propios sistemas de gestión, aprobando códigos de conducta para los empleados públicos, incorporando a personas con discapacidad, cumpliendo los requisitos de accesibilidad, e implantando planes de igualdad, entre otras medidas. Así como en sus relaciones con terceros, en materia de contratación pública, aplican cláusulas de naturaleza social y ambiental, como la creación de empleo, la contratación de personas con especiales dificultades de inserción laboral o la verificación de los compromisos medioambientales de las empresas adjudicatarias.

No obstante, la incorporación de la responsabilidad social (RS) en el sector público no sólo implica actuar según los principios de transparencia, independencia, rendición de cuentas y sentido del deber e imparcialidad, sino también integrar progresivamente a las distintas partes interesadas en los procesos de toma de decisiones. Y esto supone un cambio fundamental en la cultura de las Administraciones Públicas, que debe superar su tradicional toma unilateral de decisiones y su comunicación posterior a los *stakeholders*. Éstos deben incorporarse al proceso de toma de decisiones públicas, no sólo en aras de la legitimidad democrática, sino como forma de mejorar la relación entre la Administración Pública y los ciudadanos en general.

Los textos legislativos empiezan a otorgar la palabra y el poder de decisión a los grupos sociales, pero todavía no obligan a incorporar a los *stakeholders* en su elaboración. Y al ser esa incorporación voluntaria, se produce una gran diversidad en el grado de su integración y participación entre las diversas Administraciones territoriales. Es frecuente, como primer paso, aumentar la transparencia, proporcionando a los ciudadanos un mayor acceso a la información sobre las decisiones públicas, así como poner el énfasis en mejorar la calidad de los servicios públicos, incluyendo una mayor audiencia de la opinión de los usuarios. Con medidas concretas como oficinas de relaciones públicas en cada Administración para facilitar información y recogida de quejas, y encuestas para medir el grado de satisfacción de los usuarios con la calidad de los servicios públicos. Queda sin embargo un largo trecho hacia el estadio más avanzado, el de implicar activamente a los *stakeholders,* colaborando y decidiendo juntos con las Administraciones Públicas, pero las realizaciones visibles apuntan por el buen camino.

2.11. Responsabilidad social de la empresa: más allá de la retórica y la crematística

José Miguel Rodríguez. Universidad de Valladolid

Durante los últimos años, directivos, consultores y académicos vienen impulsando con fuerza la denominada responsabilidad social de la empresa. Y tal vez ha llegado el momento de realizar un pequeño alto en el camino recorrido para mirar hacia atrás con una cierta capacidad de autocrítica y perfilar ideas hacia el futuro.

Obsérvese que, por lo general, hablamos indistintamente de la responsabilidad social de la empresa y de la responsabilidad social corporativa. Con frecuencia, esta identificación de la empresa con la corporación o sociedad anónima es significativa a efectos interpretativos: implícitamente, se mantiene así el principio de la supremacía de los accionistas sobre los otros «presuntos implicados» —esto es, otros *stakeholders,* partícipes o partes interesadas, sean directivos, empleados, clientes, proveedores, acreedores, comunidad circundante, medio ambiente, etc.—. A partir de ahí, surgen interrogantes de calado, como los siguientes.

¿Esa responsabilidad social se ha de limitar a la retórica, en cuanto «arte de bien decir, de dar al lenguaje escrito o hablado eficacia bastante para deleitar, persuadir o conmover», según señalan los diccionarios? A veces lo parece, a juzgar por las naderías con sifón que figuran en las cartas de algunos presidentes de consejos de administración, ciertos informes anuales al respecto o determinadas actuaciones de los departamentos de comunicación y relaciones públicas de las empresas. Además, no olvidemos: (a) los cajones de sastre en que se convierten a veces las páginas *web* o los boletines elaborados por los consultores especializados —todo cabe dentro de la responsabilidad social, al igual que bajo el rótulo de «desarrollo sostenible»—; (b) la actuación de algunas ONG, que consideran a una empresa responsable sólo por el hecho de que efectúa acciones sociales, con la consiguiente realización de donaciones o financiación de proyectos; y (c) ciertos ámbitos del *establishment* político, que creen suficiente promover la reflexión en múltiples instancias, o animar a la firma por las empresas de algún nuevo pacto o documento, otro más a sumar a los varios ya signados.

Naturalmente, por esta vía enseguida se detectan las contradicciones y surge el sonrojo cuando determinados informes anuales de responsabilidad social no resisten la prueba del algodón... Una prueba que, por ejemplo, cabe aplicar examinando el número de paraísos fiscales utilizados para optimizar el pago de impuestos, en detrimento de las Haciendas públicas de los países donde se efectúa la producción real; o que puede consistir en el análisis del asombroso conjunto de retribuciones (compensaciones) percibidas por el presidente del consejo de administración. Por no apuntar si alguien se ha parado a pensar en el grado de responsabilidad social contenido en los informes de responsabilidad social de las empresas de armamento, que los hay...

Además, aun cuando esa responsabilidad social vaya más allá de un ejercicio de relaciones públicas y se articule coherentemente dentro de la estrategia general de la empresa, ¿no podemos estar ante una nueva versión del «arte de ganar dinero», es decir, de la crematística, sin mayores cambios de fondo? Algunos de los denominados códigos de buen gobierno corporativo aprobados en instancias nacionales o internacionales durante los años más recientes aluden a la responsabilidad social, pero lo hacen dentro de un modelo de empresa que cabe denominar financiero o accionarial de carácter matizado, enriquecido o «ilustrado» *(enlightened shareholder value model).* En él, la empresa sigue quedando en manos de la sociedad anónima, es decir, de una «república de accionistas», quienes conservan su primacía y tienen en su mano el control del gobierno corporativo y la orientación última de los negocios. Sin embargo, se declara tener presentes las demandas de las demás partes interesadas, señalando más o menos expresamente que son medios imprescindibles para alcanzar un mayor valor de modo sostenible y a largo plazo para los propios accionistas —entre otras muchas razones, por favorecer la reputación y legitimación social de la compañía—.

¿Esto se separa mucho de la conocida opinión de Milton Friedman, quien pretendió zanjar cualquier debate asegurando que la única responsabilidad social de las compañías es incrementar sus beneficios, dentro del respeto al marco legal y a la ética de la competencia leal? ¿No se continúa con una visión estratégico-instrumental sobre el papel de esas partes interesadas no accionariales, lo cual difícilmente puede casar con un principio ético tan básico como no utilizar a los *stakeholders* en cuanto «medios» sino entenderlos cual «fines en sí mismos»? ¿Tiene alguna garantía analítica sólida considerar que la máxima creación de riqueza a largo plazo para los accionistas conduce, como automática consecuencia, al máximo bienestar para las restantes partes interesadas?

Por último, cabe preguntarse si asumir plenamente la lógica de intentar ser una compañía responsable no exige adoptar de modo previo otro modelo de empresa, fundamentado en las aportaciones del análisis económico de la firma pluralista o *stakeholder* y que: (a) proteja los contratos implícitos existentes entre las diversas partes interesadas, fomentando y valorando adecuadamente las inversiones específicas realizadas por éstas —no sólo los accionistas efectúan inversiones especificas para la organización empresarial—; b) contribuya a mantener y desarrollar las redes de conocimientos, que fomentan la innovación y el aprendizaje de la organización como tal, lo cual favorece su supervivencia a largo plazo; c) interiorice, es decir, tenga en cuenta y compute en sus resultados los efectos externos derivados de las actuaciones empresariales, a la vez que compense los riesgos no diversificables soportados por los diferentes *stakeholders,* no sólo los accionistas.

Sobre esta base, la empresa responsable habría de ser capaz de proporcionar una doble respuesta. De una parte, en su dimensión institucional, con la articulación de un buen gobierno global o ampliado: esto es, que incorpore alguna forma efectiva de diálogo «comprometido» —e incluso intervención— en la dirección y gestión al menos por parte de los *stakeholders* más relevantes. Por otro lado, en su vertiente de *performance* social, con la evaluación de los resultados alcanzados (económicos, medioambientales y sociales propiamente dichos). Esto último exige en realidad tener en cuenta el valor de oportunidad de todos los *outputs* y el coste de oportunidad de la totalidad de los *inputs,* a la vez que preservar el capital medioambiental y el capital físico, financiero e intelectual —relacional, humano y estructural— de la organización empresarial. Ciertamente, todo ello plantea numerosos desafíos para el futuro y, terminando también con un interrogante, cabe preguntarse si el mundo de los negocios y los académicos estamos animados a intentar resolver progresivamente.

2.12. Razón de ser de la responsabilidad social corporativa

Marta de la Cuesta González. Profesora de Economía Aplicada de la UNED

Cuando hablamos de responsabilidad social corporativa o empresarial (RSC o RSE) estamos hablando de un concepto comunitario de empresa contrario al enfoque contractual tradicional (contratos entre principal y agente), en el que la empresa no se considera como un ente abstracto sino como una institución social, coalición o asociación de agentes económicos aparte de los individuos que la componen, con derechos y obligaciones en cuanto tal. La empresa es considerada por tanto como una institución social articulada mediante un nexo de relaciones de confianza mantenidas a largo plazo. Ello supone que administradores y gerentes deben preservar y aumentar el valor de los activos bajo su control, no actuar meramente como agentes de los accionistas. Activos son no sólo los tangibles, sino también las capacidades de los empleados, las expectativas de los clientes o proveedores, la reputación e imagen de la empresa dentro de la sociedad, etc., es decir, activos decisivos en el largo plazo.

Diferentes argumentos se vierten a favor de la responsabilidad social corporativa desde distintas ópticas e intereses éticos, económicos o sociales.

Entre las razones económicas (empresariales y macroeconómicas) esgrimidas a favor de un comportamiento socialmente responsable de la empresa nos encontramos con la posible correlación positiva y bidireccional entre rentabilidad financiera y responsabilidad social, la reducción de riesgos por conflictos con los grupos de interés, la generación y acumulación de intangibles a través de la reputación y la buena imagen comercial, la protección y fomento de las inversiones específicas, la compensación de los riesgos no diversificables asumidos, el desarrollo de la innovación y el aprendizaje de la organización, la obligación de interiorizar los efectos externos (externalidades de la actividad de la empresa sobre el medio ambiente y la sociedad).

Entre las razones sociales y éticas encontramos que la RSE es, sobre todo, una cuestión social que persigue el bien común y que lleva implícito un contrato con la comunidad. La RSE es un cuestionamiento sobre qué tipo de sociedad se quiere construir, del nuevo papel de la empresa en la sociedad, y de su responsabilidad en un entorno global en el que su legitimidad para poder operar ha de venir concedida por todos los *stakeholders* o partes interesadas. La RSE es por tanto una respuesta a los problemas de la globalización y al menor poder del Estado, garante de los bienes públicos.

Existen también razones de tipo legal que afectan a las anteriores. El carácter global de la responsabilidad social de las empresas, provocado por el hecho de que la empresa en el desarrollo de su actividad no se circunscribe a un solo país, pone en evidencia la existencia de vacíos legales o legislaciones laxas y la necesidad de cubrir dichos vacíos a través, en primera instancia, de políticas públicas de ámbito nacional y europeo, y paralelamente, a través de iniciativas internacionales instrumentadas desde una dimensión multilateral con el objetivo de fijar unos estándares mínimos sociales y ambientales, y restablecer la autoridad de los Estados y de las instituciones intergubernamentales sobre las grandes corporaciones.

Las anteriores razones generan otras de tipo político. Los aspectos de la responsabilidad social deben ser considerados de interés público y no exclusivamente privado ya que las decisiones sobre el uso, consumo y deterioro del capital natural, social y humano, afectan a toda la sociedad presente y venidera. Por tanto, debe ser la sociedad, a través de sus representantes públicos, quien decida los límites al uso de dichos recursos y las cuestiones básicas de RSE que deben garantizarse desde los poderes políticos públicos.

3. DESARROLLO SOSTENIBLE

3.1. Reflexiones sobre desarrollo sostenible

José Barta. Instituto Garrigues

La expresión «sostenibilidad» puede parecer muy novedosa, especialmente para el lector no especializado, que habitualmente suele ser el 90%, de aquellos que sólo consultan medios de información no especializados.

Realmente la preocupación por las cuestiones ambientales tiene su origen en un momento no muy alejado en el tiempo, con el primer informe del Club de Roma, *Sobre los límites del crecimiento*, en 1971, informe que, eminentemente neomaltusiano, resulta extraordinariamente controvertido ya que vaticinaba, a medio plazo, un horizonte desastroso debido al «crecimiento imparable de la población humana», incapaz de ser soportado —no ya por los recursos alimentarios, energéticos, etc., existentes en ese momento— ni siquiera por aquellos recursos que la humanidad pudiera ser capaz de desarrollar en un futuro, como consecuencia de la aplicación de nuevas tecnologías. La consecuencia inmediata de este informe fue la implantación mundial de políticas antinatalistas, encabezadas por organismos como la ONU: vendidas en los países desarrollados, impuestas en los países del Tercer Mundo.

La idea de sostenibilidad tuvo otros hitos relevantes como la Conferencia de Estocolmo sobre el Medio Ambiente Humano de 1972, los debates abiertos a raíz de la crisis petrolífera de 1973. Pero es el informe Bruntland, de la Comisión de Medio Ambiente y Desarrollo de 1987, el que define el desarrollo sostenible como «nuevo equilibrio capaz de responder a las necesidades del presente sin poner en entredicho la posibilidad de responder a las necesidades de generaciones futuras», y a partir de ahí se suceden las cartas, documentos o declaraciones a favor de ese tipo de desarrollo: la Carta de la Tierra; la Declaración de Río y las Agendas 21, de 1992; el Libro Verde del Medio Ambiente Urbano de la Comisión Europea; el Quinto Programa de la Unión Europea; la Carta de Aalborg de las ciudades europeas para un desarrollo más sostenible; el documento de la Comisión de Comunidades Europeas de 1977 titulado *Hacia una política urbana europea,* o la *Estrategia territorial europea,* subtitulada «hacia un desarrollo equilibrado y sostenible del territorio de la Unión Europea» del año 1999, entre otros.

A estos documentos más o menos generalistas, se deben unir, especialmente en la Unión Europea, una multitud de directivas, comunicaciones e indicaciones de carácter marcadamente especializado, como son las relacionadas con la eficiencia energética, la emisión de gases, el tratamiento de las aguas, etc.

Posteriormente asistimos a la aparición del concepto de «huella ecológica», que da un paso más allá en el horizonte del paradigma de la sostenibilidad. El nuevo concepto nos obliga a ampliar las dimensiones del imperativo de «solidaridad intergeneracional», enfrentándonos a la necesidad de plantear una «justicia interterritorial».

El desarrollo sostenible, al tratar de administrar de manera eficiente los recursos limitados, no se puede limitar al ámbito de los recursos naturales. Desarrollo sostenible y biodiversidad se encuentran profundamente relacionados; pero aún más íntimamente vinculados, con una vinculación «esencial», están el desarrollo sostenible y la solidaridad. El desarrollo sostenible abarca todas y cada una de las actividades del ser humano. De aquí que las medidas que se adoptan afectan necesariamente a su actividad, ya sea en el entorno de sus relaciones profesionales, de ocio, familiares, etc.

Actualmente, en el orden práctico, las políticas que se establecen para el desarrollo sostenible se encuentran presionadas por inciertas amenazas de un futuro catastrófico, y se caracterizan principalmente por el énfasis en el desarrollo de instrumentos y técnicas de control, medición y corrección de todas aquellas situaciones que nos conduzcan a dicho futuro.

En el orden de los contenidos, se ha llegado a producir choque de intereses entre la idea defendida por algunos grupos ecologistas sobre el concepto de desarrollo sostenible y los valores tradicionalmente atribuidos a las personas, como es el derecho a la vida o a la salud. Y en no pocas ocasiones, estas disyuntivas se han resuelto en contra del ser humano. Así sucede cuando se niega sistemáticamente la posibilidad de utilización de animales con fines de experimentación medico-farmacéutica, o cuando se equipara, e incluso se minusvalora, la vida de seres humanos recién nacidos, o dentro del seno materno, frente a primates adultos, o cachorros de foca.

Actualmente se trata de defender las medidas pro desarrollo sostenible, por su carácter eminentemente «técnico», y por ello «objetivas», ajenas a cualquier principio ideológico que no sea la defensa de la evidencia científica.

Desde esa posición «objetiva» se proponen soluciones tales como la paralización del crecimiento demográfico mundial, especialmente en los países menos desarrollados, la paralización de los procesos de globalización económica, la destrucción o paralización de cualquier actividad productiva contaminante, etc.

Fruto de esta práctica es la implantación de una mentalidad «tecnócratica», que presupone que la adopción de soluciones meramente técnicas, como puede suceder en el ámbito del urbanismo, o en el de la energía, o en tantos otros, realmente permite mantenerse al margen de ideologías partidistas o doctrinas filosóficas. No se dan cuenta, muchos de estos protagonistas, de que, como ya sucedió en la época del franquismo, el «tecnócrata» no es ajeno a la ideología de su entorno, a la cual sirve, «justificándola», en la medida en que contribuye al logro de resultados «exitosos».

En la idea de desarrollo sostenible se encuentra en juego el mismo concepto de persona.

Antiguas ideologías, aparentemente superadas por sus propios fracasos, afloran en la gran mayoría de los actuales movimientos ecologistas, y son origen de un elevado número de las soluciones que se implantan, muchas de ellas con una imagen exclusivamente tecnocrática.

Entre estas corrientes ideológicas dominantes encontramos la del materialismo, que surge durante la Revolución Francesa, se desarrolla a lo largo del siglo XIX, y que caracteriza al pensamiento totalitario. Según él, lo único que existe es la materia, o sea, la energía, que existe desde siempre. Para el materialismo el hombre no es sino una materia extremadamente complicada, y desde esa perspectiva se afronta su posición en la naturaleza.

Frente a este modo de ver las cosas encontramos la concepción idealista, tal como se ha desarrollado a partir de los grandes sistemas de los siglos XVIII y XIX. Para esta concepción, lo primero y auténtico es el espíritu, el espíritu absoluto, el espíritu del mundo. El espíritu eterno que lo impregna, constituye el ser del hombre y en él halla su sentido. Da paso al nuevo panteísmo, que deifica la naturaleza frente al hombre, que sólo tiene sentido en función de ella, por lo que se ve subordinado a la misma.

Estas ideologías, ya antiguas, como se puede comprobar por la fecha de su aparición, no se presentan en estado puro, combinándose con otras, históricamente posteriores, con las que tratan de completar un marco adecuado de respuestas a los nuevos requerimientos derivados del desarrollo sostenible, así sucede con la teoría sociológica, fruto del mejor conocimiento de las relaciones sociales, y que fue llevada por el comunismo hasta sus últimas consecuencias: lo real es la sociedad; y tanto el hombre individual como su obra proceden de ella. Por consiguiente, el hombre es producto y órgano de la vida social y nada más. Su manifestación más inmediata se da en el campo del urbanismo y en el de la educación.

Junto a la anterior doctrina nos encontramos con el individualismo. Según éste, «persona» realmente es sólo el individuo; en la multitud desaparece lo peculiar. Sólo en cuanto individuo tiene el hombre conciencia y fuerza creadora; solamente así posee responsabilidad y dignidad. Su manifestación más inmediata es la preponderancia del desarrollismo insolidario, la desvinculación entre empresa y entorno, entre beneficio económico y bien social.

Realmente, «responder a las necesidades del presente sin poner en entredicho la posibilidad de responder a las necesidades de generaciones futuras» resulta una expresión demasiado ambigua, en la medida en que no se especifican cuáles son dichas necesidades, incluso la expresión «defensa del ambiente» resulta ambigua, y por ello fácilmente manipulable.

Decía al principio de este artículo que hablar de desarrollo sostenible implica necesariamente, si se desea progresar en el mismo, hablar de persona como administrador de los recursos escasos del planeta, y hablar de administración supone asumir los conceptos de responsabilidad y de solidaridad.

Pero ¿responsabilidad frente a quién?, ¿solidaridad con quién?

Y es que en última instancia, como afirma James Trefil en su libro *Gestionemos la naturaleza,* «cualquier justificación que se haga de una opción ecológica nace de sentimientos de una honda raigambre moral o ética».

Al profundizar en la esencia del desarrollo sostenible nos encontramos con la necesidad de reflexionar sobre el tema de la riqueza y de la pobreza, por cierto, de honda tradición en la Iglesia católica.

Asistimos a la confrontación de dos lógicas económicas: la lógica del beneficio y la de la equitativa distribución de los bienes, que no están en contradicción una con otra, con tal de que su relación esté bien ordenada. La doctrina social católica siempre ha sostenido que la distribución equitativa de los bienes es prioritaria. El beneficio es naturalmente legítimo y, en la justa medida, necesario para el desarrollo económico. Juan Pablo II escribió en la Encíclica Centesimus annus: «La moderna economía de empresa comporta aspectos positivos, cuya raíz es la libertad de la persona, que se expresa en el campo económico y en otros campos» (n. 32). Sin embargo, añade, el capitalismo no hay que considerarlo como el único modelo válido de organización económica (n. 35).

«La emergencia del hambre y la ecológica denuncian, con creciente evidencia, que la lógica del beneficio, si es predominante, incrementa la desproporción entre ricos y pobres y una ruinosa explotación del planeta. Cuando, en cambio, prevalece la lógica de compartir y de la solidaridad, es posible enderezar la ruta y orientarla hacia un desarrollo equitativo y sostenible» (Benedicto XVI. Ángelus, 23 de septiembre de 2007).

Difícilmente se puede hablar de solidaridad responsable sin mencionar expresamente un movimiento, de 21 siglos de existencia, en el que desde su fundador hasta la menor de las figuras que, a lo largo de este tiempo, se han destacado como ejemplos a seguir (se les denomina santos) por sus miembros, han manifestado la primacía de la pobreza material sobre la riqueza, considerada ésta como apetencia de bienes materiales por encima de otros bienes.

Hoy en día no podemos conformarnos con ser meros «tecnócratas» de la sostenibilidad.

Para los griegos la Physis, de la meta-física, era simplemente el mundo, el cosmos omnicomprensivo; para nosotros, en cambio, la cima y la quintaesencia del mundo es el hombre. «La meta-física debería transformarse por ello en una meta-antropología, sin descuidar en modo alguno el sentido del prefijo meta» (Meter Henrici, SJ).

La existencia de Cristo no es una anécdota de la historia. El análisis de la realidad del hombre y del universo, sin la perspectiva de la creación y de la redención, distorsiona la realidad. Entiendo que este planteamiento no es políticamente correcto, e incluso que algunos, quizá muchos, digan que estos argumentos no son científicos. Ambas acusaciones son ciertas, a mi favor aduzco que no por no ser científicos dejan de ser verdad.

Me niego a ser un tecnócrata medioambientalista, al servicio ¿inconsciente? de las corrientes ideológicas en boga, muchas de ellas manifiestamente en contra del ser humano.

Por lo expuesto deseo terminar con unas palabras de Juan Pablo II, contenidas en el Mensaje enviado al señor Jacques Diouf, director general de la Organización de las Naciones Unidas para la Alimentación y la Agricultura (FAO), el 15 de octubre de 2004, en ocasión de la Jornada Mundial de la Alimentación 2004:

«Desde muchas partes se subraya la urgencia de replantear el esquema seguido hasta ahora para tutelar los inmensos e insustituibles recursos del planeta, procurando un desarrollo no sólo sostenible, sino también y sobre todo solidario. La solidaridad, entendida correctamente como modelo de unidad capaz de inspirar la acción de los individuos, de los Gobiernos, de los organismos e instituciones internacionales y de todos los miembros de la sociedad civil, trabaja por un justo crecimiento de los pueblos y de las naciones, y tiene como objetivo el bien de todos y de cada uno (Cf. Enc. Sollicitudo rei socialis, 40). Esta solidaridad, pues, superando también actitudes egoístas en relación con el orden de la creación y sus frutos, tutela los diferentes ecosistemas y sus recursos, a las personas que viven en ellos y sus derechos fundamentales a nivel individual y comunitario. Bien fundamentada en esta referencia a la persona, a su naturaleza y a sus exigencias, la solidaridad es capaz de consolidar proyectos, normas, estrategias y acciones plenamente sostenibles. Un desarrollo solidario puede ofrecer también respuestas a los objetivos de la sostenibilidad, teniendo presente no sólo una simple defensa del ambiente o una referencia abstracta a las necesidades de las generaciones futuras, sino más bien las exigencias de la justicia, de la equitativa distribución de los recursos y de la obligación de cooperar. Son exigencias esencialmente humanas hacia las cuales la Iglesia católica está siempre atenta para apoyarlas y favorecer su puesta en práctica de modo correcto y completo. El mandato del Creador dirigido a la humanidad para que domine la tierra y use de sus frutos (cf. Gn 1,28), considerado a la luz de la virtud de la solidaridad, conlleva el respeto por el proyecto de la creación misma, mediante una acción humana que no suponga desafíos al orden de la naturaleza y sus leyes con tal de alcanzar siempre nuevos horizontes, sino que al contrario preserve los recursos garantizando su continuidad y también su uso por parte de las generaciones sucesivas».

3.2. Competitividad empresarial y protección del medio ambiente: destruyendo mitos

M. Azucena Vicente Molina. Profesora titular de Comercialización e Investigación de Mercados. Universidad del País Vasco

La relevancia social que ha adquirido la protección del medio ambiente en las últimas décadas ofrece a la empresa nuevos campos de actuación e importantes oportunidades estratégicas. Sin embargo, la empresa se ha mostrado, en general, bastante reticente a introducir mejoras medioambientales (limitándose a cumplir los mínimos legales establecidos), por entender que este tipo de actuaciones merman su capacidad competitiva. Las inversiones medioambientales, como cualquier otro tipo de inversión, precisan de horizontes temporales de medio o largo plazo para su recuperación. Es incorrecto evaluar los resultados económicos de las actuaciones medioambientales con una perspectiva de corto plazo, como a menudo se hace.

Con el fin de contrastar si esta percepción de las empresas se halla sustentada sobre criterios sólidos, un equipo de profesores de la Universidad del País Vasco ha efectuado un análisis de los estudios empíricos más relevantes en el ámbito internacional en torno a la relación existente entre las actuaciones medioambientales de las empresas y su capacidad competitiva a medio y largo plazo. Los resultados de dicha investigación revelan que en el 70% de los casos la relación entre ambos factores es positiva y únicamente en el 14% de las situaciones estudiadas se dio una relación negativa. Además, la relación positiva tiende a ser más estable a medida que los estudios se acercan a nuestros días. Ello parece deberse a que actualmente las empresas se inclinan cada vez más hacia medidas medioambientales preventivas basadas en la renovación de procesos y rediseño del producto que, además, permiten generar ventajas competitivas más difíciles de imitar y, consecuentemente, más sostenibles en el tiempo.

Ahora bien, apostar por la sostenibilidad no es precisamente un camino de rosas para las empresas. Los recursos necesarios para la implantación de procesos productivos más respetuosos con el medio ambiente, la incertidumbre inherente a una legislación cada vez más restrictiva en materia de sostenibilidad y la falta de personal especializado en esta materia hacen tremendamente difícil la elección, especialmente para las pymes.

Para que la inversión medioambiental sea rentable es preciso escoger una estrategia acorde a los objetivos empresariales generales, y basada en las tendencias legislativas y en la prevención (ya que las medidas que intentan subsanar los efectos ambientales una vez producidos son más caras a largo plazo e inciden negativamente sobre la imagen de la empresa). En este sentido, es fundamental que la empresa cuente con un equipo profesional multidisciplinar, propio o externo, especializado en temas medioambientales, tanto desde una perspectiva jurídica como económica, tecnológica, etc. De hecho, la queja generalizada entre las empresas que se adentran en este tipo de actividades es la falta de profesionales bien preparados.

3.3. El posicionamiento ecológico y la actitud hacia la marca

Patrick Hartmann y Vanessa Apaolaza Ibáñez

Lo verde vuelve a estar de moda. Después de la ola verde de los noventa el *marketing* ha redescubierto el medio ambiente. El desarrollo sostenible y, en particular, el calentamiento global son tópicos *calientes* del momento. La inversión en energías renovables supera los más aventurados pronósticos.

Sin embargo, tras ya más de tres décadas de investigación y práctica del *marketing* verde, a escala global, en la actualidad la situación del medio ambiente ha empeorado significativamente. Probablemente uno de los mayores problemas que frenan una mayor proliferación del consumo de productos medioambientalmente sostenibles radica en el reducido beneficio individual que los atributos medioambientales proporcionan al consumidor del producto. Es decir, por ejemplo, el comprador de un automóvil menos contaminante no experimentará una mayor calidad medioambiental como consecuencia de su decisión de compra. Dicho beneficio solamente lo podría experimentar en el caso de un consumo generalizado de productos sostenibles. Por tanto, para fomentar el consumo de productos verdes resulta indicado añadir beneficios adicionales a la experiencia de consumo para, de este modo, incrementar el valor percibido por el consumidor y compensar unos mayores costes que son muy comunes en este tipo de productos.

No se trata, sin embargo, de beneficios técnicos o funcionales, sino de beneficios psicológicos del ámbito emocional. En el caso de consumidores de energía verde, por ejemplo, varias investigaciones han demostrado que dichos consumidores no están interesados, en primer lugar, en el impacto medioambiental objetivo de su decisión, sino que buscan sentirse mejor consigo mismos. Los profesores Ritov y Kahneman denominan dicha sensación «warm glow», una sensación agradable experimentada por contribuir al bienestar del «bien común» medioambiental. Se trata de un beneficio emocional que induce a las personas a hacer donaciones, voluntariado, etc. En un estudio reciente, nosotros hemos podido demostrar que dicha sensación es experimentada en mayor medida por personas, en principio, menos concienciadas en asuntos medioambientales.

Por otro lado, determinados productos y marcas comercializados como medioambientalmente sostenibles permiten a su comprador demostrar su concienciación medioambiental ante otras personas a través del consumo públicamente visible de marcas verdes. De hecho, según una encuesta llevada a cabo esta primavera entre propietarios de un coche híbrido de la marca Toyota Prius, más de la mitad de éstos afirmaban que una de las razones por las que se habían decantado por este vehículo era porque define «su postura ante la vida». Como representativa para muchos propietarios puede resultar la siguiente opinión expresada en una de las entrevistas: «Quiero que realmente la gente sepa que me preocupo por el medio ambiente. Me gusta que la gente me pare y me pregunte por mi coche». Es que un Toyota Prius tiene mucho mayor potencial de llamar la atención como innovación medioambiental que un Volkswagen Lupo que, aunque objetivamente tenía un menor impacto medioambiental, tuvo que ser retirado del mercado por falta de demanda.

Una estrategia muy común en el *marketing* verde consiste en asociar una marca a través de la comunicación publicitaria con imágenes de entornos naturales hermosos. Véanse campañas recientes de Iberdrola, Total, BP, Toyota, etc. En varios estudios hemos podido corroborar el potencial inherente en dicha estrategia, si se logra condicionar la marca adecuadamente con lo que hemos llegado a denominar «experiencias virtuales con la naturaleza». El beneficio emocional para el consumidor radica en este caso en la «afinidad humana hacia la naturaleza». Estudios del ámbito de la psicología medioambiental apuntan a una necesidad humana innata de buscar el contacto con la naturaleza. Aparentemente el consumidor puede asimismo experimentar sensaciones de algún modo análogas a las vivencias en la naturaleza a través del consumo de marcas verdes si éstas se asocian a contenidos visuales de paisajes naturales.

Asociando las marcas verdes con beneficios emocionales, las limitaciones resultantes del, en principio, reducido beneficio individual proporcionado por los atributos medioambientales del producto pueden ser superadas. El *marketing* verde puede tener un mayor éxito si también logra satisfacer las necesidades emocionales del consumidor.

3.4. Fiscalidad ecológica

Carlos Belmonte Gracia. Secretario de Administración Local, experto en Urbanismo y director del máster de Derecho Medioambiental y Urbanístico de la Federación de Servicios y Administraciones Públicas

Hoy en día es pacífica la doctrina que entiende que los instrumentos del Derecho tributario no tienen por qué tener exclusivamente una finalidad recaudatoria, sino que también pueden cumplir otros objetivos económicos, sociales o de salud pública, entre ellos los objetivos medioambientales, de manera que a través de la imposición tributaria se pueda disuadir o sancionar eficazmente a los titulares de las actividades contaminantes.

La jurisprudencia ha señalado reiteradamente que el artículo 130.1 de la CE, entre otras cuestiones, representa una acción de fomento por parte de los poderes públicos y es un precepto decisivo para justificar la imposición de tributos que no tengan una finalidad recaudatoria. En este sentido, la STC 37/1987, de 26 de marzo, refiriéndose al citado artículo 130.1 declara: «Es cierto que la función extrafiscal del sistema tributario estatal no parece explícitamente reconocida en la Constitución, pero dicha función puede derivarse de aquellos preceptos constitucionales en los que se establecen principios rectores de la política social y económica, dado que tanto el sistema tributario en su conjunto como cada figura tributaria concreta forman parte de los instrumentos de que dispone el Estado para la consecución concreta de los fines económicos y sociales constitucionalmente ordenados».

La vinculación del sistema tributario con el medio ambiente se produce a través de dos caminos:

—Mediante los impuestos con finalidad específicamente ecológica (impuestos ecológicos) dirigidos a evitar o reducir las actividades contaminantes con arreglo al principio de «quien contamina paga».

—Mediante los impuestos clásicos (sobre sociedades, sobre transmisiones patrimoniales, vehículos a motor, etc.), bien aplicando beneficios fiscales a las actividades «limpias» (exenciones, deducciones, etc.), o bien penalizando a los contaminantes (recargos, elevación de tipos de gravamen, etc.).

El principio de «quien contamina paga» determina en buena medida el elemento subjetivo (sujeto pasivo) de los tributos ecológicos, mientras que las bonificaciones fiscales previstas en los impuestos clásicos parece responder a la idea de que es mejor que paguemos todos un poco más si con ello evitamos que las actividades económicas contaminen el medio ambiente.

La introducción de los impuestos ecológicos ha encontrado, desde el primer momento, la oposición de las empresas, que temen que les hagan perder competitividad, por ello la mayoría de los impuestos ecológicos llevan aparejados muchas excepciones.

En el ámbito estatal han sido varias las leyes que bajo el amparo del artículo 130.1 de la CE ha dictado el Estado para fomentar materias estrechamente relacionadas con el medio ambiente, como son la Ley 19/1995, de 4 de julio, de Modernización de las Explotaciones Agrarias; la Ley 83/1980, de 31 de diciembre, de Arrendamientos Rústicos, o la Ley 34/1979, de 16 de noviembre, sobre Fincas Manifiestamente Mejorables.

En relación con los impuestos clásicos, el Real Decreto 1777/2004, de 30 de julio, por el que se aprueba el Reglamento del Impuesto sobre Sociedades, contempla deducciones fiscales por inversiones medioambientales. También las comunidades autónomas han utilizado el artículo 130.1 de la CE para fomentar las actividades más favorables al medio ambiente a través del ejercicio de sus competencias en materias tan variadas como agricultura, de acuerdo con la ordenación general, pesca fluvial, desarrollo económico autonómico de acuerdo con la planificación general de la economía, ordenación del territorio y urbanismo, etc.

En relación con los tributos locales, el TRLRHL se hace eco de esta política fiscal medioambientalista y permite a los ayuntamientos regular en sus ordenanzas fiscales bonificaciones en determinados impuestos. En el impuesto sobre vehículos de tracción mecánica en función de los carburantes que utilicen, siempre que éstos sean respetuosos con el medio ambiente. En el impuesto sobre bienes inmuebles, cuando éstos incorporen sistemas para el aprovechamiento de la energía solar. En el impuesto sobre actividades económicas, si las actividades sujetas a este tributo utilizan o producen energías renovables o sistema de cogeneración, o se emplazan en zonas alejadas de los núcleos más poblados. Igualmente, cuando las empresas utilicen planes de transporte para sus trabajadores o fomenten medios de desplazamiento más eficaces, como el colectivo o compartido. En el impuesto sobre construcciones, instalaciones y obras, cuando éstas incorporen sistemas para el aprovechamiento térmico o eléctrico de la energía solar.

Asimismo, los municipios, en el ejercicio de la potestad reglamentaria y de la potestad tributaria que les atribuye el artículo 4 de la LBRL, han comenzado a incorporar en sus ordenamientos locales ordenanzas cuyo objeto es el fomento de las energías renovables y el ahorro energético, dentro de una política local comprometida con los objetivos de diversificación energética y aprovechamiento de recursos energéticos propios (biomasa, biocarburantes, solar, etc.). En este sentido, dos casos ejemplares son la Ordenanza del Ayuntamiento de Barcelona del año 2000 sobre energía solar y la Ordenanza para la Gestión Local de la Energía del Ayuntamiento de Sevilla del año 2002.

3.5. EFQM: LA EXCELENCIA COMO MOTOR DE LA COMPETITIVIDAD

Alberto Díaz de Junguitu e Iñaki Heras. Escuela Universitaria de Estudios Empresariales de San Sebastián. Universidad del País Vasco / Euskal Herriko Unibertsitatea

Pasados más de 50 años desde su nacimiento en Japón, el movimiento de la calidad sigue plenamente vigente, llamando la atención del mundo empresarial, quizá como un ejemplo más de la creciente integración económica que vivimos. Al menos eso parecen indicar algunas evidencias: tanto el número de certificados ISO 9001 como el de organizaciones de distinto tipo y sector de actividad cuyo objeto social es el impulso de la calidad y la excelencia mantienen una tendencia creciente en la última década. Todo parece indicar que estamos ante un fenómeno más allá de las *modas* de la gestión empresarial.

En este contexto nace y se desarrolla lo que conocemos como gestión de la calidad total (GCT), más conocida en su versión inglesa como Total Quality Management (TQM). Su característica principal consiste en la aplicación de criterios de excelencia en las organizaciones de forma integral; esto es, para todos los bienes y servicios que ofrece; a través de todos los procesos, departamentos o secciones existentes; con implicación e integración de todas las personas de la organización y de sus expectativas; atendiendo a las necesidades de todos sus grupos de interés, y con una perspectiva primordial de largo plazo.

Para facilitar la implantación de esta ambiciosa estrategia de gestión empresarial, se crea en 1988, a partir del impulso y de las experiencias de algunas de las más exitosas firmas del continente, la Fundación Europea para la Gestión de Calidad; esto es, la European Foundation for Quality Management (EFQM), quien define el conocido como modelo europeo de GCT.

Este modelo de excelencia de la EFQM, de carácter dinámico al estar sujeto a revisión periódica, se concibe básicamente como una herramienta orientada a la autoevaluación de las propias organizaciones, así como a su mejora continua, al facilitar la identificación sistemática de áreas de mejora y su incorporación al ciclo de gestión. El modelo recorre de forma exhaustiva la organización, prestando atención no sólo a los elementos que la vertebran internamente, sino también a los que la relacionan con el exterior.

Este recorrido se lleva a cabo mediante nueve criterios complementarios e interdependientes, cinco de ellos se engloban bajo el término «agentes», y otros cuatro bajo el término «resultados».

Los agentes mostrarían la manera en que la organización lleva a cabo la interpretación del espíritu y los principios del modelo, adaptándolos a cada caso. Estos cinco criterios abordarían la lectura realizada respecto al desempeño del liderazgo; la política y estrategia de la organización; sus personas; las alianzas y recursos puestos a disposición de los objetivos de la organización; y, por último, la gestión de y por procesos, piedra angular en el camino hacia la excelencia.

Los criterios de resultados mostrarían los logros de la organización al aplicar el modelo, prestando especial interés al impacto habido sobre las variables que la propia organización considera como clave de su actividad, y enriqueciendo dicha descripción mediante la medición de los resultados obtenidos respecto a los clientes, a sus personas y a la sociedad en su conjunto. Estos criterios de resultados son considerados, asimismo, como la fuente esencial de aprendizaje de la organización, principio básico del modelo en orden a impulsar el alineamiento de la organización con sus objetivos estratégicos.

La EFQM otorga anualmente reconocimiento a las entidades más destacadas por su avance hacia la excelencia. Destacar que España es líder junto a Alemania por el número de premiados o de finalistas presentados al reconocimiento de la EFQM entre 2000 y 2006: 21 en total. En este sentido, cabe remarcar especialmente que 15 de ellas corresponden a organizaciones ubicadas en el País Vasco. El papel de la Administración autónoma vasca aparece a todas luces como central en este evidente logro, pues el resultado citado no puede entenderse sino como consecuencia de la asunción por su parte del liderazgo social en el proceso de extensión de la mejora de la calidad y la excelencia en las organizaciones.

Pero si el movimiento de la calidad no está exento de sombras, tampoco lo está el de la excelencia. Existen empresas, por ejemplo, que debido a la importante publicidad que han recibido al ser reconocidas con distintos galardones, se han erigido en auténticos mitos y centros de atención de esta corriente. La retórica que rodea a estos casos ha sido favorecida tanto desde el interior como desde el exterior de las organizaciones. Sin embargo, en el nivel operativo de estas empresas, la realidad no siempre suele coincidir con lo pregonado. Tampoco la opinión de los mandos intermedios y los operarios acerca de la situación de la organización parece coincidir, en muchas ocasiones, con la de la alta dirección.

En las organizaciones se requiere una mejora de la calidad verdaderamente efectiva y continua, no una mera mejora retórica. Debemos subrayar que trabajamos con herramientas, sistemas e ideas que no son milagrosos, cuyo impacto en los resultados empresariales y en la sociedad dependerá de la forma en que se empleen.

3.6. Contabilidad medioambiental

José Manuel Sastre. Universidad de Valladolid

Desde finales de los años ochenta el deterioro del planeta y temas como los derechos humanos o la exclusión social son objeto del escrutinio público. Germina en este contexto el concepto de desarrollo sostenible, pregonando un desarrollo económico limitado por el respeto al medio ambiente y a los aspectos sociales. A las empresas se les exige, en virtud de su responsabilidad para con la sociedad en que desarrollan su actividad, incluir estos aspectos en su gestión. Nos centraremos aquí en las dos posibilidades que ofrece la contabilidad para llevar a cabo dicha tarea.

Por una parte, como herramienta utilizada para determinar la rentabilidad empresarial. En este sentido, el modelo contable ha modificado sus bases conceptuales y ampliado el conjunto de usuarios de dicha información contable, y con ello sus objetivos, con el propósito de hacer viable la consideración de activos, pasivos, gastos e ingresos de naturaleza medioambiental en el cálculo del resultado de la actividad.

Aunque doctrinalmente hay opiniones que dudan sobre la conveniencia de incluir los aspectos medioambientales dentro del esquema contable clásico, con hipótesis de partida no sostenibles, lo cierto es que diferentes instituciones siguen trabajando para que el entramado conceptual del modelo contable clásico dé cabida al medio ambiente. En España, el regulador contable inició el proceso normativo en esta materia en 1998, con la adaptación del Plan General de Contabilidad al sector eléctrico. Más ambiciosa es la Resolución de 25 de marzo de 2002, que obliga a prácticamente la totalidad de las empresas a suministrar información de carácter medioambiental, ofreciendo pautas de reconocimiento y valoración de las partidas medioambientales a incluir en las cuentas anuales.

La aplicación de esta norma ha dado lugar a un aumento significativo de la información, tanto obligatoria como no obligatoria, ofrecida por las empresas, sobre todo en sectores con mayor impacto medioambiental y más expuesto a la opinión pública. No obstante, se observa también que dicha información es en muchos casos poco relevante y fiable, por lo cual sería necesario desarrollar, o perfeccionar en su caso el existente en la Unión Europea desde 1993, un sistema efectivo de control de la información financiera medioambiental suministrada por las empresas que asegure las cualidades reseñadas.

El segundo papel de la contabilidad estriba en su condición de medio de comunicación entre la empresa y su entorno, de tal forma que la divulgación voluntaria de información en medios distintos a las cuentas anuales pueda servir para informar de los logros o perjuicios medioambientales de las empresas y conseguir de esta manera «rendir cuentas» de su actuación, sin estar encorsetados por los requisitos del sistema contable tradicional. Surge como colofón de esta idea el informe de sostenibilidad.

Son muchos los modelos elaborados siguiendo este nuevo enfoque, dando mayor importancia a características tales como la relevancia, claridad y comparabilidad de la información, por ejemplo, que a la cuantificación monetaria. Quizá por su trascendencia el más conocido sea el elaborado por la Global Reporting Initiative (GRI) en el año 2000, revisado en 2002 y 2006, con el objetivo de divulgar y rendir cuentas de los resultados obtenidos en el campo del desarrollo sostenible. El aumento paulatino del número de empresas adscritas a la GRI parece lanzar un mensaje claro de compromiso por parte de la dirección de las empresas en la transparencia organizativa. Sin embargo, de nuevo la falta de una verificación externa confiere poca confianza en los resultados obtenidos.

Esperemos que esta nueva dirección lleve a avances significativos hacia la última etapa del proceso de ciudadanía empresarial, esto es, una fase integradora en todas sus vertientes, especialmente la de cooperación entre empresa y partícipes, pues en caso contrario todos estos esfuerzos serán considerados un simple medio más para mejorar la imagen y reputación de la empresa.

3.7. Empresa familiarmente responsable

Consuelo León. IESE

Que la conciliación de la vida laboral y la vida familiar es un problema cada vez más presente en nuestra sociedad, no es una novedad. Se están experimentando fuertes cambios en las relaciones sociales, familiares y laborales que plantean a empresarios, trabajadores y Administraciones Públicas la necesidad de construir entornos laborales más humanos y justos, a la vez que más productivos y competitivos.

Para determinar en qué grado las empresas están siendo contaminadoras de la ecología humana y para determinar también si las políticas de conciliación trabajo-familia están siendo utilizadas, el Centro Internacional Trabajo y Familia del IESE Business School ha impulsado desde 1999 una línea de investigación específica sobre temas de conciliación de la vida laboral, familiar y personal desarrollando el Family-Responsible Employer Index (IFREI) y una herramienta de autodiagnóstico (http://www.iesedti.com/ifrei2006/ifrei.htm) que ayuda a cualquier empresa (pyme o grande) a saber en qué situación se encuentra y cómo mejorar.

Pero el primer paso para abordar el cambio organizativo es trabajar en tres niveles: sistema formal, estilos de dirección y valores.

El primer paso es partir de un autodiagnóstico para saber dónde estamos y ver en qué fase está la empresa en la actualidad. De ahí vemos cuáles son las políticas que tenemos y cuáles son los colectivos que tenemos. Después, lograr un compromiso de la alta dirección para tener un pequeño presupuesto, aunque sólo sea para reunirse y trabajar estos temas. También es deseable que haya un comité o un coordinador trabajo-familia, o agente de conciliación, que puede ser una función a tiempo parcial.

A partir de las necesidades de los empleados se elabora un plan de conciliación (PIC) que es a veces tan sencillo como recoger la información de lo que ya tenemos por imperativo legal, y a partir de ahí ver cuáles son los colectivos que más lo necesitan.

Condición muy necesaria para todo este cambio cultural es el liderazgo y ejemplo de la alta dirección. Para conseguirlo se requiere sensibilizar y formar a los directivos y mandos intermedios para que se conviertan en verdaderos agentes de cambio, o como mínimo que no sean frenos potentes. Ellos son los que van a hacer factible o no el que la empresa sea una empresa flexible. De hecho, a veces existen políticas pero no se aplican porque el director general o su equipo directivo son los que salen siempre a las nueve o a las diez de la noche, está bien visto salir tarde y existe la creencia de que si no sales tarde como ellos no vas a ser promocionado, ya que piensan que no estás comprometido.

El gran paso necesario en las cabezas y en la práctica directiva es cambiar la dirección de control de presencia a la dirección por objetivos. De hecho actualmente España es la tercera por la cola en productividad horaria sólo está por delante de Portugal y Grecia, a pesar de que hacemos más horas que un reloj. Es el coste de la no-conciliación: rotación de los mejores, absentismo, falta de motivación, menor compromiso y creatividad. Todo eso es así por las largas jornadas que tenemos, porque cenamos muy tarde, la hora de la cena es a las 9 o 10 de la noche y nadie nos espera en casa antes.

Tener los valores familiares integrados en la misión corporativa es muy importante, ya que nos ayuda a recordar que la familia es un *stakeholder* más de la empresa. La misión corporativa normalmente está escrita en un papel, pero casi siempre se refiere a la misión externa, el servicio a los clientes externos, olvidando que también hay una misión interna. Para cumplir bien la misión externa necesitamos que los de dentro estén bien motivados para ello, y solamente estarán bien motivados si nuestra misión interna consiste en formarlos y tratarlos como personas completas, que tienen además una vida después del trabajo y que tienen una familia, en la cual tienen diversos roles (esposos, padres, hijos, hermanos, etc.).

Cuando empezamos a trabajar la dirección por misiones en las empresas, lo primero que aparece en los debates sobre la misión interna es la conciliación trabajo-familia: cómo ayudar a las personas que tienen responsabilidades familiares a través del despliegue de políticas y acciones adaptadas a diferentes públicos y colectivos. Si es grande la empresa, habrá que anunciar ese plan desde la dirección, habrá que comunicarlo a todos los empleados con folletos, vídeos, intranet y también con algunos equipos de trabajo que vayan apoyando todo ese cambio y ese nuevo modo de trabajar.

Finalmente, la evaluación de las políticas y su utilización real es algo que tendrá que ir siguiendo ese comité de trabajo y familia. Se trata de ir haciendo reuniones periódicas (cada tres o seis meses) para ir constatando avances y retrocesos (cuáles son las políticas que tenemos, cuáles son las que se piden, cuáles son los obstáculos por los cuales ni se piden ni se usan dichas políticas).

Los 10 pasos para convertirse en una EFR:

1. Compromiso de la alta dirección — Presupuesto
2. Comité/Coordinador trabajo-familia
3. Hacer un diagnóstico de en qué fase está la empresa en la actualidad (IFREI)
4. Recabar información sobre las necesidades familiares de los empleados:
    - Estudios de indicadores
    - Cuestionarios
    - Entrevistas (individuales/grupales)
5. Elaboración de un plan integral de conciliación (PIC): diseño de políticas y facilitadores
6. Elaboración de un manual para la aplicación de las políticas:
    - Políticas flexibles para ambas partes
    - Un acuerdo entre jefe y empleados
7. Liderazgo y ejemplo de la alta dirección. Para conseguirlo se requiere formación de directivos y mandos intermedios
8. Valores familiares integrados en la misión corporativa enunciada en la misión interna
9. Despliegue de políticas/acciones adaptadas a diferentes públicos
    - Plan anunciado por la alta dirección
    - Comunicado a todos los empleados
    - Comunicación continua interna: folletos, vídeo, intranet
    - Equipos de trabajo/círculos de calidad
10. Evaluación de la utilización/adaptación políticas

3.8. Desarrollo sostenible y entidades locales: la Agenda 21 Local

Carmen Echevarria. Universidad del País Vasco (UPV/EHU)

La Agenda 21, aprobada en la Conferencia de las Naciones Unidas sobre Medio Ambiente y Desarrollo celebrada en Río de Janeiro en 1992, se define como un proceso global de actuación hacia el desarrollo sostenible, que se hace especialmente operativo en el ámbito local. Fue inspirada por el informe Brundtland de 1987, que busca la integración del medio ambiente y el desarrollo, junto con el deseo de compartir responsabilidades entre los países del norte y del sur. El capítulo 28 de la Agenda 21 incorpora el concepto de Agenda 21 Local (en adelante, A21L) como un plan de acción municipal, al que otorga un papel clave debido a la proximidad de las autoridades públicas locales a los ciudadanos y a las empresas y a su mayor capacidad para entender y adaptarse a las demandas locales.

La herramienta A21L ha sido considerada, en la literatura académica, como un enfoque adecuado para hacer frente a los retos ambientales y de desarrollo mediante nuevas formas de participación y cooperación, que conducen a la mejora de la calidad de la vida. Un primer argumento a favor de la A21L lo encontramos en los resultados del análisis de la implantación práctica de estrategias en favor del desarrollo sostenible. El Instituto Internacional para el Medio Ambiente y el Desarrollo estudió las estrategias nacionales de Desarrollo Sostenible en varios documentos e identificó cinco importantes debilidades: (1) un dominio del enfoque ambiental sobre los aspectos económicos y sociales; (2) un enfoque burocrático centrado más en la elaboración de planes que en la puesta en marcha de procesos; (3) una no consideración de las necesidades futuras; (4) una participación débil de los grupos de interesados, y, consecuentemente, (5) una conexión reducida con los problemas reales. Estos problemas podrían ser mitigados por un mayor énfasis en estrategias de abajo arriba, definidas en el nivel local con la participación de la sociedad civil (los ciudadanos, las empresas y las ONG), debido a que es esperable que una planificación participativa genere una mayor conexión con los problemas reales.

El análisis de la teoría de la modernización ecológica nos lleva a la misma conclusión. En los años noventa, el público objetivo de la política ambiental ha cambiado desde una cifra fácilmente abarcable y gestionable de grandes empresas a un número mucho más grande de pequeños productores y consumidores. Esta segunda fase de la modernización ecológica implica que los gobiernos locales puedan ser vistos como el ámbito de gobierno natural para impulsar el desarrollo sostenible, de acuerdo con una perspectiva tridimensional que integra la dimensión social, económica y ambiental.

Una visión de *marketing* del sector público soporta, asimismo, la necesidad de la Agenda 21 Local. El gobierno local está más cerca de sus *clientes*, la sociedad civil, y tiene más capacidad, no sólo para escucharlos, sino también para adaptar sus organizaciones a nuevas atmósferas más participativas así como para diseñar sus actuaciones de una manera más ajustada a las demandas de sus *clientes* locales.

Una perspectiva de legitimidad política proporciona un argumento adicional. La A21L podría tener una influencia en la legitimidad democrática de la manera de hacer política, tanto de la legitimidad del *output,* en la medida en la que las actuaciones definidas tienen en cuenta las metas de los ciudadanos y tratan de resolver sus problemas, como en la legitimidad del *input,* en la medida en la que se produce una participación efectiva de los ciudadanos en la toma de decisiones políticas.

En términos comparativos, Europa es el continente líder en la implantación de la A21L. Sin embargo, los enfoques y ritmos de implantación de la A21L están siendo muy diversos entre los diferentes Estados. Un reciente informe comparativo sobre las A21L en Europa agrupa a los países en tres categorías. Aquellos con más de un 65% de autoridades locales que han iniciado procesos de A21L: los países nórdicos (Suecia, Noruega, Finlandia, Dinamarca) y Reino Unido; los que se encuentran entre el 11% y el 64%: Holanda, Alemania, Islandia, Bélgica, Luxemburgo, Italia y España; y el grupo de los más rezagados, en el que se encuentran el resto de países. En conclusión, con la excepción del Reino

Unido, sólo en los países nórdicos hay una amplia, aunque no generalizada, diseminación de los procesos de A21L.

3.9. El desarrollo del mercado de productos ecológicos: un problema de distribución

M. Azucena Vicente Molina. Profesora titular de Comercialización e Investigación de Mercados. Universidad del País Vasco.

El mercado de productos ecológicos ha crecido sustancialmente en los últimos años en España. Sin embargo, la tasa de consumo de este tipo de productos (inferior al 1%) sigue siendo de las más bajas de Europa. Este dato resulta paradójico si tenemos en cuenta que España es el segundo país europeo en la producción de alimentos orgánicos, categoría de productos ecológicos más demandada en Europa. Considerando, además, que estudios recientes muestran una alta concienciación ecológica de la ciudadanía española asimilable a la de otros países europeos, cabe cuestionarse por qué este mercado no termina de despegar.

En general, las asociaciones de agricultores y empresas dedicadas a la producción de alimentos ecológicos se quejan de que las distribuidoras comerciales centran sus esfuerzos casi exclusivamente en la exportación. En efecto, aunque el precio más alto de los alimentos orgánicos es considerado como uno de los factores de freno más importantes en este mercado, diferentes fuentes apuntan hacia la distribución como el principal responsable de los bajos niveles de consumo, ya que la oferta es prácticamente inapreciable en los establecimientos convencionales. A su vez, esta escasez de oferta en las cadenas de distribución minorista contribuye a mantener los precios por encima de lo que el consumidor medio está dispuesto a pagar por estos productos.

Un reciente estudio efectuado por la Universidad del País Vasco revela que la salud es la razón principal por la que los consumidores demandan este tipo de productos, seguida de cerca por la protección del medio ambiente. Entre los productos ecológicos más demandados se encuentran en primer lugar los alimentos frescos, seguidos por los alimentos elaborados, situándose en tercer lugar, aunque a distancia de los dos anteriores, el material de papelería.

Los consumidores de alimentos ecológicos destacan que merece la pena el precio más alto que pagan por este tipo de productos debido a su mayor calidad, mejor sabor y, especialmente, a sus beneficios para la salud. No obstante, los consumidores aluden que los principales factores que inhiben su consumo son la escasa variedad de oferta y la dificultad para encontrar estos productos en los supermercados e hipermercados donde habitualmente realizan sus compras. De hecho, en la actualidad, este tipo de productos son adquiridos preferentemente en tiendas especializadas y en mercados de abastos. Otro de los factores que limitan la comercialización es que una parte importante de la población desconoce los productos ecológicos. El MAPA, consciente de la situación, está realizando una campaña dirigida a los consumidores para que conozcan y adquieran este tipo de productos.

Cabe por ello esperar que una vez resuelto el problema de la distribución por las grandes cadenas de distribución se produzca el despegue definitivo de este mercado en España. De esta forma, además de reducir los esfuerzos y tiempo dedicado a encontrar este tipo de productos, los consumidores se familiarizarían con las ventajas de consumir productos más sostenibles y saludables, lo que contribuiría a una reducción de precios, que a su vez redundaría en una expansión del mercado. Consecuentemente, las cadenas de distribución minorista se enfrentan a un reto que, bien gestionado, puede devenir en una gran oportunidad de ventas.

4. NORMATIVA DE GÉNERO, LA EMPRESA Y LA FAMILIA

4.1. El certificado de empresa familiarmente responsable — EFR

Roberto Martínez. Director. Fundación +familia

La iniciativa EFR, diseñada y puesta en marcha por Fundación +familia, pretende generar en nuestro país un cambio cultural y socio-laboral basándose en conceptos innovadores, profesionales y de progreso como la reputación corporativa y la atracción y retención de talento en las compañías, por citar sólo aquellas más sobresalientes.

El proyecto EFR se constituye en una alternativa, en una tercera vía que complementa los desarrollos legislativos y la negociación colectiva, buscando una autorregulación de las empresas en estas disciplinas.

Empresa familiarmente responsable está basada en el fomento y desarrollo de la conciliación familia-trabajo y de la igualdad de oportunidades, soportado por un adecuado liderazgo y estilo de dirección que es preciso reafirmar o construir si no se poseyera.

Más concretamente la iniciativa se desarrolla en una serie de políticas como:

- —La calidad en el empleo.
- —La flexibilidad temporal y espacial.
- —El apoyo a la familia de los empleados.
- —El desarrollo profesional.
- —La igualdad de oportunidades.

El proceso para conseguir ser una empresa EFR consiste de forma esquemática:

—Asunción y plasmación de un compromiso al máximo nivel directivo.

—Realización de un diagnóstico para el posicionamiento inicial y la identificación de amenazas y oportunidades.

—Diseño de políticas y medidas EFR como las anteriormente mencionadas, así como de objetivos de mejora y otros soportes, especialmente los organizativos y los indicadores EFR.

—Implantación y puesta en marcha de los elementos antes mencionados, con especial atención a los procesos de comunicación interna y la gestión de expectativas de las distintas partes que conlleva.

—Puesta en marcha con controles y otras actividades de seguimiento, en especial la auditoría interna.

—Realización de una autoevaluación por la dirección de la compañía para emitir, si procede, un nuevo posicionamiento.

—Llevar a cabo el proceso de certificación a través de una tercera parte acreditada por la entidad nacional (ENAC) y autorizada expresamente por Fundación +familia. Este proceso se repite trienalmente, si bien cada año es preciso realizar un mantenimiento externo de la certificación.

—Por último y una vez superado el proceso de certificación, se procede a ceder mediante el preceptivo contrato con la fundación la marca EFR, que permite su uso en las actividades de comunicación y *marketing* corporativo.

Es preciso dejar bien sentado que el proyecto EFR está basado y orientado a resultados y a una mejora continua, de forma que las empresas certificadas deben mejorar sus resultados en la materia de forma obligatoria en cada ciclo de auditoría de certificación (tres años).

Las principales ventajas asociadas al proceso de certificación EFR que nos están informando las propias compañías son:

1) Mejora del clima laboral.
2) Aumento de la atracción de talento, vía entre otros de recepción de un mayor número de currículos.
3) Mejora de la reputación de la compañía, especialmente de aquélla asociada «al buen empleador».
4) Disminución del absentismo, especialmente del «absentismo injustificado».
5) Disminución de la rotación, especialmente en posiciones de calificación profesional media o media-alta.
6) Permite identificar primero y solventar después elementos de discriminación, como brechas salariales por razones de género.
7) Crear o profundizar en la cultura de igualdad de oportunidades y diversidad, en especial en lo referente a las personas con discapacidad.

En la actualidad son 39 empresas las que ostentan la certificación EFR, de las cuales 12 son pymes y el resto grandes compañías. En total son más de 30.000 los empleos «certificados», ello quiere decir que 30.000 hombres y mujeres desarrollan ya su actividad profesional en entornos EFR.

Para finalizar, a modo de último ejemplo, queremos citar algunas de las políticas EFR que las empresas certificadas han puesto en marcha:

- —Horarios laborales comprimidos con salida a las cuatro de la tarde.
- —Horarios «a la carta», donde por ejemplo los empleados deciden un 40% del mismo, existiendo un 60% común.
- —Teletrabajo dos o tres días en semana, con dotación tecnológica a cargo de la empresa.
- —Teletrabajo diario de forma que una parte de la jornada laboral (por ejemplo, de 8.30 a 10.30) se realiza desde el domicilio particular.
- —Para padres y madres la posibilidad de reducción de jornada en un tercio en el primer año de edad del niño sin reducción salarial.
- —En el caso de enfermedad grave de un hijo o un familiar de primer grado, posibilidad de reducir la jornada hasta un mínimo de una hora al día sin reducción salarial alguna.
- —Identificación de posiciones e incorporación de personas con discapacidad en pymes que no cuenten con la obligación legal al respecto.
- —Apoyo en la formación en nuevas tecnologías y en idiomas para hijos y familiares de los empleados.
- —Políticas de promoción de mujeres embarazadas o con hijos pequeños a puestos directivos previamente diseñados con respecto al equilibrio familia-trabajo.
- —Políticas para la conversión de empleo hasta la fecha temporal en indefinidos o en fijos-discontinuos.

4.2. Igualdad en la diferencia

Nuria Chinchilla y Consuelo León. IESE[5]

No existe la persona neutra, de tal forma que la persona es constitutivamente masculina o femenina. El ser humano es un ser personal, cuya característica fundamental es la racionalidad y la posesión de su decisión: la libertad. A la vez necesita amar y ser amado. No hay «yo» sin un «tú». «Una persona única sería una desgracia absoluta», porque la persona es capaz de darse y el don requiere destinatario. Sin correspondencia, el amor no existe. La condición racional, sexuada y capaz de amar del ser humano le permite ser «constructor de hogar».

---

5. En *La ambición femenina*. Punto de Lectura 2005.

Varón y mujer como personas, en el orden del ser, son iguales. Desde el punto de vista genético, la diferencia entre varón y mujer se limita a un 3%, un porcentaje pequeño, pero que se halla presente en todas las células de nuestro cuerpo. La consecuencia está clara: somos más iguales que diferentes y, a la vez, somos iguales y diferentes en todo. Ser varón o ser mujer supone un modo diferente de ver, entender, evaluar y, por lo tanto, de actuar en el mundo. En definitiva, nuestra biología marca también unas diferencias claras en la psicología masculina y femenina, que son la base de la complementariedad.

Solo si tenemos clara la igualdad en la diferencia, seremos capaces de ver el mundo con la verdadera visión global, la de ambos: varón y mujer y, por tanto, de redefinir roles familiares, reparto de tareas, diseño del mundo laboral y aceptación de los cambios sociales que esto supone, así como una nueva lectura de la historia, del arte, de la psicología y de las demás ciencias humanas a la luz de esta diferencia. Paradójicamente, sólo así podremos derribar discriminaciones *masculinistas* demasiado tiempo arraigadas en nuestros modos de hacer y de pensar.

Hay pruebas, como es sabido, de que los hemisferios del cerebro humano están especializados: hablan diferentes lenguajes verbales y visuales-espaciales. Se distinguen incluso dos tipos de pensamiento: el masculino (analítico, racional y cuantitativo) y el femenino (sintético, intuitivo y cualitativo).

De este modo se explica que las mujeres, en general, son mejores que los hombres en la integración de la información verbal con la no verbal, en asimilar toda clase de información periférica con rapidez. Quizá sea ésta la raíz de la llamada intuición femenina, esa capacidad de realizar un juicio rápido que más tarde suele revelarse correcto respecto a algo o a alguien con quien sólo ha estado diez minutos.

Ante todo, conviene dejar claro que las virtudes y los hábitos positivos ni son masculinos ni femeninos, son personales. Cada ser humano los conquista y desarrolla. Sin embargo, filósofos y psicólogos han insistido en destacar «la mayor capacidad para» o «la inclinación a» determinados valores de la complementariedad. Así, al hablar del binomio hombre-mujer, algunos autores contraponen diversos términos: exactitud-análoga, superficial-profundo, análisis-síntesis, discurso-intuición, competencia-cooperación, crecimiento-conservación, productivo-reproductivo.

Desde un punto de vista más espacial, se identifica al varón con la línea y el cubo —construcciones humanas— y a la mujer con el círculo y la esfera, más en armonía con la naturaleza. Desde el punto de vista de las actitudes, se habla de proyectos a largo plazo frente a la capacidad de resolver con lo mínimo, magnanimidad frente al hábito de economizar teniendo en cuenta las necesidades presentes, inventar frente a mantener, abstracción frente a concreción, búsqueda de la norma frente a una mayor tendencia a la flexibilidad, priorizar la justicia ante la preferencia por la misericordia, medición cuantitativa frente a evaluación cualitativa, especialización frente a visión de conjunto.

Sin embargo, a pesar de la tendencia de la inteligencia humana a estos antagonismos, el ser humano completo requiere de todos ellos, lo cual es una invitación al aprendizaje, al intercambio y al mutuo enriquecimiento.

Desde *best sellers* hasta artículos de prensa en Internet coinciden en que la mujer está naturalmente orientada a las relaciones personales, tiende a ser interdependiente, y en ello fundamenta su seguridad. Mientras él es competitivo y se concentra en alcanzar objetivos y metas, ella es cooperativa y, sin olvidar la meta, valora el proceso que le lleva hasta ella.

El hombre, por estar orientado a la acción, cuando siente hostilidad, la libera físicamente y, cuando algo le preocupa, se siente mejor resolviendo activamente su problema. La mujer, sin embargo, es verbal y libera su hostilidad mediante la palabra, del mismo modo que sentirse escuchada cuando habla de sus problemas contribuye a su desahogo. Las palabras, para ellas, no se limitan a transmitir una información: expresan sentimientos y pensamientos, y crean lazos de intimidad. Cuando el hombre se siente bajo presión, o bien se distrae con otras actividades, o «se retira a su cueva» para resolver su problema. La mujer se desconcierta con esta reacción: ella querría hablarlo todo, pero debe ser capaz de respetarle y esperar. Siempre acaban por «salir de la cueva», pero a su ritmo. Un ejemplo más de la diferencia son las expectativas de cada uno respecto a la relación: la necesidad primaria de la mujer es sentirse querida, comprendida y escuchada; la del hombre, sentirse necesitado, por algo se considera «el proveedor» de la familia... Por esa razón, la pérdida del trabajo, por ejemplo, puede causarle una ruptura íntima terrible, la misma que experimenta la mujer al perder una relación personal cercana.

4.3. Los modelos en la estructura familiar. Incorporación de la mujer al mundo laboral

Nuria Chinchilla y Consuelo León. IESE

Es preciso recordar que la familia ha pasado por distintas etapas cronológicas e históricas. De un modelo inicial patriarcal, en el que la importancia del clan determinaba de algún modo la estructura social y económica de la sociedad, pasamos más tarde a un modelo nuclear, formado por padres e hijos.

En la actualidad prima, en la mayoría de las ocasiones, la pareja, y se da de modo paralelo un descenso de la natalidad y un aumento de matrimonios y de parejas sin hijos, además de familias monoparentales. Dentro de la familia, la relación del padre y de la madre ya no está marcada por los roles establecidos tradicionalmente (ella se ocupa del cuidado, él, de procurar los medios para la subsistencia). En esta nueva realidad, la familia se ve más como unidad de consumo, o sociedad mercantil. Y es que, al desaparecer los hijos como uno de los fines primordiales, consecuencia natural de la unidad familiar, desaparece también el bien social que había que proteger: el menor.

El hecho de que la mujer se haya incorporado masivamente al mercado laboral no quiere decir que todas ellas deban o deseen hacerlo. Se trata, pues, de generar grados de flexibilidad en las estructuras sociales para que éstas se adapten a la familia y a sus necesidades en cada momento, y no al revés. Cronológicamente, podemos distinguir cuatro modelos de organización familiar respecto a la división del trabajo doméstico y del extradoméstico:

—M 1: es el modelo propio de la sociedad rural. El más primitivo y aún vigente en algunas zonas del planeta. La mujer trabaja dentro y fuera de la casa.

—M 2: es el de la tradicional división de roles. Él trabaja fuera y ella se ocupa del cuidado del hogar. Fue el más frecuente en las clases medias durante los dos primeros tercios del siglo XX.

—M 3: ambos salen a trabajar y ella hace doble jornada; es decir, además asume las responsabilidades de la casa.

—M 4: ambos trabajan fuera del hogar y comparten a la vez las tareas domésticas y las responsabilidades educativas. Este último modelo es el que parecen promover algunos Gobiernos en la actualidad.

Pero cabría todavía hablar de un quinto modelo, el M 5, hacia el que deberíamos llegar, en el que cada familia opta por distintas alternativas en distintos momentos de su ciclo vital, según sus necesidades, perfil y preferencias. Se trata, pues, de favorecer el marco de la libertad de elección.

La legislación y algunas medidas tomadas parecen más enfocadas a fomentar la salida de las madres al mercado laboral que a incrementar un verdadero apoyo a la familia que permita elegir con libertad entre quedarse en casa o bien compatibilizar el cuidado del hogar con otro trabajo externo.

Con respecto a la organización del trabajo, su retribución, la relación entre sexos y el equilibrio entre trabajo y familia, se observa que las fronteras entre estos dos ámbitos —trabajo y familia— son cada vez más difusas. Se produce un aparente conflicto entre roles: ¿pierde el hombre su masculinidad por compartir el mundo laboral con la mujer? ¿Reduce ella su feminidad por no ser la responsable en exclusiva de la educación y la organización interna del hogar? La respuesta, sobre todo en los años setenta, se resumía en una frase: «Somos iguales, los roles no existen». Ahora, las nuevas generaciones, hijos de aquéllas, ven las cosas de otro modo. Piden las garantías suficientes para que se dé la diversidad y quieren equidad (dar a cada uno lo suyo) por encima de una igualdad cercana al igualitarismo (dar lo mismo a todos sin atender a circunstancias especiales ni a momentos concretos).

Por otra parte, hemos de tener en cuenta que, así como existen los derechos de la persona, hay también unos derechos de la familia. Y este ámbito de privacidad debe contar también con el derecho a la intimidad. Aunque la empresa tome medidas y el Estado articule leyes y políticas para ella, debe respetarse siempre aquella información específica del empleado y lo que hace referencia a su familia; sin caer en el exhibicionismo del que tantas veces sufre nuestra sociedad, tan imbuida del influjo de cierta prensa rosa, mal llamada también prensa del corazón.

4.4. La penalización laboral por maternidad

Consuelo León. IESE

En España existe una clara discriminación en la selección de personal de las empresas no por razón de sexo, sino por el hecho de ser o poder llegar a ser madre. En el 86% de los casos y ante candidatos con las mismas aptitudes, los seleccionadores prefieren varones jóvenes. Sin embargo, cuando el puesto requiere madurez y la edad es superior, haber sido madre empieza a ser un punto a favor. En este sentido, cabría hablar del derecho a la diferencia como derecho de la mujer a integrarse en la vida pública y laboral, teniendo en cuenta su maternidad. La política y escritora Janne H. Matlary propone que «esa diferencia sea la base de una nueva reestructuración de las condiciones de trabajo». Esta postura no es desigualdad, sino verdadera atención a la diversidad. De hecho, esta desigualdad en el trato, finalmente, favorece a toda la colectividad. Pero de poco serviría este cambio si el hombre no descubre y ejerce plenamente su paternidad como complementaria a la maternidad de la mujer.

Y es que la maternidad conlleva una comunión especial con el misterio de la vida que madura en el seno de la mujer. Este modo único de contacto con el nuevo ser que se está formando crea, a su vez, una actitud hacia el hombre —no sólo hacia el propio hijo, sino hacia el hombre en general— que caracteriza profundamente toda su personalidad. En efecto, la madre acoge y lleva consigo a otro ser, le permite crecer en su seno, le ofrece el espacio necesario, respetándolo en su alteridad. Así, la mujer percibe y enseña que las relaciones humanas son auténticas si se abren a la acogida de la otra persona, reconocida llamada por la dignidad que tiene por el hecho de ser persona y no de otros factores, como la utilidad, la fuerza, la inteligencia, la belleza o la salud.

La renuncia a ser madre ha dado, en principio, más disponibilidad a la mujer para asegurar su posición dentro del mundo laboral. Sin embargo, ahora la mujer no está tan segura de que éste sea el modo mejor de permanecer en él. Se dan casos de mujeres que retrasan su primer hijo cinco o seis años y, cuando se quedan embarazadas, son despedidas a priori «por bajo rendimiento, desinterés por la empresa o escaso compromiso». Esta práctica sigue existiendo *de facto* a pesar de la nueva ley de conciliación de la vida familiar y laboral, que considera nulo ese despido. Las difíciles condiciones de esa empleada readmitida dentro de la empresa se concretan en invitaciones a dejar la empresa a cambio de una indemnización. También es cierto que existen otras empresas, en cambio, que empiezan a considerar que la vida personal y familiar es importante, que merece políticas que la hagan conciliable con el trabajo y que, además, puede ser fuente de competencias y equilibrio para el empleado.

En Estados Unidos, el 49% de las altas ejecutivas no tienen hijos, frente al 19% de los hombres en su mismo nivel. La razón es muy sencilla: en la mayoría de las ocasiones ni tan siquiera tienen marido. Mientras que el 83% de estos altos ejecutivos están casados, ellas lo están sólo en un 50% de los casos.

En cuanto a la permanencia en el mercado, los datos hablan por sí mismos. Además de las elevadas diferencias entre hombres y mujeres en participación en el mercado laboral y en nivel de paro, los datos del Consejo Económico y Social para 1998 indican que las españolas de 20 a 44 años sin hijos tienen una tasa de empleo del 67%. Las españolas de igual edad con hijos de hasta cinco años tienen una tasa de ocupación del 40%, la más baja de la UE, y casi 20 puntos por debajo de su media. La evidencia es clara: para muchas mujeres las responsabilidades familiares implican la retirada del mercado de trabajo. España deberá llegar a un equilibrio y buscar la vía más adecuada, teniendo en cuenta que, en nuestro país, los recursos destinados a ayudas familiares son entre cuatro y siete veces inferiores a la media europea.

Surge con fuerza en los ochenta el modelo de la igualdad de oportunidades, entendiéndola como igualdad en la diferencia. Las mujeres —dicen— no sólo deben estar, sino intervenir en las leyes que hacen referencia a ellas mismas y a la situación derivada de su maternidad. Del famoso grito «mi cuerpo es mío», deberíamos pasar a decir ahora «mi hijo es mío».

Autores contemporáneos como Guiddens señalan que el tema de la familia y, por tanto, también el de la maternidad se han enmarcado dentro de un nuevo pensamiento social y político denominado cultura de la separación o cultura dualista que funciona separando y dividiendo, en teoría, realidades vitales que se encuentran entrelazadas en la vida, tales como alma y cuerpo, ser humano y naturaleza, yo y el otro, mujer y varón, familia y trabajo, sexualidad y procreación, trabajo y maternidad.

En este sentido, es interesante destacar la aportación del Manifiesto Comunitarista firmado en 1992 por Mary Anne Glendon, Etzioni y otros 50 intelectuales especialistas en el tema, afirmando la necesidad de los dos —padre y madre— en la correcta educación de los hijos. Es la cultura llamada «familiarista», cuyo objetivo es la integración trimonio de pares, matrimonio de iguales, frente a la cultura de la separación.

Sólo desde la complementariedad —igualdad en la diferencia—, varón y mujer pueden afirmar «hagamos el mundo, la cultura, la empresa y la familia juntos». Únicamente desde este punto de vista, cada uno será capaz de aportar modos específicos de ser y de actuar para enriquecimiento mutuo, sin ridículas asimilaciones al modo de ser del otro. Así como cualquier niño necesita del amor y la atención tanto de su padre como de su madre, el mundo del trabajo y la vida social están esperando el genio femenino para hacerlos más habitables, para que se acomoden a las necesidades personales en cada etapa de la vida, para que cada persona pueda dar, en cada circunstancia, lo mejor de sí misma. El mundo laboral, a su vez, reclama la presencia de la mujer-madre para estar en función de la persona y de la familia, y no al revés.

Organismos públicos internacionales como la ONU han recordado en distintas ocasiones que sin familia vamos al caos. En el artículo 30 de la Plataforma de Acción o documento de Pekín (1995) se reconoce que «las mujeres hacen una gran contribución al bienestar de la familia y al desarrollo de la sociedad, cuya importancia todavía no se reconoce ni se considera plenamente». Y sigue: «Debe reconocerse la importancia social de la maternidad y de la función de ambos progenitores en la familia, así como la crianza de los hijos, que requiere que ambos —mujeres y hombres—, así como la sociedad en su conjunto, compartan responsabilidades. La maternidad, la condición de progenitor y la función de la mujer en la procreación no deben ser motivo de discriminación ni limitar la plena participación de la mujer en la sociedad. Asimismo, se debe reconocer el importante papel que en muchos países suele desempeñar la mujer en el cuidado de otros miembros de la familia».

La mujer que abandona su feminidad y admira al varón hasta imitarlo es, al final, fagocitada por el sistema y no podrá ser agente positivo de cambio. Sólo destacando la diversidad nos enriquecemos mutuamente y, como consecuencia, seremos capaces de respetarnos.

Cada varón y cada mujer, además de serlo, tienen una biografía, unas metas y unas aptitudes. Ningún poder institucional puede marcar el signo de esta revolución silenciosa, tan sólo deben tener la sensibilidad suficiente para saber lo que está pasando y favorecer un marco social y legal que facilite nuevas formas de organización laboral y social que contemplen a la familia como un núcleo esencial, protegible dentro de la sociedad, pero, a la vez, dinámico y participativo. No es válido, pues, hablar de un espacio social femenino, porque, en todas las esferas —familiar, laboral y política—, puede y debe estar la mujer. Ella es quien tiene que ir definiendo con sus acciones lo que significa el feminismo hoy, dando muestras de su voluntad, de su deseo, de su verdadera ambición.

Poco a poco se abre paso un nuevo feminismo integrador. Es el feminismo de la complementariedad, de la cooperación con el varón en todos los ámbitos de la vida —familia, cultura, empresa y sociedad—, que requiere una masa crítica de mujeres capaces y aptas para ello, en puestos clave, básicamente en centros de decisión (legislativos, laborales, políticos, empresariales) y una especial sensibilidad por parte del varón para entender esta realidad y apoyar estos cambios. Dos ideas clave cierran entonces este capítulo: la mujer está ya en el mundo laboral, no se va a ir de ahí, y la familia es de los dos: varón y mujer, padre y madre. En palabras de la antropóloga Blanca Castilla, el reto es tan ambicioso como «crear una sociedad con madre y una familia con padre». Como nota esperanzadora, hay que señalar que lo que algunos ya llaman la fiebre de la familia está contagiando también a los padres. Según un sondeo realizado por Radcliffe Public Policy Center, más del 80% de los hombres entre 21 y 39 años quisiera un puesto de trabajo abierto a los hijos.

En Estados Unidos ya han dado el campanazo, Danny O'Neil dimitió como consejero delegado de Britanic para convertirse en consultor a tiempo parcial de la firma. La razón fue que prefería tener más tiempo para jugar al fútbol con sus trillizos de nueve años. Al principio nadie le alabó; ahora, es un héroe nacional.

4.5. Hacia un cambio de mentalidad

Nuria Chinchilla. IESE

Ahora todos quieren apostar por la familia, pero ésta, para poder seguir cumpliendo su misión sin tener que obligar a los progenitores a realizar mil heroicidades diarias, necesita mejores condiciones políticas, económicas y sociales. Hoy más que nunca, empresa, familia y sociedad constituyen un triángulo en constante evolución cuyo centro es la persona, que se va formando o deformando como tal a través de estos tres ámbitos. Para que la familia siga siendo ese espacio de desarrollo personal y de humanización para sus miembros, el trabajo necesita una redefinición que lo permita.

Sólo cuando la Unión Europea nos obliga a alcanzar niveles más altos en materia de empleo, para acercarnos a los niveles de convergencia europeos —7,8% es la media— y paliar así nuestra tasa de desempleo (12,9%, la más alta de la eurozona), nos replanteamos las cosas. Por otra parte, la mayoría de las mujeres considera que el periodo que establece la legislación vigente para cuidar a los hijos es claramente insuficiente en comparación con otros países europeos. Por ejemplo, Finlandia, país pionero en participación pública de la mujer en la vida política, ofrece muy buenas condiciones para el ejercicio de la maternidad: el 68% de las mujeres se toma la baja maternal estipulada por ley de 11 meses y, durante ese tiempo, percibe hasta el 75% de su salario. En Francia la reforma de abril de 2003 es conocida ya como «el sueldo por ser madre». Se trata de una prima de 800 euros que cobrarán las embarazadas poco antes del parto, cantidad que se suma a los 160 euros mensuales percibidos a partir del quinto mes de embarazo y a los complementos y ayudas para los progenitores que dejen de trabajar para cuidar a sus hijos.

Europa, en cualquier caso, es hoy un continente paradójico. Según datos del Observatorio Europeo sobre la situación social de la familia, países de tradicional crecimiento demográfico en los años sesenta y setenta han visto descender sus tasas por debajo del nivel de reposición. En 1975, cuando España tenía uno de los índices más altos con 2,8 hijos por mujer, la casi totalidad de los países de la UE habían llegado ya a índices bajísimos. Hoy, sólo Macao, Bulgaria y Letonia los tienen menores que España. Según las Naciones Unidas, desde 1995, las españolas tienen, como media, 1,1 hijos, mientras que la media mundial esta en 2,6 hijos por mujer y la europea en 1,5. Esta circunstancia se ve agravada por el avance gradual en la edad promedio para dar a luz (30,5 años en España frente a los 27 años de Austria), dato que nos sitúa a la cabeza, junto a los Países Bajos.

A lo largo de las tres últimas décadas se ha producido lo que es, sin duda, uno de los cambios sociodemográficos más importantes en el mundo laboral de la era posindustrial. Por primera vez, las mujeres han entrado en el mercado de trabajo de forma masiva: 191 millones en la Unión Europea; es decir, el 51,2% de la población. En el año 2000 el porcentaje de participación según Eurostat iba del 40,3% en España hasta el 72,1% en Dinamarca. El 6,3% de los hombres en activo trabajan a tiempo parcial, en contraste con el 33,7% de las mujeres que optan por este tipo de jornada laboral. En números absolutos, el 18% de la población ocupada de la UE trabaja en empleos a tiempo parcial.

En Holanda, país en el que el 40% de los contratos son a tiempo parcial, los equipos de trabajo son semivirtuales y la presencia física en la oficina es sólo puntual. Por otra parte, es importante destacar que en Europa, sobre todo en los países del norte más desarrollados, el empleo femenino no ha crecido más. Parece haber alcanzado su techo, e incluso, en algunos casos, inicia un leve retroceso. Esta tendencia confirma que el 20% de las mujeres anteponen el trabajo a la familia, el 60 por ciento concilian ambas cosas o quieren hacerlo y un último 20% prefiere permanecer en casa para atender a los suyos.

Según el Eurobarómetro del año 2000, para el 97% de los españoles la familia es un valor esencial y, sin embargo, las políticas públicas diseñadas para apoyarla avanzan muy tímidamente. En nuestro país, el porcentaje de gasto social en familia respecto a los presupuestos del Estado es —según datos de Eurostat de 2002— el 2,1% del PIB, mientras que la media de la UE es del 8,5. Todavía no contamos con un Pacto de Estado que armonice y unifique las ayudas concedidas a la familia en las distintas autonomías del Estado español. Si existiera un ministerio de familia, se aseguraría el enfoque transversal de esta institución básica de la sociedad. De este modo, cualquier decisión (fiscal, de transporte, de trabajo, etc.) tomada desde el Gobierno tendría un responsable de calibrar su impacto en la misma. Se trata de que las medidas urgentes de apoyo a la familia dejen de ser consideradas meros subsidios para convertir así a la institución familiar en una realidad social de pleno derecho.

4.6. Tensiones entre trabajo y familia

Nuria Chinchilla. IESE

«Si el siglo XXI funciona», son palabras del que fue decano del IESE Juan Antonio Pérez López, «será porque la mujer tendrá una participación cada vez mayor en la organización de la sociedad, la cual se halla en un estado deplorable, está mal concebida y soporta las consecuencias de un racionalismo decadente y absurdo. Pero esta misión sólo puede ser aceptada por la mujer si no conduce a su deshumanización, si no pierde su feminidad. Porque la mujer es el núcleo de la familia, y ésta, la base de la sociedad».

El modelo de empresa que la mujer puede ayudar a implantar desde una visión verdaderamente humanista de la realidad es mucho más acorde con lo que exigen los tiempos actuales. Por ella, las empresas que quieran seguir siendo competitivas en el nuevo milenio deberán fomentar una cultura basada en los sólidos valores inherentes al concepto femenino del humanismo.

La ambición femenina consiste precisamente en querer y ser capaz de vivir el trabajo como «un valor compartido can otros intereses de la vida, fundamentalmente la familia». En este sentido, la mujer puede desempeñar «una cierta función educativa con los varones y crear una cultura laboral eficiente y productiva, pero alejada de la adicción al trabajo», evitando así algunos de los vicios modernos de la entrega al trabajo por encima de todo.

La mujer puede ser agente de cambio en la empresa, porque su aportación es específicamente necesaria y demandada en momentos como los actuales que requieren mayor flexibilidad y capacidad de aprendizaje en un entorno empresarial con estructuras más horizontales y planas. Por otra parte, entre las competencias directivas más valoradas por las empresas se encuentran varias para las que la mujer parece estar especialmente dotada: orientación al cliente, liderazgo, iniciativa, trabajo en equipo, comunicación, orientación interfuncional, gestión del tiempo...

La mujer necesita que la dejen serlo, favoreciendo y respetando fundamentalmente su maternidad, cuando sea el caso, y después —igual que en el caso del varón— respetando su tiempo después del trabajo, imprescindible y necesario para recuperarse y afrontar una nueva jornada laboral, para atender a sus obligaciones familiares y a su vida personal. Las 10 barreras que tiene la mujer para conseguirlo son, según encuestas, las siguientes:

1. Dificultades para conciliar vida familiar y laboral. Tres de cada cuatro españoles demandan horario flexible y nueve de cada diez estarían dispuestos a renunciar a una cantidad entre el 10% y el 40% de su sueldo a cambio de incrementar su calidad de vida con medidas como la libre distribución de las horas de trabajo, la reducción de la jornada o la posibilidad de excedencia.
2. Ausencia de flexibilidad laboral. Los países en los que la incorporación de la mujer al mundo laboral ha sido mayor son los menos partidarios de que ésta se dedique plenamente a su carrera profesional y defienden, además, que debería poder permanecer en casa mientras los niños son pequeños con mejores condiciones laborales. España, sin embargo, muestra porcentajes inversos —quizá porque aún no estamos de vuelta como los países de los que habla la encuesta— y es uno de los países con menos tasa de ocupación femenina.
3. El estrés. Las mujeres no toman excedencias, pero acaban enfermando. Ésta es la paradoja. La encuesta revela que hay un 65% de bajas por esta causa entre las directivas, lo que contrasta con el resto de la población laboral femenina.
4. Largas jornadas y dobles jornadas. Casi todas las directivas trabajan fuera de casa ocho horas o más, y a la vez se sienten muy satisfechas (85%) de su vida familiar, sin embargo, dos terceras partes de ellas afirman sentirse «divididas por una doble jornada».
5. Escaso acceso a la información y red de contactos masculina. Al moverse por un mundo dirigido por hombres, las mujeres se encuentran excluidas de las redes informales de poder, privadas de informaciones privilegiadas,

mal preparadas para los juegos y estrategias de las políticas de empresa, que condicionan el acceso a los puestos de dirección. Las mujeres se benefician con mayor dificultad que los hombres del apoyo de mentores o patrocinadores, en su mayoría masculinos.

6. Escasez de apoyos. Cuando se trata de evaluar los factores que han influido en el éxito profesional, solo un 10% considera que algún mentor ha influido en su trayectoria. En líneas generales, los factores subjetivos que han influido en el éxito: dedicación (70%), formación (60%), personalidad (50%) y valores personales (48%). El marido, la estrategia profesional y la red de contactos apenas rebasan el 10%.
7. Diferencias en la remuneración. Las trabajadoras españolas ganan entre un 27% y un 28% menos que los hombres por realizar la misma actividad, mientras que en el resto de la UE este porcentaje se reduce a un 15%. La interpretación de estos datos hay que realizarla con cautela, ya que, bajo estas cifras, hay diferencias importantes de antigüedad a favor de los hombres, y la retribución en variable también está en función del número de horas trabajadas.
8. Escasa formación en gestión del tiempo. Tan sólo un 30% de las encuestadas da importancia a esta competencia a pesar de ser una de las más relevantes a la hora de afrontar con éxito el conflicto trabajo-familia.
9. Dificultades para encontrar apoyo logístico en el hogar. Ellas dedican una media de 4,20 horas diarias a estos quehaceres, mientras que la media de ellos está en 30 minutos. La importancia de los abuelos como infraestructura de estabilidad es tal que, ante un cambio de trabajo directivo, ellas no consultaban a su marido, sino a su madre, ya que necesitan saber su disponibilidad concreta en su apoyo doméstico para tareas como recoger a los niños del colegio, acompañarles mientras hacen los deberes o incluso acostarles por la noche.
10. Movilidad geográfica: situación extrema de conciliación. Muchas veces la promoción supone más viajes o incluso un cambio de ciudad o país. Ante esta realidad, la mujer piensa en su marido, en los colegios de los niños, en sus padres, en sus amistades.

4.7. Reconciliación trabajo familia

Nuria Chinchilla. IESE

La vida familiar nos ayuda a ser felices, pero el concepto de lo que es el éxito sigue estando ligado a algo externo y visible. De ahí que se siga hablando de carreras en lugar de trayectorias profesionales o bien de trayectorias vitales, concepto que entiende la vida como un todo en el que la persona se va desarrollando en diferentes ámbitos.

Si analizamos el problema sólo bajo el prisma del uso y la disponibilidad del tiempo personal, es cierto que la familia puede ralentizar en ocasiones una trayectoria profesional concreta. Pero si analizamos los cuadros psicológicos de muchos profesionales, resultantes del desequilibrio entre estos dos aspectos, se pone de manifiesto que al ser humano no le basta la razón, ni siquiera tenerla toda, cuando se trata de ser feliz y tener una vida equilibrada.

Va decayendo el tópico que definía al buen directivo como aquel capaz de dejarlo todo por el trabajo. En su lugar, avanza con fuerza el que una persona sea capaz de equilibrar con éxito las dos esferas más importantes de la vida, familia y profesión: ése es el directivo verdaderamente eficaz, con auténtico liderazgo.

En los últimos 25 años, en España, han sido dos millones de mujeres las que han engrosado el mundo laboral frente a 300.000 hombres. Esta incorporación masiva de la mujer al trabajo hace que aparezca una nueva realidad social: las parejas de doble ingreso.

En España, el 64% de las familias están formadas por cónyuges que trabajan fuera del hogar. Este hecho tiene a su vez repercusiones en tres ámbitos: familiar, social y empresarial. Las características más destacadas de esta nueva realidad se manifiestan en:

—Aumento de las fuentes de ingresos (mayor nivel de vida).

—Más independencia económica y jurídica de las partes en el matrimonio, sobre todo la mujer.

—Un cambio de valores y prioridades marcados por las nuevas obligaciones del trabajo.

Mayor estrés debido a la dificultad de conciliar trabajo y familia, sobre todo en el caso de la mujer.

—Y, finalmente, descenso de la natalidad debido en muchos casos a la dificultad de asumir un embarazo y la educación de los hijos a la vez que las responsabilidades de un trabajo profesional remunerado.

En la convivencia, la escasez de tiempo y la dificultad de cambiar de rol (de ejecutiva a madre y esposa) obligan a las mujeres a «ir al grano», y esa actitud, sin duda muy práctica, puede resultar peligrosa cuando existen problemas por una u otra parte, ya que la atención pasa tan rápido que no es capaz de fijarse en ellos.

La familia afecta a nuestro trabajo de modo diferente, dependiendo de si planteamos la vida familiar como un recurso o como un problema. Cuando está planteada como recurso, puede suceder que el cónyuge ayude en la aportación de ingresos, en la realización profesional del otro y en la organización del horario familiar, dando un apoyo personal importante a su pareja y aumentando así el nivel de autoridad familiar; o bien que los cónyuges se apoyen, además, mutuamente en sus carreras respectivas, de modo que aumentan la vida social y la red de contactos personales de ambos.

Prácticamente todas estas competencias se desarrollan en el seno de la familia y revierten después en la vida profesional. La familia es ese ámbito en el que se da y se recibe, el lugar en el que cada uno aprende a dar y a darse. Una madre de familia está desarrollando cada día competencias y habilidades directivas: capacidad de comunicación a todos los niveles (desde el bebé hasta el pediatra) o de negociación. Está constantemente negociando con el cónyuge, con la persona de servicio, con los hijos... Cuando corrige y apoya en la educación de sus hijos está desarrollando su empatía y habilidad de *coaching*, además de estar delegando todo aquello que se puede delegar, poniendo objetivos y motivando su consecución en forma de encargos domésticos y trabajando constantemente en equipo.

La familia, al fin y al cabo, es eso: un gran equipo en el que todos aprenden a compartir, desarrollando la capacidad de servicio y de hacer las cosas por los demás, hábito muy necesario para fortalecer los vínculos de cualquier organización humana, la empresa incluida. Pero, para que la familia pueda seguir siendo escuela de competencias para el trabajo y para la vida, hay que estar, hay que hacer familia, compartir tiempo juntos, y aquí es precisamente donde las carencias son mayores.

El desarrollo de habilidades en la vida profesional también se traslada a la familia, ya que la persona es una sola y traslada allí donde está —trabajo o familia— sus competencias, hábitos y aprendizajes. Entre las competencias profesionales que influyen en el hogar, destacan la gestión del tiempo, la iniciativa, la negociación, el trabajo en equipo, la delegación, la toma de decisiones, la gestión del estrés y la dirección de personas.

Hemos convertido las horas de presencia en el valor central de la empresa y no a la persona que trabaja en ella y su capacidad de rendimiento. España es el país donde más horas se pasan en el trabajo, que no quiere decir necesariamente trabajando. Nuestra cultura laboral está marcada por las horas muertas ante el ordenador, en pasillos o en el despacho. Además, nuestra jornada laboral está dividida por una larga pausa al mediodía dedicada al almuerzo. Dos horas en las que se cierran acuerdos profesionales en la mesa del restaurante o, simplemente, se corta con el ritmo de trabajo para retomar los temas por la tarde sin límite claro de salida.

Las consecuencias de esta situación son bien conocidas: bajas por estrés (más frecuentes que las bajas por maternidad en las mujeres), depresión, absentismo, síndrome del *burnout* (persona quemada laboralmente) y adicción al trabajo.

4.8. Diferencias salariales entre mujeres y hombres

Mertxe Larrañaga. Universidad del País Vasco

Ya en el año 1957, el artículo 119 del Tratado de Roma por el que se creó la Comunidad Económica Europea establecía el principio de igualdad retributiva de mujeres y hombres. Cincuenta años después, el último informe de la Comisión Europea sobre

Igualdad entre mujeres y hombres plantea entre los principales retos con vistas al futuro la reducción de la diferencia de remuneración. Así pues, parece que medio siglo no ha sido tiempo suficiente para acabar con las desigualdades salariales. O dicho de otro modo, durante cinco décadas se ha incumplido de manera sistemática la legislación en materia de igualdad de remuneración.

Los datos señalan que el salario por hora de trabajo de las mujeres en la UE-25 en el año 2005 es un 15% inferior al salario de los hombres. Las desigualdades de remuneración difieren mucho según la fuente de información y sobre todo el tipo de salario de referencia. Así por ejemplo, los datos europeos estiman que en el caso español la diferencia de ingreso medio por hora es del 13% mientras que los datos del INE estiman que el salario bruto anual de las mujeres es un 29% inferior al de los varones. Estos datos tan distintos ya nos dan una primera explicación de las desigualdades salariales: una parte importante de la misma se puede deber a la diferencia de horas dedicadas al trabajo remunerado. Como las responsabilidades familiares, tanto de trabajos domésticos como de cuidado de las personas, siguen siendo asunto de las mujeres, como media su dedicación al mercado en términos de horas suele ser menor que la de los hombres. De ahí que los datos de salarios mensuales o anuales arrojen diferencias mucho más acusadas que los datos de salarios por hora.

Pero las diferencias de remuneración pueden responder a más causas. Una de las explicaciones más utilizadas es que se debe al desigual nivel de formación de mujeres y hombres. Este argumento ha perdido validez en los últimos años porque el avance de las mujeres en materia de educación ha sido espectacular y el porcentaje de chicas que alcanzan como mínimo estudios secundarios es mayor que el de los chicos. Eso sí, también es cierto que persisten diferencias en la elección de estudios y, por ejemplo, una de cada diez tituladas europeas lo es en carreras técnicas mientras que de cada diez chicos son cuatro los que se decantan por estudios de carácter técnico.

Otras razones pueden ser, por ejemplo, la diferencia en años de experiencia laboral o antigüedad en el puesto de trabajo. Es verdad que las mujeres, sobre todo las del sur de Europa, han irrumpido de manera masiva en el mercado entrados ya los ochenta, por lo que como media la antigüedad de las mujeres en el empleo será menor que la de los hombres. Finalmente otro factor que explicaría las desigualdades salariales sería la segregación ocupacional, tanto vertical como horizontal. Invariablemente, al hablar de las desigualdades salariales surge una pregunta, ¿se trata de diferencias por el mismo trabajo? La respuesta es, simplificando, que no. Si así fuera hablaríamos de discriminación directa, y en el caso de los salarios la discriminación suele ser más indirecta que directa, es decir, son diferencias salariales por trabajos diferentes pero de igual valor. Estaríamos, por ejemplo, ante una discriminación salarial indirecta si una enfermera o radióloga desempeña un trabajo de igual valor al de un técnico paramédico pero percibe un salario menor.

Lo cierto es que en los últimos años se han multiplicado los estudios que tratan de determinar qué proporción de la diferencia de remuneración es imputable a la discriminación y qué proporción se debe a otros motivos. La mayoría de los estudios coinciden en que la discriminación o el resto no explicado por otros factores representa un porcentaje «significativo» aunque varía mucho dependiendo de los países y de la metodología utilizada. Ese resto inexplicado oscila en los países desarrollados entre el 5% y el 15%.

Las preguntas que caben plantearse son por qué es bajo el nivel de salarios en las profesiones y sectores en los que predominan las mujeres y cuáles son las razones de que, en ocasiones, se produzca una disminución de salarios en los sectores y las profesiones donde se instaura el predominio de las mujeres. Parece que, aunque no necesariamente de manera consciente o con mala intención, se aplican distintos raseros a la hora de valorar los puestos de trabajo según estén ocupados por mujeres o por hombres. Y probablemente detrás de esta desigual valoración de los puestos de trabajo se esconden prejuicios sobre el valor mercantil de las calificaciones femeninas o la subestimación histórica de las ocupaciones femeninas.

La OIT afirma que un instrumento eficaz para lograr la igualdad de remuneración puede ser aplicar métodos de evaluación de los puestos de trabajo sin sesgo de género. Para ello hay que comparar y establecer el valor relativo de dos puestos de trabajo de contenido diferente desglosando sus componentes (las calificaciones y aptitudes, la responsabilidad, el empeño y las condiciones de trabajo) y puntuándolos. Si dos puestos tienen la misma puntuación merecen, evidentemente, la misma remuneración y deben evaluarse atendiendo a su contenido y no a las características ni al rendimiento de las personas que los ocupan.

Este tipo de evaluaciones puede beneficiar a las empresas porque contribuye a conocer mejor los requisitos de los puestos de trabajo y, por tanto, se pueden orientar mejor los cursos de formación y se puede mejorar la eficacia de las operaciones de contratación y de selección. Además, los programas de igualdad de remuneración ayudan a alcanzar objetivos más amplios como la reducción de la pobreza, la inclusión social y la mejora de los servicios públicos.

4.9. El desigual uso del tiempo de mujeres y hombres

Mertxe Larrañaga. Universidad del País Vasco

Aunque a veces parecemos olvidarlo, el fin que se persigue con las actividades económicas es que la gente viva mejor, aumentar el nivel de bienestar de la población. Sería, por tanto, bastante lógico pensar que las personas son el centro del análisis económico. Sin embargo no es así. la economía ha fijado como eje de análisis fundamental el mercado, el mundo público mercantil. Esto significa, por ejemplo, que en la renta per cápita, que es el indicador más utilizado para medir el nivel de vida de las personas y hacer comparaciones internacionales de bienestar, sólo se incluye el trabajo por el que se paga una remuneración, es decir, el empleo. Sin embargo, hay otros trabajos que aunque no pasan por el mercado son imprescindibles no sólo para el bienestar de las personas y los hogares, sino para el propio sistema económico. Hablamos sobre todo de los trabajos que se desarrollan en el ámbito familiar, trabajos domésticos y de cuidados, trabajos que han sido y continúan siendo responsabilidad de las mujeres. Estos trabajos han estado hasta ahora escondidos, era como si no existieran y en consecuencia carecían de valor económico, social y político. Pero es que al ocultarlos se han tapado también los lazos de unión y las interrelaciones entre el mundo público y el mundo privado, y esto le ha permitido al mercado emerger como sistema autónomo, independiente y autosuficiente.

En las últimas décadas y desde diferentes ámbitos se ha reclamado la necesidad de, cuando menos, visualizar estos trabajos históricamente ignorados. Respondiendo a esta demanda, en numerosos países y regiones se han empezado a elaborar encuestas de usos del tiempo que permiten cuantificar las horas que dedicamos a las diferentes actividades. Gracias a estas encuestas sabemos, por un lado, que son muchísimas las horas que trabajamos fuera del mercado, y, por otro lado, que mujeres y hombres siguen repartiendo su tiempo de manera diferente. Así, en la Comunidad Autónoma de Euskadi la última encuesta de 2003 muestra que nuestro nivel de vida y de bienestar se sustenta en un volumen de trabajo de la población que se reparte a partes bastante iguales entre trabajo de mercado (56% del volumen de horas trabajadas) y el trabajo no mercantil (44% del total de horas trabajadas).

Tanto la participación como la dedicación de mujeres y de hombres a los trabajos domésticos y de cuidados de las personas es bastante diferente. La tasa de participación de las mujeres en trabajos domésticos es de 91%, mientras que el porcentaje de hombres que dedican al menos cinco minutos diarios a estas actividades es del 67%. Por edades, las mujeres que tienen una mayor participación son las comprendidas entre los 35 y 59 años (96,5%), mientras que en el caso de los hombres son los mayores de 60 años (74%). Por niveles de estudios también se aprecian diferencias sustanciales en el comportamiento de mujeres y de hombres. Así, entre las mujeres la tasa de participación disminuye (tal vez porque el trabajo doméstico se externaliza, es decir, porque se contrata a alguien que lo haga) a medida que aumenta el nivel de estudios, mientras que son precisamente los hombres con estudios superiores quienes declaran participar en mayor medida en los trabajos domésticos (72%). Si distinguimos las situaciones profesionales son las y los estudiantes quienes menos participan en los quehaceres domésticos, pero la diferencia de tasas de chicas (67%) y chicos (38%) indica que la desigualdad en la dedicación a estos trabajos no se produce tras el matrimonio y la maternidad.

Si nos detenemos en la dedicación a los trabajos domésticos y en las personas que realmente dedican algún tiempo a estos quehaceres, las mujeres trabajan una media diaria de 3 horas y 53 minutos mientras que la dedicación media de los hombres es de 1 hora y 47 minutos. Esto quiere decir que, como media, a lo largo del año una mujer dedica a estos trabajos no remunerados 766 horas y 30 minutos más que un hombre.

Respecto a los trabajos de cuidados y atención a las personas, la tasa de participación resulta curiosamente baja probablemente porque no se recoge el tiempo que se pasa «pendiente de». Además, un factor que dificulta la medición de todos los trabajos desarrollados en el ámbito familiar es que, a menudo, muchos de ellos se simultanean. En cualquier caso, también en los trabajos de cuidados la dedicación de las mujeres (1 hora y 59 minutos) es mayor que la de los hombres (1 hora y 22 minutos).

Pero si la mujer media de Euskadi trabaja más en el hogar, el hombre medio trabaja más horas en el mercado (4 horas y 14 minutos frente a las 2 horas y 35 minutos de las mujeres). Eso sí, si sumamos todas las horas de trabajo, tanto del doméstico como del de cuidados y del de mercado, resulta que como media las mujeres trabajan más que los hombres. Por tanto cabría esperar que dispongan de menos tiempo de ocio y eso es precisamente lo que nos indican los datos: como media las mujeres disfrutan de una hora y dos minutos medios diarios de ocio. Otra manera de sintetizar estos datos es decir que las mujeres hacen las tres cuartas partes de los trabajos que no pasan por los mercados mientras que los hombres son los responsables del 64% de las horas de trabajo de mercado. Pensamos que esta falta de reparto de los trabajos domésticos y de cuidados dificulta claramente la inserción laboral de las mujeres y está en la base de las desigualdades laborales entre mujeres y hombres.

4.10. Igualdad de oportunidades, impulsor clave en el modelo EFR©

Paco Gay Puyal. Colaborador científico y profesor del Área de Dirección de Personas en las Organizaciones, IESE Business School. Universidad de Navarra

El modelo EFR© nace en el Centro Internacional Trabajo y Familia de IESE Business School, Universidad de Navarra, que ya desde 1999 realiza el IFREI©, acrónimo de, en inglés, índice de empresas familiarmente responsables.

A quien no conozca bien el IESE, puede resultarle «interpretable» la orientación específica en la intencionalidad de esta iniciativa y el posterior y sostenido énfasis y esfuerzos realizados en el desarrollo y difusión, incluso en el ámbito internacional, del concepto y del modelo. Es por eso, para facilitar la adecuada interpretación, que en la página *web* del Centro Internacional Trabajo Familia, www.iese.edu/icwf, se recoge uno de los pensamientos proyectivos de quien fuera director general de IESE ya fallecido y una de sus mentes, y plumas, más preclaras: Juan Antonio Pérez López.

Juan Antonio decía en 1995: «Si el siglo XXI funciona, será porque la mujer tendrá una participación cada vez mayor en la organización de la sociedad (...) Porque la mujer es el núcleo de la familia, y ésta, la base de la sociedad».

Por otra parte, creemos en serio en que la persona, sin distinción de sexo, raza, religión, etc., es poseedora de derechos inalienables al tiempo que sujeto de responsabilidades indeclinables.

Es cierto que, según las sociedades en las que se haga el análisis, encontraremos personas que viven situaciones de discriminación por razón de su sexo, de su raza, de su religión, de su pensamiento político, de sus condicionantes de estado, y por limitación física, psíquica y/o sensorial, etc. Esta situación de agravio comparativo genera situaciones de inequidad frente al principio de igualdad de oportunidades y de la propia dignidad personal, dificultando gravemente las posibilidades de pleno desarrollo de las personas que las padecen.

En este contexto la persona opta y prioriza en la medida que puede. Esta priorización tiene consecuencias, aunque a veces pasen inadvertidas en el corto plazo y no sólo a la propia persona —lo cual ya sería el argumento sin más para la acción correctora—, sino también a la sociedad en la que la persona está inserta. En nuestra sociedad, y por diversas causas de compleja y prolija enumeración, uno de los colectivos sometidos a situación de inequidad en el contexto de igualdad de oportunidades ha sido, y sigue siendo aún, el colectivo de las personas de sexo femenino. Afectadas por razón de sexo y por razón de estado pero, sobre todo, por razón de maternidad potencial o actual.

El centro de investigación de una escuela de dirección de empresas, el ICWF, tiene por misión la investigación en estas cuestiones y por tanto ser sustento de todas aquellas iniciativas que contribuyan, con seriedad y rigor, a extender el modelo y a transformarlo en una realidad efectiva en el día a día de nuestras organizaciones. Así, se trata de empujar un cambio cultural que corrija inequidades en la igualdad de oportunidades, facilite la conciliación de la vida familiar y laboral y propicie la armonización de proyectos personales, desde la comprensión de cada persona como un todo en el que se integran y luchan por tener cabida la realización de proyectos profesionales, familiares y de desarrollo personal de hombres y mujeres.

Esta clara percepción de la situación, así como la urgencia del cambio necesario, es lo que está detrás de la decisión, por parte del IESE, de aportar el modelo EFR© a la Fundación +familia, e integrarse en su patronato y en su órgano asesor.

El objetivo a estos efectos de la Fundación +familia, también pionera en este aspecto, es definir y gestionar una norma que desarrolle y sistematice el modelo EFR©, definir el sistema de gestión profesional del modelo en la organización y crear una certificación acreditativa de calidad y de compromiso de mejora continua. Es cometido también de la Fundación +familia utilizar todos los medios posibles, dentro del marco legal operativo, para la difusión, implantación en las organizaciones públicas y privadas, organismos públicos, entes locales, provinciales y autonómicos y, también, estatales, de este modelo de gestión. La Fundación se suma así al liderazgo de un proceso de cambio cultural que, entre otras cuestiones, resuelva en la práctica las inequidades antes mencionadas.

La Norma EFR©, de pública disposición previa solicitud a la F+F, sitúa la atención a la igualdad de oportunidades —también por razón de sexo y de estado— en lugar preferente. Hasta el punto de establecer «prima de puntuación» para el caso de actuaciones encaminadas a la corrección de inequidades en estos aspectos. Pero la Norma, reflejo y despliegue del Modelo, va más allá: impulsa decididamente que la cuestión no se quede en medidas políticas. Valora especialmente la actuación e incidencia del liderazgo en la organización como auténtico impulsor o freno, y en todo caso como responsable de la existencia o no de una cultura que crea y mantiene entornos organizativos en los que son efectivos los criterios de igualdad de oportunidades, la ausencia de inequidades por razón de sexo, estado, raza, religión, minusvalías, ideologías, etc.

La cultura de la organización será, finalmente, la realidad que facilita —o no— el pleno desarrollo de las personas. Un derecho inalienable de cada persona, única e irrepetible, que no será sólo por ley que vayamos a atender y a respetar.

5. LA LEY DE IGUALDAD Y LA EDUCACIÓN DE LA CIUDADANÍA

5.1. La ley de igualdad en las relaciones empresariales

María Crespo Garrido. Profesora titular de Hacienda pública de la Universidad de Alcalá.
María Hernández-Sampelayo Matos. Profesora de la Universidad Camilo José Cela

La Ley Orgánica para la Igualdad Efectiva de Mujeres y Hombres pretende dar al traste con una rémora del mercado laboral español como es la alta tasa de desempleo femenino, incidiendo más en las obligaciones empresariales que en la disposición de la Administración Pública para sentar las bases de forma que la mujer acceda al mercado de trabajo en condiciones de igualdad con los hombres.

Es cierto que hoy en día la realidad laboral de las féminas españolas no es muy halagüeña, ya que según datos de la Encuesta de Población Activa del primer trimestre de 2007 el desempleo crece en 45.500 personas, situando la tasa de población activa en 8,47%. Este incremento del paro afecta más a varones, cuya tasa es del 6,32%, que a mujeres, con un porcentaje del 11,39%. Como se ve, la tasa de paro femenino casi duplica el paro masculino, pero, ¿será la solución adecuada una ley como ésta? ¿Cuál es la causa cierta por la que los empresarios prefieren a los varones antes que a las mujeres entre sus empleados? ¿Existe una relación directa entre empleo femenino y bajas tasas de maternidad?

Para dar solución a estas cuestiones, hay que decir que sólo una visión arcaica de la realidad pretende identificar empleo femenino con baja tasa de fecundidad, pues si esto fuera cierto aparecerían grandes diferencias entre las tasas de fertilidad de las mujeres con empleos fuera del hogar y aquellas que desempeñan exclusivamente trabajo doméstico. Además, las razones que apuntan las mujeres para justificar que tienen menos hijos de los que les gustaría no son, mayoritariamente, las dificultades que se encuentran en su lugar de trabajo. Así, un 14,06% de las encuestadas por el INE en la Encuesta de Fecundidad apuntan su deseo o necesidad de trabajar fuera de casa como razón para tener menos vástagos de lo que les habría gustado, frente a un 30,82% de las que señalan la insuficiencia de recursos económicos como el principal motivo. Por lo que no se puede argumentar, tan a la ligera, que empleo femenino e hijos son incompatibles.

La Ley de Igualdad, que entró en vigor el 24 de marzo de 2007, pretende incidir tanto en el ámbito doméstico, facilitando que los padres puedan disfrutar de un permiso de paternidad de quince días, como adoptando medidas que afecten al ámbito empresarial, al imponer a las empresas de más de 250 trabajadores que coticen en Bolsa que, al menos, un 40% de los miembros de su consejo de administración sean mujeres.

Esta ley plantea medidas concretas que parecen fomentar la participación activa de las mujeres en el mercado laboral, imponiendo conductas punitivas a los empresarios si no las cumplen y, por el contrario, deja al libre albedrío de la negociación colectiva la puesta en marcha de planes de igualdad que son la verdadera herramienta para facilitar el acceso de la mujer al ámbito laboral. Por tanto, habría que poner en tela de juicio la auténtica efectividad de la ley para potenciar el acceso de la mujer al mercado de trabajo en paridad con los hombres.

Una de las críticas más importantes que se le puede hacer a este texto es que confunde la igualdad de oportunidades con la igualdad de trato. Nada tiene que ver dar el mismo trato a personas con diferentes capacidades con permitir que las mujeres accedan al mercado laboral en condiciones de igualdad con los hombres. Para que las trabajadoras puedan ejercer su profesión en las mismas condiciones que los hombres, habría que liberarles o ayudarles a despojarse de las cargas que sobre ellas recaen y no sobre el hombre con una doble finalidad; por una parte, para que al empresario le sea indiferente contratar a una mujer o a un hombre, y por otra parte, para que ella pueda desarrollar su carrera profesional sin más trabas que las estrictamente laborales.

Es función del sector público el regular aquellas facetas que el mercado no hace correctamente, y de cualquier Gobierno, el establecer las condiciones para que se mejore la eficiencia laboral, de forma que los empresarios incentiven la contratación siguiendo criterios de mérito y capacidad. En España el mercado laboral se caracteriza por una bajísima productividad, y si queremos mejorar la eficiencia, el camino no es imponer conductas a los empresarios sino establecer medidas efectivas, como potenciar la reducción de la jornada laboral, incentivar la contratación de mujeres reduciendo sus costes laborales, financiar medidas de auténtica conciliación de la vida laboral y personal, impartir y financiar formación de las mujeres que hayan salido del mercado de trabajo y se reincorporen a él pasado un tiempo...

No pueden cargarse las tintas contra el empresario, porque trasladar la responsabilidad de la Administración Pública a las corporaciones empresariales no fomentará la contratación de mujeres sino que contribuirá a reducir la ya baja productividad de los trabajadores españoles, con la pérdida de competitividad que esto conlleva en un mercado global.

La confusión entre la igualdad de oportunidades y la igualdad de trato supone una grave injusticia cuando esto se produce tanto en el ámbito laboral como en el terreno educativo. Cualquiera entiende que la educación es el verdadero motor para conseguir la igualdad, que no el igualitarismo, entre hombres y mujeres. Hoy en día el 70% de los pobres del mundo son mujeres y dos tercios de los analfabetos son del sexo femenino. Por tanto, si verdaderamente quiere conseguirse la igualdad de trato en el ámbito laboral, social e incluso personal, hay que empezar por educar a la población para que todos seamos capaces de reconocerle a cada uno la dignidad que le corresponde, evitando así muchas situaciones de desigualdad. Si los poderes públicos no saben dar solución a los problemas existentes, en ningún caso se debe trasladar la responsabilidad a las empresas privadas cuya misión es ser eficientes y hacer una buena gestión para que sus accionistas puedan recibir los dividendos derivados de los beneficios resultantes.

5.2. La ideología de género en la educación para la ciudadanía

Benigno Blanco

La reciente Ley Orgánica de Educación (LOE) creó una nueva asignatura denominada Educación para la Ciudadanía (EpC) que se va a impartir a todos los escolares españoles entre los 10 y los 18 años, tanto en primaria como en secundaria y bachillerato.

Desde el anuncio inicial de creación de la nueva asignatura se levantaron voces críticas que advirtieron del riesgo de intromisión en el derecho constitucional de los padres a decidir los criterios morales y, en su caso, religiosos con que deben formarse los hijos (artículo 27.3 de la Constitución).

Conocidos los contenidos definitivos de la asignatura se ratifica claramente que tiene un hondo calado moral, tanto por su vocación expresa de formar la conciencia de los escolares como por el planteamiento relativista de la ética y la presencia de la terminología y los conceptos de la ideología de género.

Uno de los motivos por los que muchos padres de familia en España ven con preocupación esta asignatura es la presencia en ella de contenidos propios de la ideología de género incluso expresamente saludados como positivos desde el entorno del PSOE. Así, Pedro Zerolo, miembro de la ejecutiva del PSOE, declaraba el 24 de noviembre de 2007 a la revista *Famille Chretienne* lo siguiente: «Nosotros queremos promover un pluralismo moral que logre la plena igualdad para los gays y las lesbianas. En esta perspectiva, la nueva asignatura de Educación para la Ciudadanía es un paso de gigante». Estas palabras del líder del *lobby* gay y del PSOE no hacían más que reflejar los contenidos de una proposición no de ley aprobada pocos meses antes por la Comisión de Educación del Congreso de los Diputados, conforme a la cual el Gobierno «ha de impulsar, en colaboración con las CC AA, medidas conducentes a lograr el efectivo respeto en el sistema educativo de la diversidad afectivo-sexual (...)» y «fomentar y orientar actuaciones en los centros educativos para fortalecer las capacidades afectivas del alumnado y el rechazo a toda forma de violencia y a los prejuicios que alimentan las actitudes homofóbicas»; todo ello, para lograr «la eliminación de las actitudes homofóbicas y transfóbicas, esas actitudes y comportamientos que se caracterizan por su aversión obsesiva hacia las personas cuya orientación sexual no se ajusta al patrón mayoritario», según indica la exposición de motivos, que concluye afirmando que «esta intención de normalizar la consideración entre iguales de la orientación sexual se ha incluido en la LOE como un objetivo...».

En efecto, la ideología de género está presente una y otra vez en EpC con su terminología específica: orientación afectivo-sexual, diversidad afectivo-sexual, homofobia, etc.

Para la ideología de género, «hombre» y «mujer» no son realidades naturales sino construcciones culturales; la diferenciación sexual —como la distinción de clases para el marxismo— es algo negativo, estructura de opresión a eliminar; no existen dos sexos naturales sino distintas orientaciones sexuales, todas ellas de idéntico valor; cada uno puede y debe inventarse a sí mismo en materia sexual sin tener que atenerse a ninguna atadura previa ni biológica, ni moral, ni cultural ni funcional. El objetivo de la ideología de género es acabar con la propia diferenciación de sexos y, para ello, destruir el matrimonio y la familia como estructuras opresivas que esclavizan al hombre al fijarlo como varón y a la mujer al atarla a su condición de hembra.

Los ideólogos de género pretenden deconstruir el concepto mismo de familia, la educación, el lenguaje y la religión. Estas realidades para ellos son, en su significado tradicional, opresivas y contrarias a la verdadera liberación personal, pues presentan la atracción entre hombre y mujer como natural cuando no es más que una construcción histórica al servicio del despotismo del hombre sobre la mujer y de los heterosexuales frente al resto de orientaciones sexuales. La maternidad y su ámbito, el matrimonio, son los obstáculos para la definitiva liberación; por eso hay que promover las técnicas de reproducción asistida que nos liberarán de la última esclavitud: quedar embarazadas y parir.

La ideología de género es la rebelión última del ser humano contra su condición de criatura, en palabras de Ratzinger. Conforme a esta ideología el hombre niega su condición espiritual y se libera de su propia condición biológica. Ya nada le ata, se puede crear a sí mismo.

5.3. Objeción de conciencia frente a una educación para una ideología

Benigno Blanco

La nueva asignatura de Educación para la Ciudadanía (EpC) es, vistos sus contenidos aprobados por real decreto, un instrumento para imponer la peculiar ideología de un grupo de influyentes intelectuales de la izquierda española y de algunos *lobbys* al conjunto de los escolares.

¿Por qué alguien, sea quien sea, se cree en el derecho a imponer a los demás su peculiar visión de la vida y la sociedad? No es de extrañar ni la reacción social de rechazo que se está produciendo ni que se proponga en concreto la objeción de conciencia como instrumento específico para formalizar tal rechazo.

En efecto, EpC consagra una peculiar visión de la sociedad y la ética que en España han defendido intelectuales cercanos al PSOE como Peces-Barba o Llamazares. ¿Por qué todos los niños españoles han de ser educados conforme a los criterios éticos de estos señores y no conforme a los criterios de sus padres que son los titulares del derecho constitucional a educar a los menores? La objeción de conciencia es el derecho constitucional que permite precisamente defender la formación en conciencia de los propios hijos frente al intento ideológico de imponer desde el Estado una formación ideológica partidista. Con la objeción de conciencia se defiende el derecho del artículo 27.3 de la Constitución.

Además, EpC presenta a los chicos y chicas como único referente ético para su conducta personal y social las normas jurídicas. Esto es tanto como educarles en que su ética personal debe ser la del legislador de cada momento, es decir, la del poder. Serio peligro para la democracia supone este planteamiento. No es una educación para la ciudadanía, sino para la ideología de unos pocos. Por eso, la objeción de conciencia se presenta como una reacción jurídicamente proporcionada y adecuada al conflicto planteado.

Todos los niños españoles tendrán que estudiar entre los 10 y los 18 años, según lo dispuesto en la LOE y en los reales decretos que establecen el contenido mínimo básico de Educación para la Ciudadanía para toda España, una concepción de la persona y de la ética objetivamente incompatible con las convicciones de millones de familias españolas sobre la moral y la persona. Frente a esta imposición legal que establece una obligación universal, el Foro Español de la Familia propone que se reaccione planteando objeción de conciencia. No se objeta ni frente a los centros, ni frente a los profesores ni frente a los libros de texto, sino contra la norma jurídica que impone una obligación contra la propia conciencia.

La objeción de conciencia es un derecho constitucional que forma parte del derecho a la libertad ideológica y religiosa amparado por el artículo 16.1 de la Constitución, según ha aclarado el Tribunal Constitucional en sus sentencias 53/1985, de 11 de abril, y 15/1982, de 23 de abril, entre otras. Por lo tanto, objetar es tan normal como ejercitar cualquier otro derecho constitucional, aunque no sea habitual. En este caso concreto, además, se trata de una objeción en defensa de otro derecho constitucional —el del artículo 27.3 que consagra el derecho de los padres a decidir la formación moral que debe recibir su hijo—, por lo que esta objeción tiene una especial fuerza.

La objeción de conciencia es la respuesta de un ciudadano que, en defensa de sus convicciones morales más íntimas, se niega a cumplir una obligación que le impone una norma jurídica. Por lo tanto, frente a los contenidos moralmente rechazables de Educación para la Ciudadanía, todo padre de familia o es objetor o está a favor de que su hijo reciba esas enseñanzas, al igual que todo médico o enfermera o es objetor frente a la práctica del aborto o está en disposición de practicarlo.

Cuestión distinta de ser objetor o no es la de cuándo se debe formalizar ante la Administración esa objeción de conciencia. En el supuesto más normal se formaliza la objeción de conciencia cuando a un ciudadano en particular se le exige en concreto que cumpla la obligación legal frente a la que su conciencia se rebela. Pero nada obsta en nuestro ordenamiento jurídico a que un objetor de conciencia formalice frente a la Administración su objeción antes de que se le requiera a él en particular a cumplir con la obligación que confronta con su conciencia o antes de que se materialice para él la amenaza.

En el caso concreto de Educación para la Ciudadanía, el Foro Español de la Familia (y el resto de las organizaciones que patrocinan la objeción de conciencia) está aconsejando a todos los padres de familia, objetores de hecho frente a los contenidos básicos fijados por el Estado para esta asignatura, que formalicen ya por escrito ante los centros escolares en que estudian sus hijos su condición de objetores por solidaridad con todas las familias españolas que ya el próximo curso van a verse afectadas por la deformación moral que implica la nueva asignatura.

Si somos objetores y no formalizamos la objeción porque en nuestra comunidad autónoma todavía no se va a aplicar esta asignatura, o porque nuestros hijos no están en la edad en que corresponde cursarla, o porque tenemos la garantía subjetiva de que en nuestro centro escolar en concreto —diga lo que diga el BOE— va a darse esta asignatura con contenidos correctos, estaríamos dejando solas e indefensas a aquellas familias que no están en estas circunstancias y que, a lo mejor, no pueden defenderse frente a la intromisión estatal en sus convicciones más íntimas respecto a la formación que deben recibir sus hijos.

La obligación primigenia de todo padre de familia es preocuparse en primer lugar por sus hijos, pero también todos somos responsables de, y estamos obligados con, los hijos del resto de familias españolas. Formalizar ya la objeción frente a EpC puede ser una responsable manifestación de esta preocupación por los hijos de todas las familias.

5.4. Desigualdad de género en la educación

Mariano del Castillo. Director del Instituto de Técnicas Educativas de la CECE

El nuevo dato con los resultados del sistema educativo español sirve para subrayar los existentes en dos grandes direcciones:

—La primera se refiere al índice de fracaso. España sigue abanderando el fracaso de los países desarrollados, con un 30%, índice que, quitándole la idea de resultado estadístico, supone que cada año 130.000 jóvenes españoles pierden pie en la carrera del futuro. Eso implica que en 10 años se añadirán 1.300.000 a las personas desajustadas que compongan nuestra sociedad, en la franja de los 20 a 30 años. Una población con mayor probabilidad de resultar conflictiva a causa de la rotura de su desarrollo académico. Pero de esa cantidad no son mitad mujeres y mitad hombres, serán 300.000 mujeres y 1.000.000 de hombres.

—La segunda permite comprender mejor que ese fracaso no afecta por igual a todos los españoles. Hay 14 puntos de diferencia entre los chicos y las chicas, a favor de estas últimas. El fracaso se refiere sobre todo a los varones; y sobre todo, a los varones que estudian en centros públicos. Puede afirmarse que más del 50% de los chicos que estudian en institutos públicos no terminarán sus estudios; mientras que en el caso de las mujeres, ese porcentaje no llega al 20% en ninguna CC AA.

Es decir, fracaso, pero fracaso que afecta de modo desigual a los diversos segmentos de población: afecta mucho a los que frecuentan la escuela pública (hay diferencias según las CC AA) y menos a los que siguen su formación en centros privados. Y afecta muchísimo más a los varones en todas las escuelas (aunque más a los de centros públicos), atacando poco a los alumnos de las escuelas de educación diferenciada.

Éstos son los datos: los que nacen de los estudios que tiene España y los que proceden de los propios centros. No sirve refugiarse en un rotundo rechazo de la desigualdad, mientras se mantienen las más importantes variables que hacen que esa desigualdad perviva atacando especialmente a los más débiles. No se trata de la desigualdad inicial, tan denunciada por los sectores feministas, que discriminaba a las mujeres. Se trata de la desigualdad real, que nadie denuncia por no ser políticamente adecuado.

La escuela española está provocando un problema y no pone ningún medio para resolverlo. Los países como USA, Canadá, Australia, entre otros, están hondamente preocupados por este motivo. Y destinan esfuerzos, estudios, abren paso a iniciativas que tratan de resolver las cosas, experimentando soluciones: clases para chicos en algunas materias, planteamientos del tiempo escolar que tenga referencia a las diferencias psicológicas entre niños y niñas, incluso soluciones legislativas que afrontan el problema. No se dejan cegar —ellos, que abanderaron el movimiento feminista, o la coeducación—, por un velo ideológico, sino que intentan resolver los problemas cuando, como ahora, son tan evidentes.

Ésa es la función de los políticos: desde la realidad encontrar soluciones a los problemas, imaginar un futuro mejor y tratar de conseguirlo. La Ley de Igualdad tiene efectos buenos al tratar de corregir discriminaciones. Pero no puede forzar la realidad. Algunas de esas discriminaciones provienen de las soluciones adoptadas al corregir las desigualdades que, por motivo de género, relegaron a las mujeres en el pasado. Ahora, con sensatez, se trata de analizar los datos y tomar nuevas decisiones. No cabe adoptar posturas militantes ante los problemas reales. Eso no es inteligente. Lo sensato es volver a estudiar los problemas que tiene la escuela, comprender sus causas, tratando de evitar la contaminación de la ideología que lleva a encontrar como solución la respuesta que se busca.

5.5. La educación para la ciudadanía. La objeción de conciencia y el centro escolar

Mariano del Castillo. Director del Instituto de Técnicas Educativas de la CECE

Unas primeras explicaciones sobre la Educación para la Ciudadanía y los problemas que plantea. Son de tres tipos.

1. El primero se refiere a las cuestiones vidriosas: la homosexualidad, tipos de familia, educación afectivo-sexual, etc., se trata de las *boutades* que Zapatero ha querido introducir, animado por el colectivo gay, en esta materia.
2. El segundo se refiere a la manera en que, desde la EpC, trata de formarse la conciencia de los jóvenes: desde el debate se construyen normas morales, sin referencia trascendente, ni orientación de la propia familia: eso es el relativismo del que hablan los obispos.
3. La tercera toca la libertad de los padres —y su derecho— para educar de acuerdo con las propias convicciones. Decía el cardenal Rouco —y quizá éste es el ejemplo mejor— que, aunque la EpC trate de explicar el catecismo de la Iglesia católica, habría que oponerse, ya que no se puede suplir la voluntad libre de la familia, sin una elección deliberada por parte de cada familia.

Seguidamente, el tema de la objeción en sí misma: es necesario comprender que no va dirigida al colegio, sino a la materia, tal y como ha sido presentada en los reales decretos que tratan de su currículo, y también en los desarrollos que hacen las CC AA. Precisando, además, que se trata de ejercer un derecho, no de otra cosa. Por ese motivo, el colegio no tiene más solución, al recibir la información de cada objeción, que trasladarla a la autoridad administrativa, que es la que debe de decir si la acepta o no, y proponer un plan alternativo para la persona que objeta. Es patente que el colegio sólo es informado, no tiene nada que decidir; solamente debe anotar que tiene un problema con ese alumno, que no desea acudir a clase de una asignatura obligatoria. Es lo mismo que le sucede con una clase de Educación Física, muy frecuentemente, y, a veces, con una de Religión, en el caso de colegios que imparten esa materia.

Dos cuestiones me parecen relevantes.

Una, la manera en que se va a poder afrontar este tema desde las familias que llevan sus hijos a colegios públicos. En ellos, en la mayoría de los casos, no va a ser comprendida bien la objeción de conciencia, por lo que las posibilidades de adoctrinamiento son muy superiores a las de los demás centros educativos. También por ese motivo es preciso llevar a cabo una acción solidaria con esas familias (70% de las familias españolas, y quizá las más pobres de todas) a fin de darles las mismas oportunidades de ejercitar sus derechos que a todas las demás.

Otra, la libertad de los centros y la manera en que respetan las libertades de los demás. Desde los colegios no hay derecho a frenar la objeción. No les pertenece esa decisión. Pueden no animarla, pero deben respetarla, sin amenazas ni soluciones que en la práctica la hagan inviable. Desde luego caben todas las opiniones, y pienso que sería bueno que se manifestaran formalmente: por ejemplo, no me cabe en la cabeza el silencio de los 1.800 centros de la FERE que aparecen compartiendo la postura de su secretario general, sin ninguna discrepancia, matiz o manifestación de libertad asociativa. Pienso que esa falta de opinión es quizá el aspecto más preocupante del momento actual.

A fin de cuentas, lo que los colegios deben preparar es una solución alternativa que respete el derecho —un derecho incómodo sin ninguna duda— de las familias, y que sirva para resolver con tiempo los recursos de objeción que han comenzado a multiplicarse.

5.6. Repartir y compartir familia y trabajo

Eva Holgado Pascual. Presidenta de la Federación Española de Familias Numerosas.
Julio Iglesias de Ussel. Universidad Complutense de Madrid

Si las relaciones trabajo-familia son complejas cuando se tienen uno o dos hijos, no digamos cuando se tienen tres, cuatro, cinco o seis hijos. Si pensamos en la cantidad de obstáculos económicos y sociales que hay hoy en día, ser familia numerosa es un acto de valentía, y si nos situamos en un contexto laboral que tradicionalmente ha olvidado que los trabajadores son, ante todo, personas que tienen una familia, formar una familia numerosa es una heroicidad.

Aunque el panorama ha mejorado en algunos aspectos, la conciliación sigue siendo uno de los principales frenos de muchas personas a la hora de tener más hijos. Sabemos, lo ha dicho el CIS, que las mujeres querrían tener más hijos de los que tienen, tienen de media 1,3 pero desearían tener 2,7, y que las relaciones trabajo-familia están detrás de esta realidad.

Realmente, hoy no se tienen más hijos porque las familias, fundamentalmente las mujeres, siguen enfrentándose a muchas dificultades para poder hacerlo; porque formar y mantener una familia con varios hijos sin tener que renunciar al trabajo es algo que todavía resulta muy complicado. Y ahora estamos sufriendo las consecuencias de una mala concepción del trabajo, que durante años hemos tenido todos, empresarios y trabajadores, y que ha puesto en peligro la salud de nuestras familias y la educación y el desarrollo de nuestros hijos.

El trabajo de los padres, el excesivo tiempo dedicado al mismo, puede afectar a cuestiones impensables en principio, como la alimentación de nuestros hijos y la adquisición de hábitos saludables. Recientemente he escuchado a expertos en nutrición señalar que están aumentando de manera notable los casos de obesidad infantil por el fenómeno de los «niños llave», es decir, niños que llegan del colegio, entran en casa con su llave y permanecen solos hasta las ocho de la tarde. Estos niños asaltan la nevera de manera libre y no hacen nada de ejercicio, porque se pasan la tarde delante de la tele o el ordenador, lo que a la vez entraña otros peligros importantes.

Es necesario —es urgente, diría yo— adecuar los horarios laborales de los padres a los horarios escolares de los niños para que podamos recuperar el control de la educación de nuestros hijos. Hoy tenemos herramientas a nuestro favor, muy útiles, para poder compaginar trabajo y familia, como son las tecnologías de la información y la comunicación, y lo único que falta es conciencia social y voluntad real por parte del empresario, que afortunadamente está empezando a actuar.

Pero es injusto dejar toda la responsabilidad en manos de las empresas. Es necesario que el Estado se implique, que favorezca, que incentive a las compañías que apoyen a sus empleados para que puedan desarrollar plenamente su doble faceta de trabajadores y miembros de una familia. La nueva Ley de Igualdad ha supuesto un avance en cuanto a disponer de una legislación más activa y más dura contra las empresas que discriminen en razón de la maternidad. Ahora falta la otra parte, mayores gestos por parte del Estado hacia aquellos centros de trabajo que se esfuercen por apoyar a sus empleados en el desarrollo de su vida familiar.

Hay que premiar de verdad a las empresas que ayuden a conciliar trabajo y familia, que tengan una flexibilidad horaria y espacial real, que creen guarderías en los propios centros de trabajo... Son importantes los premios, las normas de calidad que otorgan las entidades sociales —buen ejemplo es el trabajo de la Fundación +familia a través de su certificado de empresa familiarmente responsable—, pero es preciso que el Estado aporte elementos de valor para que las empresas se animen de verdad a ser familiarmente responsables. Ya hemos solicitado a la Administración que reconozca estas políticas de conciliación en los concursos públicos, a modo de reconocimiento por la labor social que desempeñan estas empresas y para estimular a otras a que sigan el mismo camino.

Debemos encontrar soluciones que impliquen a todos los agentes sociales. Soluciones en la pareja, en las empresas, en los Gobiernos, que permitan a los hombres y las mujeres repartir y compartir las obligaciones y necesidades afectivas de la vida familiar, y las oportunidades laborales, de manera que la igualdad hombre y mujer para ambos sea efectiva, tanto dentro como fuera del hogar.

En definitiva, es necesario reorganizar la sociedad para adaptarla a los cambios que han sufrido los roles masculino y femenino, y cambiar drásticamente los tiempos y las prioridades para que la familia, los hijos, nuestra vida personal, ocupen un lugar preferente y tengan la dedicación que merecen.

5.7. La familia y el marco legal: ayudas, políticas estatales y legislación

Nuria Chinchilla. IESE

Como certeramente resume el profesor Lecaillon, de la Universidad Pantheon-Assas, Paris II, «tener hoy una familia supone un auténtico desafío. Los padres y madres son auténticos emprendedores: deciden tener unos hijos y los educan aportando riqueza a la sociedad, muchas veces a pesar de las escasas ayudas. Por ello, 'las sociedades modernas deberán establecer un contrato social para la familia de las mismas dimensiones que la contribución familiar al sistema económico... Una pequeña revolución consistiría en que los sistemas de pensiones se conviertan en dividendos de paternidad. Por ejemplo, obligar a que los hijos paguen los impuestos que conforman el sistema nacional de pensiones para que luego se conviertan en planes de pensión para sus padres».

«Es de justicia reconocerles esta aportación y una llamada a la responsabilidad de todos es evitar que la fuente se agote. Europa hoy carece de un concepto común de lo que es familia, la familia es competencia de cada Estado y la concordancia entre las distintas políticas de los Estados es escasa. Sólo con un cambio de perspectiva en este sentido es posible hablar de un nuevo desarrollo sostenible aplicado a las personas. No basta con fomentar políticas natalistas, hay que dar apoyo a la educación de esos hijos en todas sus etapas. Únicamente de este modo cada país contará con una población sana, de ciudadanos capaces de convertirse en productores en todos los sentidos (económico, social). Toda política familiar debería plantearse como una inversión a largo plazo con un claro retorno sobre la inversión y nunca como subsidio o apoyo. El contar con un marco general europeo sobre política familiar sería el punto de partida ideal. La familia como célula básica de la sociedad requiere para su desarrollo estar inmersa en comunidades de personas estables, con reconocimiento institucional a todos los niveles».

Un grupo de expertos de la UE está desarrollando actualmente programas tendentes a favorecer la igualdad entre hombres y mujeres en el mercado laboral, en el que se han planteado cuatro niveles de iniciativas:

a) Legislación en torno a la maternidad/paternidad y sobre medidas concretas de conciliación.

—La baja de maternidad está generalizada en Europa, lo que permite a la mujer embarazada interrumpir su actividad profesional para poder ocuparse de los cuidados previos y posteriores al parto. Su duración y sus características varían de un país a otro. La directiva comunitaria 92/85 establece un mínimo de 14 semanas, que rige en países tan diversos como Alemania, Irlanda, Portugal o incluso Suecia. En España la duración es de 16 semanas, periodo mayor que lo estipulado por la directiva europea, aunque por debajo de las 24 semanas de Dinamarca, las 22 de Italia o los 11 meses de Finlandia. En nuestro país se pueden tomar un máximo de 10 semanas antes del parto, aunque existe la obligación de tomar un mínimo de 6 semanas tras el parto.

—El permiso de paternidad es un derecho específico e intransferible del padre, al margen de la posibilidad de la utilización conjunta del permiso parental. Suecia ha sido pionera en este campo, pues concede 10 días parcialmente remunerados tras el parto y 30 días adicionales (no transferibles a la mujer). En España, el permiso por paternidad dura 15 días, ampliables a dos días más si se requiere desplazamiento físico, y está plenamente remunerado. Condiciones muy similares existen en Bélgica, Alemania, Francia, Luxemburgo, Países Bajos y Portugal, si bien, en estos dos últimos países, este permiso no está remunerado por ley. En Dinamarca, los padres tienen derecho a una baja de 2 semanas durante las 14 que siguen al nacimiento. En Finlandia 3 semanas y 4 en Noruega, país en el que, además, pueden beneficiarse de otras prestaciones o subsidios y donde para los hombres estas 4 semanas son en exclusiva para ellos. El primer ministro finlandés, Pavo Lipponen, se tomó el permiso como padre cuando nacieron sus dos niñas. «De este modo», decía, «está surgiendo una nueva masculinidad, una cultura de la paternidad muy positiva para los niños».

—Excedencias para el cuidado de hijos: la baja por educación o cuidado de los hijos existe en bastantes países europeos y permite que el trabajador, hombre o mujer, padre o madre de hijos menores, interrumpa su actividad laboral.

b) Ayudas directas a la familia y, más en concreto, subvenciones económicas por número de hijos —a partir del segundo y tercer hijo— independientemente del nivel de renta.

—Los subsidios familiares existen, hoy en día en gran número de países europeos según fórmulas diversas: subsidio de nacimiento, familiar, de educación, de salud, de ayuda a familias que acogen o adoptan. Existen también seguros para mantener el nivel de ingresos durante el periodo de inactividad.

En España, después de la descentralización del Estado en comunidades autónomas, gran parte de las ayudas siguen también este camino. Según el Instituto de Política Familiar, en su tercer informe, presentado en mayo de 2003, el 30% de las comunidades autónomas sigue sin dar ningún tipo de ayudas directas a las familias (Madrid, Extremadura, La Rioja, Baleares y Asturias). Este porcentaje asciende casi al 50% si se tiene en cuenta que Aragón, Canarias y Valencia sólo dan ayudas directas por parto múltiple a partir de trillizos. Respecto al año 2002, han aumentado las comunidades autónomas que conceden estas ayudas: Galicia, Cantabria y Valencia. Otras, como Navarra, Castilla-La Mancha y Castilla y León, han aumentado los conceptos de las prestaciones, y otras tres (Cataluña, País Vasco y Castilla y León) han aumentado las cuantías.

Descendiendo a detalles, en Navarra, se puede solicitar una ayuda directa de 330 euros al mes a partir del segundo hijo, cantidad que se percibe hasta que el niño cumple un año. Además, las familias numerosas reciben una ayuda de 360 euros al año por cada hijo menor de 18 años a partir del cuarto hijo. Cataluña ofrece una ayuda universal de 481 euros anuales a partir del primer hijo y hasta que este cumpla tres años; si se trata de familia numerosa, la cantidad se eleva hasta los 600 euros y se extiende hasta los seis años. En el País Vasco la cantidad se eleva aún más: 1.100 euros a partir del segundo hijo y hasta que éste tenga cinco años. La Junta de Castilla y León, una de las autonomías con mayores problemas de envejecimiento, es sensible a las familias: aplica medidas como el pago de 1.803 euros por el nacimiento del tercer hijo, pero a condición de que la unidad familiar no supere los 36.060 euros de renta anual.

c) Ayudas indirectas o fiscales referidas al IRPF y, por lo tanto, dependientes del nivel de renta.

Los distintos Estados europeos han combinado medidas directas e indirectas en la mayor parte de las ocasiones. Las deducciones fiscales, en general, son pequeñas y ridículas, más en función del nivel de renta que del número de hijos y, finalmente, constituyen más bien una ayuda para paliar la pobreza social.

Como defiende Eugenio Simón Acosta, catedrático de Derecho Financiero y Tributario de la Universidad de Santiago de Compostela, una posible solución sería pagar el IRPF teniendo en cuenta la verdadera capacidad contributiva individual; es decir, a partir de la renta disponible después de gastos de alimentación y manutención de las familias. Entramos así en un nuevo concepto de renta: la renta familiar.

Educar a un hijo —manutención más educación— cuesta entre 4.800 y 10.200 euros al año (800.000 y 1.700.000 pesetas), y, desde que nace hasta que cumple los 18 años, entre 108.000 y 180.000 euros (18 y 30 millones de pesetas). Las deducciones contempladas en el nuevo IRPF son:

—1.400 euros para el primer hijo, 1.500 para el segundo, 2.200 por el tercero y 2.300 por el cuarto y siguientes. Es decir, 1.400 euros por un hijo, 2.900 por dos hijos, 5.100 euros por tres hijos y 7.400 euros por cuatro hijos, después se van añadiendo 2.300 euros más de deducción por cada hijo.

—A partir del primer hijo, existen grandes desigualdades entre comunidades autónomas: desde los 36 euros por hijo en Canarias hasta los 1.502 euros en Navarra.

—Deducción de 1.200 euros para madres por cada hijo menor de tres años, cantidad que se añade a la reducción general o, si se prefiere, ayuda directa de 100 euros al mes para las madres trabajadoras.

—800 euros para familias con personas mayores de 65 años. Además, se ha creado una deducción adicional por asistencia a los familiares que conviven con personas mayores de 75 años.

Otra ventaja sería que tanto la madre trabajadora como la empresa para la que trabaja queden exentas del pago de las cuotas a la Seguridad Social de la mujer durante el primer año de maternidad.

d) Infraestructuras para las familias favorecidas por el Estado.

—Los servicios de guardería: en España sólo el 2% de los niños de 0 a 3 años tienen plaza en guarderías financiadas por el sector público, frente al 50% de Alemania, el 48% de Dinamarca, el 33% de Suecia o el 31% de Noruega.

—En cuanto al porcentaje de personas dependientes que reciben cuidado a domicilio, en España sólo estamos en el 1% frente al 24% de Finlandia, el 17% de Dinamarca, el 14% de Noruega o el 13% de Suecia o Suiza. En España, existen alrededor de 1.200.000 personas dependientes. La mayoría son cuidadas en casa y por personas de la familia. A las cifras nos remitimos: el 90% de las mujeres que se quedan en casa a diario, entre los 35 y 65 años de edad, lo hacen porque deben cuidar a una persona dependiente.

6. EMPRESA FAMILIAR

6.1. Los retos de las empresas familiares

Juan Corona. Catedrático de Economía Aplicada (Universidad Abat Oliba CEU), director académico del Instituto de la Empresa Familiar

A pesar de que el concepto de empresa familiar se ha convertido en un elemento abundantemente utilizado en cualquier referencia al análisis económico de la actividad productiva, no sólo no existe una definición legal internacional, sino que tampoco se ha llegado a un consenso académico sobre la misma. Nosotros propondríamos una definición genérica y omnicomprensiva que trata de resumir los distintos elementos contemplados en la mayoría de definiciones: empresa familiar es aquella en la que un grupo familiar está en condiciones de designar al máximo ejecutivo de la compañía, de fijar la estrategia empresarial de la misma y todo ello con el objetivo de continuidad generacional, basado en el deseo conjunto de fundadores y sucesores de mantener el control de la propiedad y la gestión en la familia. Obviamente, las empresas englobadas en dicho concepto presentan una serie de ventajas e inconvenientes y se enfrentan a determinados retos de futuro, fundamentalmente el de su continuidad. Vamos a realizar una síntesis de cuáles son los factores relevantes al efecto.

Ventajas de las empresas familiares

La visión a largo plazo: frente a las compañías públicas cotizadas en mercados de capitales, que se encuentran sometidas a un control muy estricto de resultados a corto plazo por parte de sus accionistas, las empresas familiares pueden desarrollar proyectos a largo plazo no condicionados por los vaivenes coyunturales, dotándose en consecuencia de proyectos más sólidos, fundamentados en sus ventajas a largo plazo. En definitiva, los balances y las cuentas de pérdidas y ganancias no se encuentran tan mediatizados por la necesidad de ofrecer una imagen adecuada frente a los accionistas y, en general, frente a terceros.

La concentración de la propiedad en pocas manos presenta también algunas ventajas importantes. Entre ellas, la capacidad de una adopción rápida de decisiones evitando los procesos formales propios de las grandes corporaciones, con todos sus costes asociados en términos de tiempo y operatividad. Por otro lado, la proximidad entre la propiedad y la gerencia de la empresa permite evitar los costes que resultan de la distancia psicológica y de intereses que se pueden producir entre los propietarios y los gestores de una empresa. Simultáneamente las estructuras internas en este tipo de empresas tienden a estar más próximas a la flexibilidad organizativa que a la burocracia de muchas otras empresas. En el caso de los accionistas familiares que trabajan en la empresa, existen factores adicionales a la remuneración que les incentivan a llevar a cabo una gestión especialmente dedicada y eficiente.

Los principios básicos y las líneas estratégicas fundamentales que definen la cultura de empresa tienden a ser mucho más estables que en otras empresas al no estar sujetas a continuos cambios en la gestión. Ello supone primar la calidad como enfoque estratégico, lo que se plasma en una mejor oferta de bienes y servicios y en la consolidación en el mercado de una imagen de «marca de calidad» que suele acompañar a las empresas familiares.

Para explotar al máximo estas ventajas competitivas es necesario que las empresas familiares sean capaces de sacar el máximo partido de todos aquellos elementos en los que su situación les permite competir ventajosamente con las empresas no familiares.

Ello implica entre otras cuestiones: potenciar el sentido de responsabilidad social de la empresa, vincular el buen nombre de la familia a la calidad empresarial, introducir normas equitativas en el trato a los empleados no familiares, la adaptación a los sistemas productivos y a un entorno empresarial cambiante, el diseño de planes estratégicos a largo plazo y la conservación y transmisión hacia las futuras generaciones del espíritu emprendedor e innovador.

Inconvenientes de la empresa familiar

Indudablemente el principal inconveniente de estas empresas reside en la dificultad de garantizar su continuidad a lo largo de las distintas generaciones. Es de sobra conocida la estadística que señala que sólo un 30% de las empresas familiares consiguen mantener su carácter en una segunda generación, y menos del 15% logran alcanzar la tercera. Con toda rotundidad puede afirmarse que éste es el tema más analizado por parte de la doctrina y que más preocupa a la mayoría de empresarios familiares.

Otra cuestión largamente debatida reside en la aparente incompatibilidad existente entre el crecimiento y la capitalización de la empresa y el mantenimiento del control de la misma por parte de la familia. En este sentido, las posibilidades de llevar adelante proyectos interesantes relativos a la internacionalización o a la inversión en I+D+i pueden verse condicionados en el caso de que sea necesaria una fuerte entrada de capital externo para impulsarlos, ante la prioridad habitual por parte de la familia de mantener el control en la empresa.

Desde otro punto de vista la existencia de relaciones familiares entre las personas que son propietarias y que dirigen la empresa, al margen de los aspectos positivos que comentábamos en el apartado anterior, pueden presentar problemas importantes si se generan conflictos en la familia, que más pronto o más tarde acabarán repercutiendo en la empresa. Cuestiones tales como el relevo generacional, los conflictos entre accionistas activos y pasivos, y los derivados de las luchas por el liderazgo pueden comprometer seriamente el futuro de la empresa.

Igualmente, los factores positivos a los que aludíamos relacionados a la vinculación entre el apellido familiar y la empresa, o a la existencia de una gran estabilidad en la línea estratégica de la misma, si no se gestionan con la suficiente flexibilidad pueden convertirse en inconvenientes que lleven a la empresa a un exceso de visión hacia el pasado, manteniendo prácticas obsoletas, resistiéndose a las innovaciones, y evitando la renovación de personal, lo que puede conducir a una empresa poco profesionalizada y adaptada a los tiempos.

No es difícil advertir que en realidad las ventajas y los inconvenientes propios de las empresas familiares están íntimamente relacionados. En otras palabras, que cada una de sus características puede ser positiva o negativa para la empresa en función de la capacidad de la familia para orientarla adecuadamente. Así, la tradición que puede verse como un factor de estabilidad y de seguridad, si no se instrumenta adecuadamente puede convertirse en un factor de inmovilidad y de obsolescencia para la empresa.

En definitiva, lo que diferencia a una empresa familiar de una que no lo es es la existencia de una serie de factores específicos que en sí pueden ser buenos o malos para la empresa. La clave no reside en su carácter familiar, sino en la capacidad que tenga dicha familia para explotar adecuadamente las vertientes positivas de sus características y para minimizar los efectos negativos que tengan las mismas.

Los retos de las empresas familiares

Las empresas familiares pueden considerarse desde el punto de vista microeconómico como unidades de producción concretas, o desde el punto de vista macroeconómico como la parte mayoritaria del sector empresarial y productivo de un país. Desde este punto de vista y en términos genéricos, la empresa familiar debería orientarse a la consecución de dos objetivos básicos.

Como empresa su finalidad esencial debe ser la eficiencia en el desarrollo y la gestión de sus negocios, hecho que nos conduce directamente a centrar sus actividades para mejorar su nivel de competitividad. Desde el punto de vista de la familia, la tradición y la armonía deben presidir sus actuaciones, orientadas fundamentalmente hacia la continuidad.

En un ámbito más concreto podríamos reseñar que, a partir de los principios anteriores, los principales retos de las empresas familiares serían:

Garantizar la continuidad de la empresa familiar, lo que implica ser capaces de superar los complejos momentos de las transiciones generacionales (particularmente los cambios entre la primera y la segunda y entre la segunda y la tercera generación), manteniendo la armonía familiar frente a un entorno caracterizado por grupos integrados cada vez por más personas y con lazos familiares más lejanos.

Dimensión empresarial. La actual estructura de los mercados, así como los avances tecnológicos, la ingeniería financiera, y los nuevos modelos de gestión tienden a definir con precisión el tamaño mínimo que debe tener una empresa para ser eficiente en su actividad dentro del sector que le es propio y del mercado o mercados en los cuales puede desarrollar sus actividades. Generalizando puede decirse que las empresas familiares suelen tener una dimensión bastante reducida, lo que las sitúa en una situación competitiva desfavorable en la actual coyuntura económica, por lo que el crecimiento de tamaño debe considerarse como un objetivo prioritario para las mismas.

Profesionalización. Como consecuencia de la complejidad cada vez más elevada de los procesos de producción y de gestión de las empresas, resulta recomendable incrementar paulatinamente el grado de profesionalización de las empresas familiares, integrando a profesionales de máximo nivel en los puestos de dirección y gestión más relevantes de la empresa. Por otro lado, a medida que transcurren las generaciones y se incrementa el número de accionistas familiares, la profesionalización se convierte en un instrumento importante para evitar que conflictos potenciales entre miembros de la familia generen un impacto negativo sobre la empresa.

Innovación tecnológica e industrial. Por alguno de los motivos reseñados con anterioridad, las empresas familiares disponen de opciones interesantes para su futuro en la medida en que ofrezcan productos que se distingan por su singularidad o por su especial calidad dentro del mercado. Para conseguirlo resulta esencial hacer un esfuerzo importante en materia de inversión en I+D+i. Las cifras disponibles demuestran que en general el esfuerzo inversor en estas partidas de nuestras empresas familiares se encuentra en la banda baja de los países de la OCDE, por lo que se trata de uno de los factores relativos de competencia en los cuales es más urgente introducir mejorar sustanciales para aproximarse a los estándares internacionales.

Internacionalización. Si bien es cierto que las empresas familiares son muy dinámicas en lo que se refiere a su actividad exportadora, representando un porcentaje mayoritario sobre dicha cifra de ventas, por el contrario, se detecta también una cierta aversión a la implantación de sus actividades productivas en el extranjero. En este sentido, puede apreciarse que empresas con una capacidad tecnológica, financiera y comercial muy elevada no asumen el reto de la internacionalización que, en última instancia, se convierte en el factor diferencial de aquellas economías verdaderamente dominantes en el entorno internacional.

El reto de la continuidad

¿Por qué desaparece una empresa familiar? Es una de las preguntas más habituales que suele formularse cuando se trata este tipo de temas. Para contestarla, y aunque pueda parecer una perogrullada, conviene recordar que una empresa familiar es por encima de todo una empresa y por lo tanto está sometida a los mismos riesgos y vicisitudes que cualquier otra. Esto quiere decir que seguramente en una empresa familiar los riesgos están duplicados: los propios de cualquier empresa que opere en el mercado y los específicos de su carácter familiar, aunque todo ello aparece oportunamente compensado porque en caso de una buena gestión la empresa familiar no sólo se beneficia de la misma sino también de los factores adicionales que le reporta su carácter familiar.

En este sentido, una empresa familiar puede desaparecer por los mismos motivos que cualquier otra empresa: tamaño insuficiente, tecnología inadecuada, planificación errónea, carencias de capital financiero, falta de adaptación en el mercado y, en general, cualquier otra deficiencia de gestión.

Sin embargo, y desde el punto de vista de la supervivencia, la experiencia disponible demuestra que la desaparición de empresas familiares suele estar relacionada más directamente con una serie de factores diferentes a los que acabamos de exponer y que se derivan directamente de su carácter familiar. En otras palabras, cuando una empresa familiar desaparece, normalmente es la consecuencia de problemas familiares que no han sido adecuadamente valorados y solucionados.

Sin ánimo de exhaustividad podemos referirnos a problemas de tipo financiero como por ejemplo la incapacidad de incorporar capital para crecer, internacionalizarse o mejorar tecnológicamente sin diluir la participación de la familia en la propiedad, o la incapacidad para congeniar adecuadamente la necesidad de liquidez de la familia y la necesidad de capitalización de la empresa.

En una línea muy parecida podríamos considerar las dificultades para atraer, motivar y retener a ejecutivos profesionales no familiares, que permitan introducir las mejoras necesarias en orden a modernizar la empresa y adaptarla a unos mercados cuya velocidad de cambio cada vez es más explosiva.

Pero por encima de todo se encuentran los problemas estrictamente familiares, entre los que destacan la resistencia por parte de las generaciones en el poder para renunciar en el momento oportuno, las rivalidades entre miembros de la generación al mando que dificulta la consecución de acuerdos sobre la elección del sucesor o sucesores, o la incapacidad de distinguir adecuadamente entre los distintos roles familiar, propietario y gestor de la empresa que en muchas ocasiones desempeñan varias personas pertenecientes a la familia.

En cualquier caso, no hay que obsesionarse por estas cuestiones ya que se trata de problemas intrínsicamente ligados a la existencia de una familia relacionada con una actividad empresarial y, por lo tanto, son inevitables. Precisamente aquí radica una posibilidad muy interesante para este tipo de empresas, la de conocer con cierta precisión y por anticipado buena parte de los problemas que se le van a presentar en el futuro. Si se realiza el esfuerzo de asumirlos y de enfrentarse a ellos, existen muchas posibilidades de encontrarles soluciones viables y en consecuencia de neutralizar estos conflictos potenciales y concentrarse de forma prioritaria en la actividad empresarial. No hay que olvidar que ésta es especialmente relevante puesto que mientras la empresa funcione adecuadamente es previsible que los problemas familiares puedan aparcarse, pero en el momento en que la empresa funcione inadecuadamente pueden explotar con toda intensidad afectando no sólo a la salud de la empresa sino, fundamentalmente, a la de la propia familia.

6.2. Fiscalidad de la empresa familiar

Ángel Sánchez Sánchez. Catedrático de Economía Aplicada. Universidad de Alicante

La creación del Instituto de la Empresa Familiar trajo consigo una importantísima reforma de la fiscalidad de la empresa familiar en España. Hasta 1992, nuestras empresas familiares (o lo que es lo mismo, sus empresarios) debían destinar cada año, y en todos ellos, hasta el 2,5% del valor de la entidad al pago del impuesto sobre el patrimonio (IP). Al fallecer el propietario, además, la hacienda pública detraía hasta otro 34% del valor de la empresa a través del impuesto sobre sucesiones y donaciones (ISD). Esta situación provocaba, en muchas ocasiones, la necesidad de liquidar la empresa para poder hacer frente a las obligaciones con el fisco.

En 1994 entró en vigor la exención en el IP del patrimonio empresarial, mientras que en 1996 lo hizo su bonificación al 95% en el ISD. Estas modificaciones supusieron una mejora crucial de la sangrante situación en la que nos encontrábamos hasta ese momento, si bien, en mi opinión, la fiscalidad de las empresas familiares todavía puede y debe mejorar. Los aspectos más importantes en los que, a mi criterio, se debe avanzar son los siguientes:

Primero, la bonificación en el ISD del patrimonio empresarial debería convertirse en una exención plena sobre la base de los mismos argumentos jurídicos y económicos en los que se fundamenta la exención en el IP. Además, debería hacerse desde la ley estatal del impuesto, acabando así con la ineficiente diversidad de regulaciones autonómicas que ahora existen al respecto.

Segundo, debería articularse un sistema que eliminara la doble imposición (sociedades-renta) de los dividendos repartidos por las empresas familiares. Con ello, eliminaríamos las trabas fiscales al desarrollo de una adecuada política de dividendos, elemento crucial para muchas empresas familiares.

Y tercero, debería reformarse el régimen especial de fusiones y escisiones del impuesto sobre sociedades, o cuanto menos relajarse los criterios interpretativos de la Administración tributaria para su aplicación a los procesos de reestructuración de empresas familiares. En concreto, si tenemos en cuenta que de ello puede llegar a depender incluso la supervivencia de la entidad, la reordenación del patrimonio empresarial dentro de la propia familia debería aceptarse como «motivo económico válido» para aplicar el régimen especial.

Todas estas propuestas, que disponen de justificación económica y jurídica más que suficiente, mejorarían la competitividad de nuestras empresas familiares para enfrentarse al entorno económico globalizado en el que hoy deben desenvolverse.

6.3. El papel de la mujer en la empresa familiar

Pilar Saldaña Gonzalvo. Universidad de Barcelona

El dilema de las madres y esposas consiste en que han estado viendo cómo todos los familiares estaban esclavizados por la dimensión del sueño que tenía el fundador. Cuando tendría que pasar el testigo, se da cuenta que todavía hay una brecha entre lo que aspiraba y la realidad, y la esposa nunca llega a disfrutar de él.

Daniel Levinson *(Seasons of the woman life)* comenta que las esposas se criaron con la obligación de cuidar a los demás, sin derecho a una visión propia, sin un guión en esta vida. Su principal objetivo es lograr que la familia viva en armonía al tiempo que la empresa va prosperando. Sacrifica sus derechos para no romper el equilibrio. Su labor acostumbra a pasar inadvertida. Ni se contempla que tenga una opinión experta sobre el negocio, sino que secunde las decisiones del esposo. Por su mucha empatía, amor y capacidad de sacrificio, hace de mediadora en los conflictos familiares: entre padre e hijos/as y entre hermanos.

La mujer debe ejercer roles muy diferentes: madre, compañera de trabajo, esposa, propietaria, profesional, mediadora, consejera, relaciones públicas, imagen, psicóloga, referente moral... y, en cada uno, debe dar una buena prestación.

La tradición la cree débil, poco ambiciosa, no tiene las puertas abiertas del sector y, además, le espera la «llamada de la naturaleza» para criar a la prole. Ciertas sociedades incluso las alejan de la línea sucesoria. El rol femenino aparece ligado a cuestiones como la buena presencia, la discreción, la amabilidad o la intuición, y el masculino a la autoridad, la competitividad y la agresividad.

Las dificultades para acceder al mando propician que creen su propia empresa. Según M. Salganicoff, le ofrece ventajas: trabajo flexible, seguridad de empleo, pueden crear su propio entorno de responsabilidad y dedicación y se benefician de su especial sentido de escucha y sensibilidad.

Según Robbins, las organizaciones femeninas valoran más a los empleados, las relaciones son valiosas en sí mismas y descentralizan el poder.

Para Mintzberg, los papeles son tres:

Interpersonales. La líder actúa de cabeza visible y de enlace de referencia en las relaciones con externos para obtener información y favores.

Informativos. La directiva busca información sobre la marcha de la empresa y el entorno; que luego disemina a sus equipos.

Toma de decisiones. La parte más innovadora de su trabajo es ser gestora de anomalías; es una reflexiva negociadora y muy crítica en la asignación de recursos.

6.4. Armonía familiar en la empresa familiar

José Daniel Lorenzo Gómez. Universidad de Cádiz

La gestión de la empresa familiar debe conjugar los intereses de la empresa con las aspiraciones de las personas que forman parte de la familia, en un equilibrio complejo que no es fácil conseguir. En la empresa familiar, las personas están vinculadas por relaciones tanto familiares como empresariales. Los vínculos familiares se basan en los sentimientos; en cambio, las relaciones en la empresa presentan un fuerte componente racional. Mientras que la familia ayuda y protege a sus miembros de forma desinteresada, la empresa valora a las personas sólo en función de lo que aporta cada uno al bien común.

En ocasiones, los gestores de la empresa familiar tienen que tomar decisiones en una situación de conflicto entre los intereses de las personas y los intereses de la empresa. En caso de duda, primero la empresa, como indican algunos empresarios y expertos en empresa familiar. Pero esto no es tan fácil de aplicar cuando afecta a las personas que forman parte del círculo más íntimo y cercano de quienes tienen la compleja tarea de arbitrar y decidir.

La conciliación de estas fuerzas contrapuestas requiere aplicar el sentido común, escuchar a las personas, entender las diferentes perspectivas y buscar elementos de consenso. Las familias que han conseguido mantener y desarrollar sus empresas a lo largo de generaciones tienen un rasgo común: son familias fuertes y unidas, que fomentan la comunicación entre sus miembros, y que aplican la tolerancia, el respeto y la comprensión en grandes dosis.

Una receta para alcanzar la armonía familiar en la empresa familiar podría estar basada en dos componentes: generosidad y compromiso. Generosidad de las personas para anteponer los intereses de la familia y de la empresa por encima de sus aspiraciones individuales. Compromiso de la familia para mantener la cohesión y seguir velando por atender las necesidades de cada uno de sus miembros, sin descuidar el bien común, que se basa en la continuidad y el éxito de la empresa familiar.

Un requisito indispensable para que esta receta pueda surtir el efecto adecuado es la existencia de valores arraigados y compartidos en la familia, que en última instancia son el fundamento de la cohesión familiar y del éxito empresarial. Sólo sobre esos valores, que se aprenden y se asumen desde la infancia en el seno de la familia, y se transmiten de generación en generación, se puede construir la armonía en la empresa familiar.

6.5. El gobierno en la empresa familiar

María José Pérez Rodríguez y Jesús Giménez Sánchez. Universidad Complutense de Madrid

La empresa familiar, a través de sus propietarios y directivos, se enfrenta al desafío de organizar sus recursos y capacidades para lograr el sostenimiento del proyecto empresarial y su continuidad en las generaciones familiares futuras. La supervivencia de la empresa familiar se sustenta a través de dos vías, la primera de ellas se encuentra en la adaptación de la empresa a las condiciones cambiantes del mercado para lograr una posición competitiva favorable. La segunda vía está implícita en su propia idiosincrasia sobre la que se sustenta la doble perspectiva empresa-familia que produce una mutación, única e inimitable, de las prácticas de gestión, control y gobierno de la empresa familiar.

El gobierno de la empresa familiar no puede formularse y ejercerse desde una posición aislada, sino que debe responder a la visión futura de la empresa y al desarrollo estratégico de la organización integrando, en su diseño, a la empresa y a la familia propietaria. No existe, por tanto, una única organización y diseño de gobierno óptimo. Los mecanismos a utilizar en el gobierno de la empresa familiar surgen como consecuencia de las características de la familia involucrada en el proyecto empresarial, de las características de la empresa, de las necesidades de gobierno de cada organización en particular y de la planificación estratégica que establece los fundamentos generales del desarrollo empresarial y familiar.

La necesidad de separar y reconocer los diferentes órganos de gobierno (relacionados con la propiedad, la familia y la empresa) surge de la necesidad de establecer límites claros a las actuaciones de cada institución (definiendo la estructura, la composición y las funciones de los órganos representativos de los diferentes ámbitos) porque en sus acciones y decisiones, en conjunto, definen el destino de la empresa familiar.

La interacción empresa-familia en el tiempo se realiza, directamente, a través de la participación activa de los miembros familiares en la propiedad, el gobierno o la dirección de la empresa, o, indirectamente, a través de las relaciones informales que, tanto dentro como fuera de la empresa, se generan por los valores, las experiencias y las vivencias que conforman la identidad familiar compartida de los integrantes de la familia y que se extiende a la empresa y sus participantes.

Tanto en el sistema familia como en el sistema empresa existen factores comunes utilizados para definir el tipo de estructura de gobierno que se debe crear: el tiempo y la complejidad en las relaciones. En el ámbito familiar, la incorporación de miembros familiares políticos, la distribución del capital y la generación, entre otros factores, son esenciales y determinantes para estructurar un gobierno con relación a la familia empresaria. Para la empresa el tiempo puede ser un determinante del crecimiento y de la complejidad empresarial, en donde será necesaria una forma organizativa de gobierno distinta a las desarrolladas en las etapas iniciales de vida. Estos elementos deben ser identificados en el momento de proyectar el diseño y la organización del gobierno tanto familiar como empresarial. Además, es necesario reconocer la postura estratégica a largo plazo para que el gobierno sea un instrumento que opere a favor de los objetivos que se pretenden alcanzar.

La estructura de transformación de las instituciones en el tiempo, más que una receta formal estándar para mantener los sistemas apartados, evitando las interacciones conflictivas que pueden dañar la convivencia mutua, debe entenderse y diseñarse sobre la filosofía histórica (a partir de la cual se ha gestado la empresa familiar), presente (asumiendo la realidad de la empresa y la familia y el desarrollo de cada una) y futura (identificando el papel de la relación empresa-familia que permita un desarrollo sostenible en el tiempo y la creación de valor) que se ha establecido en la coexistencia de ambos sistemas para desarrollar una relación ordenada e institucionalizar los valores creados en el tiempo.

Lo importante de un buen gobierno dentro de la empresa familiar no se encuentra en las mismas divisiones o en la formalidad de las instituciones creadas, sino en la adecuación de los roles de los individuos a los ámbitos específicos creados según las necesidades de gobierno de la empresa y la familia en particular. La superposición de funciones que desempeñan los miembros familiares en los sistemas propiedad, dirección y familia hace necesario el aprendizaje responsable de sus roles en cada circunstancia específica. Cualquiera que sea el diseño que se alcance, el gobierno de la empresa familiar debe garantizar el adecuado funcionamiento del negocio familiar, estableciendo una clara categorización de los deberes y derechos de los responsables de la propiedad, de los familiares y de los directivos, una separación de los ámbitos en donde se discuten y se deciden las cuestiones relativas a la propiedad, la familia y la empresa, y, finalmente, una adecuada y ordenada incorporación de la familia en el proceso de desarrollo empresarial a través de la discusión y la toma de decisiones correspondiente.

En un contexto como el actual, el buen gobierno debe significar una meta voluntariamente perseguible para la empresa familiar, dada la vocación de futuro y la puesta en juego del nombre familiar en un proyecto empresarial comprometido para sucesivas generaciones.

6.6. La perspectiva generacional: la perspectiva de los sucesores

Mª Katiuska Cabrera Suárez. Universidad de Las Palmas de Gran Canaria

Los sucesores en la empresa familiar son los encargados de liderar a la misma hacia una nueva etapa de progreso, y es necesario que sus actitudes, capacidades y su actuación logren satisfacer los objetivos de los diferentes *stakeholders* familiares y no familiares afectados por el proceso de sucesión. Por ello, a la hora de decidir en manos de quién estará el futuro de la empresa es muy importante que sean tenidas en cuenta las motivaciones y expectativas de los sucesores potenciales, de manera que se asegure su compromiso con la empresa familiar. En este sentido, sería especialmente grave que los sucesores decidan su incorporación a la empresa por comodidad o inercia, con expectativas poco realistas sobre el trabajo en la empresa, y sin que se hayan considerado las verdaderas necesidades estratégicas para el desarrollo de las capacidades competitivas del negocio.

La formación que reciben los sucesores debe estar diseñada para adquirir tanto conocimientos sobre el negocio como capacidades de liderazgo. Es necesario que se les asignen tareas con contenido y retadoras que deberían satisfacer sus necesidades de desarrollo personal y profesional. Esto puede resultar difícil en algunas empresas familiares donde dinámicas tales como el nepotismo irresponsable, la excesiva subjetividad y las emociones pueden llevar a una asignación de responsabilidades que excedan las habilidades de los sucesores o, por el contrario, que no signifiquen nada.

Resulta especialmente relevante en todo este proceso el papel jugado por el predecesor, y el tipo de relación que éste tenga con su sucesor o sucesores, la cual va a afectar a casi cada aspecto de la experiencia de los mismos. Si bien puede ser difícil para los predecesores/padres diseñar procesos de formación para sus sucesores y hacer de mentores de los mismos, sí pueden jugar un papel determinante al permitir la asunción de responsabilidades y al fomentar una atmósfera donde resulte fácil la consulta tanto con el propio predecesor como con otros empleados de la empresa.

Las familias empresarias deberían dedicar una especial atención a las dinámicas de comunicación y a la organización de las relaciones familia-empresa con el objetivo clave de lograr la profesionalización. Es necesario lograr la implicación de consejeros y directivos no familiares que pudieran desempeñar un importante papel en el desarrollo de los sucesores y abordar la planificación sucesoria dado su carácter de acontecimiento estratégico clave.

6.7. El liderazgo en la empresa familiar

Francisca Parra Guerrero. Universidad de Málaga

El liderazgo ha sido un tema ampliamente estudiado e investigado en la *Teoría general de la administración*, las razones fundamentales son de orden práctico: a mayor conocimiento de la condición esencial del liderazgo, mejor resultará la selección de dirigentes eficaces y se podrá mejorar la eficacia de los directivos existentes. (Aguirre, Castillo Clavero y Tous, 1991).

De las múltiples definiciones de liderazgo que podemos encontrar en la literatura (Fiedler, 1966), (Chiavenato, 1995), (Robbins, 1996), (Fernández Aguado, 2007) etc., podemos concluir que liderar es lograr que las personas quieran hacer lo que tienen que hacer, conseguir que la gente lleve a cabo de buen grado, con ilusión y de forma efectiva el trabajo encomendado.

Las teorías tradicionales explicativas del liderazgo se orientan, fundamentalmente, en dos direcciones: a) Estudio de los rasgos del líder. b) Estudios basados en el comportamiento.

En cualquiera de los dos enfoques, el liderazgo en la empresa familiar requiere connotaciones especiales según el nivel generacional en el que la empresa se encuentre.

En la empresa familiar, el líder de la primera generación ha de reunir esencialmente rasgos de: emprendedor, aventurero, entusiasta, con personalidad e inteligencia, con capacidad para leer el mercado y visión de futuro para conseguir el éxito.

El problema del liderazgo en la empresa familiar se plantea a la hora de producirse el fenómeno de la sucesión. Fácilmente puede ocurrir que el familiar más adecuado, mejor preparado y que puede ejercer de forma más efectiva las tareas de líder en la empresa no sea el propuesto por el padre o madre que ejerza el poder en el momento. En la elección o rechazo pueden influir sentimientos personales. El líder impuesto bajo estas premisas puede traer consecuencias nefastas para la compañía, problemas de desavenencias familiares, envidias, deterioro de las relaciones laborales, reducción de resultados e incluso la desaparición de la empresa.

El líder de la segunda o posteriores generaciones en la empresa familiar debe reunir todas las características y comportamiento de un líder convencional y además tener capacidad para desarrollar un liderazgo que simultáneamente sea de apoyo, participativo, instrumental y orientado al logro. De apoyo, puesto que las relaciones que le unen a sus subordinados sobrepasan las meramente laborales si existen lazos familiares. Participativo, ya que los familiares van a influir en las decisiones. Instrumental, porque ha de ofrecer a sus subordinados una guía bastante específica sobre su actuación si no quiere que se deterioren sus relaciones familiares. Orientado al logro, pues ha de buscar el mejor desempeño, fijar metas y tener la confianza de que sus subordinados las cumplirán.

6.8. Estructura financiera de las empresas familiares

Susana Menéndez Requejo. Cátedra de Empresa Familiar. Universidad de Oviedo

¿Es diferente la estructura financiera de las empresas familiares? Para cualquier empresa, la decisión de endeudamiento deberá, por un lado, aprovechar los apalancamientos financieros positivos, la ventaja fiscal de la deuda en el impuesto de sociedades, incluso para las grandes empresas la utilidad como señal informativa, y por otro lado, considerar costes de insolvencia financiera y la dificultad de obtener financiación para las empresas que sufran mayor asimetría informativa en su relación con los acreedores. Pero, además de lo anterior, la estructura de propiedad familiar puede influir en la estructura financiera que adopten las empresas.

Las empresas familiares tienen por un lado dificultades para aumentar los fondos propios, en la medida que prime su objetivo de mantener el control de la empresa en el grupo familiar. Además, a medida que se incorporan nuevas generaciones y accionistas pasivos, incrementará la demanda de dividendos, reduciendo también así la capacidad de autofinanciación. Alternativas como las participaciones o acciones sin voto pueden resultar útiles.

Por otro lado, las empresas familiares, a pesar de que cuentan en principio con la mayor disposición de los acreedores a concederles financiación, por sus valores de permanencia y compromiso a largo plazo, sin embargo, al mismo tiempo, ven limitadas sus decisiones de acudir a financiación ajena por la propia disposición de los propietarios familiares para acometer nuevos riesgos financieros, dada la habitual concentración y vinculación del patrimonio personal en los negocios familiares.

En este contexto, las empresas familiares tendrán limitaciones para financiar estrategias de crecimiento. De hecho, los datos muestran que las empresas familiares están menos presentes entre las empresas de mayor tamaño. El crecimiento de las empresas familiares y, por consiguiente, su financiación sigue siendo un reto fundamental.

La cuestión es si el crecimiento de la empresa familiar es una decisión estratégica, que debería adoptar, en entornos competitivos. Si así es, las empresas familiares deben considerar alternativas para dar entrada en el capital a nuevos socios, aunque sea sin derechos de control, así como contemplar aumentos en el riesgo financiero vía endeudamiento, o bien a través de alternativas como los préstamos participativos, las sociedades de garantía recíproca e incluso para algunas vía capital riesgo.

6.9. Problema generacional: la perspectiva del sucedido

Juan Carlos Ayala Calvo. Cátedra Empresa Familiar Juan Ros. Universidad de La Rioja

Dada la posición de cada miembro de la familia respecto a la empresa (propietario o no, *senior* o *junior*), y a sus particulares necesidades (de seguridad, afectivas, de consideración, de realización, etc.), los miembros de dos generaciones diferentes (padres/hijos) van a percibir la realidad, los hechos y las relaciones de forma distinta, y en ocasiones enfrentadas.

El conflicto intergeneracional suele surgir de las diferencias de percepción de un mismo hecho o necesidad, así como del distinto sentido que cada persona da a las cosas, dichos, medios materiales, relaciones sociales, etc. Así, «uno de los factores más importantes que contribuyen a la aparición de conflictos en la empresa familiar es la diferente perspectiva desde la cual las distintas generaciones de la familia ven la empresa» (Ward, Aronoff y Craig, 1994).

En la percepción que el sujeto recibe en cada momento juega un papel muy importante la afectividad, lo vivido y aprendido anteriormente (Van Maanen & Schein, 1979; Louis, 1980; Ashford y Cumming, 1985; Hartenian et al, 1994). Cada uno tiene su historia y sus necesidades, por ello cada uno estructura lo sentido y percibido de forma diferente. El hombre percibe las cosas, no como son en sí mismas, sino como son para él.

Siguiendo el hilo de esta argumentación, el proceso de sucesión en la empresa familiar suele suponer un conflicto entre dos generaciones, representadas por la figura del sucesor y por la del sucedido. Desde el punto de vista de este último, el origen del conflicto suele radicar en la visión que mantiene sobre las líneas estratégicas en las que ha de basarse el desarrollo de la empresa, y/o en las características personales y profesionales, así como el compromiso mostrado con el resto de la familia, que cree debe poseer el nuevo líder llamado a sucederle. Debemos tener en consideración que frecuentemente el líder fundador domina totalmente su empresa, y que ésta estará impregnada de su estilo de liderazgo (Cabrera, 2005). Para el sucedido, por tanto, es muy importante que el sucesor mantenga el estilo de liderazgo predominante. En definitiva, el origen del conflicto está en el miedo que tiene el sucedido a que su sucesor destruya los valores de la cultura organizativa que con tanto esfuerzo creó, o a que con sus acciones frene el crecimiento y desarrollo de su empresa.

Tampoco debe de menospreciarse el hecho de que la vida del líder comprometido gira normalmente alrededor del negocio familiar, lo que le lleva a abandonar, y en muchas ocasiones ni siquiera a plantearse, cualquier otra actividad no relacionada con su negocio. De ahí que vea su retiro como una amenaza, como un periodo de su vida en el que la inactividad le conducirá a su propia destrucción.

6.10. El protocolo familiar

José Díez. Cátedra de Empresa Familiar de la Universidad de Santiago de Compostela

En palabras de Amat y Corona, el protocolo familiar es un documento mediante el que los miembros de la familia propietaria pueden encauzar los problemas relativos a su continuidad, con la previsión de principios y reglas que promuevan una mayor unidad familiar y el mantenimiento de la empresa.

Un protocolo suele comenzar con una descripción de la historia familiar y empresarial. Esta parte introductoria no es, sin embargo, la realmente importante en un protocolo.

¿Cuál es el contenido básico del protocolo? El Instituto de la Empresa Familiar (IEF) articula en siete puntos los aspectos críticos a la hora de elaborar un protocolo familiar.

Claves del futuro de la familia. Tema básico en este apartado es el relacionado con la sucesión familiar, tanto para asegurar la estabilidad financiera de los que se retiran, y delimitar las actividades futuras de los mismos, como para marcar los plazos de la transición generacional y la distribución de la propiedad entre los familiares con objeto de facilitar la dirección eficaz de la empresa tras la transición.

Incorporación a la empresa familiar. Condiciones, requisitos y plazos para la entrada y salida de miembros de la familia en la empresa. El problema de los cónyuges.

Remuneración y propiedad familiar. Política de remuneración de los familiares trabajadores.

Armonía familiar. Diseñar instrumentos y procedimientos para manejar conflictos entre miembros de la familia y/o con familiares políticos y allegados.

Responsabilidades de la empresa familiar. Dar respuesta a las necesidades financieras o de carrera, afrontar la responsabilidad social corporativa y los temas de imagen pública.

Proceso de preparación. Definir cuándo se va a hacer y quiénes van a participar en el proceso.

Previsión de contingencias. Anticipar hechos imprevistos y peligrosos para la empresa como fallecimientos del presidente de la compañía o del sucesor previsto.

Un protocolo contiene, así, una serie de pactos que pueden ser:

—Pactos de fuerza moral. Son normas de conducta, principios éticos, filosofía y valores familiares.

—Pactos con fuerza o eficacia frente a terceros. Son los acuerdos que tienen que desarrollarse e inscribirse en el registro público correspondiente.

El Real Decreto 171/2007, de 9 de febrero, regula la publicidad de los protocolos familiares.

El protocolo es una herramienta de reflexión y previsión, por lo que debe ser incorporado dentro de la planificación estratégica de la empresa familiar.

6.11. La profesionalización de la empresa familiar

Arturo Rodríguez Castellanos (Cátedra de Empresa Familiar de la Universidad del País Vasco) y Blanca Arosa de la Torre (Universidad de Cádiz)

La profesionalización es, junto con la sucesión, uno de los grandes retos a los que se enfrenta la empresa familiar.

El concepto de profesionalización implica cambiar la mentalidad de los miembros de la familia empresaria integrados en la actividad de la empresa hacia un enfoque más «empresarial» que «familiar», reconvertir el negocio inicial con el que el fundador empezó, y procurar que la empresa esté dirigida por los mejores profesionales, con independencia de que sean familiares o no.

La necesidad de esta profesionalización es consecuencia de los siguientes factores:

La consecución, debido al crecimiento de la empresa, de un tamaño crítico, que hace ineficaces los métodos intuitivos de gestión, por lo que deben ceder el paso a un manejo profesionalizado.

Las exigencias que impone un entorno cada vez más competitivo. La capacidad de hacer frente al cambio permanente requiere organizaciones profesionalizadas.

Los conflictos derivados del incremento de miembros familiares involucrados en la empresa; si se pretende que todos los miembros de las sucesivas generaciones participen directamente en la empresa, la gestión se hace cada vez más difícil.

Y la incapacidad de los sucesores para la gestión y dirección. Además de la circunstancia anterior, la eficiencia de la empresa se puede resentir por la restricción del mantenimiento del control en manos del grupo familiar y la condición de mantener a miembros de la familia en posiciones de gestión y control. A medida que la actividad de la empresa crece, cabe esperar que sea difícil encontrar en el círculo familiar los talentos y habilidades necesarios.

Vemos, pues, que estos cuatro factores guardan estrechas relaciones entre sí. Así, el problema de la profesionalización está ligado en la mayoría de los casos al dominio de los criterios familiares y al estilo de dirección del líder fundador. Escoger a los directivos necesariamente entre miembros de la familia supone, en muchas ocasiones, una mala selección. Además, esta falta de profesionalización puede impedir la puesta en marcha de procesos de descentralización y de mejora continua del personal, muy necesarios para responder a los desafíos del actual entorno competitivo.

No obstante, hay que señalar que en los últimos años muchas empresas familiares están realizando un importante esfuerzo para potenciar sus sistemas de dirección e impulsar la profesionalización de sus estructuras organizativas por medio de profesionales externos a la empresa, o también mediante miembros familiares que hayan demostrado previamente su valía profesional.

SECCIÓN 2

7. BANCA

7.1. La banca del siglo XXI

Sonia M. Rodríguez y Mª José Cabaleiro. Universidad de Vigo

Algunas entidades han asumido, con personalidad y de forma integral, la orientación socialmente responsable de su negocio bancario. Este enfoque novedoso, conocido como banca ética, social, solidaria o alternativa, introduce nuevas variables de decisión en uno de los sectores más conservadores de la economía. Junto a los tradicionales parámetros de rentabilidad y riesgo, la utilidad social de la intermediación bancaria adquiere, con esta orientación, un papel protagonista.

El rasgo más característico de la banca alternativa es asumir, al más alto nivel, el compromiso social en su función de intermediación. Y hacerlo hasta el punto de ceder en rentabilidad por conseguir mayor utilidad social. No obstante, esta prioridad social no puede obviar la necesaria racionalidad económica que garantice su sostenibilidad.

En la práctica, la orientación socialmente responsable del negocio bancario se traduce en la captación de fondos con el compromiso adquirido de canalizarlos hacia destinos que, siendo viables económicamente, reportan un valor social positivo (entre otros, iniciativas dedicadas al ahorro energético, a la utilización de energías renovables, a la biodiversidad, ayuda al desarrollo comunitario local, inclusión social y financiera, comercio justo e inserción laboral de discapacitados y colectivos en dificultades). De igual modo, la banca alternativa veta aquellos otros destinos que, aun siendo atractivos por su rentabilidad, ocasionan un impacto social negativo (entre otros, producción y venta de armamento, biotecnología, manipulación genética, apoyo a regímenes dictatoriales y especulación financiera).

En realidad, la aparición de la banca alternativa es la respuesta financiera a las necesidades de determinados segmentos de clientela descuidados por la banca tradicional. Por un lado, ahorradores que quieren garantizar para su dinero un destino socialmente responsable. Por otro, prestatarios que han sido marginados de los circuitos tradicionales de financiación bancaria por su baja calidad crediticia, con capacidad suficiente, sin embargo, para afrontar un proyecto que merece ser financiado, por ser viable económicamente.

Frente a los clientes de pasivo de la banca tradicional, los ahorradores de la banca alternativa presentan un perfil menos lucrativo y una mayor vocación social. Sus convicciones y valores éticos les convierten en clientes mucho más selectivos y exigentes con el uso del dinero, mostrando mayor sensibilidad al interés social que al interés económico que pueda reportar su ahorro. Respondiendo a esta demanda, la banca alternativa ha diseñado, a su medida, depósitos de ahorro finalista que apoyan iniciativas de desarrollo sostenible e impacto social positivo. En ellos, se identifica de forma clara el destino de los fondos, ofreciendo condiciones financieras suficientemente competitivas, con ausencia de comisiones, inexistencia de franquicias e importes asequibles al pequeño ahorro. Además, las rentabilidades son aceptables, permitiendo incluso al depositante autodeterminar su rendimiento, a partir de un límite máximo fijado por la entidad y hasta un 0%, con reinversión social del diferencial económico al que renuncia.

Desde esta perspectiva, el compromiso exclusivamente económico que asume la banca tradicional, bajo la forma de una remuneración pactada, resulta insuficiente, tanto por la discrecionalidad con que se eligen los destinos del ahorro como por la falta de transparencia informativa, impidiendo su adecuada supervisión.

La banca alternativa atiende, además, las necesidades financieras de determinados colectivos que excluye el sistema bancario tradicional. Superado el umbral de admisibilidad, se analiza la viabilidad económica de proyectos que presentan prestatarios con baja calidad crediticia, pero con capacidad emprendedora y un proyecto con calidad social. Paradójicamente, pese a atender a segmentos de alto riesgo, las tasas de morosidad que se registran no son superiores a las de la banca tradicional, siendo el microcrédito la herramienta más frecuentemente utilizada.

Inmersos en un movimiento social de progresiva concienciación cívica y en una economía que, cada día, se reorienta más hacia la ética, el compromiso social que asuman las entidades bancarias será un factor determinante de confianza y de prestigio empresarial en nuestra sociedad. En este sentido, la banca alternativa goza de una clara ventaja competitiva frente a la banca tradicional, convirtiéndose en verdadero motor de transformación social. Tal vez sea el modelo de banca para el siglo XXI.

7.2. Retos de la banca 'online' en España

Alexandre Momparler (Universidad Politécnica de Valencia) y Francisco Climent (Universidad de Valencia)

Hemos podido leer en la prensa económica que el crecimiento de los depósitos de la banca *online* ha caído al 6% en 2006, después de los crecimientos de dos dígitos a que nos habían acostumbrado. La reacción de los bancos tradicionales, ante la creciente cuota de negocio que les iba arañando la banca *online*, no se ha hecho esperar. Con la integración del canal Internet en su operativa, la eliminación de comisiones y el lanzamiento de depósitos de alta remuneración, las entidades tradicionales han demostrado que tienen margen de maniobra para afrontar la competencia de la banca *online* y para seguir liderando el sector en los próximos años. En todo caso, la continua innovación en productos financieros de la banca *online* está condicionando la oferta de productos de las entidades tradicionales, convirtiéndose en un factor de presión que puede favorecer el desarrollo de la banca *online*.

Teniendo en cuenta el origen de los cinco bancos *online* actualmente operativos en España (todos ellos filiales de grandes grupos financieros nacionales o internacionales —ING Direct, Uno-e, Inversis, Popular-e y Openbak—), es cuestionable que Internet haya rebajado las barreras de entrada al sector bancario español. En realidad, la única barrera de entrada que Internet ha rebajado ha sido la geográfica, puesto que para operar y crecer en el mercado bancario español ya no es necesario tener una extensa red de oficinas de ámbito nacional. El vertiginoso crecimiento experimentado por el líder de la banca *online* (ING Direct), desde su entrada en 1999, es la prueba de ello.

Hay dos factores que justifican la existencia de la banca *online* como modelo de negocio diferenciado de la banca tradicional: los reducidos gastos de explotación y las economías de escala derivadas del uso intensivo de la tecnología en un sistema de producción automatizado. Por una parte, operar sin una extensa red de oficinas supone un gran ahorro de costes siempre que no se pierdan, por ello, ingresos o se generen otro tipo de gastos de igual o mayor cuantía. Los bancos tradicionales saben muy bien que la red de sucursales, a pesar de generar unos gastos considerables, constituye un elemento de promoción comercial de gran importancia. En cambio, las entidades *online*, para aumentar su presencia física en el mercado y consolidar su imagen, se ven obligadas a realizar campañas comerciales permanentes. Por otra parte, las economías de escala tecnológicas sólo comenzarán a materializarse cuando se alcance un gran volumen de negocio, puesto que una vez realizadas las fuertes inversiones en tecnología, los costes variables de la banca *online* son muy reducidos.

Teniendo en cuenta estas consideraciones, cabe preguntarse si la banca *online* que opera en España es rentable y competitiva. Las cinco entidades *online* que operan en España ya han alcanzado el umbral de la rentabilidad. Pero, ¿de qué rentabilidad estamos hablando?, ¿evitar los números rojos?, ¿obtener rendimientos del activo y del capital equiparables a los de entidades tradicionales de tamaño semejante? Si se trata de obtener beneficios, por pequeños que éstos sean, la banca *online* ya ha conseguido su objetivo. Sin embargo, si se trata de competir en rentabilidad con los bancos tradicionales de su mismo tamaño y convertirse en una verdadera alternativa de inversión en los mercados de capitales, sin la permanente protección de sus matrices, la banca *online* todavía tiene un largo camino por recorrer.

Para consolidarse como modelo de negocio alternativo y competitivo en términos de rentabilidad, la banca *online* tiene dos asignaturas pendientes: la mejora del margen de intermediación y la reducción de los gastos de explotación. El margen de intermediación (diferencia entre los intereses cobrados y pagados) de la banca *online* es todavía muy inferior al de la banca tradicional. La reducción de los gastos de explotación puede mejorar la rentabilidad, pero no puede compensar unos ingresos ínfimos.

¿Cuánto tiempo puede mantenerse un modelo de negocio con rentabilidades manifiestamente inferiores a las del sector? Los favorables tipos de interés (en depósitos y en préstamos) que ofrece la banca *online* ¿son sostenibles a largo plazo? o ¿son un mero instrumento de captación de pasivo con fecha de caducidad?

A pesar de que Internet es un canal de distribución muy eficiente, no debemos olvidar que la banca tradicional ya utiliza este canal y que la banca *online* también está ampliando paulatinamente su red de sucursales, por lo que no se puede descartar una relativa convergencia futura entre ambos modelos de negocio.

7.3. Cajas de ahorros y cajas rurales: concentración y expansión

Ricardo J. Palomo Zurdo. Catedrático de Economía Financiera. Universidad San Pablo-CEU

Son muchos los que confunden o no distinguen entre cajas de ahorros y cajas rurales. La denominación común y abreviada de «cajas» no ayuda mucho; pero se trata de entidades muy diferentes en su forma jurídica, régimen de propiedad, órganos de gobierno y otras cuestiones orgánicas; sin embargo, parecen diferenciarse poco en la cuestión operativa y en la esencia del modelo de negocio.

Las cajas de ahorros tienen un carácter fundacional. No son propiedad de nadie, pero en sus órganos de gobierno están representadas las corporaciones municipales (aquí reside el poder político), los fundadores (en ocasiones, la Iglesia), los empleados (a través de sindicatos y comités de empresa) y los impositores (algunos clientes de pasivo que, por sorteo, participan en las elecciones para la asamblea general). Las cajas de ahorros no tienen ánimo de lucro (pero lógicamente trabajan como cualquier otra entidad con los precios de sus servicios) y por norma legal deben destinar al menos el 50% de sus beneficios a reservas (el resto, a obra social).

Por su parte, las cajas rurales son una manifestación especializada de las entidades de crédito con forma cooperativa. Un rasgo definitorio es que los socios participan, al mismo tiempo, como gestores (aunque delegando la gestión en sus representantes), como propietarios (socios participantes en el capital social) y como clientes o usuarios de sus servicios. Las cooperativas de crédito (ya sean cajas rurales o cajas populares o profesionales) tienen como finalidad servir a las necesidades financieras de sus socios.

Las cajas de ahorros (actualmente 46, además de su central/patronal, la CECA) tienen una enorme dimensión económica (en grandes números, la mitad del sistema bancario español); mientras que las cajas rurales (76 entidades) son el tercer pilar del sistema, con un volumen no mayor del 5% del activo del sector bancario.

Ambas han evolucionado mucho desde su origen, pues muchas de las cajas de ahorros son bicentenarias, y también son muchas las cajas rurales que pasan de los cien años de historia. Sus inicios están ligados a los sectores más desfavorecidos de su respectivo y remoto entorno socioeconómico. Las cajas de ahorros se orientaron a economías domésticas en general, mientras que las cajas rurales se especializaron más en la financiación empresarial del sector agropecuario (no en vano, son éstas las entidades con mayor especialización tradicional en este campo).

La última década ha consagrado su nueva orientación en una economía de libre mercado, abierta y competitiva. La incipiente clase media de hace varias décadas es ahora la que caracteriza el sistema social español. Las empresas y empresarios representan más que nunca los logros alcanzados y la actual situación de riqueza. La construcción y el sector servicios han dejado a mucha distancia al desarrollismo industrial de los años sesenta y a un sector agrícola cuyo peso específico actual en el PIB sólo supera ligeramente el 2%.

Cajas de ahorros y cajas rurales han ampliado y casi transformado su campo de actuación. Han crecido, se han sofisticado y ofrecen la más amplia oferta de productos y servicios financieros como cualquiera de los grandes bancos. En cualquier caso, son entidades muy heterogéneas en dimensión, pues las mayores cuentan con volúmenes de activos que equivalen a muchas veces los de las más pequeñas.

Pero, sin duda alguna, uno de los fenómenos que más atención o toma de conocimiento han captado por parte del público en general es la creciente y generalizada presencia de estas entidades en todas las comunidades autónomas y provincias españolas.

Desde el año 1989, las cajas de ahorros se han *desbordado* hacia zonas limítrofes y hacia las principales ciudades españolas; muchas de las cajas rurales también lo han hecho, aunque especialmente desde finales de la década de los años noventa. La fuerte expansión geográfica es un hecho que ha llegado a mermar la cuota de mercado de la gran banca (más centrada en su expansión internacional durante los años noventa). En números redondos —para no perder al lector en detalles numéricos—, las cajas de ahorros cuentan con más de 22.000 oficinas en España, las cajas rurales en torno a las 4.500, y los bancos (nacionales y extranjeros) se han quedado en 14.500, aproximadamente.

Pero todo crecimiento orgánico y expansivo suele llevar aparejado un sentimiento concentratorio que parece de sentido inverso. Las cajas de ahorros tienen algunos impedimentos más para llegar a fusiones, especialmente cuando se trata de entidades con origen en diferentes comunidades autónomas; e incluso dentro de las mismas tampoco es sencillo. La cuestión institucional y su relativa aunque cada vez más suavizada dimensión política suele ser un obstáculo. Por el contrario, las cajas rurales, al ser entidades privadas, sólo requieren el libre acuerdo de sus socios, pero también aquí el arraigo local (una de las principales ventajas competitivas) y la especialización en muchos ámbitos no siempre es fácil de compaginar en estructuras de gran tamaño, principalmente, más por cuestiones de objetivos que por motivos de eficiencia económica.

En los últimos meses, al tiempo que pocas cajas de ahorros han cerrado su largo proceso de fusión (dos andaluzas por todos conocidas), varias de ellas están decididas a dar el gran salto de la expansión internacional, incluso mediante adquisiciones de entidades extranjeras (posibilidad sobre la cual el Banco de España ha rogado cautela). Por su parte, las cajas rurales cuentan desde hace tiempo con importantes vínculos con entidades homólogas europeas que la globalización ha llevado a reforzar en los últimos años; pero, por el momento, parecen decididas a centrar su actividad en el territorio español, donde tienen aún bastante recorrido, aunque no tanto en el sector agrícola y sí más en el sector servicios, en la pequeña y mediana empresa y en los múltiples proyectos de desarrollo local o rural.

En resumen, cajas de ahorros y cajas rurales son entidades diferentes en diversos aspectos, el principal el relativo a la forma jurídica; pero tanto unas como otras son protagonistas de los intensos procesos de cambio en el sistema bancario español de la última década. Se han expandido y en parte se han concentrado, pero quizá en un futuro nada lejano veamos más ejemplos de estos procesos habituales en un sector tan dinámico y competitivo como es el financiero.

7.4. Armonización de datos de la banca

Ricardo Palomo. Universidad San Pablo CEU

Las distintas entidades de crédito en la descomposición de los créditos y depósitos de clientes que consta en las notas que se acompañan a las auditorías tienen denominaciones y pormenorizaciones diferentes, con objeto de plantear una comparación entre las distintas entidades se han adaptado las siguientes plantillas:

Créditos sobre clientes

	CRÉDITOS
1	Administración Pública
2	Otros sectores residentes
3	No residentes
4	**TOTAL CRÉDITOS POR SECTOR**
5	Fondo de riesgo país (-)
6	Fondo de insolvencias (-)
7	**TOTAL FONDOS (-)**
8	**TOTAL NETO POR SECTOR**
9	Crédito comercial
10	Crédito con garantía real
11	Deudores a plazo
12	Deudores a la vista
13	Arrendamientos financieros
14	Deudores dudosos
15	**TOTAL MODALIDAD/NATURALEZA**
16	**TOTAL NETO POR MODALIDAD**

El total de créditos por sector (4) coincide con el total de créditos por modalidad o naturaleza (15), el total neto por modalidad/naturaleza (16), que es lo que figura en la cuenta del balance de créditos sobre clientes, y que es el mismo que el total neto por sector (8), estos «netos» de uno u otro cariz es el resultado de restar a los datos «brutos» los fondos de insolvencia (6) y los de riesgo país (5).

En el concepto de Administración Pública (1), están incluidos los que se refieren a los de la Administración central, las territoriales, autonómicas y las de la Seguridad Social.

Por sector además de los tres capítulos en ocasiones se separan otros conceptos como activos dudosos u otros activos que se incluirán en otro sector residente.

Por modalidad a veces las cajas incluyen otro epígrafe como «Otros activos afectos a la Obra Social y Cultural (OBS)», o las cajas rurales «Materialización F.E.P.» y que se incluirá en deudores a plazo. También se incluirán como deudores a plazos la adquisición temporal de activos.

No obstante, existen presentaciones donde el total por modalidad está incluido en las Administraciones Públicas, y los de no residentes en este caso y con objeto de buscar un cuadre se descontará o en su caso se incluirá en «deudores a plazo» a los de Administración Pública y los no residentes.

NIC

En 2005 entra en vigor la nueva normativa de contabilidad con el nuevo concepto de «valor razonable», esto supone un ajuste en las partidas contables anteriores y figurará por lo tanto esta nueva partida que enlaza el sistema antiguo con el actual, los datos no son comparables y de ahí la partida de ajuste.

	CRÉDITOS	CRÉDITOS A LA CLIENTELA
1	Administración Pública	Administración Pública
2	Otros sectores residentes	Otros sectores residentes
3	No residentes	No residentes
4	**TOTAL CRÉDITOS POR SECTOR**	**TOTAL CRÉDITOS POR SECTOR**
5	Fondo de riesgo país (-)	Fondo de riesgo país (-)
6	Fondo de insolvencias (-)	Fondo de insolvencias (-)
7	**TOTAL FONDOS (-)**	**TOTAL FONDOS (-)**
8	**TOTAL NETO POR SECTOR**	**TOTAL NETO POR SECTOR**
9	Crédito comercial	Crédito comercial
10	Crédito con garantía real	Crédito con garantía real
11	Deudores a plazo	Deudores a plazo
12	Deudores a la vista	Deudores a la vista
13	Arrendamientos financieros	Arrendamientos financieros
14	Deudores dudosos	Deudores dudosos
15	**TOTAL MODALIDAD/NATUR.**	**TOTAL MODALIDAD/NATUR.**
16	**TOTAL NETO POR MODALIDAD**	**TOTAL NETO POR MODALIDAD**
		Ajustes
	TOTAL	

	CRÉDITOS A LA CLIENTELA
1	Administración Pública
2	Otros sectores residentes
3	No residentes
4	**TOTAL CRÉDITOS POR SECTOR**
5	Fondo de riesgo país (-)
6	Fondo de insolvencias (-)

7	**TOTAL FONDOS (-)**
8	**TOTAL NETO POR SECTOR**
9	Crédito comercial
10	Crédito con garantía real
11	Deudores a plazo
12	Deudores a la vista
13	Arrendamientos financieros
14	Deudores dudosos
15	**TOTAL MODALIDAD/NATURALEZA**
16	**TOTAL NETO POR MODALIDAD**
	TOTAL

La diferencia entre los datos de 2004 antiguo y los de 2004 según las NIC está en la partida de ajustes arriba mencionada.

Débitos a clientes /Depósitos de la clientela (2005)
La plantilla adoptada es la siguiente

	DÉBITOS
1	**Administración Pública**
2	**Otros sectores residentes**
3	Cuentas corrientes
4	Cuentas de ahorro
5	Depósitos a plazo
6	Cesión temporal de activos
7	Otros
8	**No residentes**
9	**TOTAL**

Se descontará de estos últimos y con disminución de los depósitos a plazo los que se refieran a la Administración Pública y a los no residentes si los totales indicados son iguales. En el caso de que cada capítulo esté especificado, hemos de determinar que la última desagregación es para el sector residente, por lo que aunque venga especificada una desagregación similar en Administración Pública y en no residente, se totalizarán estas cantidades.

Cuando no está especificado el sector no residente y el de Administración Pública, no se incluye en la desagregación.

Cuando no figura segregado de los depósitos a la vista, las cuentas corrientes y las cuentas de ahorro figurarán como cuentas corrientes.

NIC

En 2005 entra en vigor la nueva normativa de contabilidad con el nuevo concepto de «valor razonable», esto supone un ajuste en las partidas contables anteriores y figurará por lo tanto esta nueva partida que enlaza el sistema antiguo con el actual, los datos no son comparables y de ahí la partida de ajuste.

DÉBITOS	Depósitos de la clientela 2004
Administración Pública	**Administración Pública**
Otros sectores residentes	**Otros sectores residentes**
Cuentas corrientes	Cuentas corrientes
Cuentas de ahorro	Cuentas de ahorro
Depósitos a plazo	Depósitos a plazo
Cesión temporal de activos	Cesión temporal de activos
Otros	Otros
No residentes	**No residentes**
	TOTAL 1
	Ajustes por valoración
	Ajustes por valor razonable
TOTAL 1	**TOTAL 2**

La diferencia entre los datos de 2004 antiguo y los de 2004 según las NIC está en los dos ajustes realizados de tal forma que el total 1 es exactamente igual en las dos columnas mientras que el total 2 será el que rija a partir de 2005.

Los depósitos a la vista (cuentas corrientes y cuentas de ahorro) puede que no vengan desagregados, en ese caso se considerarán todos como cuentas corrientes.

7.5. El flujo de caja y la rentabilidad como forma de valoración

Irene Pisón Fernández y Belén Fernández-Feijóo Souto. Universidad de Vigo

La valoración de la empresa ha sido un tema importante a lo largo de la historia de la gestión empresarial, al ser una de las formas de conocer el futuro, interés, supervivencia y continuidad de las organizaciones, además de permitir evaluar la capacidad de sus gestores. La búsqueda de un método adecuado y fiable de valoración no es una tarea fácil, siendo necesario considerar que, según la metodología utilizada, los resultados obtenidos pueden ser distintos.

De los distintos métodos de valoración existentes, el CFROI (Cash Flow Return On Investment —rendimiento total de la inversión en términos de flujo de caja—) puede ser considerado como sistémico, en el sentido de considerar todas las perspectivas y proyecciones que un proceso de valoración precisa.

Por medio de este método se pretende establecer el valor relativo de una empresa vinculándolo al valor o percepción de éste que tiene el inversor. Es decir, este método va a permitir conocer el valor en términos relativos que de la empresa hace el inversor, tomando como referencia el mercado y utilizando variables internas que proporciona la información contable pública. Para ello, incorpora una serie de parámetros que considera como determinantes del valor, que no son otros que aquellas variables internas que más aportan a la valoración, es decir, aquellos indicadores que, obtenidos internamente, permiten aproximar el valor de mercado de la empresa. De estas variables, que podemos denominar específicas, la base fundamental, desde el punto de vista financiero, es el rendimiento de la inversión en términos de flujos de caja o Cahs Flow Return on Investment, conocido con el acrónimo CFROI.

Esta expresión ha sido acuñada por la firma Holt Value Associate y aplicada por The Boston Consulting Group (BCG), que lo utilizan, además de para otros fines, para aplicarlo en valoración de empresas. Es un método que se sustenta en la tasa interna de rentabilidad de la empresa considerada en su conjunto, es decir, se trabaja con el rendimiento total de la empresa como si se tratase de un único proyecto de inversión, tomando en consideración la capacidad de los activos de la organización para generar liquidez. Se tiene en cuenta esta capacidad tanto de los activos actuales como de los derivados de las inversiones futuras, consecuencia del crecimiento esperado de la empresa.

El desarrollo y aplicación del modelo se fundamenta en una variante de la tasa interna de rendimiento y, a pesar de incorporar mayor complejidad en la estructura conceptual y empírica diseñada, aporta una medida o variable en términos relativos, cuestión ésta que va a permitir realizar un proceso comparativo, tanto vertical como horizontalmente, puesto que, como ya se ha dicho, se trata de obtener un valor referente.

En su desarrollo, las variables clave son:
A: importe de la inversión ⇨ Activo bruto actualizado de la empresa (ABA)
Q_j: flujos de caja ⇨ Flujo de caja bruto recurrente (Qbr_j)
n: duración ⇨ Vida económica normal de los activos de la empresa (n)
r: tasa interna de rendimiento ⇨ Cash Flow Retorn On Investment (CFROI)

La variable importe de la inversión se define como el activo bruto en moneda corriente, mientras que el flujo de caja utilizado en el CFROI incluye todos aquellos componentes que se caracterizan por su continuidad, al ser el resultado de la actividad ordinaria de la empresa, denominándose flujo de caja bruto recurrente. La variable temporal es la vida económica normal de los activos, es decir, el periodo de tiempo durante el cual éstos pueden generar con normalidad el flujo de caja bruto recurrente.

Esta metodología se basa en la hipótesis básica de convergencia de la empresa, tanto en rentabilidad como en crecimiento, hacia los valores medios de estas variables en el conjunto de la economía, utilizando como medida de rentabilidad el CFROI y como medida de crecimiento la tasa anual de incremento de la inversión, considerada como la proporción de los beneficios retenidos. La base de esta hipótesis corresponde a la propuesta de Stigler, que señala que, ante situaciones de competencia, la tasa de rentabilidad tiende a unificarse, al ir tomando los inversores decisiones sobre el destino de sus inversiones hacia las alternativas más rentables, igualándose las oportunidades de negocio.

Para finalizar, se puede afirmar que el CFROI presenta una metodología útil para el establecimiento de un valor relativo de una entidad, no tanto su valor en términos absolutos. Sin embargo, su gran complejidad es un inconveniente significativo para su aplicación.

7.6. Los modelos de decisión; la información fiable y estructurada

Jesús Rueda Rodríguez. Intertell

Cada día es más necesaria la rapidez en la toma de decisiones y que éstas sean acertadas. Dentro de este enfoque se tendrán que tener herramientas adecuadas que posibiliten el éxito en los objetivos.

La información para que sea fiable debe estar basada en datos reales, ajustada a la realidad, veraz, cierta y segura. Se precisan modelos matemáticos que aseguren la fiabilidad de los datos y bases de datos que combinen adecuadamente la información.

Según Hossein Arsham (Universidad de Baltimore), el uso de modelos matemáticos se ha ido incrementando para interpretar y predecir las dinámicas y controles en la toma de decisiones. La realidad que queremos analizar y que posteriormente nos sirva para predecir, vía formulaciones, la tenemos que traducir a combinaciones binarias para poder ser tratadas. A medida de que el número de variables que se introduzcan en el modelo sea más elevado y que las mismas sean adecuadas para el fin que se persiga, la fiabilidad será más alta. Estamos muy lejos de contar con el *hardware* y el *software* suficientes para poder tratar toda la información que se necesitaría para contemplar toda la realidad, por lo que los modelos se tendrán que reducir a observar aspectos parciales de la misma.

La información recogida en bases de datos debe ser aquella capaz de reducirse a combinaciones binarias, para que puedan ser tratadas por modelos, y tienen que cumplir las siguientes características:

1. Han de ser numéricas, para que podamos cuantificar la realidad.
2. Armónicas, con datos comparables tanto referidos a estados históricos como a otros entornos paralelos.
3. Homogéneas, con cifras comparables y con el mismo significado.
4. Que contengan series históricas que nos permitan comprender cuál ha sido el comportamiento anterior y por lo tanto predecir en base de sus propios datos el futuro.
5. Con capacidad de realizar comparaciones con entornos similares, que tendrán que estar tratados con los procedimientos de armonización y homogeneización que antes señalábamos.
6. La calidad de los datos tiene que ser un objeto en sí mismo que permita la fiabilidad del mismo, evidentemente tendrá que comprobarse la calidad con contrastes, test de errores, etc., que garanticen la exactitud del dato.
7. Deben ser multivariables. Los conjuntos de bases de datos tienen que comprender la mayor cantidad de variables posible ya que a medida de que ésta sea más alta, nos estaremos acercando a la realidad.
8. Recoger datos con la máxima actualización. Lo ideal sería el dato más próximo, *online* en expresión bursátil, es decir, el dato de «ahora mismo», esto es muy difícil de plantear con todas las variables pues las empresas cierran sus estados contables en una fecha determinada, normalmente fin de año, trimestre o semestre.

Con datos tratados en las condiciones señaladas es posible modelizar y por lo tanto simular comportamientos y predecir futuros. Evidentemente es muy difícil contar con que las bases de datos tengan las calidades que se han señalado anteriormente, pero a medida que nos vayamos aproximando a las mismas tendremos una información fiable y estructurada, lo cual nos permitirá realizar modelos matemáticos que nos posibilite prever futuros en base a escenarios diferentes y que por lo tanto faciliten la toma de decisiones que permitan la mayor capacidad de aciertos en función de los objetivos perseguidos.

7.7. El papel de las entidades financieras españolas en el desarrollo del microcrédito en España

María Dolores Oliver Alfonso. Profesora titular de Economía Financiera de la Universidad de Sevilla

El sector de las microfinanzas ha tenido un considerable desarrollo en los últimos tres decenios, desde que en 1974 el profesor Muhammad Yunus estableciera las bases prioritarias del microcrédito en Bangladesh y la creación del Grameen Bank, institución de microfinanzas pionera en el mundo.

Desde sus comienzos al día de hoy, se puede hablar de las microfinanzas como un sector en crecimiento mundialmente, aunque ya consolidado por el gran número de instituciones especializadas en estos servicios y el resultado de sus prácticas exitosas.

Los programas de microfinanzas han llevado el dinamismo de la economía de mercado a los pueblos y a las personas más pobres del mundo y han contribuido a mejorar sus condiciones de vida. Dentro de esta nueva forma de entender las finanzas, el microcrédito constituye el principal instrumento financiero al servicio de la financiación de proyectos empresariales a desarrollar por personas o colectivos que, por sus especiales características (rentas muy bajas y ausencia de avales o garantías patrimoniales), se encuentran excluidos de los circuitos financieros convencionales. El microcrédito ya ha demostrado ser un poderoso instrumento en países en desarrollo, donde tiene sus orígenes. La experiencia en estos territorios en la implantación de programas de microcréditos se ha extrapolado a países desarrollados y, de hecho, ya encontramos muchas iniciativas en este entorno.

En este sentido, en España hemos asistido a un crecimiento exponencial en la implantación de programas de microcrédito en los últimos cinco años, superior a la media de los países europeos más cercanos, considerando que estos programas hicieron su aparición en nuestro país en el año 2001. Las entidades pioneras en la creación de líneas propias de microcréditos han sido las cajas de ahorros españolas. Empezaron colaborando en el primer programa diseñado por el Instituto de Crédito Oficial (ICO) en el año 2002, pero pronto diseñaron programas propios que impulsaron desde las obras sociales, directamente o a través de fundaciones específicas. Las primeras iniciativas fueron las desarrolladas por la Fundación Un Sol Mon de Caixa Cataluña y la Fundación La General para el Desarrollo Solidario de la CajaGranada. Hasta el momento presente, son muchas las cajas de ahorros que se han ido involucrando en este tipo de producto financiero. Sin embargo, la participación de los bancos ha sido muy inferior, estando presente tan sólo en los programas de microcréditos del ICO. Si tomamos como referencia a las cajas de ahorros, según datos recogidos por CECA, desde comienzos de 2001 hasta finales de 2005, las siete cajas de ahorros españolas más activas habían concedido microcréditos por un volumen total de 41,8 millones de euros, correspondiente a 3.921 operaciones.

Las Administraciones Públicas, tanto nacionales como regionales y locales, también han desempeñado un papel relevante en el impulso y extensión de los programas de microcrédito en España. Asimismo, es importante destacar el significativo papel llevado a cabo por determinadas entidades públicas y privadas de carácter social que trabajan en la selección y asesoramiento de los potenciales beneficiarios de microcréditos y, posteriormente, realizan el acompañamiento técnico de los proyectos empresariales financiados.

La colaboración entre cajas de ahorros, entidades sociales y Administraciones Públicas configura en España un modelo propio de microcréditos que se diferencia claramente de otros países y que ha sido mostrado en numerosos foros nacionales e internacionales como ejemplo de buena práctica.

7.8. Los microcréditos y su implantación en el Tercer Mundo

Marta de la Cuesta González. Profesora de Economía Aplicada de la UNED

Según la Cumbre del Microcrédito de 1997, los microcréditos son «programas de concesión de pequeños créditos a los más necesitados de entre los pobres para que éstos puedan poner en marcha pequeños negocios que generen ingresos con los que mejorar su nivel de vida y el de sus familias». El beneficiario del microcrédito es pues una persona que carece de las suficientes garantías desde un punto de vista bancario convencional y que se encuentra excluido del círculo financiero y por lo tanto de la actual estructura social.

Las instituciones microfinancieras se especializan en ofrecer fundamentalmente microcréditos a buena parte de la población excluida del acceso al capital y cuya actividad económica se inserta en la denominada economía informal. Estas entidades tratan de atender un mercado que en gran medida estaba en manos de usureros, los únicos dispuestos a prestar a unas tasas insostenibles e improductivas. De media, en los países en vías de desarrollo solamente el 20% de la población es cliente de la banca comercial, siendo el resto en cierta medida atendido por instituciones financieras informales o semiinformales. La Conferencia de las Naciones Unidas para el Comercio y el Desarrollo (UNCTAD) estima que existen en todo el mundo 7.000 instituciones microfinancieras, con una cartera aproximada de 15.000 millones de dólares cuyos clientes en casi un 60% se encontraban entre los más pobres cuando adquirieron su primer préstamo.

El microcrédito es un tipo de préstamo que posee pues unos condicionantes específicos diferenciados del crédito convencional. Así, las cantidades prestadas suelen ser muy inferiores a las cantidades prestadas a través de un préstamo tradicional, y normalmente al microcrédito se le acompaña con acciones de capacitación y monitorización al beneficiario, lo que conlleva unos costes superiores a asumir por parte de la entidad prestataria. Por lo que se refiere a la tasa de interés aplicada, variará dependiendo de múltiples factores, como por ejemplo, el lugar en dónde se realiza la operación, el capital prestado, la divisa en la que se denomine el préstamo, el plazo de amortización o la monitorización y servicios complementarios al microcrédito.

Los defensores del microcrédito señalan cinco vías a través de las cuales las microfinanzas influyen en las condiciones sociales y económicas de los beneficiarios:

1. El microcrédito favorece el proceso de adquisición de activos por parte de los sectores más pobres, con lo que mejora sus posibilidades de renta futura.
2. Permite que los sectores pobres pongan en marcha actividades productivas a través de las que obtener un ingreso regular.
3. Contribuye al desarrollo de las capacidades y de la autoestima del beneficiario.
4. Permite formar capital social, potenciando el papel de las mujeres en la sociedad y permitiendo relaciones más igualitarias.
5. Permite el acceso al capital, que es el medio en muchos casos básico para tener acceso a otros derechos de carácter fundamental como el derecho al trabajo o a la vivienda.

La mayor parte de los microcréditos concedidos en los últimos 35 años tienen como destino la creación de microempresas o proyectos de autoempleo, aunque sea en el plano de la economía informal. De aquí que los impactos de las microfinanzas en los países en desarrollo se cuantifiquen en base al número de personas autoempleadas conseguido, así como en la variación del nivel de pobreza de las regiones en las que se actúa, ratios de escolarización infantil, nivel de mejora de las condiciones sanitarias e instalaciones de viviendas y núcleos de población, etc. En gran parte, se trata de indicadores de desarrollo social más que de indicadores puramente económicos. El ingreso creciente y la seguridad económica que proporciona a los beneficiarios el microcrédito les facilita el acceso a necesidades básicas que mejoran su bienestar y calidad de vida. Existen evidencias de impactos en áreas de salud, educación, planificación familiar, nutrición, agua.

7.9. Fondos de inversión socialmente responsables en Europa y en USA

Charo Balaguer Franch. Universitat Jaume I, Castellón

Tienen la misma rentabilidad que las inversiones convencionales, pero además incorporan la posibilidad de invertir en valores éticos, sociales o medioambientales. Ésta es la característica distintiva de los fondos de inversión socialmente responsables (FISR). Estos fondos se caracterizan porque incorporan una metodología de preselección de empresas que implica el cumplimiento de unos criterios positivos y/o negativos, que se recogen en el ideario ético del fondo. Así, por ejemplo, podemos elegir entre inversiones que potencian la protección del medio ambiente, la igualdad de oportunidades o, bien, inversiones que evitan invertir en determinados sectores como armamento o pornografía, todo ello sin que la rentabilidad financiera se vea mermada.

Desde la aparición en EE UU, a principios de la década de los setenta, del primer FISR, el Pax World Fund (1971), estos fondos han conocido un crecimiento exponencial, especialmente en países como EE UU y el Reino Unido, donde la inversión socialmente responsable (ISR) está considerada una de las más dinámicas e innovadoras de la industria de los fondos de inversión y uno de los impulsos fundamentales para que las empresas adopten políticas de responsabilidad social (RSE).

Estados Unidos es el país donde el mercado de la ISR cuenta con más instrumentos y donde, por tanto, está más desarrollado. Según el informe del Social Investment Forum (2006), en el año 2005 el capital invertido en FISR era de 179.000 millones de dólares, un 18,5% más que en el año 2003, cuando ascendía a 151.000 millones de dólares. Además, durante el periodo 1995-2005 este producto ha sido el que ha experimentado un mayor incremento en cuanto al volumen de capital invertido: de 12.000 millones de dólares en 1995 a 179.000 millones de dólares en 2005. Por su parte, Europa, pese a que sigue en la distancia a EE UU en cuanto a la cifra de activos, cuenta con un mercado de ISR cada vez más maduro. Respecto al capital gestionado entre junio de 2004 y junio de 2005 se observa un incremento del 27%. Así, a finales de junio de 2005, había invertidos en Europa 24.127 millones de euros, mientras que un año antes, el capital total gestionado ascendía a 19.034 millones de euros.

En España, el desarrollo de la ISR tuvo su punto de inflexión en 1999 con la aparición de los primeros FISR. Sin embargo, a lo largo de estos años, la ISR en nuestro país no ha alcanzado los niveles de desarrollo de otros países europeos, y se encuentra todavía en una fase incipiente. Aunque en los últimos meses se ha observado un cierto dinamismo, la ISR es todavía un sector minoritario en el mercado financiero español, pues, a finales del año 2005, alcanzaba tan sólo el 0,49% del patrimonio total invertido en los fondos de inversión mobiliarios en España. Son varios los factores que pueden explicar esta situación, desde la menor tradición de invertir en acciones hasta la falta de demanda por parte de los inversores institucionales, que ha sido crucial en otros países.

Además, un aspecto que no ha contribuido a que el concepto de la ISR cale en nuestro país es la confusión generada entre los FISR y los fondos de inversión solidarios (FIS). Los FIS son una peculiaridad del mercado español, y se limitan a ceder parte de la rentabilidad generada por sus inversiones o de la comisión de gestión a favor de organizaciones benéficas o proyectos sociales, son una simple vía de financiación más para proyectos sociales o de desarrollo que, incluso y paradójicamente, puede proceder de plusvalías obtenidas con inversiones en empresas que actúan de forma no ética, pero no realizan preselección de su cartera de inversión como hacen los FISR. Por tanto, en los FIS no se exige el cumplimiento de criterios socialmente responsables por parte de las empresas que forman parte del fondo. Se trata pues de una forma alternativa y complementaria de financiar ONG o proyectos sociales y de desarrollo.

Tampoco ha ayudado al desarrollo de los FISR en nuestro país la percepción por parte de los inversores de que la incorporación de criterios de RSE en los fondos de inversión puede traducirse en un menor rendimiento de la inversión. Numerosos estudios han abordado esta cuestión, y si bien es difícil concluir que siempre existe una correlación positiva entre la RSE y el rendimiento financiero, sí se ha podido constatar que los FISR son al menos tan rentables como sus equivalentes convencionales.

En efecto, en términos de rentabilidad y riesgo, estos fondos no difieren del resto de fondos de inversión. Compran bonos o acciones con la lógica intención de que se revaloricen y poder así ofrecer una ganancia a sus partícipes. Su elemento diferenciador y fundamental radica en la selección de la cartera de inversión conforme a criterios, no sólo de rentabilidad económica, sino también de carácter social y medioambiental. La rentabilidad potencial es un motor en su gestión, pero no el único, y eso los hace distintos al resto de fondos de inversión.

En este sentido, el gran éxito de la ISR en los mercados financieros internacionales ha puesto de manifiesto que, tanto los individuos como las instituciones, pueden invertir de acuerdo con sus valores morales, sin por ello dejar de obtener rentabilidad, y para que este proceso pueda darse también en el mercado financiero español, es fundamental el papel de las instituciones gestoras como agentes transmisores y potenciadores de las ventajas financieras y sociales que conlleva la ISR.

7.10. La MiFID, ¿un nuevo 'big-bang' en el sector financiero?

Juan José de la Vega Jiménez y Juan José García Machado. Universidad de Huelva

La nueva Directiva de Mercados e Instrumentos Financieros, conocida por sus siglas en inglés como MiFID (Markets in Financial Instruments Directive), entró en vigor en España el 1 de noviembre de 2007. En este sentido, debemos señalar que el pasado 22 de junio el Gobierno aprobó remitir al Consejo de Estado el anteproyecto de reforma de la Ley del Mercado de Valores, requerida para trasladar la MiFID a la legislación española.

Esta Directiva, que se integra dentro del llamado Plan de Acción de Servicios Financieros de la Unión Europea, es una de las de mayor repercusión en el sector financiero ya que implica una concepción diferente de la estructura de los mercados de valores y abre nuevas oportunidades de negocio para las entidades financieras y no financieras.

La Directiva 2004/39/CE de Mercados de Instrumentos Financieros, que deroga la Directiva de Servicios de Inversión, surge con el objetivo de crear un mercado financiero europeo integrado, eficiente, transparente y competitivo. Para ello, esta normativa intenta homogeneizar los mercados de valores, impulsar la competencia y aumentar la protección de los pequeños inversores.

La MiFID se aplicará a las empresas de inversión (ESI) y a los mercados regulados. Según esta Directiva son empresas de inversión toda persona jurídica, aunque también contempla la posibilidad de considerar empresas de este tipo a otras que no sean personas jurídicas si cumplen unas determinadas condiciones, y cuya profesión o actividad habitual consista en prestar uno o más servicios de inversión o en llevar a cabo una o más actividades de inversión con carácter profesional a terceros. En definitiva, esta norma afectará, además de a las empresas ya recogidas en la Directiva de Servicios de Inversión, a bancos de inversión, gestoras de cartera y de instituciones de inversión colectiva, empresas de asesoramiento financiero, Bolsas, sistemas de negociación multilateral, etc.

Los aspectos más destacables de la MiFID son, entre otros, los siguientes:

—Se amplían los instrumentos financieros. Así, la MiFID incluye en la lista de instrumentos financieros, en su Anexo I (sección C), determinados instrumentos derivados sobre materias primas y otros constituidos y negociados de una forma que son comparables a los instrumentos financieros tradicionales.

—Facilita la competencia entre los centros de negociación, para ello elimina el principio de concentración en los mercados regulados. Este principio exige que las órdenes de los inversores deben ejecutarse de manera exclusiva en los mercados regulados. Con la MiFID, las negociaciones de valores puede llevarse a cabo, además de en los mercados regulados (Bolsas), en los sistemas multilaterales de negociación (SMN) y en los internalizadores sistemáticos (IS). Los SMN son sistemas multilaterales, operados bien por un gestor de mercado o bien por una empresa de inversión, que posibilitan la puesta en contacto de los diferentes intereses de compra y venta sobre instrumentos financieros de múltiples terceros para dar lugar a contratos. Por su parte, los IS son empresas de inversión que negocian por cuenta propia mediante la ejecución de órdenes de clientes al margen de un mercado regulado o un SMN.

—Recoge unos requisitos de transparencia generalizados y de obligado cumplimiento para todos los sistemas de negociación: mercados regulados, sistemas multilaterales de negociación e internalizadores sistemáticos. La transparencia puede estar referida a la prenegociación, es decir, antes de la ejecución de las órdenes; y también a la posnegociación, esto es, cuando las órdenes ya están ejecutadas.

Las exigencias de transparencias prenegociación para los mercados regulados y los SMN son idénticas. Así, exige que estos mecanismos de negociación publiquen, como mínimo, los precios corrientes de compra y venta y la profundidad de las posiciones de negociación. Además, esta difusión se debe hacer pública, a través de sus sistemas, en condiciones comerciales razonables y de forma continua en el horario normal de negociación. Por su parte, los internalizadores deben publicar, de forma regular, continua y fácilmente accesibles para otros participantes del mercado, las cotizaciones en firme cuando para éstas existan mercados líquidos. Cuando sean acciones para las que no exista un mercado líquido, la publicación de las cotizaciones se realizará a petición de sus clientes.

Los requisitos de información posnegociación para los mercados regulados y los SMN son los siguientes: deben hacer público el precio, volumen y hora de las operaciones realizadas de acuerdo con sus sistemas, los cuales deben publicarse en condiciones comerciales razonables y lo más próximo al tiempo real. Los internalizadores deben publicar respecto de las operaciones realizadas, bien por cuenta propia o bien por cuenta de sus clientes, el volumen, el precio y la hora en que se hayan concluido.

—Establece el principio de mejor ejecución («best execution»). La protección de los inversores se garantiza, junto con los requisitos de transparencia, con el principio de mejor ejecución. Según este principio, las empresas de inversión deben adoptar todas las medidas razonables para conseguir el mejor resultado posible para sus clientes. Tienen que documentar la política de ejecución incluyendo, entre otros aspectos, información sobre los diversos centros en que la empresa de inversión ejecute las órdenes de sus clientes, deben supervisar la efectividad de sus sistemas y de su política de ejecución de órdenes con el fin de detectar y, en su caso, corregir cualquier deficiencia y, por último, deben demostrar a sus clientes, a petición de éstos, que han ejecutado sus órdenes conforme a la política establecida.

—Para las ESIS se amplían y son más exigentes los requisitos sobre sus estructuras de gobierno y organizativas, así como en todo el desarrollo de su actividad ligada con los clientes. Así, la MiFID impone a las ESIS la necesidad de adoptar las medidas razonables para garantizar la continuidad y regularidad de la realización de los servicios y actividades de inversión. Para ello, la empresa de inversión utilizará sistemas, recursos y procedimientos adecuados y proporcionados. También exige que las empresas de inversión cuenten con procedimientos administrativos y contables adecuados, mecanismos de control interno, técnicas eficaces de valoración del riesgo y mecanismos eficaces de control y salvaguardia de sus sistemas informáticos. De igual forma, obliga a las ESIS que lleven un registro de todos los servicios y operaciones que realice y que esté fácilmente disponible para que la autoridad competente los supervise. La MiFID también presta una especial importancia a la gestión de los conflictos de intereses. En este sentido, las entidades deberán identificar posibles conflictos entre los intereses de sus clientes y los de la entidad o su grupo, entre diversos clientes, directivos, empleados o cualquier persona vinculada directa o indirectamente con la entidad, también tendrán que contar con una política de gestión de conflictos que garantice a sus clientes una actuación leal e independiente.

—Incremento de la información que deben suministrar a sus clientes las entidades financieras que prestan servicios de inversión. La MiFID exige que las ESIS proporcionen a sus clientes la información necesaria (sobre la empresa de inversión y sus servicios, los instrumentos financieros y las estrategias de inversión propuestas, centros de ejecución de órdenes y gastos y costes asociados) de manera que les permita comprender la naturaleza y los riesgos del servicio de inversión y del tipo específico de instrumento financiero que se oferta. Llegados a este punto, tenemos que destacar que las empresas de servicios de inversión no podrán ofrecer, de manera indiscriminada, un producto a cualquier cliente, sino que previamente deberá comprobar que tiene en su poder toda la información necesaria sobre su cliente. Para ello, las entidades deberán realizar lo que se ha denominado «Test de idoneidad», el cual comprende información sobre los conocimientos, experiencia, situación financiera y objetivos de inversión del cliente, o un «Test de adecuación del producto», el cual sólo incluye, con el objetivo de que la entidad pueda evaluar su adecuación al cliente, información sobre conocimientos y experiencia del cliente en relación a la operación deseada.

—Contempla un nuevo tipo de empresa de servicios de inversión: las sociedades de asesoramiento financiero. Hasta ahora, el asesoramiento financiero era una actividad de libre prestación y, por tanto, no requería autorización o registro por la CNMV y tampoco se encontraba sujeto a su supervisión. La nueva normativa organiza y da cierta transparencia a la actividad del asesoramiento financiero. Estas entidades podrán realizar solamente servicios de inversión, teniendo prohibido realizar operaciones sobre valores o efectivo en nombre propio y, como no están autorizadas para tener fondos o valores de clientes, no podrán mantener, en ningún caso, una posición deudora respecto a éstos.

En definitiva, para concluir, podemos señalar que la MiFID es una directiva con un amplio alcance y de cierta complejidad. Asimismo, es una de las directivas que mayor impacto va a tener en las entidades que operan en el sector financiero y, lógicamente, para sus clientes. Su objetivo es muy ambicioso ya que no sólo pretende el establecimiento de las condiciones que permitan a las empresas de inversión prestar sus servicios en toda la UE, sino que suprime el principio de concentración en los mercados regulados, amplía los instrumentos financieros e incrementa la protección del inversor. Esto último, mediante detallados requisitos de organización y comportamiento de las empresas de inversión, junto con el principio de mejor ejecución y con las normas de transparencia de los mecanismos de negociación.

7.11. Nuevo vigilante en el fondo de inversión

Juan José García Machado. Universidad de Huelva

La normativa comunitaria MiFID plantea la creación de una figura dentro de las entidades de crédito y otras sociedades de inversión mobiliaria que proteja los intereses del inversor, dicha figura estará amparada por la CNMV y entró en vigor el 1 de noviembre de 2007.

Consciente de que éste es uno de los principales ámbitos del impacto de la MiFID y que más afecta a la protección del inversor, la CNMV ha iniciado ya un plan de supervisión de la comercialización de valores e instrumentos financieros al público minorista.

El citado plan es un paso adelante con respecto a una iniciativa anterior que consistía en el registro voluntario por parte de las entidades de sus manuales de comercialización. No obstante, la entrada en vigor de la MiFID ha hecho necesario impulsar el citado plan de supervisión y así conseguir un nivel de cumplimiento efectivo lo más satisfactorio posible.

La revisión de la comercialización de productos financieros a inversores minoristas por parte de las entidades de crédito abarca la información contractual y periódica a entregar a los clientes, los procedimientos de clasificación de éstos por perfiles de riesgo, la clasificación de productos, las políticas comerciales de distribución en base a perfiles de riesgo, incluida la formación de las redes comerciales.

El principio general establecido es la ejecución pronta y secuencial de las órdenes. Los principios y criterios sobre los que se basa esta metodología han sido anticipados por la CNMV en cartas enviadas al sector en noviembre de 2004 y abril de 2006, con la entrada en vigor de la MiFID se refuerzan las directrices ya indicadas.

Adicionalmente, y como consecuencia de la ruptura del principio de concentración de operaciones en los mercados de valores y la apertura de la regulación a la creación de nuevos centros de negociación que despliegan un abanico de nuevas posibilidades para la ejecución de operaciones, la MiFID incorpora como novedad importante una norma de conducta que establece el deber de obtener el mejor resultado posible en la ejecución de las órdenes por cuenta de clientes.

Éste se extiende a todos los intermediarios que intervienen en la cadena de ejecución, desde los gestores de carteras hasta las entidades que ejecutan de manera efectiva la orden en un mercado, pasando por aquellas que la reciben y transmiten a su vez para su ejecución posterior.

Para ello, las entidades deberán definir y aprobar una política de ejecución que describa los procedimientos y los sistemas de negociación que permiten lograrla de manera consistente, teniendo en cuenta las características del cliente, las características del instrumento financiero y las de los centros de negociación en los que estas órdenes pueden ser dirigidas. Esta política y sus procedimientos deben ser revisados y actualizados convenientemente e informados a los clientes, de quienes la entidad debe recabar el previo consentimiento. Además, las entidades deben estar en disposición de acreditar, a solicitud del cliente, que la ejecución de su orden se ha realizado de acuerdo con la política de ejecución informada.

La nueva normativa mejora la calidad de la información, precontractual, contractual y poscontractual, que las entidades deben suministrar a los inversores minoristas.

Cada entidad debe evaluar su propio impacto y diseñar su plan de adaptación para cumplir eficazmente y a tiempo con los principios de la MiFID.

Dichos planes deben tomar en consideración el impacto de otras normas de especial relevancia para las entidades financieras. Tal es el caso de la Segunda Directiva de Adecuación de Capital, actualmente en fase de transposición, y la Directiva de Abuso de Mercado. Ambas también abordan, de forma compatible con la MiFID, aspectos relacionados con la organización, estructuras de gobierno y de cumplimiento normativo, control interno y de riesgos.

A la vista de lo que antecede, la CNMV considera necesario que todas las entidades elaboren un plan de adaptación que analice el previsible impacto de la MiFID en cada una de sus áreas y unidades de negocio y los cambios que resultarán precisos para adaptarse a su entrada en vigor. Dicho plan debe ser aprobado por el Consejo de Administración de la entidad y debe involucrar en su proceso de implantación y seguimiento a la alta dirección y, en particular, a las unidades de cumplimiento normativo, cuya función de garante y vigilante del cumplimiento se verá reforzada y adquirirá especial protagonismo en el nuevo marco al que nos referimos.

La CNMV brindará a las entidades el apoyo y la orientación precisos en el diseño de tales planes, que solicitará y analizará, en colaboración con cada entidad, en el curso de sus actuaciones de supervisión.

7.12. La emisión de bonos sintéticos en la banca española

Ignacio López Domínguez. Economista. Profesor de la Universidad Antonio de Nebrija

Una operación de titulización de activos consiste en la emisión de títulos por parte de una entidad, financiera o no financiera, garantizados por una cartera de activos (derechos de cobro a futuro), que normalmente tienen las características de poco líquidos y no negociables, a través de la constitución de un fondo que adquiere dichos activos y los financia mediante la emisión de valores.

Con este proceso, consecuencia directa de la innovación financiera, las empresas consiguen diversificar el riesgo de sus activos, al tiempo que se amplía la oferta de instrumentos financieros para el inversor (este tipo de títulos se situarían, en general, por sus características de rentabilidad y riesgo, entre la deuda pública y la renta variable).

El volumen de fondos que anualmente mueve este tipo de emisiones va en aumento, siendo las entidades financieras las más activas en este mercado.

Recientemente, el grupo Bankinter ha reforzado sus recursos propios en 100 millones de euros mediante titulización sintética.

A diferencia de la titulización tradicional, la sintética permite traspasar el riesgo de crédito de una cartera de activos al mercado de capitales a través de un fondo de titulización sin que se produzca la venta de los activos al fondo y que éstos salgan de balance. Para ello se usan derivados de crédito, que son instrumentos financieros diseñados para transferir total o parcialmente el riesgo de crédito de un activo financiero. Por sus características, este tipo de titulización no es sustitutiva sino complementaria de la tradicional. La finalidad de una y otra es distinta. Con la tradicional, las firmas buscan liquidez y reducir el consumo de recursos propios, mientras que con la sintética la meta básica es reducir los riesgos transfiriéndolos.

El banco explica que esta operación pretende transferir los riesgos asociados a las «primeras pérdidas» (la parte del riesgo crediticio que hasta la fecha no se podía transferir y había que mantener en el balance de las entidades, con lo que consumía capital) de la cartera hipotecaria titulizada, fortaleciendo ratios de capital por la transferencia del riesgo crediticio y anticipándose a los futuros requerimientos de Basilea II, que entrarán en vigor en 2008.

Tras la circular emitida por el Banco de España en noviembre de 2006 ante la entrada en vigor en 2008 de Basilea II, que penalizará la retención de estos riesgos crediticios o primeras pérdidas, las entidades ya pueden transferir todos los riesgos —realizar titulizaciones sintéticas—, con lo que se libera capital y se pueden reforzar los recursos propios, entre otras cosas.

Regulación de la titulización sintética

La Ley 62/2003, de 30 de diciembre, de Medidas Fiscales, Administrativas y del Orden Social, regula en su artículo 97 la titulización sintética de préstamos y otros derechos de crédito, abriendo una nueva vía de crecimiento para este mercado de titulización, que se encuentra en plena expansión.

La regulación de estas operaciones permite a las entidades de crédito recurrir a una técnica de gestión de riesgos y de recursos propios que presenta ventajas (por ejemplo, unos menores trámites administrativos).

La nueva regulación añade que el activo de los fondos de titulización de activos que efectúen operaciones de titulización sintética podrá estar integrado por depósitos en entidades de crédito y valores de renta fija negociados en mercados secundarios oficiales, incluidos los adquiridos mediante operaciones de cesión temporal de activos, e indica que la contraparte del contrato derivado crediticio deberá ser una entidad de crédito, una empresa de servicios de inversión o una entidad no residente autorizada para llevar a cabo estas actividades.

7.13. La unificación de deudas y otros intermediarios financieros

Ricardo J. Palomo. Catedrático de Economía Financiera de la Universidad CEU San Pablo

Siempre se ha dicho que allí donde se detecta una ineficiencia de mercado o demanda insatisfecha surge o puede surgir una empresa. También se dice que una empresa cubre aquella actividad que como tal puede ser ejercida de modo más eficiente a como se haría en su ausencia.

Éste puede ser el caso de las empresas con actividad financiera denominadas reunificadoras y que en el mundo anglosajón, donde tienen muchos más años de experiencia, se denominan corredurías financieras.

Estas empresas reunifican deudas agrupando varios préstamos de un mismo deudor respaldados por diferentes garantías y ofrecen cierto grado de asesoramiento financiero. En ningún caso financian, tan sólo desarrollan una actividad comercial de intermediación entre el cliente y la entidad financiera, que finalmente será la que analice el riesgo de la operación y decidirá aprobarla o denegarla. Trabajan, por tanto, en el lado de las operaciones de activo —de su reestructuración— y nunca en el lado del pasivo o de captación y colocación de fondos. Precisamente, esta vertiente conlleva menores exigencias legales, entre ellas, no haber requisitos particulares de formación que sean exigibles a los profesionales que actúen en este campo.

En otros términos, la función de las unificadoras o reunificadoras es negociar la concesión de créditos en nombre de sus clientes y lograr así préstamos en las mejores condiciones posibles. Fusionan créditos diversos bajo uno hipotecario que se alarga en el tiempo pero que permite la reducción de la cuota (ahora única) con intereses más bajos por transformación de la garantía del mismo.

Desde el punto de vista de la economía financiera, o de las matemáticas financieras, se trata de recomponer los flujos de pagos de varios préstamos conjugando sus tasas de coste y plazos. Generalmente se pretende acoger bajo una garantía hipotecaria (que implica menor coste) otras operaciones de consumo, reduciendo así el coste efectivo.

Al tratarse de una actividad financiera y/o de asesoramiento, el Gobierno ha considerado la necesidad de regular este sector actualmente en auge; de momento aprobando un anteproyecto de ley sobre la materia. Se exigirá la inscripción en un registro especial, así como la suscripción de un seguro de responsabilidad civil que proteja a los clientes de posibles malas prácticas y la publicidad de las tarifas, mediante un folleto, que se apliquen en estas actividades. La supervisión de todo ello recaerá en las autoridades de consumo de las comunidades autónomas.

Quizá sería apropiado regular la cuantía máxima de las comisiones u honorarios aplicados para evitar abusos; así como dejar claro que se admite únicamente como financiadores a los bancos, cajas, cooperativas de crédito y entidades financieras de crédito (EFC).

Esta actividad es una mera intermediación, pues los préstamos fueron concedidos por entidades de crédito. Por tanto, en cierto modo, las reunificadoras de préstamos hacen posible una negociación multilateral entre el cliente-deudor y sus diversos acreedores. Se supera así la complejidad de la negociación bilateral y por fases que debería realizar un cliente con deudas contraídas con diferentes entidades, mejorando su capacidad de comparación e introduciendo este sistema, una nueva forma de competencia en el sector.

Por supuesto que el auge de estas entidades se debe, rotundamente, al elevado incremento del endeudamiento de las familias; no sólo por razón de la pujanza del préstamo hipotecario ante el elevado precio de la vivienda y de su demanda; sino, también, porque la sociedad actual vive inmersa en una mayor fiebre consumista, derivada de múltiples factores exógenos y endógenos: bonanza económica (al menos de momento); hábitos sociales, una amplia y creciente oferta de productos y servicios como no se había conocido antes; agresividad comercial y campañas cada vez más persuasivas; efecto riqueza derivado del incremento de la riqueza patrimonial de las familias españolas; etc.

Ahora bien, la posible tendencia económica de los próximos años, menos pujante y más prudente —esperemos que no llegue a ser recesiva—, puede estrechar el amplio margen de maniobra y el creciente mercado actual que atrae a este tipo de empresas.

En este contexto, quizá las reunificadoras tendrán que ampliar su actividad ofreciendo servicios más completos, con un mejor asesoramiento, y llegando tanto a particulares como a empresas y profesionales. Sin duda alguna sería una transformación muy importante y decisiva para su supervivencia futura; contribuirían más claramente a mejorar la eficiencia del sector y la competitividad de las entidades a favor del cliente.

Por otra parte, parece que el sector está tomando conciencia de su dimensión y papel actual. Prueba de ello es que seis reunificadoras anunciaron a mediados de junio la constitución de la Asociación de Intermediarios de Financiación (Asifin), a modo de organización patronal que represente y defienda sus intereses ante la sociedad y los poderes públicos. Los datos aportados sólo por estas entidades asociadas hablan de un volumen de intermediación de 2.000 millones de euros, 50.000 clientes y una facturación de 70 millones de euros.

Lo que ahora es un elemento aún relativamente extraño en el sector financiero español y que, en algunos casos, incomoda al sector bancario, preocupa a los reguladores financieros y provoca recelo de buena parte de los consumidores. Esta actividad tendrá que ser asimilada, adecuadamente regulada y profesionalizada. En tales condiciones puede llegar a ser una extensión más de determinadas actividades bancarias, y esto último no es nada nuevo; pues son muchas las entidades que desde hace tiempo trabajan con agentes financieros independientes para ampliar su mercado; como es común en el ámbito de los agentes de seguros y otros profesionales (gestorías, asesores fiscales, etc.).

Probablemente, no es mala la idea de que en el panorama financiero haya asesores independientes que orienten a los clientes sin estar vinculados con una entidad —pero esa independencia debe ser clara—; y quizá es digna de ser considerada por parte de las entidades financieras la idea de contar con terceros fuera de nómina, que actúen como agentes de operaciones en territorios que no cubren suficientemente con las redes de oficinas tradicionales. Esto podría interesar, en particular, a las entidades extranjeras que pretenden abrir mercado en España.

En cualquier caso, la fórmula existe desde hace mucho tiempo en otros países, en particular en Estados Unidos. Lo que sí es cierto es que su presencia en España ha provocado recelo en el mundo financiero que, en ocasiones, las han calificado de organizaciones usureras, en particular por los posibles casos de abuso de algunas empresas de este sector. Como siempre, no se puede calificar a todo un sector por las actuaciones de algunos, pero sí será preciso un mayor control y regulación y buscar canales de entendimiento con las entidades financieras. Realmente, este sector ha surgido porque había un espacio de la intermediación financiera que, de alguna forma, no había sido adecuadamente cubierto por las entidades financieras tradicionales.

8. SEGUROS

8.1. Transparencia en el seguro

Javier Pérez de Laborda. Abogado. Profesor de la Universidad Pontificia Comillas - ICADE

Las actuales y nuevas normativas sobre las anotaciones contables en las aseguradoras muestran las primas como compromisos adquiridos por las entidades de seguros con sus asegurados, de acuerdo con el carácter imperativo de la norma que los regula, que entre otros exige que los contratos suscritos se redacten de forma clara y precisa.

Se nos muestra el *ranking* de este suplemento de compañías de seguros de manera separada, ramo de vida y los de no-vida (seguros contra daños), pues por imperativo legal las entidades de seguros no pueden acumular la práctica de ambas actividades; el motivo de ésta es garantizar los intereses de los asegurados y los beneficiarios de estos contratos una adecuada protección, con el propósito de que las obligaciones financieras que de ellos se derivan sean soportadas por quien corresponde, pues su hacer es diferente en cuanto al riesgo y el interés, los plazos de contratación, sus provisiones técnicas, la fiscalidad de sus productos, el cálculo de su solvencia, etc.

La actividad aseguradora muestra una diferencia sustancial con cualquier otra actividad, dado el hecho de la inversión del proceso productivo, pues el ingreso de la prima en el contrato de seguro se realiza por anticipado, mientras que la contraprestación del asegurador no es inmediata sino que se produce una vez que el siniestro se ha originado. Siendo esto así, la transparencia es una exigencia natural en la actividad aseguradora, regulada por una serie de normas de ordenación de obligado cumplimiento, bajo la supervisión y control de la autoridad de cada Estado que debe vigilar la estabilidad de las entidades en beneficio de los derechos de los asegurados.

La transparencia del seguro no está en que el asegurado pueda entender cómo funciona éste, tanto desde la perspectiva jurídica del contrato como desde la perspectiva técnico actuarial de sus cálculos, conocimientos imposibles para un profano, sino en la protección que le da la ley que le permite reclamar en caso de que el asegurador no cumpla con sus compromisos, que como dijimos deben estar redactados de forma clara y precisa, mientras que el cálculo de su precio es resultado de una técnica determinada.

El precio del seguro no es resultado de la oferta y demanda de los mercados, sino de un cálculo que parte del valor actual del riesgo asumido por el asegurador, con un recargo de seguridad destinado a cubrir las desviaciones aleatorias de siniestralidad que se den entre la real y la estimada con el fin de garantizar su solvencia, a lo que se le añaden los correspondientes recargos de administración y de producción, más un margen estimado de beneficio.

La prima es un dinero de largo recorrido que *fabrica* un resultado final que puede ser el resarcimiento de los daños sufridos por el asegurado ante la ocurrencia del siniestro o, si éste no se diera, de beneficio en la cuenta de resultados del asegurador. Por razón de su singularidad a las entidades aseguradoras se les exige la aplicación de una serie de específicos principios contables, con el objeto de que el balance sea imagen fiel de su patrimonio, de la situación financiera y de los resultados de la entidad.

Las primas, recibidas por anticipado, son la partida más importante de sus ingresos, y para reflejar esa imagen fiel deberán periodificarse al cierre del ejercicio, deduciendo de ellas las no consumidas a la siguiente anualidad, y sumándoles las no consumidas del ejercicio anterior; a estos ingresos hay que añadir los procedentes de las inversiones materiales y financieras de sus provisiones. De la misma manera habrá que periodificar los gastos de siniestralidad con los siniestros pagados, los siniestros pendientes y los siniestros desconocidos.

Junto a las reservas normales que tiene cualquier otra sociedad (legal, estatutaria, voluntaria), que forman parte de sus recursos propios, las entidades de seguros deben disponer de unas provisiones técnicas específicas de su actividad, en garantía de las obligaciones contraídas con sus asegurados, distintas en vida y en daños, provisiones que corresponden a los asegurados, y además disponer de un margen de solvencia que les exige tener unos determinados recursos propios no comprometidos con el negocio, en función del tipo de actividad que desarrollan y del volumen de negocio que manejan. A nuestro juicio, ésta es la auténtica transparencia en la que se materializa el juego del seguro, junto a la periodificación de sus ingresos y gastos.

Las propias entidades de seguros, además de estas exigencias propias de su actividad, se comprometen a la disciplina de unas normas de comportamiento de buena conducta, de publicidad honesta y de buen gobierno, que no es diferente a lo que a cualquier empresa o sector pueda exigirse.

8.2. Las aseguradoras ante Solvencia II

Julián C. Oliver Raboso. Actuario de Seguros. Profesor de la Universidad Pontificia Comillas - ICADE

El margen de solvencia actual de las aseguradoras está pensado para hacer frente a los riesgos de explotación permitiendo amortiguar fluctuaciones adversas. El cálculo actual no tiene en cuenta los riesgos del activo y penaliza a las entidades más prudentes que han dotado mayores provisiones técnicas. La Comisión Europea inició a principios de este siglo un proceso cuyo resultado permitirá mejorar la forma de hacer frente a los riesgos de la empresa aseguradora sin una complejidad excesiva. Este proceso se conoce como Solvencia II.

Desde 2001 se han realizado estudios de impacto económico, conocidos como QIS, que permiten calibrar y adaptar la metodología de Solvencia II a la realidad del mercado europeo. En la actualidad vamos camino de QIS-3 y de la redacción de una directiva europea que debería aparecer en el verano de 2008.

Solvencia II traerá una nueva estructura de capital para hacer frente a los riesgos. Toda entidad aseguradora deberá tener un capital total requerido para solvencia denominado SCR. Este capital tendrá un valor mínimo denominado MCR por debajo del cual la Administración Pública intervendrá la entidad de forma inmediata. El valor del capital mínimo de solvencia o MCR será calculado, según sabemos en esta fase del proceso, por una fórmula estándar fácilmente auditable y función de indicadores contables; se estima que su valor sería cercano al 50% del actual margen de solvencia. El valor del capital total requerido para solvencia o SCR podrá ser calculado usando dos métodos distintos. El primer método es el más sencillo, se basará en partidas contables y será parecido al del cálculo del capital mínimo o MCR aunque utilizará una fórmula estándar distinta. La utilización de este método se presupone mayoritaria entre las entidades aseguradoras. El segundo método utilizará información detallada al nivel de cada riesgo a considerar y consistirá en la elaboración de modelos internos. En este caso la información detallada permitiría realizar simulaciones informáticas para determinar el capital que cubriría al menos el 99,95% de las pérdidas que se produjeran por ese riesgo. La suma de los capitales para todos los riesgos constituiría el capital total requerido para solvencia o SCR. Un factor importante a tener en cuenta es la ausencia de independencia entre los diferentes riesgos, que podría causar pérdidas encadenadas; el cálculo del SCR incluirá correcciones por la influencia de las correlaciones entre riesgos.

Las grandes compañías se verían afectadas por la gran variedad de ramos y de productos que aseguran así como por la dispersión de sus mercados. Las pequeñas compañías también se verían afectadas por unas carteras reducidas y por posibles concentraciones de riesgos que les obligue a disponer de unos capitales de solvencia muy superiores a los requeridos en proporción para las grandes compañías. Por otro lado es posible que pequeñas carteras bien seleccionadas y bien gestionadas técnicamente sean menos arriesgadas y requieran capitales calculados por modelos internos muy inferiores a los que establezca la fórmula estándar. Una correcta política de reaseguro puede igualmente reducir drásticamente los requerimientos de capital al permitir establecer un tope de retención que pueda ser asumida por la aseguradora cediendo el exceso de riesgo.

Las entidades aseguradoras tendrán que disponer de activos para cubrir el capital total requerido para solvencia o SCR, pero además deberán cumplir otros requisitos. Entre esos requisitos están la evaluación por las propias compañías de sus riesgos internos así como la mejora de la información necesaria para gestionar los riesgos y para que el organismo supervisor pueda controlar el cumplimiento de esa gestión. Los sistemas de tratamiento de la información deberán ser mejorados para obtener estadísticas con un mayor nivel de detalle de los riesgos asegurados que faciliten el control de los riesgos de suscripción y de crédito. Los procesos internos deberán ser analizados para evaluar y controlar el riesgo operacional.

Muchas entidades ya han comenzado a analizar su situación bajo la óptica de Solvencia II y de la evaluación de riesgos; las entidades deberían también considerar acciones como las mencionadas más arriba. Los pasos específicos en cuanto a Solvencia II que deberán dar las aseguradoras no son inmediatos y deben esperar a las normas que emita el Ministerio de Economía y Hacienda. Primero deben acabar los trabajos de calibración de las fórmulas estándar; después la Comisión Europea deberá terminar de elaborar la Directiva a mediados de 2008 y el Parlamento Europeo deberá aprobarla posteriormente. Los Estados miembros deberán trasponer la Directiva en leyes locales para que la implementación de Solvencia II esté lista a finales de 2010. Durante ese mismo tiempo los supervisores, en España la Dirección General de Seguros y Fondos de Pensiones del Ministerio de Economía y Hacienda, deberán trabajar en las normas y en la implantación de medidas.

El proceso que empezó a principios de siglo debería estar implantado en 2010. Las aseguradoras deberían estar listas para el cierre de cuentas de ese ejercicio bajo las reglas de Solvencia II. Hasta ese momento las empresas deberían prepararse en diferentes aspectos, como la reingeniería de procesos y la mejora de los sistemas de información en dos áreas fundamentales como las bases de datos de administración y los sistemas *datawarehouse.* Las aseguradoras también deberán hacer un esfuerzo en comunicación interna, la gestión integral de riesgos que plantea Solvencia II afecta a todos los niveles de la organización en todas sus áreas.

8.3. La necesidad del control interno en las empresas: gerencia de riesgos

Isabel Casares San José-Marti. Directora de Pensiones y Gerencia de Riesgos de KPMG

El presente artículo se elabora con el objeto de analizar la gestión de los riesgos de las empresas en España tras el lanzamiento mundial del Marco de Gestión de Riesgo empresarial (ERM COSO II) con fecha 29 de septiembre de 2004. Asimismo, pretende trasladar la experiencia de los distintos controles de riesgos y la necesidad de aplicar una metodología propia en cada una de las empresas basada en la propia experiencia surgida en las distintas gerencias de riesgos realizada para empresas tanto nacionales como internacionales.

El objetivo fundamental de cualquier principio es tener claro los conceptos que se utilicen para los análisis de los riesgos empresariales y que todos conozcan el alcance del control y el resultado de los mismos, ya que existen muchas metodologías y muchos enfoques distintos para una gestión de riesgos empresariales.

El objetivo de este artículo es ayudar a entender la necesidad de gestionar los riesgos de una empresa y no sólo a reducirlos, por lo que puede generalizarse para todo tipo de riesgos, incluidos los riesgos estratégicos, crediticios, tecnológicos, de mercado, etc. Para una buena gestión de riesgos de una empresa es necesario contemplar todas las etapas fundamentales de identificación, evaluación, respuesta y supervisión, pero es en la etapa de identificación de los riesgos donde podemos detectar, además de las amenazas para la empresa, las oportunidades de negocio que pueden ser aprovechadas para la misma y que en un principio puede estar oculta tras las amenazas. Se puede confirmar que tanto la gerencia de los riesgos como un adecuado sistema de control interno pueden contribuir al logro de objetivos empresariales.

El establecimiento de sistemas de control interno sobre la estabilidad y solvencia, requeridos por las prácticas de buen gobierno, exige la capacidad de las empresas para establecer modelos dinámicos que permitan evaluar la situación de la misma ante la concreción de determinados riesgos desfavorables que pudieran ser objeto de aseguramiento con terceros. El buen gobierno de una sociedad en general exige el establecimiento de un control interno adecuado que permita a la dirección de la empresa la toma de decisiones, por lo que las empresas deben analizar los riesgos que les son propios de su actividad y mantener unos mecanismos específicos de control interno que aseguren la supervisión continuada de los mismos.

Es necesario que exista transparencia en la información, de forma que pueda ser detectada cualquier amenaza lo antes posible para poder reducir o anular el impacto antes de que éste se produzca. Nos encontramos ante una demanda creciente de información por parte de la empresa, a raíz de la aparición de nuevas exigencias que afectan a las empresas cotizadas en materia de responsabilidad social, medio ambiente y sostenibilidad.

Como consecuencia de las nuevas exigencias, la empresa debe analizar los riesgos propios de su actividad, mantener unos mecanismos específicos de control interno que aseguren la medición continuada de los mismos, establecer sistemas de información que garanticen la transparencia y proporcionen seguridad.

El fin último de todas las empresas es generar valor. Sin embargo, en la consecución de ese fin siempre está presente la incertidumbre o el riesgo. La gestión de riesgos por parte de la dirección le permite tratar eficazmente la incertidumbre, mejorando así la capacidad de generar valor.

La gestión de riesgos aporta ventajas a la empresa, aunque presenta limitaciones que impiden que el consejo o la dirección tengan seguridad absoluta de la consecución de los objetivos, derivadas de factores como que el juicio humano en la toma de decisiones, las decisiones sobre la respuesta al riesgo y el establecimiento de controles necesitan tener en cuenta los costes y beneficios relativos.

Todas las personas que integran una empresa tienen alguna responsabilidad en la gestión de riesgos corporativos. El consejero delegado es el responsable último y deberá asumir su titularidad, pero el director de riesgos, director financiero, auditor interno u otros desempeñan responsabilidades clave de apoyo, mientras que el restante personal de la empresa es responsable de ejecutar la gestión de riesgos corporativos de acuerdo con las directrices y modelos establecidos.

La evaluación de riesgos es el proceso orientado a identificar los riesgos que conlleva el desarrollo de la actividad de la empresa para poder establecer unas conclusiones y recomendaciones justificadas para mejorar las condiciones de la aceptación del riesgo por parte de la empresa.

Tras la identificación y evaluación de los riesgos se debe gestionar y controlar el riesgo, para ello, se pueden realizar distintas acciones alternativas para la adecuada gestión y control de los riesgos como son la eliminación, reducción, asunción financiera y transferencia de los riesgos a un tercero a través de fórmulas del sector asegurador o financiero.

8.4. Nuevos retos para el seguro agrario en España

Juan José García Machado, Juan José de la Vega Jiménez (Universidad de Huelva) y Salomón Aguado Manzanares (Universidad Politécnica de Madrid)

Los seguros agrarios constituyen el sistema más eficaz para paliar las consecuencias económicas desfavorables que las condiciones adversas originan sobre la actividad agraria. El sistema de seguros agrarios comporta importantes ventajas, tanto a profesionales de la actividad agraria como al Estado, y, por ello, está implantado en todos los países desarrollados.

En España, los seguros agrarios llevan implantados más de 100 años y, siguiendo las distintas etapas en las que se puede analizar tan extenso periodo, podemos observar la evolución del sistema de aseguramiento. En las primeras etapas, los riesgos asegurados eran de origen climático: pedrisco, incendios, etc.; es decir, que procedían de aquellos fenómenos meteorológicos. Eran los denominados seguros de daños. Éstos se fueron ampliando paulatinamente según las variedades y producciones asegurables, así como los causantes de siniestros. Estos seguros tienen su máxima expansión en los llamados seguros integrales, que protegen de toda inclemencia meteorológica.

Posteriormente, aparecieron los seguros de rendimientos, que protegen de la contingencia de disminución de la producción por causas ajenas al productor. Estos seguros, denominados de primera y segunda generación, protegen al agricultor contra el perjuicio que supone la imposibilidad de comercializar toda la producción esperada. Sin embargo, aún quedaba un pilar importante al devenir del mercado, como es el precio de venta. Este factor influye muy directamente sobre la renta que percibe el agricultor. Tratando de cubrir dicha contingencia, aparecen los seguros de ingresos, que combinan el seguro de rendimientos junto con un seguro de precios. Los seguros de ingresos proporcionan al agricultor protección contra la disminución de sus ingresos, ya sean originados por una merma en la producción de la cosecha (contingencia cubierta por el seguro de rendimientos) o por una disminución del precio de venta en origen (contingencia cubierta por el seguro de precios) o por ambos.

En España, el modelo de seguros agrarios se asienta en un complejo esquema mixto público-privado. En él intervienen, por parte del sector privado, las organizaciones profesionales y las cooperativas agrarias, en representación de los agricultores y ganaderos; Agroseguro (Agrupación Española de Entidades Aseguradoras de los Seguros Agrarios Combinados, S. A.), como entidad gestora en nombre de las aseguradoras privadas que intervienen en el seguro agrario; y los reaseguradores privados. Por parte del sector público, Enesa (Entidad Estatal de Seguros Agrarios), organismo autónomo dependiente del Ministerio de Agricultura, Pesca y Alimentación, que elabora el Plan Anual de Seguros Agrarios y concede las subvenciones inherentes a los costes del seguro; las Consejerías o Departamentos de Agricultura de las Comunidades Autónomas, que colaboran con Enesa en sus funciones y coordinan las Comisiones Territoriales de Seguros Agrarios; la Dirección General de Seguros y Fondos de Pensiones, dependiente del Ministerio de Economía y Hacienda, como garante de la actividad aseguradora en España; y el Consorcio de Compensación de Seguros, entidad pública empresarial adscrita al Ministerio de Economía y Hacienda, que actúa como reasegurador público y controla las peritaciones de los siniestros acaecidos.

En el ámbito europeo, la Comisión Europea, en desarrollo de la reforma de la PAC de junio de 2003, en Luxemburgo, estableció una comunicación en la que propone las bases sobre las que desarrollar nuevas opciones de instrumentos para la gestión del riesgo y crisis en la agricultura.

En primer lugar, se propone la participación financiera en el pago de las primas por los agricultores en seguros contra catástrofes naturales. Para ello, las subvenciones no deben superar el 50% del coste total y las indemnizaciones no superar el 100% de la pérdida efectiva. Además, se establece la posibilidad de que los Gobiernos participen fomentando los regímenes nacionales de reaseguro. Estas circunstancias son plenamente compatibles con el vigente sistema de aseguramiento agrario en España. Como segunda opción, propone la ayuda a las mutualidades agrarias como procedimiento para el reparto de riesgos entre los productores.

En tercera opción, como novedad, se establece la posibilidad de implementar la prestación de una cobertura básica contra las crisis de ingresos, o lo que es lo mismo, seguros de rentas o ingresos. Basándose en que entre los objetivos de la reforma de la PAC está estabilizar la renta y la disociación de las ayudas de la producción agrícola, se plantea el seguro de ingresos como un instrumento frente a las graves pérdidas de rentas. Las condiciones que han de cumplirse son:

- —Todos los agricultores afectados han de poder acceder a ella.
- —El importe de la indemnización debe referirse a la renta y estar totalmente desvinculado de la producción.
- —El siniestro mínimo indemnizable se establece en el 30% de la renta bruta media de los últimos tres años.
- —Cobertura del 70% de la pérdida de ingresos del productor en un año.
- —Compatible con seguros complementarios sobre catástrofes naturales, siempre que la indemnización global no supere el 100% de las pérdidas.

Finalmente, España, como miembro de la Organización Mundial del Comercio, está pendiente de los continuos cambios que se están produciendo en dicho ámbito, debido a la discusión sobre la revisión de los criterios que definen la «caja verde», para la efectiva inclusión en las ayudas públicas de la subvención al coste del seguro.

Las medidas incluidas en la «caja verde» son aquellas que no provocan distorsión en el comercio, es decir, que no tengan efectos en la producción; o, a lo sumo, en grado mínimo. Se trata de ayudas gubernamentales prestadas a través de programas financiados con fondos públicos que no implican transferencia de los consumidores, y que no deben ayudar al sostenimiento de los precios de los productores. En definitiva, se trata de ayudas desacopladas que no son susceptibles de ser reducidas en virtud de los acuerdos mundiales de comercio.

8.5. La propiedad en las mutuas asistenciales

Ricardo Nel-lo Padró. Abogado

Con la denominación común de «mutuas asistenciales» se designan fundamentalmente dos tipos de entidades aseguradoras con características singulares. Concretamente, las mutuas de seguros que contratan de forma prioritaria seguros de enfermedad y asistencia sanitaria y las mutualidades de previsión social especializadas en asistencia sanitaria, estas últimas de gran tradición y proliferación sobre todo en Cataluña.

Se trata, ambas, de entidades que responden a un esquema mutualista, pues, de un lado, carecen de ánimo de lucro, y de otro lado, su objeto es el seguro o la previsión social, respectivamente, de sus socios, los cuales contribuyen a su financiación por medio de aportaciones o primas fijas o variables.

También suele incluirse dentro de la categoría de las mutuas asistenciales a las denominadas técnicamente «mutuas de accidentes de trabajo y enfermedades profesionales de la Seguridad Social», aunque estas últimas, si bien nacieron como entidades que agrupaban a empresarios con la finalidad de asegurar de forma voluntaria los accidentes de trabajo, con la definitiva implantación del carácter obligatorio del seguro de accidentes de trabajo y con las sucesivas reformas de la Seguridad Social, han pasado durante el siglo XX a convertirse en verdaderas entidades colaboradoras de la Seguridad Social en la gestión de los accidentes de trabajo y enfermedades profesionales, las cuales, a pesar de que tienen naturaleza de entes privados, administran fondos públicos y se hallan estrechamente controladas por el ministerio competente en materia de Trabajo y Seguridad Social.

Son, pues, las primeras entidades citadas de base mutualista, mutuas de seguro y mutualidades de previsión social, aquellas en las que se centra el análisis objeto del presente artículo.

Mutuas de seguros y mutualidades de previsión social, aunque similares en sus principios inspiradores —participación y ayuda mutua—, se distinguen cualitativamente en función de su diferente objeto social, derivado de un origen histórico diverso de ambas figuras.

Las mutualidades de previsión social son entidades especializadas que forman parte del modelo de previsión social voluntaria, complementario del sistema público de la Seguridad Social, cubriendo los denominados riesgos sociales de sus socios o mutualistas con determinadas limitaciones cuantitativas impuestas por la ley, pudiendo además realizar otras actividades y prestaciones accesorias de carácter social y de servicios, que no derivan directamente de la relación de seguro.

Por el contrario, las mutuas de seguros, como también las compañías de seguros, ofrecen o pueden ofrecer productos aseguradores muy diversos, no sólo ni con preferencia seguros de previsión social, si bien la ley no prevé que puedan llevar a cabo las prestaciones accesorias de carácter social antes referidas.

No obstante, como quiera que desde la Ley 33/1984, de 2 de agosto, de Ordenación y Supervisión de los Seguros Privados, se configuran las mutualidades de previsión social como auténticas entidades aseguradoras, sujetas a la legislación reguladora de los seguros, la regulación jurídica de éstas se ha ido aproximando cada vez más a la propia de las mutuas de seguros, proceso que culminó con la aprobación del Real Decreto 1340/2002, de 27 de diciembre, por el que se aprueba el Reglamento de Mutualidades de Previsión Social, el cual, aun regulando determinadas singularidades de estas entidades aseguradoras, guarda un gran paralelismo con la regulación de las mutuas de seguros, contenida en el Real Decreto 2486/1998, de 20 de noviembre, por el que se aprueba el Reglamento de Ordenación y Supervisión de los

Seguros Privados, al que se remite tanto de forma puntual como estableciendo con carácter general su aplicación supletoria para las mutualidades de previsión social.

Por esta razón, y sin perjuicio de las particularidades propias de la normativa autonómica aplicable en la materia, puede extraerse un régimen común sobre la propiedad en las mutuas y en las mutualidades, contenido esencialmente en los reglamentos antes citados.

Con base en la meritada regulación legal, en línea de principio podría afirmarse que la propiedad en las mutuas y mutualidades corresponde a los socios o mutualistas.

Ahora bien, tal afirmación debe matizarse, toda vez que esta propiedad aparece configurada con unos perfiles muy específicos, pues se trata de una propiedad abstracta o inconcreta, se manifiesta de forma indirecta, es potencial e intransmisible y, además, se caracteriza por ser contingente.

En efecto, es abstracta o inconcreta pues, a diferencia de lo que sucede en los distintos regímenes de copropiedad o de participación en una sociedad mercantil o cooperativa, al mutualista no se le atribuye ninguna parte alícuota del patrimonio de la mutua o mutualidad, ni dispone tampoco de ningún título o documento que acredite tal propiedad, salvo la mera condición de mutualista.

Estamos, asimismo, ante una titularidad que cabría denominar «indirecta», pues el mutualista sólo tiene algún control o poder de decisión sobre el patrimonio mutual a través, en su caso, de su incorporación como miembro en un órgano social o de gobierno de las mutuas o mutualidades, debiendo tener presente que su funcionamiento es democrático y que cada mutualista tiene derecho a un voto, salvo que rija una asamblea de compromisarios, en cuyo caso sólo éstos, y no en cambio los demás mutualistas, tienen derecho al voto.

Se trata asimismo de una propiedad potencial, pues el mutualista no puede transmitir su condición de tal a un tercero, sino que sólo tiene un derecho a participar en la distribución del patrimonio de las mutuas o mutualidades cuando se acuerde su disolución y liquidación.

Por otro lado, esa propiedad de una parte del patrimonio mutual es, asimismo, contingente pues bastará, para perder este derecho potencial a participar en el mismo en caso de liquidación, que el socio o mutualista se dé de baja de la mutua o mutualidad. Ello es así porque la condición de socio o mutualista se adquiere, fundamentalmente, con la suscripción de un contrato de seguro con la mutua o la mutualidad correspondiente, de forma que tal condición se pierde al extinguirse la relación contractual de seguro.

Todo ello se entiende sin perjuicio del derecho del socio o mutualista que hizo una aportación económica al fondo mutual (lo que no es frecuente, salvo en el acto fundacional de una mutua o mutualidad) a percibir intereses por tal aportación, si así lo disponen los estatutos, así como el reintegro de dicha aportación en caso de baja del socio aportante, salvo en este último caso, que tal aportación hubiera sido consumida en cumplimiento de la función específica del fondo mutual y siempre con deducción de las cantidades que el mutualista adeudase a la entidad.

Así pues, puede concluirse que la propiedad en las mutuas asistenciales reside en los socios o mutualistas. No obstante, tal propiedad reúne unas características tan singulares que rehúye el sentido propio, normal y específico de la propiedad o titularidad sobre un conjunto de bienes y derechos, cuyo máximo exponente es el poder de disposición sobre los mismos o sobre una parte de los mismos, poder de disposición del que, sin duda, a diferencia de lo que ocurre en otras personificaciones jurídicas, carece el socio o mutualista de una mutua o de una mutualidad.

8.6. Banca-seguros: liderazgo e innovación

Francisco Muñoz. Universitat de Valencia

La transposición, en 2006, de la Directiva comunitaria sobre mediación a través de la ley de mediación de seguros y reaseguros privados permitió regular una realidad ya consolidada en el mercado español como es la contratación de seguros a través de las redes de distribución de las entidades de crédito, reservándose la denominación de operadores de banca-seguros a esta forma de mediación. La aprobación de un marco legal expreso para regular la actividad del canal de banca-seguros favorece la evolución de un modelo inicial de especialización en la gestión del ahorro a través del ramo de vida hacia un modelo de servicio integral al cliente ofreciendo una gama completa de soluciones aseguradoras, respondiendo a cualquier tipo de demanda que éste pueda plantear.

La preeminencia del canal de banca-seguros en el negocio del ramo de vida es evidente: en términos medios, tres de cada cinco pólizas de seguros de vida se gestionan a través de este canal. A finales de 2006, sólo la marca de la principal aseguradora española, Mapfre Vida, se mantenía en segunda posición entre las nueve primeras entidades que lideraban el *ranking* de emisión de primas de seguros de vida, a saber: Santander Seguros, Ibercaja Vida, VidaCaixa, Bansabadell Vida, BBVA Seguros, Caser, Aseval y Ascat-Vida, todas ellas aseguradoras de los principales bancos y cajas de ahorro españolas. Aunque, en cuanto a ahorro gestionado (o *ranking* de provisiones) aún son significativas las posiciones de liderazgo de las aseguradoras con matrices europeas, como Allianz, Vitalicio Seguros y Zurich Vida, el *ranking* del nuevo negocio nos informa mejor sobre cuál puede ser la evolución futura del sector. Una acotación al anterior listado, ¿dónde está Caja Madrid?, pues en Mapfre-Caja Madrid Holding de Entidades Aseguradoras, S. A.

Recíprocamente, en el ramo no vida se mantiene el predominio de las compañías y mutuas de seguros, con sus canales de distribución convencionales a través de agentes y corredores. Sin embargo, en el canal banco-asegurador la nueva producción en los ramos generales presenta una tendencia al alza con una cuota de negocio que prácticamente se ha duplicado en los últimos cinco años. La vinculación del seguro multirriesgo hogar a la concesión de los préstamos hipotecarios ha contribuido de manera decisiva a este proceso. Y las entidades grandes están optando por competir cada vez en más ramos (automóviles, enfermedad, etc.) y con productos ofertados por empresas aseguradoras pertenecientes al propio grupo financiero.

Para los seguros de vida, dada su alta componente de ahorro con poco peso relativo de las coberturas de riesgo en relación con otras garantías financieras, la rentabilidad neta conseguida puede servir como medida del grado de satisfacción obtenido por el cliente, si bien hay otros aspectos como la fiscalidad, la liquidez de la inversión, derechos de los beneficiarios, etc., que requieren aclaraciones adicionales. La especialización de las entidades de crédito en este ámbito favorece las sinergias y permite significativas reducciones de coste. Además, dadas las características del mercado español de servicios financieros, los bancos y las cajas acumulan mucha información sobre la situación patrimonial y el comportamiento como consumidores e inversores de sus clientes, lo cual les sitúa en una posición inmejorable para poder desarrollar productos que satisfagan nuevas necesidades, tales como el incremento de la esperanza de vida o la modificación de la estructura familiar tradicional. Contribuir a la innovación financiera y actuarial mediante el diseño de productos técnicamente viables que combinen fórmulas de ahorro con la cobertura de riesgos biométricos y que, además, sean comercialmente interesantes es un reto fundamental para el sector.

En el campo de los seguros generales, la heterogeneidad de los riesgos a cubrir y las posibles diferentes estrategias de producción y distribución que se pueden utilizar para su comercialización requiere un análisis más detallado de las oportunidades que ofrece un mercado muy competitivo donde los asegurados se muestran cada vez más informados y exigentes a la hora de recibir las prestaciones previstas en las pólizas. Si el canal banca-seguros se utiliza para distribuir productos de otras entidades, el cliente deberá conocer con total transparencia cuál es esa vinculación y cómo le beneficia, en su caso, como parte contratante. Si se opta por la venta de productos propios favoreciendo la marca de la entidad, las oportunidades de crecimiento sostenible a largo plazo también pasan, en buena medida, por la investigación actuarial pues son numerosas las coberturas cuya demanda aún queda insatisfecha. Apuntemos, a título de ejemplo, el caso de los seguros de responsabilidad civil.

9. BOLSA

9.1. El riesgo país y sus formas de medición

Arturo Rodríguez y Nerea San Martín. Universidad del País Vasco

En la época reciente, el desarrollo de la globalización ha suscitado un gran aumento de las oportunidades de inversión en los mercados bursátiles internacionales, incluso en mercados emergentes. Este hecho obliga a tener en cuenta los nuevos riesgos que aparecen en la inversión bursátil internacional, de los cuales el riesgo país ocupa una posición relevante. Éste es el que se asume por suscribir o adquirir títulos de renta fija o variable emitidos por entidades de un país extranjero, y que se manifiesta en la posibilidad de que el cobro de los dividendos, intereses y/o el principal de la deuda se retrase o no sea factible. Resulta importante poder emitir una opinión sobre este tipo de riesgo mediante su medición, esto es, su cuantificación y comparación internacional. Para ello es necesaria la utilización de ciertos métodos, de los cuales existen tres principales: las técnicas estadísticas, los índices de riesgo país y los métodos de clasificación.

Las técnicas estadísticas son tal vez las más rigurosas. Se basan en la búsqueda de funciones capaces de discriminar entre países con diferente nivel de riesgo, y de dilucidar las variables influyentes más significativas. Ahora bien, hasta el presente no han mostrado una capacidad predictiva, y además no incluyen variables no cuantificables, como por ejemplo la coyuntura política o social de los países.

Los índices de riesgo país, por su parte, se emplean para ordenar los países según su mayor o menor nivel de riesgo país. Suelen consistir en la suma, mediante ponderaciones subjetivas, de los valores de una serie de variables para un periodo de referencia. Estas variables pueden ser subjetivas —resultado de las opiniones de un panel de expertos— o bien observacionales. Por tanto, los índices pueden ser totalmente subjetivos (como el de Institutional Investor), totalmente observacionales (como el índice EMBI de JP Morgan) o mixtos (como el de la revista *Euromoney).* Aunque resulte complicado emitir una valoración conjunta de estos instrumentos, puede afirmarse que son aceptables para reflejar el riesgo percibido de los países, pero tienen escasa capacidad para predecir crisis financieras.

Por último, los métodos de clasificación tienen por objeto clasificar los países en grupos, según el grado o tipo de riesgo que presenten. Dentro de ellos destaca el *rating* país, o calificación realizada por las agencias financieras internacionales de las emisiones de deuda externa soberana de los diferentes países. Goza de gran aceptación, pero también tienen limitaciones: se refiere únicamente a títulos de colocación pública, las diferentes agencias discrepan en ocasiones sobre la calificación de un mismo país, y a veces la evaluación que hace el mercado no coincide con la de las agencias.

En suma, los inversores deben tener presente que todos los métodos tienen ventajas y limitaciones, que el riesgo siempre va a existir, y que, teniendo en cuenta los objetivos concretos de la inversión, la mejor opción es emplear en la evaluación varios métodos combinados.

9.2. Opciones reales en inversiones estratégicas

Gerardo Arregui Ayastuy. Universidad del País Vasco

Algunas decisiones de inversión en las empresas pueden ser consideradas como estratégicas. Se refieren a inversiones cuya realización conlleva grandes desembolsos, sujetas a fuerte incertidumbre acerca de sus posibilidades de éxito —no se conocen con seguridad ni la dimensión del mercado, ni los plazos, ni los costes, ni los movimientos de la competencia— y que requieren una gestión activa para responder con flexibilidad a los cambios en las condiciones iniciales, pero que pueden proporcionar grandes beneficios si esa gestión es acertada.

La necesaria flexibilidad de los proyectos estratégicamente importantes no suele ser adecuadamente recogida cuando se utiliza la herramienta estándar de valoración de inversiones, consistente en descontar de los flujos de caja derivados de la inversión con un tipo de actualización adecuado (VAN). Las limitaciones más significativas de este método son que los flujos de caja esperados se consideran fijos, o, si se plantean como aleatorios, en su estimación se suelen utilizar probabilidades subjetivas, teniendo en cuenta sólo algunos de los escenarios posibles. Al no reflejar la capacidad de los gestores para tomar decisiones en función de la evolución de los acontecimientos, el VAN considera implícitamente a la empresa como un inversor pasivo.

Al evaluar proyectos de inversión estratégicos en los que existe una flexibilidad operativa u oportunidades de crecimiento contingentes, puede resultar adecuada la analogía de las opciones financieras. El término opción significa facultad de elegir, es decir, derecho a tomar una determinada decisión en el futuro. Su aplicación al ámbito financiero da lugar al concepto de opción financiera (derecho a comprar o vender un activo en un momento futuro a un precio prefijado). Y puesto que las inversiones estratégicas desencadenan oportunidades que se pueden aprovechar en el futuro, se pueden considerar como una fuente de flujos de caja más una serie de opciones.

El objetivo del método de las opciones reales es reconocer y valorar las oportunidades de actuación futuras respecto de los proyectos de inversión actuales. Las opciones implícitas en la gestión de los proyectos de inversión pueden ser valoradas mediante el modelo de la teoría de valoración de opciones que resulte más apropiado (Black-Scholes, Binomial, Montecarlo), pero para ello es necesario identificarlas.

A menudo existe la posibilidad de decidir acerca del momento en el que poner en marcha el proyecto (opción de diferir). Si bien retrasar la puesta en marcha puede resultar adecuado cuando la incertidumbre es grande y los recursos iniciales son pequeños, la realización de una inversión en cuyo desarrollo se obtiene información (opción de aprendizaje) sobre aspectos relevantes puede permitir incrementar la fiabilidad de las previsiones. Así, son habituales las decisiones en las que hay que afrontar al menos dos fuentes de incertidumbre (opción arco iris); mientras que la incertidumbre de mercado puede hacer aconsejable esperar para decidir, la tecnológica se reduce invirtiendo para aprender. También es frecuente disponer de la posibilidad de ampliar el alcance de una inversión después de su puesta en funcionamiento (opción de ampliar) o de redimensionar a la baja cuando las condiciones del mercado resultan ser peores que las esperadas (opción de reducir). Y siempre cabe abandonar el proyecto de inversión, buscando que las pérdidas no sean demasiado cuantiosas y teniendo en cuenta que el proyecto tiene un cierto valor liquidativo (opción de abandono).

Uno de los cambios más importantes en la manera de razonar a partir del enfoque de las opciones reales es asumir que la incertidumbre no es algo negativo. Si bien desde un punto de vista tradicional el valor asignado a una inversión es menor cuanto mayor es el nivel de riesgo percibido, el enfoque de las opciones reales sostiene que una mayor incertidumbre puede provocar un valor superior del activo, siempre que se logre identificar y utilizar sus opciones para responder con flexibilidad al desarrollo de los acontecimientos. En síntesis, las estrategias basadas en las opciones reales se distinguen de los métodos tradicionales empleados para la consideración del riesgo, pues mientras éstos se basan en el principio de «miedo al riesgo/minimización de la inversión», las primeras plantean «buscar ganancias con riesgo/maximizar la información».

9.3. La información como determinante en la toma de decisiones

María Luisa García-Ochoa. Universidad Complutense

Cuando un periodista, recién estrenado nuestro sistema democrático, otoño de 1977, le preguntó a Adolfo Suárez, presidente del Gobierno español, cuál era la diferencia más importante entre ser presidente en España y serlo en Estados Unidos, él contestó sin dilación que la mayor desigualdad se producía con respecto a la información. Mientras el presidente Carter lograba tener la información necesaria en dos horas, nuestro presidente la obtenía a los dos o tres días, no siempre completa.

No descubrimos nada nuevo al afirmar que la toma de decisiones para un Gobierno no sólo depende de la calidad de la información sino de la rapidez con que se obtiene.

De esto han pasado tres décadas y la sociedad de la información, sucesora de la industrial, enunciada por Machlup en los sesenta y difundida por Masuda en los ochenta, lo ha cambiado todo.

El crecimiento de la información era ya exponencial antes de Internet y nunca más información ha significado mejor. Para la toma de cualquier decisión en la gestión de los negocios o la política, necesitamos información «just in time» no «just in case». Para ello es imprescindible que discernamos entre la simple información y el conocimiento.

Bill Gates afirma que la gestión del conocimiento es gestionar los flujos de información y dirigirlos a las personas que necesitan esa información con prontitud.

Conocimiento e información están estrechamente relacionados pero son muy diferentes. Información es objetividad (datos que pueden ser gestionados). El conocimiento está en las personas y por tanto es subjetivo.

Nuria Amat dice que convertir la información en conocimiento es una actividad creadora. No se trata de aumentar la información sino de encontrarla y utilizarla en los momentos concretos de tomar decisiones.

La clave, por tanto, es una información contrastada y evaluada conforme a unos «parámetros», «indicadores» y «procedimientos» establecidos que puedan constatar la calidad de la información analizando datos como la autoría o el contenido. Las fuentes de información deben emanar de empresas u organizaciones competentes, y los contenidos deben ser intrínsecamente valiosos, contrastados, elaborados y con un valor añadido que les dé excelencia.

La «nueva economía» se define por la convicción de que la riqueza es producto del conocimiento, así lo afirman como una evidencia la mayor parte de la doctrina AlvinToffler, Thomas Stewart y Carl Shapiro.

El uso de Internet para recuperar información ha hecho posible que la información pueda ser «vigilada». Esto es, que la información generada en la www pueda tener un seguimiento en materias o perfiles de interés especializado. Esta información puede ser analizada y ser de gran interés para la toma de decisiones, elaboración de informes y para, finalmente, difundirla. Hoy día el uso de Intranet facilita la información interna de las organizaciones y obedece a una estrategia de información en la empresa.

Guillermo de la Dehesa certifica que con el proceso de globalización son las empresas y no los Gobiernos ni los Estados los que mandan en la economía. Por tanto, la gestión del conocimiento es un reto para empresas e instituciones.

De hecho, ya existen empresas dedicadas exclusivamente a la gestión del conocimiento, que intentan ayudar a que las organizaciones tengan una posición ventajosa y competitiva en el mercado, aumenten su productividad y tengan capacidad de liderazgo. Para estas empresas la gestión del conocimiento no es más ni menos que una herramienta de gestión empresarial que aúna la información y los recursos humanos.

En este contexto están los planes tecnológicos en el ámbito nacional en muchos países del entorno occidental, así como muchas directivas europeas que buscan planes de innovación a través de la sociedad del conocimiento.

El desarrollo de la sociedad del conocimiento ha sido una apuesta de la Unión Europea que se ha visto consolidado en programas muy importantes en el ámbito de las tecnologías de la información.

Existen desigualdades importantes en algunas sociedades contemporáneas excluidas del desarrollo tecnológico y, por tanto, hay que limar las diferencias que se producen entre países con un avance tecnológico en auge con los que disponen de un desarrollo sostenible inferior. Hay que aunar esfuerzos en el desarrollo de políticas más solidarias, potenciando la regulación del conocimiento como información productiva, base para toda actitud o plan estratégico que implique decisiones de actuación, exigiendo una constante actitud evaluadora ante la imparable globalización, impulsando la creatividad y la explotación de los contenidos multimedia y digitales para lograr que no aumente la brecha digital.

9.4. Aspectos básicos de la teoría de la onda de Elliot

José Luis Mateu Gordon. Profesor de Finanzas de la Universidad CEU-San Pablo

La teoría de la onda de Elliot es una forma particular de realizar análisis gráfico de los mercados financieros y de los valores atendiendo a la formación de ondas o ciclos que se producen en la evolución de las cotizaciones de los mismos.

Esta teoría fue desarrollada por Ralph N. Elliot después de una larga investigación en el mercado de valores estadounidense, concretamente con el índice Dow Jones (DJIA), descubriendo que el mercado se comportaba de una forma cíclica muy particular, con unas pautas determinadas que quedaron expuestas en una estructura definida con gran detalle. La característica fundamental de esta estructura de ondas o de un ciclo completo de Elliot es el formado por ocho ondas de dos tipos:

—Ondas impulsivas: aquellas que siguen la dirección de la tendencia de la onda superior, sea alcista o bajista, en la que está integrada.
—Ondas correctivas: aquellas que corrigen la dirección de la tendencia de la onda superior, alcista o bajista, en la que está integrada.

Gráfico 1. Ciclo completo de Elliot.

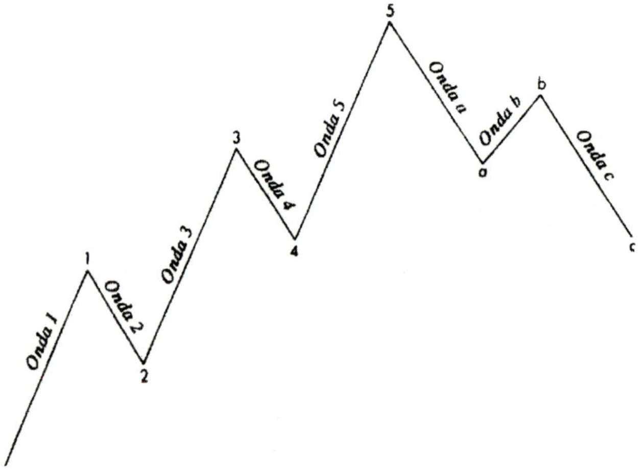

Fuente: Frost, A. J.; Prechter, R. R. (1989): El principio de la onda de Elliot, Gesmovasa, Madrid, página 20.

En este ciclo completo formado por ocho ondas hay que aclarar los siguientes aspectos sobre las mismas:

—Las ondas 1, 3, 5 son ondas impulsivas.
—Las ondas 2, 4 son ondas correctivas.
—Las ondas 3, 5 alcanzan un nivel superior a las ondas 1 y 3, respectivamente.
—Las ondas 2, 4 nunca retroceden el 100% del impulso anterior.
—La onda 4 nunca entra en la zona alcanzada en la onda 1.
—Las ondas a y c son ondas correctivas.
—La onda b es una onda impulsiva.

De esta forma se representa el ciclo de Elliot a través de la fase alcista, identificada con una numeración, y la fase correctiva, identificada con letras.

El objetivo del análisis por medio de ondas es detectar en qué momento bursátil nos encontramos y, por tanto, poder anticiparse a su evolución conociendo el ciclo completo en los mercados de valores formado por las ocho ondas, cinco al alza y tres a la baja, que se corresponderían con cinco ondas de un mercado alcista y tres ondas que implican una corrección del mercado alcista precedente.

Si bien, es importante considerar que este ciclo completo forma parte de otros ciclos superiores con la misma estructura, es decir, el ciclo completo expuesto corresponde en un ciclo superior a la onda 1 y la onda 2, de tal forma que sólo es una pequeña parte de ciclos mayores cada uno con sus ocho ondas correspondientes. En consecuencia, en un ciclo aún mayor, el ciclo expuesto inicialmente sólo sería una pequeña parte de una onda 1. Esta visión sucesiva e ilimitada de movimiento cíclico del mercado implica que los ciclos de Elliot se comportan como si se tratase de un fractal, es decir, todas las ondas pertenecen y forman otras ondas. En este sentido, Elliot distinguió nueve grados o tamaños de ondas.

Gráfico 2. Ciclo superior del ciclo de Elliot.

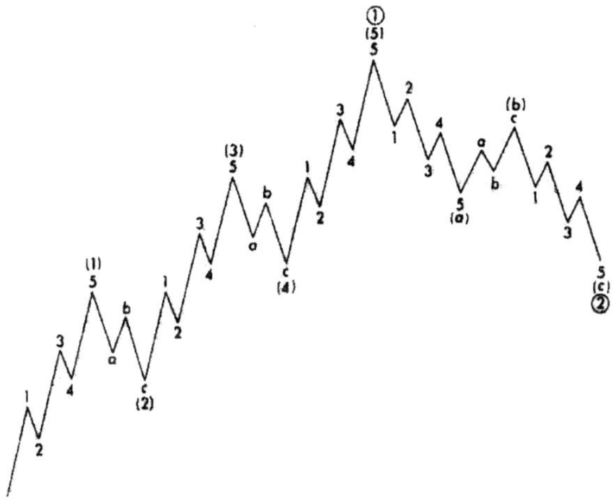

Fuente: Frost, A. J.; Prechter, R. R. (1989): El principio de la onda de Elliot, Gesmovasa, Madrid, página 22.

Esta visión principal pero general del ciclo de Elliot es incompleta para realizar un análisis exhaustivo puesto que existen numerosas particularidades en la formación o evolución de las ondas, tales como:

—Las variaciones de las ondas impulsivas bajo la forma de extensiones y triángulos diagonales o cuñas.

—Las variaciones de las ondas correctivas bajo las modalidades de zigzags, ondas correctivas planas, ondas correctivas triangulares y otras estructuras combinadas de las anteriores.

—Incluso se pueden producir lo que Elliot denomina «fallos», que indican debilidad en el mercado.

—Y hay que tener en consideración una serie de reglas sobre la alternancia en las formaciones de ondas, la longitud, superposición, profundidad y volumen de las ondas.

Por otro lado, es interesante poner de manifiesto que el trasfondo de la teoría de la onda de Elliot es matemático, concretamente, se fundamenta en la serie de Fibonacci y en el Ratio Aureo.

A partir de la sucesión numérica de Fibonacci (1, 1, 2, 3, 5, 8, 13, 21, 34, 55, 89, 144, ...), en la que la suma de los dos números consecutivos precedentes forma el siguiente numero de la serie, se identifican las sucesivas ondas de Elliot desde el ciclo o grado más pequeño hasta los diferentes grados cíclicos mayores.

Y el cociente entre dos de sus números consecutivos de la serie, que tiende a aproximarse a 1,618 o a su inverso, 0,618 (tras los primeros números), denominado Ratio Aureo, identifica porcentajes de avances o retrocesos en los movimientos cíclicos, así como sirven para proporcionar apoyo matemático al análisis de conceptos subjetivos del análisis gráfico, identificando y construyendo particulares líneas de abanico, identificando soportes, resistencias, suelos y máximos específicos en los mercados, incluso determinado su duración en el tiempo.

El principal problema en la aplicación de esta forma particular de análisis «charlista» de las ondas de Elliot es la gran subjetividad que se genera por parte de los analistas en la identificación de las ondas, ya que implica, en la práctica, una elevada dificultad, a pesar de existir programas informáticos especializados en estas aplicaciones. Por ello, muchos analistas, operadores, gestores e inversores prefieren aplicar la serie de Fibonacci y el Ratio Aureo como complemento matemático al análisis gráfico y técnico de los mercados financieros.

9.5. La CNMV. Sistemas de regulación del mercado de valores

Jaime Álvarez Plaza. Doctor en Finanzas. Universidad Complutense de Madrid

En 1314 se fecha el fin de la Orden de los Templarios o lo que se puede calificar como el primer Sistema Bancario Internacional. Este sistema se configuró sobre la base de la confianza depositada por comerciantes y gobernantes a resultas de un sistema de templos diseminados por toda Europa y unos soldados que favorecían el traslado de capitales y mercancías con la seguridad y garantía adecuadas. Con el objetivo de hacerse con las riquezas y posesiones de la Orden, Felipe IV de Francia, en connivencia con el papa Clemente V, consiguió acabar con la Orden mediante la eliminación de esa confianza.

Más de medio milenio después, en 1988, comenzó la andadura del regulador español de los mercados de valores, la Comisión Nacional del Mercado de Valores (CNMV), al abrigo de la correspondiente ley y dirigida en sus inicios por el señor

Croissier. La creación de esta institución establecía una serie de funciones para garantizar el correcto desarrollo de los mercados financieros representados en valores entre las que figura la de regulación de los mismos con el objetivo de dotar al sistema de la necesaria confianza.

La propia ley ha evolucionado hasta nuestros días —y lo seguirá haciendo como consecuencia de la innovación financiera— complementada por las disposiciones europeas y atendiendo a la propia evolución de los mercados al mismo tiempo que intentando corregir las deficiencias de funcionamiento en los mismos. Así, las leyes de acompañamiento y la Ley de Medidas de Reforma del Sistema Financiero en 2002 representan un claro exponente de esta voluntad.

La función de regulación intenta establecer las reglas del juego que han de cumplir los agentes que se desenvuelven en la maraña de mercados y productos para asentar las bases de transparencia y eficiencia con el objetivo de dotar de una protección al elemento clave del sistema, es decir, el inversor.

La profundidad de un mercado de valores se mide por las garantías que tienen sus partícipes para establecer un marco de juego limpio en el que la confianza depositada en el sistema se encuentre a salvo y genere el necesario dinamismo.

En los mercados de valores el mayor valor, valga la redundancia, es la confianza, y ésta se consigue gracias a la regulación y supervisión de los mismos. Esta confianza viene de la mano de la independencia en los juicios que emita el regulador en su labor cotidiana y ante los que no cabe intromisión alguna por parte del Gobierno de turno que pueda alterar la percepción de transparencia y eficiencia del mercado. Y esto es importante no sólo en el ámbito nacional sino, sobre todo, en el internacional dado que las repercusiones en la inversión pueden ser del todo contrarias al espíritu del sistema.

La regulación se refiere a aspectos clave como la definición de la actividad de intermediación, el ejercicio de la misma mediante las condiciones de acceso, requisitos de la emisión de valores, regulación de los emisores, prevención de la manipulación de precios e información privilegiada y recomendaciones sobre buen gobierno de las empresas así como la formación del inversor en aras de obtener un público objetivo con los conocimientos adecuados y preparado para operar en los diferentes mercados.

Una cuestión, necesaria de abordar, es la constitución del mercado único de servicios financieros ya que no podemos obviar que nos encontramos ante un escenario de integración a todas las escalas en el ámbito europeo y, por tanto, con repercusiones en las instituciones y mercados europeos.

La evolución del sistema se dirige, lógicamente, hacia la consecución de una regulación común que favorezca dicha integración respetando las inherentes características de cada Estado así como las instituciones que en él desarrollan su propia actividad.

En cualquier caso es importante mantener el espíritu de la confianza como el mayor valor posible para conseguir la buena salud del sistema y favorecer, con ello, la buena marcha de las empresas y de la economía en general.

9.6. La información privilegiada en la Bolsa

Jaime Álvarez Plaza. Doctor en Finanzas. Universidad Complutense de Madrid

En mis tiempos de estudiante, en los pasillos de la Facultad, un buen profesor comentaba en *petit comite* que, bastantes años atrás, una empresa utilizaba los fondos destinados a los pagos a la Seguridad Social para invertir en el mercado interbancario porque las sanciones impuestas por el impago y adeudo de estas cuantías eran mucho menores que los beneficios obtenidos por su reinversión. Una cuestión de saldo positivo donde el incentivo a transgredir las normas está directamente relacionado con la diferencia entre los beneficios —sistemáticos— obtenidos y las sanciones impuestas.

La ley del mercado de valores establece que la información privilegiada es aquella «... que no se haya hecho pública y que, de hacerse o haberse hecho pública, podría influir o hubiera influido de manera apreciable sobre su cotización...». Es, por tanto, incuestionable que hay incentivos para aprovecharse de esta información que, además, es una de las razones que se esgrimen para justificar su existencia y explicar su utilización en el mercado de valores, una situación que está preocupando enormemente al supervisor y que debe preocupar aún más al propio mercado. La sanción —que puede ser de carácter administrativo y penal— se cifra en un quíntuplo del beneficio obtenido además de la publicación en el BOE de una nota de aviso por parte de la CNMV.

El problema estriba en que las reglas del juego se ven alteradas ante la presencia de este fraude al mercado y debilitan la estructura de profundidad del mismo; de sobra son conocidas las tres hipótesis del mercado que se dan por sentadas en un mercado como el español —y cualquier otra plaza financiera en un país desarrollado—, donde se cumple la hipótesis fuerte cuando no se pueden obtener beneficios extraordinarios de manera sistemática con la utilización de información relevante porque dicha información se deposita en el mercado y está disponible para todos sus agentes al mismo tiempo eliminando las ventajas derivadas de una antelación informativa. He ahí la razón de la suspensión de cotización...

No obstante, en este sentido, alguien podría indicar que el cumplimiento de la tercera hipótesis sí se da en nuestro mercado puesto que la información privilegiada no genera ganancias sistemáticas, es decir, no se generan sistemáticamente cuando quien se aprovecha es el enchufado de turno relacionado exclusivamente con una operación determinada. El problema se agrava cuando el enchufado está presente en muchas o todas las operaciones susceptibles de presentar un aprovechamiento de información privilegiada, y en este caso se podría tornar la mirada hacia los inversores institucionales, potenciales usuarios de esta tipología de información que además cuentan con un gran incentivo para transgredir las normas.

Un mercado activo, como el que hemos presenciado durante los últimos años, con multitud de operaciones corporativas, ha dado lugar a un caldo de cultivo en el que la información privilegiada hace acto de presencia ante incrementos sospechosos en las cotizaciones previas a los anuncios societarios. Síntoma inequívoco de aprovechamiento de oportunidades o soplos fundamentados.

Para poner coto a esta situación se instauró la Unidad de Vigilancia del Mercado a semejanza de la Market Watch correspondiente a la SEC estadounidense, así como la Ley de Medidas de Reforma del Sistema Financiero en 2002. La Comisión Nacional del Mercado de Valores (CNMV) cuenta entre sus funciones la de supervisar el mercado para garantizar la correcta formación de los precios y actúa de oficio ante cambios significativos en los precios o volúmenes previos a determinadas operaciones de mercado. Asimismo puede actuar a partir de reclamaciones presentadas, a instancia de parte, en su Departamento de Atención al Público.

Aun con todo parece que la actividad supervisora es eficiente a la hora de detectar movimientos susceptibles de una utilización fraudulenta de la información, aunque no tanto en cuanto a la asociación de dichos movimientos con sus responsables o la identificación de las vías de transmisión.

Aun así, Jim Rogers, cofundador del Quantum Fund, afirma: «Consigue información confidencial interna del gerente de la compañía y perderás la mitad de tu dinero; consíguela del propio presidente de la junta directiva y lo perderás todo».

9.7. Los fondos de inversión libre o Hedge Funds en España

José Luis Mateu. Universidad San Pablo CEU

Los Hedge Funds, denominados en España como Fondos de Inversión Libre, son fondos que no tienen límites de inversión salvo los establecidos en su propio reglamento, de tal forma que pueden invertir en cualquier mercado, y suelen utilizar de forma intensiva instrumentos derivados para especular y potenciar o cubrir sus inversiones; de ahí que se identifiquen estos fondos como fondos especulativos y de alto riesgo.

Si bien, los Fondos de Inversión Libre no tienen por qué ser en absoluto fondos de alto riesgo, la estratificación de las estrategias en el universo de Hedge Funds es tal que generalizar de esa forma sería injusto a la vez que irreal. Lo normal es que en la mayoría de ellos, la volatilidad (tomada como «proxi» del riesgo) esté más controlada que en un fondo tradicional.

Este riesgo se controla de numerosas formas, desde lo más ortodoxo como pueden ser los cálculos de VAR (y todas sus limitaciones), hasta los más dinámicos de matrices de situación de mercado, pasando por el sentido común (adecuados niveles de diversificación tanto por posición, estrategia, apalancamiento...). Lo que está claro es que la gestión del riesgo es un punto clave en este negocio, por lo que se requieren muchos medios tanto humanos como técnicos, incluso los equipos que intervienen en la medición y control de riesgos son muchísimo más grandes que el propio equipo de gestión.

La evolución de los Fondos de Inversión Libre en estos primeros meses de funcionamiento en España está teniendo una aceptación relativamente buena entre los inversores, ayudada por la positiva evolución de los mercados de renta variable, ya que la direccionalidad de los fondos de inversión libre actualmente existentes es elevada (correlación positiva con las bolsas). Sin embargo, esto puede convertirse en un problema si el entorno definitivamente cambia, ya que la razón que justifica la existencia de los Hedge Funds es, precisamente, su baja correlación con otros activos y estrategias tradicionales.

Con respecto a la rentabilidad en relación con los fondos «tradicionales», en principio, hay que manifestar que una comparación directa no es adecuada ya que nos llevaría a conclusiones erróneas. Resulta necesario medir la rentabilidad en relación al riesgo asumido para hacerlos comparables. Pero, en general, su evolución relativa está siendo buena, a pesar de que el histórico es todavía insignificante.

Las ventajas que ofrecen los Fondos de Inversión Libre sobre otro tipo de fondos son la mayor libertad de gestión, que se traduce en mayor flexibilidad para adaptarse a los inevitables cambios de los mercados financieros. Gracias a esta libertad puede obtenerse una descorrelación con otros activos tradicionales, perfiles de riesgo más adecuados a las necesidades del cliente, acceso a estrategias innovadoras, etc. Y aunque suelen utilizarse como complemento de una cartera global, por su carácter de productos de retorno absoluto (búsqueda de rentabilidades positivas en todo tipo de entorno), algunos de ellos encajan perfectamente como producto individual.

Además, las perspectivas a medio plazo de estos productos, cuando actualmente copan una parte aún insignificante en las carteras de los clientes potenciales y comparándonos con mercados donde los Hedge Funds están más «normalizados», el crecimiento debería ser exponencial. Sólo hay que mirar las carteras de los más significativos fondos de pensiones americanos (Harvard o Yale), donde los activos alternativos ocupan más del 50% y casi la mitad de los mismos son Hedge Funds. Seguimos estando, en todos los ámbitos relativos a estos productos, muy por detrás de mercados como el estadounidense o el de Reino Unido y hacia ellos debemos movernos.

Sin embargo, los principales obstáculos con los que se encuentran es el marco regulatorio que origina dudas en algunos aspectos dada la falta de experiencia en el sector. Por ejemplo, las estructuras de comisiones aún tendrán que evolucionar en un futuro, ya que la interpretación que de la norma están haciendo los reguladores establece una serie de rigideces operativas, que en derecho comparado nos hace temer que podamos ser poco competitivos con otros países.

Con todo ello, la mejor fórmula para acceder a los Fondos de Inversión Libre depende del objetivo de cada inversor. Para un minorista quizá una primera aproximación hacia los Fondos de Inversión Libre sea lo más adecuado (eso sí, teniendo en cuenta la potencial cascada de comisiones a la que hará frente indirectamente), o intentar buscar un producto donde verdaderamente el riesgo sea gestionado adecuadamente. Un cliente cualificado debería perfilar su cartera (que de por sí se deduce ya diversificada) con productos más especializados como los «single managers».

Con todo esto, la eterna pregunta se mantiene: ¿en qué estrategias invertir? Como pinceladas superficiales comentar que:

—La tipología de estrategias en los Hedge Funds si no infinita sí es de proporciones muy elevadas, por lo que hacer recomendaciones sin conocer el perfil de cada cliente es harto complicado.

—Como alternativa a la renta variable, los Equity Long Short Market Neutral son una buena opción. Utiliza activos conocidos y, por lo general, sobradamente líquidos que el inversor entiende sin dificultades. Encontrar alguno sin excesivo apalancamiento sería lo ideal.

—Los Multiestrategia y Global macro en ocasiones tienen una opacidad que no los hace excesivamente recomendables. Es importante que el equipo gestor explique exactamente qué es lo que hace con el dinero de los inversores, por lo que ser capaces de catalogar la estrategia empleada es esencial.

—Otra estrategia muy conocida es la de los CTA, siendo buenas herramientas en mercados direccionales, no tanto en mercados laterales.

9.8. El origen de la gestión de carteras: el modelo de Markowitz y el perfil del inversor

Ricardo J. Palomo Zurdo. Catedrático de Economía Financiera. Universidad San Pablo-CEU

El modelo de Markowitz es un modelo matemático que cuantifica el rendimiento y el riesgo de una cartera de valores. El rendimiento de la cartera es la media ponderada de los rendimientos de los valores, y el riesgo viene determinado por la varianza de la cartera. Este modelo intenta cuantificar la interrelación entre el comportamiento de los componentes de la cartera para determinar en una situación específica una cartera lo suficientemente diversificada como para que el riesgo total sea menor que la suma ponderada de sus componentes.

Así, una cartera de inversión es una determinada combinación de valores mobiliarios, u otro tipo de activos financieros.

El reparto del presupuesto de inversión entre diferentes títulos para reducir el riesgo con una pretendida diversificación sólo tiene sentido cuando los rendimientos de esos títulos no están correlacionados, están poco correlacionados o tienen diferente grado de correlación con el índice de mercado. A este respecto, una popular expresión refleja esta idea de sentido común: «No se deben poner todos los huevos en la misma cesta».

Por otra parte, el rendimiento de un título está afectado por dos tipos de riesgo:

1. El riesgo propio, único o específico del título, que depende de las características específicas de la empresa emisora del título. Este tipo de riesgo

propio es posible reducirlo, e incluso eliminarlo (al menos potencialmente), mediante una diversificación adecuada.

2. El riesgo de mercado, sistemático o riesgo no diversificable, que depende de factores muy diversos que influyen en los precios del mercado de valores en su conjunto, como puede ser la coyuntura económica, social, política, etc.

Consecuentemente, hay una idea clave en la gestión de carteras: el riesgo de una cartera bien diversificada depende sólo del riesgo de mercado de los títulos que la forman.

El nacimiento de la teoría de carteras (y la consiguiente teoría del mercado de capitales), que trata de explicar los criterios que rigen su composición, su gestión y su rentabilidad, surge en los años cincuenta del siglo XX.

Harry Markowitz es el primer autor que llega a indicar de forma explícita los rasgos fundamentales de lo que sería la conducta racional de un inversor que trata de formar la cartera que le proporcione la máxima ganancia para un determinado nivel de riesgo dispuesto a asumir, o el mínimo riesgo para un rendimiento dado o exigido. Para medir esta combinación ganancia-riesgo utiliza la esperanza y la varianza del rendimiento. Por esta razón su modelo se denomina también modelo de inversión de dos dimensiones o modelo de decisión media-desviación típica. Además, se supone que un inversor racional siempre prefiere carteras con el mayor rendimiento esperado y el menor riesgo posible asumido.

El modelo de Markowitz busca una combinación óptima de títulos para cada inversor mediante tres fases:

Fase 1. Determinación del conjunto de carteras eficientes:

Una cartera es eficiente si proporciona la máxima ganancia para un grado de riesgo dado, o si tiene el mínimo riesgo para una esperanza de ganancia determinada.

Estas carteras se sitúan sobre la llamada curva de carteras eficientes o frontera eficiente, que es el borde de la región de todas las posibles carteras que se podían haber formado (de las que sólo serían eficientes las situadas sobre la citada curva).

Las carteras situadas sobre la frontera eficiente serían las que obtendría un gestor profesional teniendo en cuenta las posibilidades objetivas del mercado.

Fase 2. La actitud del inversor frente al riesgo.

Entre las carteras eficientes, el inversor elegirá la que mejor se adapta a sus preferencias. Por ello hay que especificar (al menos teóricamente) estas preferencias mediante curvas de indiferencia entre ganancia y riesgo, cuya forma dependerá de su respectiva función de utilidad.

La forma de estas curvas es distinta para cada inversor, y el número de ellas es infinito. La forma cóncava de las curvas que aparece en el gráfico adjunto recoge la casi común aversión al riesgo de todos los inversores; y las curvas situadas por encima tienen mayor índice de satisfacción para el inverso.

Fase 3. Determinación de la cartera óptima (para cada inversor).

Si se superponen las curvas de indiferencia del inversor sobre la curva de carteras eficientes o frontera eficiente de la región de posibles carteras, se obtiene la cartera óptima para cada inversor.

Esa cartera óptima es el punto $C_0 = (E_0, \sigma_0)$, en el que alguna de las curvas de indiferencia es tangente a la frontera eficiente (ya que hay infinitas curvas de indiferencia). Tiene que ser ese punto, porque cualquier otro punto de la frontera eficiente se correspondería con una curva de indiferencia de menor índice de utilidad para el inversor.

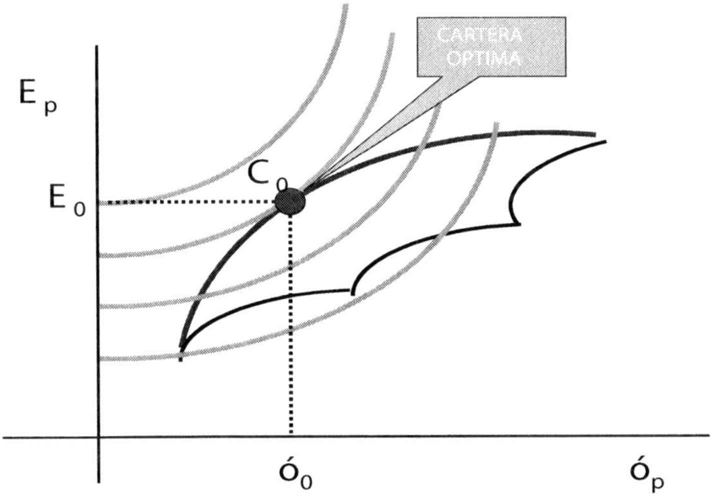

Una vez determinado ese punto óptimo (C_0), se sustituyen sus coordenadas V_0 o σ_0 en los programas primal o dual y se obtendrá la combinación de los X_i o proporciones del presupuesto de inversión para obtener la cartera óptima.

A modo de conclusión, el modelo de Markowitz, referente teórico en el campo de la teoría de selección de carteras, puede resultar de utilidad en la práctica, en particular cuando se amplía incorporando la posibilidad de formar carteras mixtas (es decir, en las que se permita el apalancamiento financiero, o la inversión en activos sin riesgo). Los analistas de inversiones, los gestores de carteras e incluso los inversores particulares pueden utilizarlo de forma sencilla, al disponer del *software* y *hardware* necesarios para su aplicación. Una aplicación práctica relativamente sencilla se basa en la programación mediante «solver» dentro del programa Excel de Microsoft Office.

No obstante, no debemos olvidar que el empleo de esta técnica requiere una estimación correcta de los rendimientos esperados de los títulos y de sus covarianzas. Además, las estimaciones realizadas en función de datos históricos no aseguran el comportamiento posterior del mercado bursátil.

En este sentido, Michaud (1989) considera que el empleo de parámetros históricos como estimadores de los parámetros esperados introduce sesgos importantes, que hace que las carteras eficientes proporcionadas por el modelo se formen fundamentalmente con activos de alta rentabilidad, reducida varianza y baja correlación con otros activos.

Esto proporciona carteras concentradas en pocos títulos, que resultan poco atractivas para los inversores. No obstante, este inconveniente puede solucionarse introduciendo restricciones que limiten el porcentaje máximo del presupuesto que puede destinarse a cada título.

10. EMPRESAS INDUSTRIALES, COMERCIALES Y DE SERVICIOS NO FINANCIEROS

10.1. La productividad del trabajo en España y la OCDE: un análisis comparado

Jorge Julio Mate García y Carlos Aurelio Pérez Domínguez. Universidad de Valladolid

De acuerdo con los datos facilitados por la Organización para la Cooperación y el Desarrollo Económico (OCDE) en su base International Sectoral Database, la productividad del trabajo en España ha experimentado una fase de estancamiento, e incluso disminución, entre 1996 y 2005. Más específicamente, entre el año 2000 y la actualidad, España e Italia son los países de la OCDE en que la variación de la productividad ha experimentado el peor comportamiento. No obstante, desde 2006 la economía española está dando muestras de una evolución positiva de la variable en cuestión. Esos datos contrastan con los correspondientes al periodo 1970-1996, en el que la productividad española creció de un modo sostenido. Este periodo se corresponde con una etapa de continuada reducción de los niveles de empleo en la economía española, mientras que en la última década lo que ha ocurrido es un fuerte aumento del empleo acompañado de un crecimiento algo menos dinámico de la producción. Estos hechos explican el diferente comportamiento de la productividad en los dos periodos.

La comparación del crecimiento de la productividad en España con algunas de las economías más significativas de la UE (Alemania, Reino Unido, Francia e Italia) y con Estados Unidos y Japón permite realizar los siguientes comentarios.

En primer lugar, y por lo que al periodo 2000-2007 se refiere, el Reino Unido es el único país europeo de los considerados en que la productividad ha crecido a niveles de dos dígitos (concretamente un 11,9%). En Japón y en Estados Unidos —el país más productivo del mundo— el crecimiento ha sido superior (un 12,52% y un 13,85%, respectivamente). En España, en el mismo periodo, la productividad solamente ha crecido un 1,28%, bastante lejos del crecimiento limitado que se ha producido en Francia (un 6,86%) y Alemania (un 8,03%).

En segundo lugar, la comparación de los periodos 1993-2000, por un lado, y 2000-2007, por otro, permite afirmar que Estados Unidos ha mejorado el crecimiento de su productividad en el segundo periodo en relación con el periodo inicial en que su productividad creció un 11,78%. En Japón la situación es similar: la productividad ha crecido un 8,29% entre 1993 y 2000. Sin embargo, este comportamiento no se ha producido del mismo modo en las economías europeas pues España (un 4,92%), Francia (un 8,95%), Alemania (un 10,96%), Italia (un 12,22%) y Reino Unido (un 15,69%) crecieron entre 1993 y 2000 por encima de los niveles en que lo han hecho entre 2000 y 2007 (incluso en Italia la productividad ha descendido en este segundo periodo considerado y es el único país de la OCDE en que tal fenómeno ha tenido lugar). Ello conlleva una pérdida de posición competitiva con respecto a las economías norteamericana y japonesa.

La comparación de la economía española también puede realizarse frente a países de menor tamaño, aunque el resultado es similar: la productividad en España ha crecido desde el año 2000 a un ritmo notablemente inferior. Así por ejemplo, en Grecia la productividad del trabajo ha aumentado entre 2000 y 2007 un 23,65%, en Suecia un 18,51%, en Irlanda un 17,68%, en los Países Bajos un 9,34% y en Portugal un 4,38%.

La comparación resulta aún más desfavorable si se realiza frente a los países que más recientemente se han incorporado a la UE. En Eslovaquia la productividad se ha incrementado un 45,30% entre 2000 y 2007, en la República Checa un 33,39%, en Hungría un 32,81% y en Polonia un 31,18%. No obstante, debe tenerse en cuenta que gran parte del crecimiento de la productividad en estas antiguas economías del Este se debe a la profunda destrucción de empleo que se ha producido.

Algunas de las causas de la negativa evolución de la productividad desde 1996 en España en comparación con otros países se encuentran, presumiblemente, en los siguientes hechos. Por un lado, el crecimiento del PIB español se ha basado en gran medida en la construcción, un sector intensivo en trabajo y poco productivo. Por otro lado, algunas medidas tomadas para reformar el mercado laboral (contratación temporal) han supuesto el acceso al mismo de personal no cualificado.

En conclusión, puede afirmarse que la economía española ha sido una de las integrantes de la OCDE en que menos ganancias de productividad se han producido en la última década. No obstante, de los datos parece desprenderse una cierta mejora en la evolución de esta variable en la actualidad. Sin duda la inversión en nuevas tecnologías y la mejora del capital humano aumentarán las posibilidades de que España converja en productividad del trabajo con los países de su entorno.

10.2. Cómo valoran los directivos españoles los proyectos de inversión con opciones reales

Salvador Rayo Cantón y Antonio M. Cortés Romero. Universidad de Granada

En un entorno dinámico como el actual, la flexibilidad es un factor esencial para la empresa. La flexibilidad se manifiesta en proyectos de inversión que cuentan con opciones reales, es decir, con posibilidades de ampliar a nuevos productos y/o mercados, de reducir la escala, de cambiar los *outputs* o los *inputs*, de abandonar el proyecto, de diferir su comienzo, etc. Las opciones reales adquieren una especial importancia en la valoración de proyectos de inversión, pues en muchas ocasiones, su valor supera al propio valor derivado de las previsiones de beneficios y flujos de caja asociados a las inversiones que ya están en funcionamiento en la empresa.

El criterio tradicional de valoración de proyectos de inversión, denominado valor actual neto (VAN), no resulta válido para valorar opciones reales, ya que supone que el directivo adopta su decisión de aceptación o rechazo del proyecto bajo el supuesto de que permanecerá pasivo frente a las situaciones reales que se le presenten durante la vida del mismo, algo improbable en un mercado con riesgo y en continuo cambio.

Esta problemática del VAN ha dado origen a pensar en las opciones como alternativa a las técnicas tradicionales para resolver los inconvenientes anteriormente analizados, ya que, por una parte, permiten un tratamiento analítico de los efectos asimétricos derivados de escenarios favorables frente a los desfavorables, y, por otra, resuelven el problema de la tasa de actualización adecuada para descontar flujos de caja ante un contexto de riesgo. Los modelos de valoración de opciones aparecen así complementarios a los métodos tradicionales, extendiendo el concepto de VAN tradicional a uno más general —el VAN ampliado—, que incorpora el valor de las opciones reales de los proyectos de inversión. Sin embargo, aunque existe un consenso generalizado sobre la superioridad teórica de las opciones reales, la utilización práctica de la nueva metodología en la empresa es una cuestión que aún parece estar en sus primeras fases.

Los estudios realizados a partir de encuestas sobre cómo valoran los directivos españoles proyectos de inversión con flexibilidad muestran que el 95% de los mismos conocen los métodos tradicionales (VAN, TIR y PR), siendo utilizados en la empresa por el 80% de ellos. En cuanto a los modelos de opciones, son conocidos por el 37% de los directivos, pero son utilizados sólo por el 12% de ellos. Por tanto, aunque teóricamente los modelos de opciones reales y los métodos tradicionales de valoración han de ser complementarios, en la práctica se siguen usando los métodos tradicionales en la mayoría de los casos. No obstante, las ventajas de los modelos de valoración de opciones reales son reconocidas por el 62% de los directivos consultados. Es decir, son conscientes del valor de la flexibilidad en los proyectos de inversión, pero no aplican métodos teóricos para valorarla, lo que nos lleva a concluir que realizan la valoración de la misma de forma cualitativa.

Por último, cabe plantearse si los fundamentos de la teoría de opciones están presentes en sus juicios intuitivos. En este sentido, los resultados indican que la clase directiva considera correctamente la influencia que tienen el valor de los flujos de caja futuros y la cuantía de las inversiones futuras sobre el valor del proyecto. Sin embargo, el riesgo, el tiempo y la tasa de interés no son adecuadamente interpretados. En general, concluimos que hay un bajo conocimiento de los fundamentos de la teoría de valoración de opciones aplicada a la valoración de proyectos de inversión, en particular, de la incidencia de la variable riesgo, fuente principal de valor en los proyectos con opciones reales.

10.3. El valor razonable (I). Aplicación del mismo

Miguel Ángel Sánchez Martín. Profesor titular de Universidad (Economía Financiera y Contabilidad). Universidad de La Laguna

Vigente en España desde el día 1 de enero de 2008, el nuevo Plan General de Contabilidad contribuirá a la armonización contable entre los países miembros de la Unión Europea ya que aplica, en buena medida, los contenidos de las NIC, tal como hace el resto de los países.

Indudablemente, el contenido del 2° Borrador, que suponemos que será muy parecido al texto definitivo, es, a pesar de algunas carencias, suficientemente completo y claro como para que su puesta en funcionamiento no suponga graves problemas para la empresa, salvo los derivados de la premura y de la posible falta de formación de los encargados de elaborar la contabilidad empresarial, así como de la falta de los medios informáticos adecuados necesarios para la puesta en práctica.

Ello no obstante, nos creemos en la obligación de poner de manifiesto nuestra opinión acerca de uno de los conceptos que, aparentemente, ha quedado perfectamente claro, pero que creemos que realmente es uno de los peor definidos y de los que más controversia ha de generar en el futuro, sobre todo en el ámbito fiscal: nos estamos refiriendo al concepto y aplicaciones del valor razonable *(fair value)*.

Creemos firmemente que con este concepto se está obrando de forma errónea, al igual que sucedió cuando se confundió el concepto de imagen fiel, a efectos de verificación contable, con el cumplimiento de la normativa legal, siendo que el primer concepto es intemporal *(true and fair view)* y el segundo tiene su vida ligada a la cambiante normativa, lo que implicaría que el mismo estado contable que a las doce de la noche del último día de vigencia de una norma refleja la imagen fiel, un segundo después ya no la refleja puesto que está vigente otra norma que modifica la anterior. También podríamos referirnos a la aplicación de determinados principios contables, como por ejemplo el de empresa en funcionamiento. ¿Acaso no sabemos que el balance actual refleja el «valor» de liquidación de la empresa en lugar del valor como empresa en funcionamiento?

No hemos traído a colación este ejemplo gratuitamente, pues el valor como empresa en funcionamiento es base de nuestro concepto sobre el valor razonable, y no debemos olvidar que el principio de empresa en funcionamiento sigue vigente en el segundo borrador del nuevo PGC.

Asimismo hacemos observar que en la Primera Parte de dicho Borrador, al tratar, dentro del marco conceptual, las cuentas anuales y la imagen fiel, se dice que deben redactarse con claridad, de forma que sea útil para la toma de decisiones de los usuarios, debiendo mostrar la imagen fiel del patrimonio, de la situación financiera y de los resultados de la empresa, de conformidad con las disposiciones legales. En técnica legislativa, aunque estén los objetivos en el mismo párrafo, su posición indica la prioridad que le otorga el legislador, que es la misma que expresa la NIC 1, párrafo 7, aunque en esta norma la diferenciación sea más clara y contundente, ya que, incluso, están separados por un punto.

10. 4. El valor razonable (II). Una polémica para el futuro

Miguel Ángel Sánchez Martín. Profesor titular de Universidad (Economía Financiera y Contabilidad). Universidad de La Laguna

Define el Borrador del nuevo Plan General de Contabilidad que contribuirá a la armonización contable entre los países miembros de la Unión Europea ya que aplica, en buena medida, los contenidos de las NIC, como «valor razonable» como el importe por el que puede ser adquirido un activo o liquidado un pasivo, entre partes interesadas y debidamente informadas, que realicen una transacción en condiciones de independencia mutua. No tendrá en ningún caso el carácter de valor razonable el que sea resultado de una transacción forzada, urgente o como consecuencia de una situación de liquidación involuntaria (esta redacción indica referencia a hecho acaecido, no a posibilidad). La NIC 16, párrafo 6, define el valor razonable como el importe por el cual podría ser intercambiado un activo o cancelado un pasivo, entre partes interesadas y debidamente informadas, en una transacción realizada en condiciones de independencia mutua. Más clara es aún la definición del FASB (SFAC 7, *Using cash flow information and present value in accounting measurements)* porque añade la expresión «dispuestas a realizar la operación en situaciones diferentes a la de una liquidación o una venta forzada», es decir, en una situación de empresa en funcionamiento, no de liquidación. Cuando se habla de referencias a precios de mercado se quiere decir realmente que, tratándose de un valor estimado, lo más fácil es referirse a algo que está fácilmente al alcance, pero este valor que se postula no es el razonable sino el de reposición. Nuestra opinión es que el valor razonable se parece mucho más al valor de uso y su estimación de flujos de efectivo futuros, que se desarrolla en la NIC 36, párrafos 30/ 32, 33/ 38 y 39/ 79, aunque este método de valoración, por su complejidad, está al alcance directo de muy pocas empresas, debiendo emplear la inmensa mayoría de ellas los servicios de consultores independientes expertos. Más adelante propondremos un método más sencillo y que creemos que es asumible.

El Borrador del PGC indica que la valoración de los elementos de inmovilizado material deben valorarse en el momento del reconocimiento por lo que constituirá su coste histórico, recogiéndose como modelo de valoración posterior al reconocimiento únicamente el denominado modelo de coste, idéntico al actual, pero no el denominado modelo de revalorización ya que la legislación española sólo admite la revalorización si está autorizada por una ley al respecto. Muy contrario es el criterio de la NIC 16, que admite ambos modelos, el segundo de los cuales se acerca notablemente a nuestro criterio sobre el concepto de valor razonable.

Nuestra opinión sobre la valoración razonable de los inmovilizados financieros parte de la base de separar los inmovilizados operacionales de los especulativos (¿por qué no llamarlos por su nombre?) y, en ambos casos, estudiar bien la contabilización de las contrapartidas para evitar la asimetría contable y los efectos fiscales perversos.

Para los inmovilizados operacionales, su valor razonable podría estar constituido por el valor contable (coste histórico menos amortización acumulada) aplicando un factor de ajuste que podría referirse a la rentabilidad económica o rendimiento de los activos.

Para los inmovilizados especulativos, su valor razonable podría estar constituido por el coste histórico al que creemos que habría que aplicar, en contra del criterio del Borrador, un tipo de amortización desacelerada (ya que no tienen el desgaste de los elementos operacionales) y corregido con un factor de ajuste que podría referirse a la diferencia de precios de mercado entre la fecha de adquisición y la fecha de valoración actualizada.

Creemos que el valor razonable es, más que el de mercado, aquel que estaría en condiciones de defender, en una negociación, con argumentos razonablemente justificados el empresario dispuesto a vender ante el empresario dispuesto a comprar, libre y profesionalmente ambos.

10.5. Adecuación de la contabilidad de las PYMES a la nueva normativa

Begoña Busto Marroquin. Profesora titular de la Universidad de Valladolid

Una vez aprobada la Ley de Reforma y Adaptación de la Legislación... (Ley 16/2007), el contenido del Borrador del Plan General de Contabilidad (BPGC) y también el del Borrador de Pequeñas y Medianas Empresas (BPYMES) adquieren mayor credibilidad y relevancia. El grado de adaptación de estos textos a la normativa contable internacional no ha sido total pero sí muy aceptable.

El modelo por el que ha apostado el ICAC (Instituto de Contabilidad y Administración de Empresas) ha sido el de redactar un BPGC que vinculará a todas las empresas salvo a las que de forma voluntaria se acojan al seguimiento del BPYMES, para lo cual deberán cumplir, durante dos años consecutivos, con los requisitos establecidos para redactar cuentas anuales en versión abreviada (Balance, Estado de Cambios de Patrimonio Neto y Memoria); en tanto que cumplan con unos requisitos inferiores a éstos podrán considerarse microempresas y de esta forma podrán contabilizar de un modo simplificado dos operaciones: el arrendamiento financiero y la operativa del impuesto de sociedades.

Algunos de los cambios más significativos que supondrá esta reforma son los que se indican seguidamente:

a) Se dulcifica la aplicación del principio de prudencia valorativa, a partir de ahora ya no será posible contabilizar provisiones que hasta este momento eran obligatorias, así para contabilizar las de pasivo será preciso que exista la obligación.

b) Se altera el concepto de activo, ya no se exigirá la propiedad jurídica del mismo para poder incorporarle a contabilidad. Para su clasificación como tal, bastará con que pueda ejercerse un control económico sobre el mismo.

c) Los débitos y los créditos se deberán incorporar al valor actual, exigiéndose la adopción rigurosa de un criterio financiero a la hora de contabilizar los gastos e ingresos de tal naturaleza. Esto provocará que desaparezcan los «Gastos a distribuir en varios ejercicios» y los «Ingresos a distribuir en varios ejercicios». Únicamente se podrán registrar por su valor nominal o, lo que es lo mismo, de reembolso los débitos y créditos comerciales con vencimiento no superior a 12 meses, quedando en estos supuestos incluidos en el valor de la compra o en su caso de las ventas los gastos o en su caso los ingresos financieros.

d) Se incorporan dos nuevas cuentas anuales, el estado de cambios de patrimonio neto (ECPN), para cuya redacción se incluyen dos nuevos grupos en el BPGC, el grupo 8 y el grupo 9, que no se incluyen en el BPYMES, y el estado de flujos de efectivo (EFE), éste no obligatorio para las pequeñas y medianas empresas.

e) Se permite la valoración de ciertos activos a valor razonable.

f) Los gastos de establecimiento se consideran gastos del ejercicio económico en que los mismos se produzcan. Se modifica la contabilización de las permutas, de la moneda extranjera, no se permite la valoración de almacenes según el método LIFO...

Éstas no constituyen todas las variaciones, sólo algunas de las más relevantes.

10.6. Las pymes ante el acuerdo de capital de Basilea II

Francisco Javier Peláez Sánchez. Analista de Inversiones Crediticias — Caja-Granada.

Isabel Román Martínez. Profesora titular de la Universidad de Granada

El Comité de Supervisión Bancaria de Basilea tiene por función garantizar la supervisión eficaz de las actividades bancarias mundiales. En junio de 2004 efectuó una segunda comunicación en relación al Acuerdo de Capital de 1988, conocido como Nuevo Acuerdo de Capital de Basilea o Basilea II. En ésta establece que el coeficiente de solvencia para las entidades financieras (EEFF) se determinará en función del riesgo de crédito y de mercado, ya incluidos en Basilea I, y además del riesgo operacional, al que define como «el riesgo de pérdida resultante de una falta de adecuación o un fallo de los procesos, el personal, los sistemas internos o bien acontecimientos externos». Con la inclusión de este nuevo riesgo, el acuerdo establece una amplia gama de factores de riesgo que van a afectar directamente a los requerimientos de capital de las EEFF, las cuales se ven obligadas a mejorar sus protocolos, sistemas y modelos de gestión y control de la triada de riesgos a los cuales se le han de dar cobertura con la aplicación de Basilea II, inicialmente establecida para el 1 de enero de 2007 y aplazada para inicios de 2008.

Las EEFF han emprendido una larga andadura encaminada a crear y mejorar los sistemas y modelos de adopción de decisiones en relación a sus actividades, como son la admisión de riesgos crediticios, control de morosidad, determinación de probabilidades de insolvencia de forma reactiva y proactiva *(scoring* y *rating),* modelos de gestión de carteras de valores de negociación y derivados de cobertura, derivados especulativos y de la posición neta global en divisas. Adicionalmente, de forma novedosa, han de establecerse sistemas de medición, gestión y control del riesgo operacional, siendo un reto difícil la cuantificación del mismo. El establecimiento de los modelos de medición, gestión y control de los anteriores riesgos permitirá a las EEFF reducir el capital regulatorio conforme se alcancen sistemas cada vez más avanzados de gestión de riesgos. La medición de riesgos posibilitará a las EEFF ajustar precios a su clientela en función del riesgo inherente de cada cliente y tipología de operación (Risk Adjusted Return on Capital — RAROC). Se puede afirmar que, una vez que las EEFF tengan en funcionamiento sus modelos de medición de riesgos conforme a Basilea II, los precios que ofertarán a la clientela se verán afectados, evitando así la estandarización de condiciones financieras a aplicar con carácter generalizado, ya que serán negociadas basándose en el riesgo particular que emane de la tipología del cliente y de la operación crediticia según metodología RAROC.

Con la aplicación de Basilea II y la entrada en vigor de la Directiva sobre Requerimientos de Capital de la UE (DRC), las pymes españolas deben tomar conciencia del nuevo escenario y prepararse para conseguir financiación en las mejores condiciones crediticias posibles. Para ello, han de conocer cuáles son los pilares básicos de gestión de riesgo y comercial de las EEFF a las que solicitan financiación, cómo van a evaluar dichas solicitudes, cuáles son los requisitos de información financiero-empresarial requeridos por éstas y qué entienden por buen gobierno. Basilea II y la DRC buscan mejorar la gestión de riesgos e implantar prácticas empresariales saludables en el sistema financiero, arraigar buenas prácticas de gestión y gobierno en las pymes, mejorar el rendimiento, valor, sostenibilidad, durabilidad, solvencia, tanto de las pymes como de las EEFF, aumentando la seguridad en el sistema económico en general para inversores, clientes y proveedores, e incrementando los niveles de crecimiento económico.

Las EEFF asumen sus riesgos y aplicarán precios en base al conocimiento que tengan de sus clientes, éstos deben ser capaces ante sus solicitudes de financiación de comunicar y desvelar su situación económico-financiera, sus objetivos y estrategias empresariales, suministrar información sobre su situación de mercado (clientes, proveedores, competidores directos, situación del mercado), estructura organizativa y de gestión empresarial y manifestar su planificación financiera, comercial y económica para proceder a su evaluación crediticia. Con toda probabilidad, la aplicación de Basilea II y la DRC va a desembocar en un incremento de las necesidades de información financiero-comercial requerida por las EEFF a pymes, las cuales han de mejorar sus sistemas de formulación y comunicación de información.

10.7. Recuperación de residuos

Unai Tamayo Orbegozo. Universidad del País Vasco, UPV-EHU

La inminente disminución de materias primas y la ingente generación de residuos son dos de las principales preocupaciones actuales en el entorno empresarial ante el endurecimiento de la legislación medioambiental en los países desarrollados. Por ello, la búsqueda de modelos que potencien el uso eficiente de los recursos, las fórmulas que permitan la reutilización de materiales o la búsqueda de materiales sustitutivos ligados a los procesos que ahonden en la gestión eficiente de los residuos se han convertido en claves del negocio de la década actual.

En este sentido y dado que en las sociedades modernas las empresas juegan un rol fundamental dentro de la economía como motor del desarrollo económico, y, a su vez, son impulsoras de numerosos cambios en los sistemas socioeconómicos, hemos abordado estas materias desde el marco empresarial, considerando que el ámbito de aplicación de las cuestiones analizadas puede extenderse al resto de ámbitos de la sociedad.

Uno de los principales campos de mejora en la gestión empresarial está directamente vinculado con la logística medioambiental a través de sus diversos campos de actuación, como pueden ser la correcta gestión de los procesos productivos, el ahorro de recursos y su uso más eficiente, las políticas de prevención o eliminación de ciertos materiales o, incluso, la recuperación de los elementos de valor.

Los aspectos medioambientales justifican un nuevo replanteamiento de lo que es hoy en día el campo de actuación de la logística. En este sentido, la reutilización o reciclaje de materiales se ha convertido en uno de los principales pilares de actuación en numerosas industrias, constituyendo el proceso para conseguirlo el denominado de «logística inversa», centrado en canalizar el flujo de materiales de desecho, fundamentalmente desde el consumidor hacia el fabricante.

Dicho proceso significa establecer un plan medioambiental para la empresa que integre las actuaciones medioambientales a lo largo de todo el ciclo de vida de los productos en el eje de su negocio.

Ello supone considerar la variable medioambiental en todos los procesos empresariales y reestructurar en consecuencia la gestión del flujo de materiales, asignando a los aspectos ecológicos un valor estratégico notable, otorgando a las opciones de recuperación, revalorización y reciclaje de los materiales un papel central en las operaciones. En este sentido, a medida que la gestión logística integre actuaciones de gestión medioambiental durante el proceso de confección y uso del producto, se simplificarán las actuaciones a desarrollar durante la gestión del flujo inverso.

En consecuencia, la logística inversa representa un nuevo modelo de funcionamiento interno que implica alterar el *modus operandi*, pero, a su vez, representa una magnífica oportunidad en términos económicos, puesto que se presenta como una oportunidad estratégica generadora de valor para las empresas que sepan reinventar sus procesos y relaciones con todos los agentes que constituyen su sistema de valor.

Entre las diversas opciones de mejora que proporcionan los procesos de logística inversa, destacamos:

- —El aprovechamiento como materia prima de los materiales recuperados, que en la medida en que los canales de distribución inversos se desarrollen con garantías, proporcionarán un ahorro en costes creciente.
- —La mejora de la imagen de la empresa y la integración de elementos ecológicos en la oferta, que pueden conferir a la empresa ventajas competitivas de diferenciación.
- —La posibilidad de obtención de rendimientos extraordinarios a través de los nuevos usos para el material, o a la comercialización como materias primas, piezas o recambios en segundos mercados.

En definitiva, el desarrollo final de los canales inversos dependerá en gran medida de los acuerdos de cooperación entre todos los agentes del sector de actividad, puesto que la implantación de procesos de esta magnitud requieren de la implicación de todos y cada uno de los agentes del canal, desde los propios fabricantes, distribuidores, recicladores, hasta los mismos usuarios de los productos. Por ello, la actuación conjunta de todas las partes implicadas resulta de vital importancia a fin de lograr un resultado eficiente en este terreno.

10.8. La mujer: la nueva promoción empresarial

Mari Cruz Sánchez. Universidad de Extremadura. Miembro del equipo de investigación GEM Extremadura

A pesar de que cada día hay más mujeres que se van incorporando al ámbito empresarial, el mundo de la mujer y la empresa aún está cargado de falsos mitos y estereotipos que, afortunadamente, se van salvando. Además, esta incorporación no puede considerarse un hecho consolidado, sino como un proceso, paulatino y creciente, en el que las empresarias van marcando camino.

Medio siglo atrás, el mundo de la empresa era un ámbito casi exclusivamente masculino. Sin embargo, las iniciativas a favor del empresariado femenino en todo el mundo han crecido de forma espectacular, suscitando interés también dentro del ámbito académico; además, la presencia femenina ha llegado a ser indispensable en determinadas actividades empresariales.

Prueba de ello son los datos obtenidos del Informe GEM Global en 2006, donde las mujeres se presentan más activas en la creación y puesta en marcha de empresas que los hombres. En el ámbito español, en ese mismo año el TEA (Total Entrepreneurship Activity, esto es, la proporción de población activa involucrada en creación de empresas) muestra todavía un valor menor para las mujeres, un 5,7% frente al 8,3% para los hombres, lo que nos diferencia todavía de países como Dinamarca o los Países Bajos, donde la participación de la mujer en el ámbito laboral está más consolidada.

No obstante, los datos GEM para España en años anteriores muestran una progresiva involucración de las mujeres en la actividad de creación de empresas; aumentando no sólo el número de mujeres contratadas y trabajadoras por cuenta ajena, sino también el de empresarias. Hecho que nos muestra la imagen de la mujer del siglo XXI, en la que las desigualdades entre la vida personal y familiar y la profesional están presentes.

Del análisis de esta evolución claramente creciente en el *emprendizaje* femenino parece confirmarse la idea de que la innovación y el espíritu emprendedor son mayoritarios en el género femenino. De hecho, las mujeres se presentan menos reacias a asumir drásticos cambios en su vida una vez iniciada su travesía en el mundo empresarial.

La naturaleza ha dotado a la mujer y al hombre con determinados matices diferenciales, como son la forma de enfrentarse a las situaciones, la toma de decisiones, la contratación de personal..., desembocando todo ello en resultados contrastados y diferentes. Pero quizá la pieza clave de todo esto sea la posesión de una determinada «flecha certera» con la que apuntar con firmeza hacia la manzana empresarial, siendo esa flecha una combinación entre el saber y el sentir llevado a la práctica.

Dentro del terreno de la dirección, los resultados apuntan hacia una mujer con un estilo claro y personal, perfilado con determinados toques que podríamos considerar únicos y trascendentes, como son las estrategias basadas en la participación y puesta de ideas en común, a los que se añade el trato personalizado con objeto de conocer mejor a la red humana con la que trabaja día a día. Es este último un terreno en el que las mujeres llegan a sentir un mayor reconocimiento personal y profesional en el caso de poseer negocios propios, haciendo partícipe del mismo al terreno emocional.

Podemos decir, por tanto, que nos encontramos ante un siglo donde la mayoría de las mujeres empresarias presenta un doble perfil. Por un lado, el que podríamos denominar «externo», en el que se reflejan: la edad —ronda entre los 30 y 50 años—, la clase social a la que pertenecen —media—, el nivel de estudios —medios o superiores en su mayoría—, desarrollando sus ideas de negocio en el sector servicios principalmente, en el que llegan a representar más del 85% las mujeres que trabajan por cuenta ajena. Y, por otro lado, el perfil «interno», mediante el que se describe o se perfila a una mujer dotada de una inteligencia emocional lo suficientemente desarrollada como para captar la atención del público, que se siente realizada profesional y personalmente, y que sabe cómo combinar los ingredientes necesarios dentro de su coctelera para que el resultado obtenido sea el deseado.

Terminamos estas reflexiones con una idea: «Si somos capaces de comprender de forma natural que una mujer sea capaz de gobernar una nación, ¿por qué nos resulta tan extraño que una mujer sea capaz de dirigir una gran empresa?». Josefa Mª Caraballo.

10.9. ¿De qué comercio justo hablamos?

Carlos Ballesteros García. Profesor universitario

Según el Observatorio Cetelem de la Distribución, el consumidor de hoy día es mucho más exigente sobre los productos que compra y se preocupa cada vez más por la calidad y la seguridad de los productos que adquiere. Con el desarrollo de las nuevas tecnologías está cada día más y mejor informado sobre los productos que adquiere. Las principales inquietudes de los españoles serían la preservación del medio ambiente, las desigualdades sociales, la financiación de las pensiones y el coste de los servicios sanitarios. Una afirmación impactante, por lo que de revolucionaria tiene para los no iniciados en el mundo del comercio justo, es que para algunos consumidores «la calidad estaría también relacionada con la procedencia del producto».

Sin embargo, a la hora de la compra real (no de las intenciones) tan sólo el 13% de los ciudadanos se interesa por averiguar en qué país y en qué condiciones se ha fabricado el producto que va a adquirir, mientras que cerca del 29% no se lo ha cuestionado nunca. Para casi la mitad de los entrevistados el comercio justo pasará a ser «un comportamiento más del consumidor» entre la gran oferta que le brinda el mercado. La mayoría de los españoles no conocen el comercio justo o tienen una definición errónea del tema. Sólo una minoría sabe que se trata de algo relacionado con la mejora de las condiciones de vida de los habitantes del Sur, mientras que es curioso observar cómo está arraigada la identificación de «precio justo» en relación a «ajustado» y no tanto al de justicia.

El comercio justo en España, superada ya la década de existencia en nuestro país, con un cierto desarrollo por lo que se refiere a la creación de iniciativas locales y de importadoras de productos, tiene un incierto futuro en lo que respecta a sus objetivos y a la línea a seguir para su implantación social. En este sentido, es muy impactante el incremento de ventas a través de la comercialización en grandes superficies, pero para algunos, entre los que yo me encuentro, este crecimiento es puramente comercial y va en menoscabo de los verdaderos postulados del comercio justo como alternativa real a un sistema económico injusto.

Para muchos de los que hacemos del comercio justo una de nuestras principales banderas bajo las que militar, el papel de una organización de comercio justo es el de demostrar la viabilidad propia, así como la posibilidad de un marco de economía social internacional, en el que los productores aseguren la sostenibilidad de su actividad económica sin hacer renuncias sociales, y los consumidores conscientes desarrollen un papel activo. No se trataría pues de la mera venta de productos solidarios en que tiene el peligro de convertirse, sino de realizar una práctica global justa, asumiendo que toda la actividad comercial responda a los criterios de comercio justo y/o de economía social.

En este sentido, quería compartir con ustedes mis reflexiones y mi toma de postura acerca de un comercio justo en el que el componente sensibilizador, educador y transformador esté muy por encima de lo puramente comercial. Cierto es que, como dicen los defensores de la venta del producto en cualquier canal, las ventas aumentan y se favorecen más familias de este pago justo, pero ¿no estaremos también favoreciendo y potenciando el modelo económico que decimos combatir?

Los esfuerzos de las organizaciones de comercio justo por importar, distribuir y comercializar productos de organizaciones populares del Sur son sólo una parte de la lucha por cambiar las injustas estructuras del comercio internacional. Pero el tema va más allá: el movimiento de comercio justo debe denunciar también a las grandes multinacionales transformadoras, a las grandes empresas distribuidoras y a las grandes cadenas de comida, que están llevando a la ruina a los pequeños agricultores de todo el mundo, y por eso no comparto el planteamiento de sellos de comercio justo que, como FLO-Internacional, que está implantándose en España, sólo se centran en las condiciones de los productores del Sur pero aceptan que su café se venda en establecimientos de comida rápida/basura o que sea distribuido por grandes multinacionales.

10.10. La protección social de los trabajadores autónomos en la nueva legislación

Jesús Álvarez. Abogado

En España existen mas de tres millones de trabajadores autónomos al 31 de diciembre de 2006 y presentan el siguiente perfil:

—Desarrollan su actividad mayoritariamente en el sector servicios.
—La mayoría no tiene asalariados a su cargo.
—Edad, entre 40 y 54 años fundamentalmente, aunque es relevante su presencia entre 25 y 39 años.
—Son españoles.
—Realizan su actividad profesional hace más de cinco años.

Teniendo en cuenta este perfil, proporcionado por el Ministerio de Trabajo, se ha presentado ante el Congreso de los Diputados la Ley del Estatuto del Trabajo Autónomo. Este proyecto de ley es una norma que unifica el régimen jurídico del trabajador autónomo, y su contenido más relevante desde el punto de vista empresarial es el siguiente:

Primero. Dispone el ámbito de aplicación subjetivo del autónomo, y para ello entiende comprendidos en la ley a un conjunto de profesionales dispares como los socios industriales, los comuneros o los consejeros y administradores, e incluye asimismo al «trabajador autónomo económicamente dependiente». Se distinguen tres categorías de autónomos:

—El autónomo que contrata asalariados a su servicio.
—El autónomo que trabaja por cuenta propia ofreciendo su actividad sin asalariados en el mercado de bienes y servicios.
—El autónomo que trabaja por cuenta ajena.

Este último tipo de autónomo es el más controvertido ya que muchos autores lo consideran como el «falso autónomo», pues le consideran como un trabajador temporal de la empresa, suele tener de hecho jornada laboral, vacaciones, descansos por contrato, etc. La introducción de esta figura genera incertidumbres en las empresas pues la incardinación de sus profesionales en esta nueva relación (mercantil) o en la clásica relación laboral no resulta clara.

Segundo. Se plantea un conjunto de derechos colectivos como el concierto de acuerdos de interés profesional y el derecho de asociación profesional, configurando de esta forma una representatividad a las asociaciones de trabajadores autónomos y la creación de un consejo formado por funcionarios de la Administración General del Estado y expertos de reconocido prestigio. Lo que se pretende es que estas asociaciones tengan la misma presencia y fuerza normativa que la negociación colectiva en el ámbito de las relaciones laborales.

Tercero. En materia de protección social tiende a incluirlos en el Régimen General de la Seguridad Social. Así se propone extender a los autónomos la protección social por incapacidad temporal, cobertura ante accidentes de trabajo y enfermedad profesional. Asimismo, se concede la jubilación anticipada en el caso de trabajadores autónomos en situaciones especiales de peligrosidad, toxicidad o penosidad de la actividad ejercida, asimismo se establece un sistema de garantías por cese de actividad y se recomienda al Gobierno que establezca un sistema específico de protección por cese de actividad y desarrolle medidas de apoyo financiero y fiscal a la promoción del trabajo autónomo.

Pudiera ser que en el mes de septiembre se publique el texto definitivo de este proyecto de ley y comience la tramitación de la misma, a la vista del proyecto constataremos si los motivos que han inspirado esta disposición pueden resolver la problemática anunciada como es la de dotar de una normativa jurídica unitaria a grupos sociales distintos, regular una figura como el «trabajador autónomo económicamente dependiente», limítrofe a la creación jurisprudencial y doctrinal del «falso autónomo» y, en última instancia, hacer efectivas las históricas reivindicaciones sociales de un amplio colectivo de trabajadores.

Esta norma planteará profundas reformas en las relaciones profesionales de las empresas y garantizará la protección social a este amplio colectivo de trabajadores.

10.11. La información estratégica

María Luisa García Ochoa. UCM

Se afirma repetidamente que la información es poder, nos estamos refiriendo a la información determinante para la consecución de determinados objetivos, la necesaria para la toma de decisiones, es decir, la «información estratégica». Su efectividad depende de su disponibilidad en el momento adecuado y para las personas que la precisen. Por tanto se caracteriza por tres componentes: la importancia de la información, las personas que la poseen y la rapidez en obtenerla. Cada uno de estos componentes implican unos parámetros propios que hay que tener en cuenta. La importancia de una información viene definida por su pertinencia, su oportunidad, veracidad, origen, etc. En cuanto a las personas que deben conocer la información es importante considerar a los agentes externos, la competencia, pero hoy día se le da igual o mayor importancia a los agentes internos a la propia organización, fuera del cuadro de mandos, que pueden hacer una manipulación confusa y poco adecuada de la información. Por último, el tiempo, la rapidez de obtenerla, requiere canales de comunicación en los que las tecnologías avanzadas son vitales.

Según el profesor Rodríguez Castellanos, debe distinguirse entre «conocimiento» e «información». Los elementos más simples de la información son los «datos». Un conjunto de datos estructurado es «información». El «conocimiento» requiere «información», pero ante todo requiere la existencia de uno o varios seres humanos que asimilen esa información y le den sentido y significado en un contexto concreto.

La concepción clásica de conocimiento como «creencia verdadera asumida de forma razonada por un ser humano», siendo correcta, puede favorecer una visión «estática» del conocimiento, como algo ya hecho y acabado. La riqueza del conocimiento está en su capacidad para favorecer la adquisición de más conocimiento, e incluso la creación de nuevo conocimiento, a través de una serie de procesos tanto individuales como colectivos. Por ello, en el nuevo enfoque se insiste ante todo en el carácter «dinámico» del conocimiento: interesa ante todo «conocer» cómo se «conoce» (cómo se adquiere conocimiento, cómo se «aprehende»), cómo se comunica el conocimiento, cómo se difunde y se intercambia, y cómo se crea nuevo conocimiento.

Ahora bien, si el acceso al conocimiento no se produce cuando se necesita y de una forma inmediata, no es útil. La información o, con más precisión, el conocimiento estratégico es el que nos permite predecir con capacidad baja de error cómo se va a definir la realidad futura. Y es básica tanto para el investigador como para el político o el empresario, y para esto es necesaria una información estructurada de datos y una serie de personas que asimilen los mismos.

11. PROMOTORAS INMOBILIARIAS

11.1. Urbanismo sostenible

Carlos Belmonte Gracia. Secretario de Administración Local, director del máster de Derecho Medioambiental y Urbanístico de la Federación de Servicios y Administraciones Públicas. Universidad de Granada

El desarrollo de las ciudades, sobre todo a partir de la segunda mitad del siglo XX, ha sido en realidad un proceso muy destructivo, llevado a cabo desde visiones parciales y con perspectivas a corto plazo, donde los agentes públicos y privados han actuado en función de sus propios intereses y preocupaciones, sin plantearse la necesidad de elaborar estrategias en el marco de políticas a medio y largo plazo que respondieran a un enfoque integral y holístico del fenómeno urbano.

El principal problema que debe afrontar hoy en día el desarrollo sostenible es, sin duda, el de la expansión urbana, dado el enorme consumo de capital natural que está provocando el crecimiento de las áreas metropolitanas. Según datos de la Unión Europea, el crecimiento de los suelos urbanos ha sido del 20% frente a un crecimiento poblacional del 6%. Desequilibrio que ha sido aún mayor en países como Italia, Grecia, Portugal y España, donde ha aumentado espectacularmente el número de viviendas sin que se haya producido un incremento similar de la población.

Junto con las zonas residenciales de baja intensidad, los grandes proyectos y conjuntos comerciales ocupan una parte importante de estos suelos en expansión, en concreto, las superficies comerciales emplazadas fuera de la ciudad suponen en el territorio de la Unión Europea el 30% de la superficie total correspondiente a los crecimientos urbanos. En los nuevos modelos urbanos el territorio se somete a una división funcional extrema, fragmentándose en espacios especializados (oficinas, ocio, comercio), y la promoción de viviendas de baja intensidad edificatoria. En este modelo de desarrollo metropolitano de la ciudad la dependencia del automóvil es extrema, sobre todo, a partir de densidades poblacionales por debajo de los 50-60 habitantes por hectárea, lo que comporta un factor de discriminación social al excluir a los más pobres, es decir, a los que no pueden tener coche con que acceder a los centros de trabajo, de consumo o de ocio ubicados, por ejemplo, cerca de las autopistas. Pero, si la necesidad de utilizar el automóvil discrimina a los más pobres, también lo hace la distribución espacial de las actividades, al situar en sus barrios las industrias y actividades más incómodas. Al mismo tiempo que las ciudades crecen hacia fuera, se produce el abandono progresivo de los centros históricos, cuyos edificios se transforman en locales de negocios y de consumo, generándose espacios urbanos donde cada vez es más fría la relación del hombre con el entorno social y físico.

Frente a este modelo, el desarrollo urbano sostenible se proyecta sobre la base de proteger la identidad de las ciudades, su patrimonio cultural, los espacios verdes y la biodiversidad, procurando incorporar al tejido urbano la vida silvestre de los espacios naturales circundantes, y de recuperar los suelos contaminados y los emplazamientos industriales abandonados para evitar la generación de nuevas zonas industriales, planteando, frente a la llamada ciudad difusa, la ciudad compacta, es decir, áreas urbanas de alta o media intensidad y utilización mixta del suelo que eviten los problemas de la expansión urbana, en lo que sería una vuelta a la ciudad intermedia.

Así pues, la aplicación al campo del urbanismo de los principios que informan la sostenibilidad implica un cambio sustancial de enfoque por el que el medioambiente pasa a ser el motor del planeamiento urbanístico. La ciudad ya no se considera tanto una estructura orgánica sino, más bien, un ecosistema artificial complejo capaz tanto de satisfacer las necesidades de sus poblaciones humanas como de proporcionar a otras especies un biotopo donde desarrollarse, todo lo cual exige una gestión urbana sostenible.

Para que el planeamiento urbanístico sea sostenible, debe tener en cuenta las condiciones físicas del lugar, potenciando las ventajas medioambientales del entorno y la protección del paisaje, integrando adecuadamente la zonificación del espacio con la estructura urbana y las infraestructuras en espacios con densidades poblacionales adecuadas que permitan una ordenación urbanística mixta, donde la convivencia de usos o actividades favorezcan la vida social y el acceso a los servicios.

La sostenibilidad como modelo para el desarrollo no está exenta de críticas, que ponen de manifiesto la ambigüedad de este concepto y la consecuente dificultad para aplicarlo a situaciones concretas y reales. Hay urbanistas que destacan la dificultad de utilizar procedimientos consensuados que permitan señalar cuándo nos encontramos ante un desarrollo urbanístico sostenible y cuándo no, ya que toda acción urbanística de una manera u otra lleva implícita una modificación del medio ambiente.

Lo que sí parece cierto es que las decisiones sobre urbanismo sostenible y, en general, sobre desarrollo sostenible están muchas veces basadas en criterios intersubjetivos o políticos, más que en criterios científicos, corriéndose el peligro de convertir la idea de desarrollo sostenible en una pantalla publicitaria o en una cortina de humo tras la cual se escondan intereses grupales, cuando lo que se espera de ella es que permita conseguir hechos reales que frenen el deterioro medioambiental de nuestro planeta y favorezcan la vida.

11.2. La reunificación de deudas en entornos hipotecarios

Arturo Rodríguez Castellanos y Patxi Ibáñez Hernández. Universidad del País Vasco

Tras la proliferación de entidades especializadas en la concesión de créditos rápidos, ha surgido una nueva generación de hasta 8.000 intermediarios financieros, según datos del Ministerio de Consumo, dedicados a la prestación de servicios de reunificación de créditos. Sin embargo, y a diferencia de las primeras, estos intermediarios no están sujetos a regulación, no tienen autorización para conceder directamente los préstamos ni para captar dinero y no existe ningún registro oficial ni control sobre ellos. Tras su intermediación, el cliente contratará el préstamo con una entidad financiera tradicional. La mayor parte de los intermediarios trabaja en régimen de franquicia.

Con sugerentes reclamos publicitarios en los que ofrecen rebajar las cuotas mensuales que se pagan por los créditos, han conseguido hacerse con un importante hueco en el mercado, y algunas estimaciones señalan que ya han tramitado hasta 100.000 préstamos, generalmente entre hipotecados y deudores en apuros o, simplemente, entre personas propensas a consumir.

El requisito previo para poder llevar a cabo la reunificación de deudas es ser propietario de algún bien inmueble, generalmente la vivienda habitual, aunque esté hipotecada, y que dicha propiedad se haya revalorizado o que esté parcialmente pagada.

La operativa consiste en consolidar en un nuevo préstamo hipotecario sobre la vivienda habitual todas las deudas que pueda tener el cliente: la cuota de la hipoteca, la letra del coche, créditos al consumo, recibos de las tarjetas de crédito..., de este modo, al transformar créditos sin garantía real y a corto plazo en préstamos garantizados con un activo real —la vivienda habitual— y a largo plazo, se consigue el objetivo de reducir significativamente la cuantía mensual que se paga por las deudas contraídas. Es decir, el cliente pasa a financiar bienes, e incluso consumo inmediato, con una fórmula de financiación a largo plazo. Una vez consumidos y/o amortizados dichos bienes, el cliente que opta por la reunificación de deudas debería ser consciente de que continuará pagando dicho consumo durante mucho tiempo adicional, llegando incluso hasta décadas.

Este tipo de operativa, tal y como señalan las asociaciones de consumidores, fomenta en exceso el sobreendeudamiento familiar, permitiendo la dilación en el tiempo de las obligaciones de pago. De este modo, el cliente de este tipo de servicios, en vez de autoimponerse un mínimo de disciplina en sus finanzas personales mediante la moderación del consumo alineándolo con sus ingresos, en una huida hacia delante, pone en riesgo su vivienda habitual. Cada vez es más acuciante la necesidad de una ley de sobreendeudamiento familiar, ya promulgada en otros países como Alemania y Francia, lo que permitiría aplicar medidas preventivas y acuerdos que eviten el embargo al deudor.

Los clientes de estas entidades también deberían considerar los costes de la reunificación de deudas. Por un lado, los gastos de cancelación de los préstamos y créditos se sitúan en torno al 1,5%. Por otro lado, los gastos de apertura del nuevo préstamo hipotecario (nueva tasación de la vivienda, gastos notariales, registro, gestoría, etc.) pueden suponer un 3% adicional. Además, las comisiones y gastos de gestión del intermediario van a oscilar entre el 3% y el 7%. Es decir, para la reunificación de deudas por valor de, por ejemplo, 120.000 euros, los costes que habrá que sumar supondrán en torno al 10% (12.000 euros), con lo que el endeudamiento final se incrementará sensiblemente.

En este sentido, las asociaciones de consumidores, ante una situación de apuro económico, recomiendan consultar con la entidad financiera habitual o con una entidad financiera tradicional antes de acudir a este tipo de entidades. En muchas ocasiones se podrá negociar una ampliación de hipoteca con la propia entidad, con lo que los costes antes analizados se reducirán sustancialmente. En todo caso, si se acude a una intermediaria se debería exigir un detalle por escrito de todas las condiciones de la operación y los gastos y comisiones que ocasionará.

Uno de los aspectos más oscuros de este negocio es lo que se denomina «dinero puente». En estos casos, nos encontramos con personas con problemas crediticios declarados, que ya han entrado en mora e, incluso, se encuentran en proceso de embargo de la vivienda habitual, con lo que pierden la posibilidad de acudir a una entidad de crédito tradicional. Algunos intermediarios facilitan a estos clientes dinero de inversores particulares que cobrarán tipos de interés usurarios y que, durante este proceso, se quedan con las escrituras de la vivienda como garantía. La intermediaria limpia de los registros de morosos al cliente y le negocia nueva financiación en una entidad financiera tradicional.

Diversas asociaciones de consumidores, Adicae (Asociación de Usuarios de Bancos, Cajas y Seguros), la Generalitat de Cataluña, el Gobierno Vasco, la Asociación Española de Banca —AEB—, entre otros, han solicitado una regulación que ponga orden y profesionalice el sector. Incluso alguna intermediaria se ha mostrado partidaria de dicha regulación para evitar que en él puedan actuar empresas que no respeten un mínimo código ético y desacrediten todo el sector. Adicionalmente, la banca tradicional podría ser menos reacia a trabajar con estas entidades si estuviesen sujetas a regulación.

Recientemente, el ministro de Economía, Pedro Solbes, ha anunciado que el Gobierno prepara un proyecto de ley para regular la actividad de los intermediarios financieros especializados en la reunificación de deudas y que está prevista la creación de un registro de entidades. Dicho proyecto pretende mejorar la transparencia de estas entidades, de la información que facilitan y que las ofertas que ofrecen a sus clientes sean homogéneas y puedan ser comparables entre sí.

Aunque es completamente cierto que, por medio de la reunificación de deudas, los clientes consiguen pagar menos dinero mensualmente, habría que apostillar que lo tendrán que estar pagando durante muchos años más, poniendo en juego la vivienda habitual. De momento, más sombras que luces en el sector de los intermediarios financieros de reunificación de deudas.

11.3. La responsabilidad social corporativa es más que una moda

Belén Fernández-Feijóo Souto. Universidad de Vigo

Algunos economistas de prestigio, como Friedman, creen que la responsabilidad de la empresa, social o no, es la obtención de beneficios para sus accionistas, con lo que se garantiza la supervivencia de la empresa a largo plazo y, por tanto, la actividad y los puestos de trabajo. A pesar de ello, la responsabilidad social corporativa (RSC) o responsabilidad social de la empresa (RSE) está de moda. Es un concepto relativamente reciente en el ámbito empresarial, que nace en la década de los cincuenta en Estados Unidos y se desarrolla en Europa a partir de los años ochenta. Aún se encuentra en una fase de delimitación y acomodación del lenguaje, por lo que es difícil encontrar una única definición de responsabilidad social corporativa, generalmente aceptada y consensuada en todos los ámbitos.

La Comisión de las Comunidades Europeas, en el Libro Verde de la Responsabilidad Social (2001), aporta una definición muy simple y clara: «La responsabilidad social de las empresas es, esencialmente, un concepto con arreglo al cual las empresas deciden voluntariamente contribuir al logro de una sociedad mejor y un medio ambiente más limpio». Es decir, la RSC se puede considerar como la actitud voluntaria de las organizaciones que induce comportamientos, políticas, tácticas y estrategias con una perspectiva no meramente económica sino también ética, social y ecológica, buscando un nuevo equilibrio entre estos valores.

La estrategia de RSC en una organización debe partir del cumplimiento de la legislación fiscal, laboral y medioambiental, entre otras. Su cumplimiento no se encuentra en el ámbito de la RSC, pero es el necesario punto de partida para incorporar una política responsable: no tendría sentido que una empresa se plantease actuaciones de RSC sin cumplir con las obligaciones mínimas que establece la legislación.

Es interesante señalar que la actuación responsable de las empresas es una cuestión que, cada vez con mayor frecuencia, demanda la sociedad. Y es ésta precisamente la razón por la que adquiere cada vez más importancia la RSC: los partícipes en el proceso empresarial, todos ellos desde diferentes posicionamientos en la sociedad, apuestan por el reconocimiento en sus actuaciones, consecuencia de sus decisiones, de la compatibilidad entre variables económicas clásicas, como crecimiento, competitividad, rentabilidad..., y valores de responsabilidad social, como medio ambiente, desarrollo sostenible, transparencia y buen gobierno, reputación corporativa...

Una de las más contundentes corrientes críticas con la RSC se cuestiona su carácter e interés como mera forma publicitaria y de mejora de imagen corporativa. Realmente, en cierta medida, estas afirmaciones son correctas, pero aun así, aunque ésta no sea la razón o justificación deseable, la incorporación de parámetros sociales en las decisiones empresariales es positiva, independientemente de los objetivos perseguidos.

En algunas organizaciones se plantea una estrategia de RSC con el absoluto convencimiento de que de esta manera se crea valor para la empresa y para el accionista, haciendo más rentable la compañía. Y que el motor de la RSC no sea altruista no significa que deban ser menospreciados o minusvalorados sus efectos.

Para muchas empresas, la responsabilidad social representa una ventaja competitiva considerable, un posicionamiento requerido y valorado positivamente por los *stakeholders*. De ellos, quizá sean los accionistas los que, como suministradores de recursos financieros de los que esperan obtener un mayor valor que el aportado, requieran una mayor justificación para su inclusión entre los beneficiarios de la política de RSC en sus proyectos de inversión. En este sentido, hay que tener en cuenta que para el accionista, las empresas socialmente responsables presentan un valor añadido en el momento de decidir la inversión. Sin menoscabo de ver satisfecho su objetivo de búsqueda de creación de valor, paralelamente, el «accionista socialmente responsable» pretende de la aplicación de sus fondos una creación de valor ética y moral para él mismo y para la comunidad. Buscará, entonces, proyectos que le ofrezcan el mayor rendimiento, en su sentido más amplio. La preocupación por las denominadas «inversiones éticas» y la necesidad de establecer modelos de medición e indicadores para la normalización de este valor añadido, son una realidad.

La RSC está de moda, pero es mucho más que una moda pasajera. Debe ser incorporada como un elemento básico y fundamental al definir la estrategia de la organización. Con ello, se estará participando activamente en construir una nueva economía, una nueva sociedad.

11.4. Valor razonable para los bienes inmuebles

Mª Carmen Pérez López. Profesora de la Universidad de Granada

En los últimos tiempos estamos siendo testigos de un proceso de armonización contable. La Unión Europea aprobó en 2002 la aplicación de las normas emitidas por el International Accounting Standard Board (IASB), denominadas Normas Internacionales de Información Financiera (NIIF). Las NIIF incluyen las anteriores Normas Internacionales de Contabilidad (NIC), las actuales NIIF y las interpretaciones de unas y otras.

En España, la Ley 62/2003 incorporó las NIIF para las cuentas anuales consolidadas del ejercicio que comience a partir del 1 de enero de 2005 si, a la fecha de cierre del ejercicio, alguna de las sociedades del grupo ha emitido valores admitidos a cotización en un mercado regulado de cualquier Estado miembro de la Unión Europea, y permitió a las restantes sociedades su aplicación voluntaria. En 2006, el Consejo de Ministros aprobó el proyecto de ley para la reforma y adaptación de la legislación mercantil en materia contable para su armonización internacional basándose en la normativa de la Unión Europea. El desarrollo reglamentario de este proyecto de ley será un nuevo Plan General de Contabilidad cuyo primer borrador ha sido presentado por el Instituto de Contabilidad y Auditoría de Cuentas (ICAC) en febrero de 2007. Derivado de este proceso de adaptación, este borrador incluye algunas novedades respecto a lo fijado en el Plan General de Contabilidad de 1990, entre ellas, la consideración del valor razonable para la valoración de los bienes inmuebles.

La NIC 16 (Inmovilizado material) y la NIC 40 (Inversiones inmobiliarias) —terrenos o edificios que se tienen para obtener rentas, plusvalías o ambas— diferencian, para los bienes a los que resultan de aplicación, una valoración en el momento inicial y otra posterior. En función de estas normas, los bienes inmuebles serán valorados inicialmente por su valor razonable cuando procedan de un intercambio de uno o varios activos no monetarios o de una combinación de activos monetarios y no monetarios, siempre que dicho intercambio tenga carácter comercial y el valor razonable pueda medirse de forma fiable. Posteriormente, las empresas elegirán valorar los bienes inmuebles en función del coste o del valor razonable. Si adoptan el valor razonable, las variaciones de valor derivadas de la aplicación del mismo serán contabilizadas, en general, en reservas o en resultados, con la correspondiente incidencia en el patrimonio neto o en el resultado de la empresa.

En línea con lo fijado por las citadas normas internacionales de contabilidad, el primer borrador incorpora el registro de los bienes inmuebles como inmovilizado material y como inversiones inmobiliarias. En cuanto a su valoración, recogida en las normas 2ª y 3ª para el inmovilizado material y 4ª para las inversiones inmobiliarias, también diferencia la realizada en el momento del reconocimiento inicial y la llevada a cabo con posterioridad. En la valoración inicial, el borrador incluye el valor razonable en las operaciones de permuta de carácter comercial, es decir, aquellas permutas en las que la configuración de los flujos de efectivo difiere del inmovilizado recibido respecto al activo entregado, o cuando por la permuta se ve afectado el valor actual de los flujos de efectivo después de impuestos de las actividades de la empresa. Asimismo, cuando la empresa reciba un inmueble procedente de una aportación no dineraria de capital, será valorado inicialmente por su valor razonable.

En lo que respecta a la valoración posterior, este primer borrador establece que se realizará restando al precio de adquisición o coste de producción la amortización acumulada y, en su caso, el importe acumulado de las correcciones valorativas por deterioro de valor reconocidas. Aparece un nuevo concepto respecto al Plan General de Contabilidad de 1990, las pérdidas por deterioro de valor, estas pérdidas se ponen de manifiesto cuando el valor contable del bien supera a su importe recuperable. En el importe recuperable se encuentra una nueva referencia al valor razonable, ya que dicho importe será el mayor entre su valor razonable menos los costes de venta y su valor en uso. Las correcciones valorativas por deterioro de valor de estos bienes, así como su reversión, se reconocerán como un gasto o como un ingreso, respectivamente, en la cuenta de pérdidas y ganancias, incidiendo en el resultado de la empresa.

El valor razonable es definido en el marco conceptual de la contabilidad, recogido en la primera parte del borrador, como «el importe por el que puede ser adquirido un activo o liquidado un pasivo, entre partes interesadas y debidamente informadas, que realicen una transacción en condiciones de independencia mutua». Asimismo, en esta parte se establece que este criterio será calculado en función de un valor de mercado fiable. En los casos en que este mercado fiable no exista, el valor razonable de los bienes se obtendrá mediante la aplicación de modelos y técnicas de valoración.

De este modo, el texto de este primer borrador del Plan General de Contabilidad ha supuesto la incorporación del valor razonable en la valoración inicial de los bienes inmuebles calificados como inmovilizado material e inversión inmobiliaria, así como la contabilización de las pérdidas por deterioro de valor, incidiendo en el valor de los activos y en el resultado de la empresa. No obstante, a diferencia de la NIC 16 y la NIC 40, no se permite a las empresas elegir el valor razonable para la valoración posterior de estos bienes, por lo que los cambios en el valor razonable de los mismos no afectarán ni al patrimonio ni al resultado de la empresa.

11.5. La nueva regulación del mercado hipotecario

Jaime Álvarez Plaza. Doctor en Finanzas. Universidad Complutense de Madrid

El *sudoku* es un pasatiempo en el que se persigue cuadrar una serie de números en un conjunto de cuadrículas que están interrelacionadas entre sí, la modificación de uno de los números de la serie puede descuadrar todo el conjunto y, por tanto, impedir alcanzar la solución correcta, por lo que es necesario un ejercicio de habilidad mental para encajar todos los números según las reglas del juego.

El mercado hipotecario tiene algo de *sudoku*, y la modificación de la Ley Hipotecaria persigue cuadrar aquellos elementos que establezcan un futuro escenario consiguiendo la solución correcta. Para ello hay que analizarlo desde una triple perspectiva: la convergencia europea, la actual situación económica e inmobiliaria y la protección social.

Las características del mercado español hipotecario se fundamentan en una ausencia de flexibilidad además de una carencia de cultura financiera de los usuarios siendo éste uno de los objetivos quizá más interesantes al delegar la responsabilidad de conocimiento de causa en los intermediarios financieros.

Por un lado, la convergencia europea es un objetivo necesario para el pleno desarrollo de la Unión, y en este sentido es necesario fijar unos estándares comunes en el acceso a la financiación a largo plazo, incluida en un objetivo superior como es la configuración de un Mercado Financiero Único. Las fuertes divergencias entre los diferentes sistemas de financiación hipotecarios establecen un marco para la consecución de un mercado homogéneo europeo.

Por otro, la situación económica que hemos presenciado en los últimos años, con un fuerte aumento del crecimiento, el empleo y la inmigración así como el incremento de los plazos de financiación y una reducción continuada de los tipos de interés, ha llevado a un incremento considerable en el precio de un activo, como es el inmobiliario, de vital importancia, sobre todo en el caso de España, y que está íntimamente relacionado con la financiación hipotecaria.

Además, la protección social de, sobre todo, las clases dependientes conlleva el desarrollo de la denominada «hipoteca inversa», que dote de la suficiente seguridad jurídica a entidades y usuarios.

Las líneas generales de esta reforma se dirigen hacia una flexibilización que permita la aparición de nuevas alternativas de financiación para un mercado que en estos momentos pasa por un periodo de incertidumbre, como son la capacidad de hacer efectivas las ganancias de capital derivadas del incremento en los precios de los activos inmobiliarios y que doten de un aire renovado de dinamismo a la economía; la flexibilidad para establecer nuevas condiciones de financiación que permitan afrontar con mayor tranquilidad periodos de crisis inmobiliaria o de finanzas personales; establecer un mecanismo de transparencia e información a un posible usuario que, por lo general, no está muy acostumbrado a las relaciones entre factores financieros y consecuencias económicas; establecer un marco jurídico necesario para el desarrollo de fuentes de ingresos para la población con un menor acceso a la financiación y más desprotegidas por razones de edad y situación económica.

Los últimos acontecimientos que estamos presenciando en Estados Unidos, donde la fragilidad del mercado hipotecario está afectando al sistema crediticio en general y trasladando sus efectos al mercado europeo —caso de los fondos de BNP o el banco alemán IKB—, y ante una previsible recesión en el mercado inmobiliario, que no hay que olvidar que ha sido uno de los motores del crecimiento español, además de una posible caída en el consumo y su efecto sobre el empleo, es prioritario dotar al mercado hipotecario español de una flexibilidad que favorezca la renegociación de las características de las hipotecas, tales como el incremento en el plazo de amortización u otras fórmulas especiales.

La cuadratura de todos estos condicionantes es aún más difícil si nos enfrentamos a la resolución de un conjunto de elementos relacionados entre sí en los que la solución de cada uno de ellos altera la del resto.

11.6. Posibles efectos secundarios en la Bolsa y en empresas en el caso de crisis en el mercado inmobiliario

Jaime Álvarez Plaza. Doctor en Finanzas. Universidad Complutense de Madrid

En 1492, Colón partía rumbo a las islas Canarias para, posteriormente, dirigirse hacia el Oeste y alcanzar las Indias Orientales. Esta aventura estaba fundamentada en la idea de que la Tierra era redonda, lo cual fue asentado casi 2.000 años atrás por Eratóstenes, quien, desde la antigua Biblioteca de Alejandría, descubrió la diferencia de longitud entre las sombras de dos varas situadas a unos ochocientos kilómetros de distancia, aproximadamente en la misma latitud, concluyendo que la explicación se debía a la curvatura de la Tierra.

Sin embargo, aunque el fundamento de que la Tierra era redonda se hizo realidad, Colón se equivocó y acabó descubriendo América.

El futuro —del cual sólo es cierto que es incierto— en el que se desarrollen los movimientos en el mercado inmobiliario y su efecto sobre las empresas es, evidentemente, un ejercicio de aventura arriesgada aunque los fundamentos puedan indicar una tendencia contraria a la que se ha mantenido en los últimos años. Ejemplos de que algo está pasando son los movimientos en las carteras inmobiliarias de los bancos españoles Santander y BBVA, la crisis crediticia generada por las hipotecas *subprime* y sus efectos en fondos de inversión y entidades financieras, las caídas bursátiles de las empresas relacionadas con el sector inmobiliario —Astroc a la cabeza— y las últimas estadísticas de evolución del mercado así como los indicadores de morosidad.

Para entender cómo se pueden derivar los efectos sobre las empresas y las bolsas es necesario introducir los factores que explican los movimientos del mercado. Éstos están vinculados, sobre todo, con la capacidad de pago que, a su vez, depende de factores demográficos, sociales, económicos y financieros.

Inmigración, empleo, crecimiento, precios energéticos e inflación, consumo, alquileres, tipos de interés, volumen y vencimiento de la deuda, efecto riqueza e inversiones alternativas son los factores clave a tener en cuenta a la hora de realizar el correspondiente análisis.

Una reducción en la capacidad de pago de los agentes económicos derivará hacia un menor consumo —si bien el comisario europeo de Economía, Joaquín Almunia, no prevé un descenso del mismo en España— y por ende un efecto directo sobre las empresas y los mercados, incluido el inmobiliario.

Por tanto, aventurar los efectos sobre las empresas de un mercado inmobiliario bajista implica atender a la evolución conjunta de los factores mencionados dado que se harán notar tanto a nivel sistemático como específico, es decir, las empresas se verán afectadas a nivel general por los efectos sobre la economía, a nivel particular por sectores o tipos de actividad y directamente por la caída en el precio de sus activos, ya que no podemos obviar que las oficinas, locales, naves, etc., son necesarios para el desarrollo de casi cualquier actividad económica.

Suponiendo un descenso acusado de los precios inmobiliarios es previsible una caída añadida en el consumo como consecuencia de un menor efecto riqueza, en algunos casos un endeudamiento superior al valor de los colaterales, menor acceso al crédito y restricción en la financiación —además de por altos tipos de interés— e incrementos en la morosidad.

Una reducción del consumo conlleva menores incrementos de los precios —después de todo para eso se suben los tipos— y ese indicador lleva un tiempo disminuyendo en España con una inflación actualmente en torno al 2,3%, lo que a su vez es un factor de riesgo al incrementarse las probabilidades de una reducción en el empleo y, por tanto, en el tamaño de la capacidad de pago.

A nivel específico dependerá del sector económico en el que se desarrolle la actividad, pero se puede aventurar una clasificación por orden de impacto; si es que existe un nivel de preferencias, podríamos asistir a una reducción de consumos en ocio y turismo, bienes de inversión, bienes duraderos y finalmente bienes básicos como alimentación, vivienda y textil hacia productos sustitutivos más asequibles.

Además es previsible una reducción en el valor empresarial bien por la caída de las ventas, beneficios y flujos de caja sumando el aumento de las tasas de descuento, bien por un menor valor patrimonial de sus activos, asimismo, el alto endeudamiento de la empresa española, que en 2006 supuso un incremento del 28% respecto al año anterior, puede implicar una reducción en los proyectos de inversión —y generación de empleo—.

De todos modos, aunque pueda estar fundamentado, igual acabamos en América, pero ya no será aquel paraíso descubierto hace quinientos años visto lo visto en aquella economía.

12. HOTELES

12.1. Tras las líneas aéreas, Internet revolucionará el sector hotelero

José Barta. Instituto Garrigues

El 30 de octubre de 2006, los asistentes a la cumbre de CEHAT (Confederación Española de Hoteles y Alojamientos Turísticos), escucharon cómo Macy Marcel, profesor de la Escuela Hotelera de Lausana, auguraba que, en el ámbito mundial, los hoteles dejarían de pagar comisiones a las agencias en un plazo entre cinco y diez años.

Independientemente de las repercusiones inmediatas que dicho anuncio tuvo, en un sector que todavía tiene una importante dependencia de las agencias de viaje, provocando que, en menos de 24 horas, el propio presidente de CEHAT, José Guillermo Díaz Montañés, las desautorizara con el siempre sorprendente argumento de que «una cosa es la teoría y otra la práctica», ya que así se desacredita tanto al investigador como al gestor, lo cierto es que la experiencia disfrutada en los últimos meses por las propias cadenas hoteleras, y sufrida por las agencias, es que Internet está permitiendo un incremento directo de las reservas por parte de los usuarios a los operadores, en detrimento de los intermediarios tradicionales.

Tan sólo unos días después, el informe *Situación del sector turístico en Internet*, realizado por la consultora Tatum, concluía que el creciente uso de Internet y el posicionamiento de portales e intermediarios turísticos en los principales buscadores de la Red «están poniendo en apuros a las agencias de viaje». Entre otros datos aportaba los resultados de un estudio de búsquedas efectuadas, según los cuales un 79% de dichas búsquedas pertenecían a portales e intermediarios, un 12% a cadenas hoteleras y hoteles, y sólo el 1% a agencias de viaje.

Unos meses más tarde, el XI Foro Internacional de Turismo, celebrado en Benidorm, concluía que el negocio del turismo se «ha democratizado y el auge de Internet evita que los operadores turísticos monopolicen el mercado y obliguen a los hoteles a reducir sus ingresos».

Paul Evans, directivo de la empresa Lowcostbeds.com, asistente a dicho encuentro profesional, aportaba datos de ventas de su empresa a través de la Red; según éstos el 70% de las personas que quieren viajar consultan Internet, y el 40% de éstas acaban comprando a través de la Red.

Reducción de costes de distribución y de contratación, así como el incremento en la fidelización de clientes, son algunos de los factores que han propiciado el desarrollo de agresivas estrategias, a través de Internet, por parte de muchos tipos de empresas. Actualmente el liderazgo se le debe reconocer a las líneas aéreas. Este ejemplo, arropado por los magníficos resultados económicos, está llevando al sector hotelero a emular sus pasos.

Según el Reporte Turístico Online en Estados Unidos de EyeforTravel, durante el año 2002, las reservas realizadas a través de las páginas *web* de los proveedores fueron superiores a los 15.439 millones de euros, lo que representaba un 54% de los ingresos *online* por concepto de turismo; pero en 2006 la rentabilidad de los mismos creció hasta los 44.000 millones de euros, acaparando el 63% de los ingresos del mercado y comenzando a quitarle mercado a los intermediarios *online*.

A la vista de todo esto nos encontramos con un marco en el cual el peso objetivo de Internet, en relación con la comercialización de viajes y estancias en hoteles, es cada día mayor, con crecimientos casi exponenciales, como están comprobando importantes cadenas hoteleras españolas que, tras apostar seriamente por este tipo de estrategia, comprueban cómo las ventas, a través de la Red, ya superan el 15% de sus ventas totales anuales, y siguen creciendo.

Además nos encontramos con que, según la experiencia vivida en un país como Estados Unidos, adelantado en estas tecnologías, en breve plazo los operadores podrán superar en cuota de mercado de ventas *online* a los intermediarios de la propia Red.

Asistimos a un obligado cambio de estrategias en todos los ámbitos del sector turístico. Si las agencias tradicionales quieren sobrevivir, tendrán que potenciar su presencia en Internet y desarrollar proyectos con evidente valor añadido; algo similar ocurrirá en breve con las agencias *online*, las cuales tendrán que hacer frente a una mayor competencia de los propios operadores hoteleros. Pero estos últimos tampoco podrán conformarse con mejorar su presencia en Internet, agilizando y abaratando, en beneficio del usuario, sus procesos de contratación, porque el desarrollo de nuevas estrategias por parte de las agencias tradicionales, reconvertidas en *online*, y de las *online* puras, en su necesidad de sobrevivir, les llevará a tener que afrontar, entre otras amenazas, subastas de precios para grupos, análisis comparativos de precios y de calidad de servicios, elaborados por parte de algunos portales, etc.

Y así, unos y otros se encuentran abocados a una colaboración que delimite los ámbitos de las distintas competencias en función de las distintas especialidades y capacidades, lo que implicará un mayor conocimiento del cliente, de sus necesidades personales, familiares, profesionales, etc., lo que dará lugar a nuevos servicios, fruto de una mejor segmentación de mercados.

Matizando el título de este artículo tendremos que decir que la revolución en el sector hotelero español ya ha comenzado. Desgraciadamente, en toda revolución hay víctimas. En este caso, como suele ser habitual, éstas serán aquellas que tengan menores recursos para la adaptación a los nuevos tiempos, pero a diferencia de otros tipos de revolución, y sin menospreciar la importancia de los económicos, éstos se verán subordinados a una adecuada e imaginativa gestión del conocimiento.

12.2. Estrategias de servicios de las cadenas hoteleras

Jean-Claude Koster. Consultor para la industria hotelera

La esencia de las actividades de las cadenas hoteleras se caracteriza por los servicios que prestan a los hoteles. También pueden intervenir en la planeación y desarrollo de los proyectos que explotarán, por cuenta propia, si son propietarias del inmueble, lo arriendan o bien por cuenta de los promotores del proyecto. Para esta última opción, existen varias modalidades de convenios de explotación, cada una con características que corresponden a una visión y objetivos específicos. Asimismo, se puede pensar en acuerdos de prestación de servicios, que no implican la operación directa del establecimiento. En estos casos, las cadenas hoteleras pueden aportar su *know-how*, experiencia y recursos técnicos en temas específicos, aunque el propietario/hotelero que contrata estos servicios conserva la plena autoridad sobre su explotación y la responsabilidad sobre los resultados cualitativos y de rentabilidad de la misma. Cada grupo hotelero ofrece estrategias que le son propias en cuanto al tipo de colaboración, y los propietarios/hoteleros pueden escoger la modalidad de colaboración disponible más conveniente a su situación específica. Las cadenas hoteleras se organizan de acuerdo a las necesidades de prestaciones que requieren sus afiliados. Generalmente, los servicios que prestan pueden tratar todos los aspectos del negocio hotelero.

La globalización, el desarrollo de la tecnología y de los medios de transporte; las mutaciones de la sociedad y la consecuente y constante evolución de las necesidades y hábitos, así como las modas, han marcado las pautas para que las cadenas hoteleras determinen nuevos objetivos y estrategias dando paso a un abanico de tipos de explotación hotelera con características específicas. Muchas de ellas han desarrollado una «imagen de marca» que las caracteriza. Algunas cadenas hoteleras han visto la oportunidad de crecer por medio de la diversificación de su oferta de servicios creando varias marcas hoteleras *(branding)*, cada una con una imagen que el usuario puede identificar claramente con un tipo y categoría de hotel, un concepto de explotación y un nivel de prestación de servicios que le son específicos. En el marco de este panorama, algunas de las cadenas hoteleras más importantes han extendido sus actividades por medio de acuerdos que no implican la operación directa de hoteles, realizando lo que más bien puede definirse como un alquiler de su imagen de marca y su *know-how*, efectuado por medio de un *coaching* sobre la explotación o sobre algunos de sus aspectos específicos en hoteles que no operan.

En la coyuntura actual, en las principales cadenas hoteleras de ámbito internacional, además de crear y desarrollar «marcas comerciales» *(branding)* y lograr acuerdos de prestación de servicios a hoteles no operados (franquicia, acuerdos de comercialización, acuerdos de uso de marca/imagen), que les permite tener una mayor presencia en una diversidad de mercados y localizaciones geográficas, prevalece la tendencia a recentrarse en su actividad principal: operar hoteles; y alejarse gradualmente de la inversión en inmobiliario hotelero. Así requieren menos capital y pueden obtener un mayor ratio de rentabilidad con relación a su capital. Grupos hoteleros importantes han puesto a la venta algunos de sus hoteles emblemáticos, conservando su gestión.

Los promotores, propietarios y/o operadores de hoteles individuales pueden ver ventajas en concluir acuerdos con una cadena hotelera. Podemos citar algunas:

- —Asegurar financiación si tratan con un grupo hotelero de reputación establecida.
- —Beneficiarse de una «imagen de marca» reconocida por usuarios, mercados y proveedores.
- —Beneficiarse de los sistemas y redes de distribución de la marca hotelera seleccionada.
- —Tener acceso a sistemas operacionales de funcionalidad probada.
- —Asistencia cualificada en el desarrollo del proyecto y en la explotación de su hotel.

Dentro del abanico de marcas comerciales y de modalidades de acuerdos de colaboración, los inversionistas, propietarios u hoteleros independientes, deseando recurrir a los servicios de una cadena hotelera, pueden seleccionar la más conveniente en cuanto a las prestaciones que puede ofrecer; la que producirá más ventajas competitivas. Para este fin, la asesoría de un consultor en hotelería independiente y con experiencia puede ser de gran ayuda.

12.3. El sector turístico hotelero en Cataluña

David Ceballos Hornero y Dídac Ramírez Sarrió. IAFI — Universitat de Barcelona

En el ámbito económico, el sector turístico queda representado por la hostelería y por el transporte y servicios asociados, donde la parte hotelera es la dominante. En total aporta más del 10% al PIB catalán y algo menos en el empleo, lo que se acerca al 20% del total español. Estas cifras indican el gran tamaño del sector hotelero en Cataluña, cuyo turismo representa un 2% del mundial.

Barcelona absorbe una de cada cuatro pernoctaciones hoteleras en Cataluña, y a pesar de tener los precios más altos y la mayor oferta de habitaciones, muestra los mayores índices de ocupación con más del 70% de media anual en el año 2006.

El turismo pernocta sobre todo en hoteles, ya que estos establecimientos acaparan más del 70% de las pernoctaciones, aunque la ocupación hotelera es muy desigual entre las diferentes marcas turísticas catalanas. Así, la costa muestra porcentajes más altos que la montaña y el interior. De media, para datos del año 2006, la ocupación anual supera el 60%. Alta ocupación hotelera si se compara con las alternativas de cámping y alojamientos rurales, que se mueven bastante por debajo del 50%, y siempre por encima de la media española. Tiene un claro componente estacional en los meses de verano, con un gran pico en agosto que roza el 80% en toda Cataluña, aunque sin una fuerte caída durante los meses de invierno.

En el interior las estancias son más cortas que la media catalana y la ocupación hotelera está por debajo del 50%. La evolución de estas cifras dependerá de la mejora en infraestructuras turísticas y de comunicación, las cuales actualmente se concentran en la costa.

La montaña también refleja bajas cifras de ocupación hotelera porque es un turismo muy localizado en la temporada de esquí y de verano. La estancia media también es inferior a la media catalana, no así el gasto medio por día.

La costa tiene una clara dificultad de crecimiento, tanto por la saturación de sus playas y poblaciones en verano como por el control de la calidad medioambiental que limitará la masificación y el crecimiento de las infraestructuras de comunicación, de servicios básicos y de ocio. Sus altas tasas de ocupación hacen prever, excepto por deterioro de la calidad medioambiental y de servicios, que siga siendo un destino turístico importante y donde mayoritariamente el turista gasta más que la media catalana al ser en promedio mucho más largas sus estancias.

En conclusión, la sostenibilidad y crecimiento del sector turístico hotelero en Cataluña depende de conseguir diversificar la oferta turística hacia el interior para poder seguir absorbiendo el crecimiento del turismo sin perjudicar medioambientalmente la masificada costa. Óptica que parece reflejar la política de la Generalitat enfatizando la especialización de sus 10 marcas turísticas y la apuesta por mejorar la calidad turística y ambiental del territorio. Barcelona es un caso aparte por su renovada y vanguardista oferta turística, que casi garantiza una alta ocupación hotelera con un crecimiento de las pernoctaciones, a pesar de sus altos precios.

12.4. El sector turístico en islas Baleares

David Ceballos y Dídac Ramírez. IAFI — Universitat de Barcelona

El sector turístico en España se concentra en gran medida en la costa y sobre todo en sus islas, donde destaca el archipiélago balear. Archipiélago que depende en casi una cuarta parte del sector turístico, tanto en empleo como en PIB. El sector hotelero representa cerca de tres cuartas partes de la importancia económica del turismo balear, tanto por su capacidad en comparación con los residentes como por sus relativos altos precios comparados con otras zonas de España.

El sector hotelero balear apenas ha crecido en número en los últimos 10 años, a pesar del continuo crecimiento del turismo que sigue llegando a las islas, lo que redunda en ser la comunidad autónoma y Mallorca la zona turística con mayor grado de ocupación hotelera, que supera el 70% de media anual. Este estancamiento del número de establecimientos hoteleros es consecuencia en parte de cuatro factores: (i) las islas son un destino turístico tradicional, con lo que su sector hotelero se desarrolló hace tiempo, (ii) el sector tuvo unas mayores tasas de crecimiento en los años ochenta y noventa cuando se apostó por el crecimiento aunque fuera a costa de la calidad, (iii) la estancia media se ha reducido fuertemente en los últimos años, y (iv) en los últimos años se ha apostado por recuperar la calidad turística que se perdió sobre todo en los años ochenta y noventa, cuando se quiso absorber el auge del turismo extranjero sin destinar demasiados recursos a adecuar la infraestructura.

El bajo crecimiento de las plazas hoteleras provocó el crecimiento de segundas residencias y traslados de población comunitaria con cierto impacto ambiental como efecto secundario, lo que derivó en la aprobación de una ecotasa y de políticas públicas estrictas para solventar estos problemas.

A pesar de la alta ocupación hotelera, la misma es totalmente estacional, mostrando un pico del 90% en verano y cayendo a tasas cercanas al 50% durante los meses de invierno, sin contar Semana Santa. Ello ya muestra la baja diversidad turística balear, que se centra en los atractivos de la costa y el buen tiempo: la playa. Un claro ejemplo de ello es el vertido que ocurrió el verano de 2007 en el archipiélago, que provocó el cierre de varias playas y la evidencia de no existir alternativa de ocio turístico más que tomar el sol sin bañarse.

Sin embargo, no se puede decir que el sector hotelero balear goce de mala salud, aunque su crecimiento esté por debajo del español. Así, ha perdido casi diez puntos porcentuales en la representatividad de las pernoctaciones hoteleras españolas, desde tasas cercanas al 30% a la actual del 20% para el año 2006. Ello muestra el grado de saturación de la oferta turística balear, aunque en el último año ha crecido a tasas cercanas a la media española, que se acerca al 15% anual.

En conclusión, el sector hotelero balear en la actualidad tiene difícil el mejorar sus indicadores de ocupación por la reducida y estacional oferta turística de las islas y porque en los meses estivales la ocupación hotelera roza el máximo de plazas disponibles. Además muestra una estabilidad en sus buenos indicadores de ocupación y de destino del turismo de «sol y playa» con el mayor número de pernoctaciones de las marcas turísticas españolas. En vías de crecimiento, sólo queda aumentar las tasas de ocupación en los meses donde la playa no es un atractivo, invirtiendo en la oferta cultural y deportiva o creando alternativas para el turismo de fuera de temporada estival, por poner algún ejemplo.

12.5. Tendencias y perspectivas en el sector hotelero

Iñaki Periáñez Cañadillas. UPV / EHU

La estructura de la oferta hotelera se ha caracterizado en la última década por tres grandes factores: su continuo crecimiento, la diversificación tipológica y geográfica, y por un importante incremento de la concentración.

Sin embargo, lo más llamativo de esta situación es que el sector hotelero atraviesa en España una etapa de plena efervescencia empresarial. La consecuencia más inmediata es una intensificación aún mayor de la ya importante competencia existente dentro de esta industria.

Precisamente, se incrementa la competencia y sin embargo la ocupación media hotelera en la comunidad autónoma del País Vasco es de aproximadamente un 48%, la de Cantabria un 42% y la de Navarra un 39%. Es decir, que aumenta la competencia pero hay que tratar de ganarse a la clientela ya que la demanda no supera la oferta.

	Grado de ocupación por provincias (año 2005)
Álava	46,51
Cantabria	42,41
Guipúzcoa	51,97
Navarra	38,87
Vizcaya	45,39

Fuente: adaptación propia de los datos del INE. Encuesta sobre el grado de ocupación hotelera 2005.

El grado de ocupación media en general es muy parecido, por el lado positivo, destaca Guipúzcoa con casi un 52%, y por el lado negativo, Navarra con un 39% aproximadamente. En cualquiera de las provincias se aprecia la estacionalidad de la demanda, siendo los meses de verano donde se da la mayor ocupación. En el caso de Guipúzcoa en el mes de agosto se llega a un 83% frente a casi un 58% en Navarra.

El endurecimiento de la competencia desde un enfoque cualitativo viene originado, entre otros factores, por una de las importantes tendencias que están afectando al sector turístico en general, cual es la creciente tendencia a la concentración e integración de empresas, a lo que habría que añadir, en los últimos años, un creciente interés por parte de los grupos y cadenas hoteleras extranjeras por implantarse en España. A todo ello se suma el cada vez mayor poder de negociación de los *touroperadores* y agencias de viajes, derivados del mismo proceso de integración y concentración empresarial dentro de esta industria.

La línea estratégica que destacaría como tendencia en este sector es la diferenciación a través de la innovación de productos. Es decir, esta estrategia se basa en la creación de nuevos productos-hoteles, más especializados en determinados segmentos de mercado, buscando una conceptualización de dichos productos mucho más adaptada a las necesidades de los segmentos de mercado a los que pretende satisfacer.

Conclusiones

—Ante la creciente intensificación de la competencia se requiere que el importante número de pequeñas y medianas empresas hoteleras se planteen nuevas estrategias de *marketing* que permitan mejorar su competitividad y posibiliten que sigan jugando el importante papel que han desarrollado en esta industria en las últimas décadas.

—En este sentido, una de las líneas de actuación a seguir debe contemplar su incorporación a los denominados sistemas verticales de *marketing,* en los que sin necesidad de perder su independencia se integren en grupos de distribución que permitan una mejor situación competitiva a la hora de negociar con los grandes grupos de distribución, obtener una mayor rentabilidad y eficacia en las acciones de *marketing,* y en definitiva mejorar su situación competitiva.

—Paralelamente, se debe pasar de lo que se denomina en *marketing* como una política intensiva de distribución a una estrategia selectiva, en la que en lugar de trabajar con un número muy amplio de intermediarios se opte por escoger a un número más reducido de ellos, pero con lo que se mantenga un alto nivel de cooperación en la distribución, estableciendo alianzas y acuerdos a largo plazo entre las empresas implicadas.

Y finalmente, una estrategia vital para las pequeñas y medianas empresas pasa por el objetivo de la fidelización de la clientela, para lo cual se requiere desarrollar una clara estrategia de diferenciación de la competencia, buscando constantemente la forma de ofrecer algo distinto de los demás y la satisfacción total del consumidor. En este sentido, un aspecto de gran trascendencia consiste en potenciar la imagen de marca, que permita un claro posicionamiento de la empresa ante el consumidor y una constante política de innovación que busque sorprender positivamente al consumidor cada vez que se aloje en el hotel.

12.6. El sector turístico hotelero en Galicia

Lorenzo Rodríguez Comesaña. Coordinador del máster en Organización y Dirección Turística. Universidad de Vigo

El progreso experimentado por el sector turístico gallego lo lleva a convertirse en uno de los pilares económicos de la comunidad. Desde principios de los años noventa, pasó de representar el 4% al 10% del PIB, y emplea en la actualidad a un 12% de los ocupados. Buena parte del dinamismo del sector se debe a la presentación de nuevas alternativas entre las que destacan el sector termal, el turismo cultural y gastronómico, la actividad ligada a los años jacobeos, así como la evolución que experimentan el turismo de congresos, el rural y el náutico.

La mayoría de los visitantes son españoles. La mejora en la red de comunicaciones, especialmente la llegada del AVE, favorecerá aún más el turismo interior. El porcentaje de turistas extranjeros que visitan la región crece, aunque ese incremento es inferior a la media nacional. Portugal ocupa un lugar prioritario, aunque las campañas de promoción exterior, la llegada de las compañías de bajo coste y el descenso generalizado en el precio de los vuelos acercan a muchos turistas británicos y centroeuropeos. La poca importancia de los *touroperadores* internacionales en los canales de distribución de los productos turísticos gallegos dificulta a los extranjeros la visita del destino, ante las dificultades causadas por la distancia y el idioma. El comportamiento de los establecimientos tampoco ayuda, así, los datos del IGE (Instituto Gallego de Estadística) mencionan que a finales de 2006, aunque un 50% de los establecimientos hoteleros tenían página *web*, sólo la usaban para realizar contrataciones un 23,7%.

La oferta hotelera responde a esa demanda y se concentra en determinadas áreas del territorio. Los destinos más tradicionales, en las Rías Baixas, estaban ligados al turismo de sol y playa, ofreciendo establecimientos de tipo medio, principalmente de tres estrellas.

En la actualidad, Santiago de Compostela es el lugar más visitado. Puerta de entrada para muchos de los turistas extranjeros que nos visitan, atraídos por la imagen que proyecta el Camino de Santiago. La vida cultural de la ciudad, su centralidad frente a los otros destinos regionales y la amplitud de su oferta hotelera hacen que la ciudad se considere una estación base para un grupo importante de turistas. A esto ayuda la amplia oferta hotelera de la ciudad, abarcando todas las categorías y tamaños.

La Galicia interior tiene una oferta dirigida hacia un público de mayor edad. Paisajes como los de la Ribeira Sacra, el turismo verde y el cultural-gastronómico son sus señas de identidad. Sin olvidar el turismo termal, con más de 10 establecimientos hoteleros que abarcan desde instalaciones minimalistas hechas completamente en madera hasta grandes complejos con oferta complementaria de campos de golf y lugares para ocio y congresos.

Las Rías Altas-Costa da Morte y la Mariña Lucense ofrecen bellos paisajes de acantilados y playas, y una deficiente red de comunicaciones entre la continua sucesión de pequeños pueblos costeros. Sin embargo, las Rías Altas cuentan con grandes y modernos hoteles, especialmente en los alrededores de A Coruña. Mientras, la costa de Lugo es hoy una zona en auge, poco desarrollada turísticamente que camina hacia un turismo residencial que amenaza con minar su potencial paisajístico.

Los hoteles ubicados en Galicia son mayoritariamente independientes. De las grandes cadenas nacionales destacan Husa, con 13 establecimientos, Paradores y Hesperia, ambos con 10 establecimientos. Otras cadenas con presencia en la comunidad son AC(4), Sol-Meliá y NH (3), así como Barceló. Pero la presencia de hoteles grandes y modernos es casi anecdótica en una comunidad en la que priman los pequeños establecimientos de carácter familiar y poco profesionalizado. Ante este hecho, no es extraño que la ocupación en Galicia sea menor que la media estatal (en Semana Santa de 2007, la ocupación en las provincias interiores fue un 20% menor). Afortunadamente, no todos los tipos de establecimientos tienen tan bajas tasas de ocupación, así, aquellos ligados al turismo termal alcanzan tasas de ocupación anuales superiores al 80%.

El crecimiento en la demanda y el cambio en su configuración llevan a la apertura de nuevos establecimientos. La propia Administración autónoma propugna que éstos sean diferenciados de mayor calidad, lo que puede suponer un cribado de esos pequeños establecimientos. Por ahora, la ocupación hotelera crece de forma muy leve pese al aumento de la demanda como consecuencia de ese incremento en el número de plazas hoteleras.

12.7. El sector turístico hotelero en la Comunidad Valenciana

David Ceballos y Dídac Ramírez. IAFI — Universitat de Barcelona

El sector turístico es uno de los más pujantes, siempre detrás de la construcción, de la economía de la Comunidad Valenciana, de manera que suele crecer a la par o por encima del PIB de esta región. Así, ha conseguido duplicar en los últimos 10 años el número de turistas que visita la zona, sobre todo por el crecimiento en Valencia y sus polos turísticos en Alicante y Benidorm. Crecimiento que ha ido acompañado por una caída en la estancia media, estando ya por debajo de la media española, por el relevante peso del turismo de fin de semana.

El turismo, a pesar de duplicar la tendencia alcista de la media española en número de viajeros, no ha tenido un incremento paralelo de las plazas hoteleras, las cuales han crecido a un ritmo inferior a la media española en los últimos 10 años. Ello en parte se debe a la especialización en las nuevas infraestructuras de servicios a sectores no tan demandantes de pernoctaciones en hotel como la apuesta por la mejora y aumento en campos de golf, parque de atracciones o complejos turísticos, cuyas instalaciones ya cubren por alquiler y venta de apartamentos y otras fórmulas el alojamiento. De manera que el desarrollo urbanístico en la costa es más que notable. Este resultado en parte es consecuencia del tradicional sesgo del empresariado valenciano y alicantino hacia la autofinanciación, lo que limita las opciones de ampliación de la oferta hotelera, con lo que el dinamismo ha sido liderado por el sector público, cuya actuación se concentra en inversiones en infraestructuras y en apoyar proyectos que exigen gran endeudamiento. Ello da una idea del desigual rendimiento de los proyectos según sea privado o público, donde los últimos han tendido a consolidar importantes pérdidas.

Excepto Benidorm y zonas costeras muy concretas, el sector hotelero valenciano no destaca por su grado de ocupación, que se mueve siempre cerca del 60%, aunque mejora en un 10% los fines de semana, sobre todo por el turismo nacional del interior de España. El turismo mayoritariamente que recibe es nacional, excepto en los meses no estivales en la provincia de Alicante, cuando se igualan prácticamente el de procedencia extranjera con el nacional. Ello debido a la mejora de las infraestructuras de comunicación. A pesar de la complementación de su oferta turística con la atracción del turismo subvencionado de la tercera edad, muestra un alto grado de estacionalidad, llegando la ocupación hotelera al 75% en agosto y cayendo a casi el 40% en los meses de invierno. Sin embargo, se está apostando por la diversificación de su oferta turística con los atractivos más demandados en la actualidad, cual son las competiciones deportivas, futbolísticas, náuticas y del motor.

En el Levante español, salvo limitaciones medioambientales y de saturación, el turismo tenderá a crecer por las buenas comunicaciones con el turismo interior, por el empuje económico de la región, por la cercanía con Cataluña (por donde entran gran parte de los viajeros que llegan a España) y por el conocimiento de sus marcas turísticas como Benidorm o Valencia con el crecimiento de eventos deportivos de repercusión internacional. Sin embargo, puede convertirse en un turismo muy estacional para los meses estivales, las competiciones deportivas y los fines de semana por lo específico de su oferta turística, que no consigue despertar otros servicios complementarios.

12.8. El sector turístico hotelero en Andalucía

Mª del Pilar Sancha Dionisio. Profesora del Departamento de Economía financiera, Contabilidad y Dirección de Operaciones de la Universidad de Huelva

El turismo está claramente aceptado como fenómeno social y, por supuesto, actividad económica, experimentando una constante evolución y crecimiento, siendo un indicador importante de la afluencia masiva de turistas a España, y en concreto a Andalucía, los datos referentes a movimientos hoteleros reflejados en los últimos años.

Las principales comunidades autónomas turísticas son Madrid, la Comunidad Valenciana, Andalucía y Cataluña. Concretamente, Andalucía se sitúa en 2005 como el principal destino del turismo español y el cuarto del extranjero, quedando en total en una segunda posición.

'Ranking' por comunidades autónomas en el movimiento hotelero español. Año 2005.

Situación	Turistas españoles		Turistas extranjeros		Total	
1	Andalucía	**21%**	Baleares	30,8%	Baleares	20,1%
2	Cataluña	13,9%	Canarias	21,6%	Andalucía	16,8%
3	C. Valenciana	13,1%	Cataluña	18,1%	Cataluña	16,3%
4	Canarias	8,0%	Andalucía	13,7%	Canarias	15,7%
5	Madrid	7,8%	C. Valenciana	6,7%	C. Valenciana	9,5%
6	Baleares	6,2%	Madrid	4,8%	Madrid	6,1%

Fuente: INE, Encuesta de Ocupación Hotelera

A finales de 2005 un total de 13,6 millones de viajeros eligieron Andalucía como principal destino turístico, realizando 41,3 millones de pernoctaciones hoteleras, un 6,4% más que el año anterior, y registrando un aumento para 2006[6] del 14% en cuanto a número de viajeros y un 6,19% en pernoctaciones.

Esta evolución positiva del turismo andaluz va unido al auge que está experimentando el sector hotelero en esta comunidad, muestra de ello es que un 6,5% de los turistas eligieron uno de estos establecimientos como alojamiento.

El desarrollo del sector turístico en los últimos años en Andalucía ha hecho que los empresarios del sector revisen al alza sus previsiones tanto en expectativas económicas como en la creación de nuevos puestos de trabajo. En el año 2005 se han ofertado 10.514 plazas más que en la misma temporada del año anterior, un incremento relativo del 5,1%, lo que habla claramente y de forma favorable de que dichas expectativas son optimistas.

Andalucía ofrece el 48,70% del número de plazas de alta categoría, comprendiendo éstas las de cinco y cuatro estrellas. Además, el número de pernoctaciones en hoteles de categoría alta ha aumentado un 8,8% respecto al año anterior, muy por encima de la tasa que muestra el resto de categorías. Se consolida, por tanto, el turismo de primer nivel en dicha comunidad, con un turismo fiel y de calidad.

6. Los datos para el año 2006 son de carácter provisional.

Es importante resaltar la procedencia de los turistas que eligen Andalucía como destino de sus vacaciones, el 79% del total de pernoctaciones hoteleras en 2005 fueron realizadas por españoles, alemanes e ingleses.

Procedencia del turismo andaluz. Años 2004 y 2005 (millones)

	España			Reino Unido			Alemania		
	2004	**2005**		**2004**	**2005**		**2004**	**2005**	
Viajeros	7,65	8,4	9,8%	1,12	1,26	12,5%	0,88	0,79	-10,22%
Pernoctaciones	20,7	22,3	7,7%	5,85	6,36	8,7%	4,07	3,95	-3,1%

Fuente: INE, Encuesta de Ocupación Hotelera.

Tanto el número de turistas como el de pernoctaciones ha aumentado considerablemente de 2004 a 2005, siendo ésta la tendencia seguida en años anteriores (exceptuando el año 2004 para los ingleses, que disminuyeron sus estancias en Andalucía). Cabe destacar el comportamiento del turista alemán que, desde el año 2000, con un número de pernoctaciones de 4,8 millones, ha visto descender su cuota hasta la actualidad. Aun así el 21% de los turistas extranjeros en Andalucía son alemanes, seguidos de los ingleses, que es la nacionalidad que predomina en el turismo andaluz.

El destino principal del turista, tanto extranjero como nacional, es la provincia de Málaga, acaparando para 2005 un 38,4% de los viajeros, seguida de Cádiz (15,3%) y Granada (11,2%), siendo ésta la tónica seguida también en años anteriores.

Comparativa de datos del movimiento hotelero en las provincias andaluzas para 2005. Variación respecto a 2004.

Provincia	Almería	Cádiz	Córdoba	Granada	Huelva
Viajeros	1.108.387	1.953.325	914.673	**2.217.716**	825.004
%	-2,3	6,2	5,3	15,4	20,3
Pernoctaciones	**4.915.085**	**6.332.961**	1.425.097	4.597.011	3.234.413
%	-2,4	7,2	6,2	12,3	15,5
Grado ocup.	**50,95**	48,79	43,2	50,10	50,40
	-1,32	-1,48	2,11	3,20	0,77
Estancia media	**4,43**	3,24	1,56	2,07	3,92
Empleo	2.756	**6.427**	1.272	3.397	2.242
%	2,7	18,3	0,6	12,8	17,9
Cuota	**11,89**	**15,32**	3,45	11,12	7,82
	-1,08	0,11	-0,01	0,58	0,62

Provincia	Jaén	Málaga	Sevilla
Viajeros	531.573	**3.866.508**	2.206.404
%	-0,5	8,2	11,7
Pernoctaciones	831.374	**15.887.642**	4.117.642
%	-1,2	5,6	9,1
Grado ocup.	30,44	**57,07**	45,67
	-1,45	0,72	0,72
Estancia media	1,56	4,11	1,87
Empleo	1.004	**12.220**	3.854
%	20,5	3,3	7,9
Cuota	2,01	**38,43**	9,96
	-0,16	-0,31	0,24

Fuente: INE, Encuesta de Ocupación Hotelera.

De hecho, la provincia malagueña es la que encabeza las principales variables en el estudio del movimiento hotelero, como número de viajeros, pernoctaciones, empleo y grado de ocupación, recuperándose éste tras cinco años de pérdidas en la tasa.

La provincia que le sigue es Cádiz en cuanto a pernoctaciones, número de turistas y cuota de pernoctaciones sobre el total, resaltando a continuación Almería, pese al descenso sufrido en casi todas las variables estudiadas, propiciado por la disminución del mercado extranjero (-4%) y del español (-1,7%), además del incremento de cota de participación del resto de provincias andaluzas.

En definitiva, el sector hotelero andaluz está en auge, prueba de ello es el proceso de concentración que está sufriendo la industria hotelera en los últimos años, tendiendo hacia empresas más grandes, capaces de alcanzar mayores niveles de competitividad.

La información ha sido suministrada por el Instituto Nacional de Estadística a través de la Encuesta de Ocupación Hotelera, así como el Instituto de Estadística de Andalucía. Se han utilizado los datos de 2005 debido a que los de 2006 son de carácter provisional.

12.9. El sector turístico hotelero en Madrid

Manuel Figuerola Palomo. Director del Departamento de Turismo de la Universidad Antonio de Nebrija

Madrid es el punto turístico español con mayor número de pernoctaciones hoteleras. Durante el año 2006, la cifra de estancias en los hoteles de la capital superó los 13 millones, seguida de Barcelona, que se aproximó a los 11,5, y Benidorm, que sobrepasó los 11 millones de presencias diarias.

Hablar sólo de valores numéricos para explicar la importancia del sector de la hotelería madrileña es sin duda un error. Muchos son los caracteres que pueden describir la verdadera significación cualitativa y social que le corresponde a esta actividad de Madrid.

En la hotelería de la capital, el primer elemento que debe ser destacado es el fuerte crecimiento experimentado en los últimos años. Desde el año 2003 hasta ahora, el crecimiento experimentado por Madrid ascendió al 6,1% anual, mientras que el conjunto de España sólo lo hizo el 4,1%. Hoy la comunidad tiene una capacidad hotelera superior a 86.000 plazas, lo que equivale al 6,8% de la totalidad del país. No obstante, la ocupación anual declarada, algo más del 52%, no alcanza la media nacional, que supera el 56%.

El estudio realizado recientemente sobre el turismo de Madrid por el Departamento de Turismo de la Universidad Antonio de Nebrija pone de manifiesto un conjunto de caracteres de la hotelería madrileña que, de manera resumida, permiten describir el estado de la situación:

- —Madrid tiene una hotelería muy relacionada con el turismo de reuniones, congresos y exposiciones, por encima de otra motivación turística. Lo que estructura el sector, sometido a dos fuertes tensiones relacionadas con la estacionalidad: existencia o no de aquellos eventos o celebraciones durante la semana, y caída de la ocupación en los meses en los que no se desarrollan ferias y otros certámenes y convocatorias.
- —Sin embargo, la aparición de un turismo de fin de semana en la capital permite apreciar que la tasa de ocupación de la plataforma hotelera es muy superior en sábados y domingos que la obtenida durante todo el año (64%, frente al 55%).
- —Una proporción elevada de hoteles pertenecen al grupo de categoría superior (cinco y cuatro estrellas), lo cual permite afirmar la excelente capacidad de Madrid para atraer sucesos internacionales de relevancia y significación, aunque destaca en alguna categoría inferior cierta insuficiencia puntual.
- —La estacionalidad temporal se invierte con relación a una parte importante de la hotelería española, ya que los meses de julio y agosto son los más afectados por esta circunstancia, pero la aparición de un turismo internacional vacacional y cultural poco a poco está corrigiendo dicho problema,

esperándose para los próximos años la desaparición de esa caída veraniega en comparación con el resto del año.

—Asimismo, puede caracterizarse a la hotelería de Madrid como de moderna, y muy cercana a los procesos de la innovación y tecnificación del sector.

Tres características especiales pueden ser destacadas para reconocer mejor el perfil del sector hotelero de Madrid, en comparación con la media nacional:

—En términos de estancias existe un empate entre el turismo de los residentes y el de los no residentes, cuando en el ámbito nacional es muy superior el volumen de las pernoctaciones que realizan los extranjeros o no residentes.

—La estancia media en la hotelería de Madrid es muy inferior a la media nacional (1,96 días frente a 3,26).

—El número de plazas atendidas por empleado en Madrid es inferior al registrado en el ámbito global español (5,85 con relación a 6,60), lo que confirma la mayor prestación o calidad de servicio.

Como conclusión a los datos y características analizados, se ha de señalar que la Comunidad de Madrid posee un sector hotelero potente, de alta calidad y de perspectivas de evolución muy favorables.

13. ENERGÍA ELÉCTRICA

13.1. La energía nuclear en España

Francisco Javier Arana Landa. Subdirector general de Política Energética

El sector nuclear en España

Desde mediados de la década de los ochenta, la energía nuclear ha venido generando una proporción significativa de la energía eléctrica producida en España. Esta proporción que, hasta hace pocos años, venía siendo de alrededor de la tercera parte de la energía eléctrica producida —similar al porcentaje medio de la Unión Europea—, en los últimos años se ha visto reducida a, aproximadamente, la quinta parte, debido a que la capacidad nuclear instalada se ha mantenido prácticamente constante —con la excepción del cese definitivo de explotación de la central nuclear de José Cabrera que tuvo lugar el 30 de abril de 2007—, mientras que la capacidad total de generación se ha incrementado significativamente.

Concretamente, el año 2006, las centrales nucleares existentes en España, generaron 62.072 gigavatios-hora, lo que supuso un 19,9% de la producción eléctrica total. El factor de disponibilidad (relación entre el tiempo que la central ha estado acoplada a la red en el tiempo total considerado) del parque nuclear durante 2006 fue del 89,1%.

En España el funcionamiento de las centrales nucleares está sometido a la normativa española en materia de energía nuclear, normativa cuyos principios fundamentales se basan en los establecidos por los organismos internacionales existentes en este ámbito de los que nuestro país forma parte, particularmente, la Comunidad Europea de la Energía Atómica (Euratom) y el Organismo Internacional de Energía Atómica (OIEA).

En aplicación de dicha normativa, el Consejo de Seguridad Nuclear (CSN), único organismo competente en materia de seguridad nuclear y protección radiológica e independiente de la Administración central del Estado, tal como se contempla en su ley de creación (Ley 15/1980), establece en sus preceptivos informes previos a cualquier autorización concedida por el Ministerio de Industria, Turismo y Comercio (MITYC) los límites y condiciones a los que ha de ajustarse el funcionamiento de cualquier instalación nuclear.

Asimismo, el CSN tiene la función de llevar a cabo la inspección y el control de las instalaciones nucleares y radiactivas durante su funcionamiento y hasta su clausura, al objeto de asegurar el cumplimiento de todas las normas y condicionamientos establecidos, con el fin de que su funcionamiento no suponga riesgos indebidos ni para las personas ni para el medio ambiente.

Para su funcionamiento estas centrales nucleares cuentan con el apoyo de la notable infraestructura industrial y tecnológica existente en España, desarrollada, fundamentalmente, durante el periodo de construcción del parque nuclear, y que ha ido evolucionando como resultado de la prestación de servicios y asistencia técnica a las plantas en operación, tanto españolas como extranjeras, y de la participación en programas internacionales, en los que las empresas españolas gozan de un reconocido prestigio.

Por lo que respecta a lo que se conoce como primera parte del ciclo del combustible nuclear —que incluye los procesos que van desde la minería y fabricación de concentrados de uranio hasta la fabricación del combustible nuclear, pasando por la conversión a hexafluoruro de uranio necesaria para llevar a cabo el enriquecimiento en el isótopo de Uranio-235—, España cuenta con una instalación de fabricación de elementos combustibles en Juzbado (Salamanca), propiedad de Enusa Industrias Avanzadas, S. A., que en 2006 produjo 920 elementos combustibles, conteniendo 258,4 toneladas de uranio. De estos elementos combustibles, 440 correspondieron al tipo PWR (reactor de agua a presión) y 480 al BWR (reactor de agua en ebullición), y el 57% de ellos se destinaron a la exportación a países como Bélgica, Finlandia, Francia, Alemania y Suecia.

En cuanto a la segunda parte del ciclo del combustible —relativa, en términos genéricos, a la gestión del combustible gastado y de los residuos radiactivos—, la Empresa Nacional de Residuos Radiactivos, S. A. (Enresa) es la entidad encargada de estas funciones, así como del desmantelamiento de las instalaciones nucleares.

Esta empresa, en cumplimiento de los cometidos que le fueron asignados cuando fue creada en 1984, ha desarrollado y puesto en funcionamiento un sistema integral de recogida, tratamiento, acondicionamiento y almacenamiento de residuos de media y baja actividad procedentes no sólo de la explotación del parque nuclear, sino también de las aproximadamente 1.400 instalaciones autorizadas para la utilización de material radiactivo con fines médicos, industriales o científicos. Para ello, dispone de la instalación de almacenamiento de El Cabril (Córdoba), en la que se ha adoptado un sistema basado en el concepto de almacenamiento en superficie, con la aplicación de una tecnología contrastada, que viene siendo utilizada por algunos de los países más avanzados en la gestión de este tipo de residuos radiactivos.

Asimismo, Enresa ha ido proporcionando soluciones temporales a los problemas más urgentes que se han planteado en relación con la gestión del combustible gastado y ha acometido el desmantelamiento de diversas instalaciones, entre ellas, una central nuclear, lo que le ha permitido situarse en la vanguardia tecnológica en este campo.

La actuación de Enresa responde a las estrategias recogidas en el Plan General de Residuos Radiactivos (PGRR), documento en el que se concreta la política del Gobierno en materia de gestión de estos residuos, que es revisado periódicamente, debido a la necesidad de actualizar las estrategias técnicas y las previsiones económico-financieras que en él se contemplan, a la vista de la evolución del contexto en que se enmarca el Plan. El 23 de junio de 2006 el Gobierno aprobó el vigente 6º PGRR.

A efectos de planificación y cálculos, el escenario de referencia que se contempla en este nuevo plan se concreta en la existencia de un parque nuclear con seis centrales nucleares en operación, que incluye ocho reactores, y una potencia total instalada de 7.716 Mwe; 40 años de vida útil de las centrales nucleares en operación; ciclo abierto del combustible, es decir, no se contempla la opción del reprocesado del combustible gastado, y desmantelamiento total de las centrales nucleares a iniciar tres años después de su cese definitivo de explotación.

Por lo que respecta a la gestión del combustible gastado y los residuos de alta actividad, en este plan se establece como objetivo prioritario la disponibilidad de un almacén temporal centralizado (ATC) en el entorno de 2010, fecha a partir de la que España ha de hacerse cargo de residuos radiactivos procedentes del reprocesamiento en el extranjero de combustible gastado y se produce la saturación de las piscinas de almacenamiento de alguna de las centrales nucleares españolas.

Para la gestión de los residuos radiactivos de muy baja actividad, en este 6º PGRR se contempla la entrada en funcionamiento en El Cabril, prevista a lo largo de 2007, de una instalación complementaria para el almacenamiento de este tipo de residuos, que permitirá gestionar los grandes volúmenes de residuos radiactivos de muy baja actividad, que se generan, principalmente, en el desmantelamiento de centrales nucleares.

En cuanto al desmantelamiento de instalaciones, como actividad más relevante a corto plazo se plantea el desmantelamiento de la central nuclear José Cabrera, proyecto para el que se ha seleccionado la alternativa de desmantelamiento total inmediato, dejando el emplazamiento liberado, en su práctica totalidad, para que pueda ser utilizado sin ningún tipo de restricción. Respecto al desmantelamiento de la central nuclear de Vandellós I, una vez concluida la primera fase, se inició un periodo de latencia, estimado en unos 25 años, tras el que se llevará a cabo la ejecución de su desmantelamiento total.

Para la financiación de los costes de la gestión de los residuos radiactivos y el desmantelamiento y clausura de instalaciones, nuestro país cuenta con el denominado «Fondo para la financiación de las actividades del PGRR», que se dota con los ingresos procedentes de las vías que se indican a continuación, incluidos los rendimientos financieros generados por los mismos.

1. Aplicación de un recargo sobre la tarifa eléctrica destinado a cubrir los costes futuros correspondientes a la gestión de residuos radiactivos y combustible gastado generados en las centrales nucleares y su desmantelamiento y clausura, que sean atribuibles a la explotación de éstas llevada a cabo con anterioridad al 1 de abril de 2005.
2. Facturación a las centrales nucleares de las cantidades que resulten de multiplicar los kilovatios-hora brutos generados por un valor unitario específico para cada central. A través de esta vía se financian los costes correspondientes a la gestión de residuos radiactivos y combustible gastado generados en las centrales nucleares y su desmantelamiento y clausura, que sean atribuibles a la explotación de las mismas llevada a cabo con posterioridad al 31 de marzo de 2005.
3. Facturación a la fábrica de elementos combustibles de Juzbado. Vía con la que se cubren los costes correspondientes a la gestión de los residuos radiactivos derivados de la fabricación de elementos combustibles, incluido el desmantelamiento de esta instalación.
4. Facturación a los titulares de las instalaciones radiactivas generadoras de residuos radiactivos que desarrollan sus actividades en los ámbitos de la medicina, la industria, la agricultura o la investigación, por los servicios prestados por Enresa, aplicando las tarifas aprobadas por el MITYC.

Cabe indicar que, de acuerdo con lo previsto en la Ley 24/2005, de 18 de noviembre, de reformas para el impulso a la productividad, una vez que se lleve a cabo el previsto cambio del estatus jurídico de Enresa, de sociedad anónima a entidad pública empresarial Enresa de gestión de residuos radiactivos —lo que tendrá lugar mediante la entrada en vigor de su estatuto, que será aprobado próximamente por Real Decreto—, los servicios prestados por esta entidad serán retribuidos mediante las tasas que se establecen en dicha ley. Este cambio en el marco de actuación jurídico de Enresa responde a la consideración de que el régimen legal que aplica a estas entidades es más acorde con algunas de las funciones que esta empresa tiene encomendadas.

Aspectos que afectan a la energía nuclear

La construcción de centrales nucleares se aceleró después de la primera crisis del petróleo y alcanzó su pico en los ochenta. La máxima participación en la producción mundial de electricidad tuvo lugar en 1996 con el 18%, descendiendo al 15% en 2005.

Se exponen a continuación algunas consideraciones sobre la energía nuclear, en relación con una serie de factores que se suelen tener en cuenta a la hora de analizar las distintas tecnologías de generación de energía eléctrica disponibles.

Costes de generación

Según se desprende de un estudio publicado por la OCDE en 2005 en relación con el coste comparativo de distintas fuentes energéticas, que incluye carbón, gas y nuclear, ninguna de estas energías de base puede ser considerada la más barata en todas las situaciones, ya que ello depende de las circunstancias específicas de cada proyecto. Las centrales nucleares son intensivas en capital, mientras que los costes de explotación son más bajos.

La implantación de tasas sobre emisiones de CO_2 favorece a la energía nuclear, aunque ésta tiene las implicaciones económicas derivadas del desmantelamiento de las instalaciones y de la gestión de los residuos radiactivos, que en el caso de la gestión definitiva del combustible gastado y de los residuos de alta actividad presenta incertidumbres, ya que los desarrollos tecnológicos pueden condicionar la forma en que finalmente se lleve a cabo dicha gestión y, en consecuencia, los costes asociados a la misma.

Garantía de suministro

Los recursos de uranio son abundantes y ampliamente distribuidos. Según la Agencia de Energía Nuclear de la OCDE y el Organismo Internacional de Energía Atómica, con la tecnología y ritmo de consumo actual, las reservas de uranio identificadas representan unos 85 años de las necesidades mundiales, si bien, con los nuevos desarrollos tecnológicos, este plazo puede llegar a ser mucho más amplio.

Diez países producen el 96% de la producción total mundial de uranio. Durante los últimos 15 años ha existido un notable desequilibrio entre la producción y la demanda de uranio. Los últimos años las minas sólo han producido el 50%-60% de la demanda mundial, y el déficit ha sido cubierto a través de las fuentes secundarias, incluyendo los grandes *stocks* de materiales fisionables existentes, el reprocesamiento del combustible gastado y el reenriquecimiento de las colas de uranio.

A partir del año 2003 se ha producido un notable incremento del precio del uranio, si bien su coste representa una pequeña fracción del coste total de generación electronuclear, del orden del 5%, lo que le hace menos sensible a las variaciones del precio del uranio que en el caso de los combustibles fósiles. Este rápido crecimiento del precio del uranio obedece, fundamentalmente, a las expectativas sobre futuros desarrollos nucleares, al agotamiento de las fuentes secundarias, a la especulación en los mercados y a la debilidad del dólar, moneda que se suele utilizar en las transacciones.

Impacto medioambiental

En relación con este aspecto, las previsiones indican que las emisiones de gases de efecto invernadero se seguirán incrementando en el mundo. La energía nuclear, que prácticamente no emite gases de efecto invernadero, se vislumbra como una tecnología que puede contribuir eficazmente a reducir estas emisiones.

No obstante, la energía nuclear plantea cuestiones específicas sobre las que centran los nuevos desarrollos tecnológicos, como son: la mejora continua de la seguridad y la disposición de soluciones adecuadas para la gestión definitiva de los residuos radiactivos de alta actividad.

La seguridad de las centrales nucleares ha ido mejorando progresivamente como consecuencia del incremento de los requisitos reguladores, la mejora en la explotación y la incorporación de los avances tecnológicos. Este nivel seguirá incrementándose en el futuro con la introducción de los nuevos diseños de reactores y la aplicación de conceptos de seguridad pasiva.

En cuanto a la gestión definitiva de los residuos radiactivos de alta actividad, aún no se cuenta con soluciones probadas. Aunque hay un consenso en el ámbito científico sobre la validez del concepto de almacenamiento geológico profundo (AGP), aún es necesario avanzar en el conocimiento del comportamiento a largo plazo del combustible gastado en estructuras geológicas estables. Por otra parte, son esperanzadoras las tecnologías sobre separación y transmutación, que podrán contribuir a reducir en gran medida el inventario de residuos a gestionar en el AGP y su radiotoxicidad.

13.2. Fuentes de energías alternativas menores de 50 MW

Juan Carlos Lavandeira. Profesor de la Universidad de Alcalá

La mejora de los estándares de nivel de vida es, o debería ser, una de las prioridades de la mayoría de los Gobiernos de los países. Una de las necesidades que deben conseguirse en este camino de mejora de calidad de vida es el poder suministrar energía de forma adecuada, es decir, generarla y distribuirla de forma adecuada al modelo de sociedad y su evolución.

La energía debe ser adecuada a muchas circunstancias, dado que no hay una tecnología de generación energética que sea universalmente perfecta, sino que son las diferentes circunstancias, usos, presupuestos, tiempos, mantenimientos... los que determinan la idoneidad de una tecnología frente a otra.

Aunque la selección de una fuente sea un trabajo de especialistas, pretendemos en estas líneas presentar algunos de los parámetros que deberían tenerse en cuenta —en las actuales circunstancias— a la hora de elegir entre las diferentes opciones que se nos presentan.

En una visión general y desde una perspectiva tecnológica simple, disponemos de unas 20 tecnologías comerciales. Se incluyen tanto las convencionales como las innovadoras y las que están en fase de desarrollo final. Si se agrupasen por apología de combustibles, podríamos diferenciarlas por: combustible fósil, combustible nuclear y fuentes renovables.

Combustible fósil:

Plantas de vapor con carbón.

Motores diésel.

Generadores de combustión.

Turbinas de gas de ciclo combinado.

Combustión atmosférica de carbón en lecho fluido.

Ciclo combinado con gasificación de carbón.

Combustible nuclear:

Reactor de agua presurizado.

Tecnologías de fuentes renovables:

Gasificación de biomasa — motor diésel.

Gasificación de biomasa — turbina de combustión.

Gasificación de biomasa — ciclo combinado.

Solar fotovoltaica.

Solar termoeléctrica — captador parabólico.

Solar termoeléctrica — captadores cilindro parabólicos.

Solar termoeléctrica — receptor en torre.

Turbina eólica.

Central hidroeléctrica grande (pantano y central).

Minicentral hidroeléctrica.

Geotérmica — planta de vapor seco.

Geotérmica — planta de *flash* simple.

Geotérmica — planta binaria.

En el ejercicio de hacer la selección de la mejor opción, nos concentraremos en las tecnologías renovables, aunque el ejercicio es genérico.

El desarrollo de capacidad de generación eléctrica es un proceso que consume mucho tiempo y mucho capital. Las grandes plantas de generación pueden tardar más de cinco años en construirse y costar más de dos billones de euros. Dado que la demanda puede variar significativamente durante los años que dura la construcción de una central, es fundamental considerar las circunstancias que regirán las demandas en el futuro, así como desarrollar elecciones adecuadas a las incertidumbres. Sobre las consideraciones de los costes, deben tenerse en cuenta no sólo el coste sino la rentabilidad global de las inversiones, donde se mezclan los costes de la inversión con los del combustible, y existen grandes variaciones de la elección de una tecnología a otra.

Supongamos que hemos elegido una tecnología, suponemos que nos producirá energía por un periodo no inferior a 20-30 años. Durante su vida útil, esta planta o sistema de generación tendrá una interacción con su entorno, como consumo de recursos, generación de desperdicios, desarrollo de emisiones al entorno, recursos humanos de mantenimiento y operación... Por todo ello se deberán considerar los recursos primarios, los humanos, las interacciones con el entorno de dicha planta para poder considerar su sostenibilidad, dado que la generación eléctrica no es un fin único y debe desarrollar beneficios al entorno (o al menos no minimizar los inconvenientes).

Como se puede apreciar, la elección de la tecnología apropiada para la generación eléctrica precisa de los responsables (políticos y técnicos) que analicen una colección completa de elementos técnicos, económicos, sociales, ambientales..., de forma que se puedan clarificar las ventajas de las elecciones. Para ello debe disponerse de una información relevante de los parámetros que son decisivos en cada una de las tecnologías, así como la interrelación de los mismos.

El primer paso de la selección y el crucial es la definición del problema que nos ha llevado a cuestionarnos la necesidad de elección de una tecnología de generación eléctrica.

En la mayoría de los casos dicho problema proviene de la necesidad de ajustar la potencial demanda energética y adecuarla a los cambios que se prevean en dicha demanda. En otros casos, el problema proviene de la oportunidad de negocio que aparece en un determinado momento.

Al final, el problema se centra en conseguir la tecnología que nos ofrezca una rentabilidad global y cobertura de las demandas en función de los parámetros especificados, considerando la rentabilidad global como una mezcla de aspectos económicos y los aspectos de sostenibilidad.

Pasos para elegir la mejor tecnología y datos relevantes de cada una de las mismas

Planificación energética. Este proceso pretende conseguir adecuar, de forma eficiente y sostenible, las opciones tecnológicas de la generación energética con las demandas energéticas y sus previsiones de crecimiento. El proceso suele complicarse con largas pruebas de selección entre las diversas opciones de energías disponibles y con una escasa visión futurista de las características de las demandas futuras.

El poder definir unos criterios claros de selección de tecnologías, así como un adecuado conocimiento de las tecnologías, mejora el resultado de tecnología o *mix* tecnológico que puede cubrir las necesidades.

Las siguientes etapas deben incorporar sencillos conceptos de análisis.

Las tres bases que determinan una adecuada selección energética son:

- —Valoración de la demanda e identificar las opciones tecnológicas.
- —Valoración de las inversiones de las opciones tecnológicas.
- —Valoración de las implicaciones de recursos relacionados con las opciones tecnológicas (costes indirectos y alternativas).

Valoración de la demanda e identificar las opciones tecnológicas

La primera etapa de la planificación energética es poder valorar las futuras demandas energéticas. Dicha previsión dependerá de la evolución de la población, las previsiones de desarrollo económico, industrial y social relacionados.

Otro dato a tener en cuenta es la situación de los sistemas actuales de generación y su estado, dado que cada tecnología tiene una vida útil determinada.

Otro comodín, en algunos casos muy utilizado, es el de poder gestionar la demanda y el uso eficiente de la energía a través de mecanismos de regulación de precios y promociones.

Llega un momento en que con todos los datos, previsiones, políticas en juego..., se dispone de una demanda energética, basándose en la caracterización de las diferentes tecnologías de generación se pueden seleccionar aquellas que puedan cubrir las necesidades.

Cada sistema de generación debe disponer de capacidad suficiente, cubrir la demanda media, ser flexible para las demandas (sean horarias, de base, estacionales...). Además de ello debe pensarse en el grado de fiabilidad, disponibilidad, escalabilidad (ampliar en el futuro). Todas estas características deben valorarse para obtener un subconjunto de tecnologías disponibles para cubrir nuestras necesidades.

En esta etapa debe poder definir las características básicas de nuestras demandas energéticas, lo que determinará las características mínimas de los sistemas energéticos que pueden cumplir con dichos requerimientos.

Un ejemplo de esta etapa y de sus errores podría ser definir una necesidad futura media de 60 MW, para los próximos años y con una tendencia de 20 MW por año. Esta demanda tendrá unos picos de 5 MW y estar localizada en una nueva zona industrial.

A priori parece que podrían existir múltiples tecnologías disponibles, como por ejemplo:

Por potencia (únicamente a modo de ejemplo)
Ciclos combinados con turbinas de gas.
Turbinas de combustión de biomasa.
Central termosolar.
Minicentral hidroeléctrica.
Geotérmica — planta de *flash* simple.
Plantas fotovoltaicas.
Turbinas eólicas.

Ahora bien, a todo el mundo se le hace evidente que para la selección deben hacerse más consideraciones para poder concretar las más adecuadas. Preguntas, en muchos casos, obvias, qué espacio hay, cuál es el tiempo en que se mantiene la demanda, qué recursos y combustibles existen, qué población existe en los alrededores...

Esta etapa suele ser el primer punto débil de los planes políticos y de promotores que quieren desarrollar actividades socio-económicas, industriales... y no prevén el adecuado vector energético, dando lugar a graves desequilibrios o la completa imposibilidad de tener opciones a dichas acciones de desarrollo socio-económicas.

Valoración de las inversiones de las opciones tecnológicas

Como se ha podido ver, existen diversas posibilidades tecnológicas para una determinada necesidad o previsión de necesidad. La lógica nos hace ver que debemos elegir en función de algún otro parámetro, y la experiencia y el conocimiento de la realidad cotidiana nos avisa que cuando las variables a considerar son más de cuatro, debe seguirse un protocolo muy definido si no se quiere correr el riesgo de una equivocación.

Los expertos en tecnologías energéticas normalmente buscan aquellas opciones que tengan un coste de generación menor, es decir, los menores costes de capital, de operación y mantenimiento, así como el coste de combustible.

Normalmente las compañías estatales buscan el menor coste de generación de forma que puedan mantener la menor presión presupuestaria a los ciudadanos (al menos debería ser así), por otra parte, las compañías privadas buscan los menores costes para maximizar los beneficios, pero qué otro parámetro debe incorporarse al protocolo de selección de la planificación con menor coste directo. Evidentemente debe incorporarse la rentabilidad global y la eficiencia económica, es decir, conseguir menores costes con máximos rendimientos. El equilibrio entre costes bajos y máximo rendimiento es el segundo tamiz de nuestra selección.

En el caso anterior tendríamos que las tecnologías posibles se clasificarían (por orden creciente de costes directos) según la siguiente lista:

Tecnología
Ciclos combinados con turbinas de gas.
Turbinas de combustión de biomasa.
Turbinas eólicas.
Central termosolar.
Minicentral hidroeléctrica.
Geotérmica — varios tipos.
Plantas fotovoltaicas.

Como parece evidente, debemos seguir analizando otras variables que puedan determinar cuál es la topología más adecuada a nuestro problema y en las circunstancias del mismo. Para ello se deben valorar los costes indirectos y otros parámetros.

Valoración de las implicaciones de recursos relacionados con las opciones tecnológicas (costes indirectos y alternativas)

Para poder considerar una generación eléctrica sostenible en un largo plazo, es preciso considerar sus fuentes, el medio ambiente y su relación con el entorno humano. Debe analizarse desde la fuente de los recursos, sus reservas, el transporte, la distribución, el medio ambiente del entorno (calidad de aire y agua) los recursos humanos implicados en su ciclo...

Por ello, estas consideraciones de los costes indirectos, que hasta la fecha no han sido valoradas en la planificación y selección de fuentes energéticas, ahora se convierten en un nuevo eje de trabajo en la selección de la fuente energética más adecuada.

¿Cuáles son los beneficios indirectos y los costes indirectos que deben analizarse y valorarse, frente a la aplicación de ciertos recursos directos (humanos, financieros, terreno, tecnología...)? En general se deberán analizar los beneficios como pueden ser: la creación de trabajo, el desarrollo económico, el I+D directo e indirecto..., frente a la degradación ambiental (polución de agua y aire, residuos, uso de terreno...), los posibles problemas de salud, seguridad, y todas aquellas externalidades relacionadas.

Todos estos parámetros están tabulados y deben ser transparentes para la adecuada selección de las fuentes más adecuadas.

Como gran conclusión, sería saber cuáles son los parámetros que le hacen elegir un tipo de energía (incluso las más renovables) frente a otra.

13.3. Nuevas tecnologías en la climatización solar

Luis Malo de Molina. Ingeniero industrial especialista en energías renovables

Una tercera parte del consumo energético del mundo está destinada a la climatización y calefacción de nuestras viviendas y edificios. Es un enorme reto para la humanidad el encontrar una solución para la climatización que sea sostenible, tanto para la economía como para el medio ambiente. La climatización solar representa una gran esperanza para un sector donde España es el líder mundial. Como toda innovación energética necesitará un marco estable, creado por las autoridades, que fomente su uso.

Hoy los retos son enormes, poder desarrollar un mundo de 6.000 millones de habitantes con un estándar de vida que se acerque cada día más al estilo occidental y hacerlo sin recalentar el planeta y sin agotar los recursos energéticos. Esto sólo es posible recurriendo a un conjunto de medidas que empiezan en un uso más eficiente y racional de la energía y terminan en la generalización de las energías renovables.

La generalización de las energías renovables requiere un gran esfuerzo de I+D+i, una gran inversión material, tiempo para su desarrollo y la generalización de su uso y un apoyo decisivo de las Administraciones Públicas, en estrecha colaboración con la iniciativa privada, creando marcos estables donde se puedan desarrollar de forma rápida y rentable.

Hemos asistido en los últimos años a la proliferación de los parques eólicos, del cambio a las gasolinas sin plomo, ahora, muy recientemente, se están iniciando las huertas fotovoltaicas, la biomasa, los biocombustibles y la energía solar térmica, que se están desarrollando bajo la inteligente creación de los diferentes marcos estables que unas veces son en forma de incentivos y otras bajo normas de obligado cumplimiento.

La utilización de la energía solar, principal fuente de energía, se sitúa en Europa muy por debajo del 1%; en el caso de la energía solar fotovoltaica se debe a su alta inversión unitaria, aunque se están haciendo grandes esfuerzos de investigación para reducir su costo y aumentar su eficiencia, el marco estable en el que se mueve lo propicia.

La utilización de la energía solar térmica (EST), o sea, agua calentada por el sol, es por lógica barata pero también con importantes limitaciones. Sólo se puede utilizar de día y cuando hay sol, a no ser que creemos grandes depósitos acumuladores, es variable y de baja temperatura, pero sobre todo está limitada en la práctica doméstica a la producción de agua caliente sanitaria (ACS) debido a que este consumo es bastante estable a lo largo del año. El uso para la calefacción requiere mucha energía en invierno, cuando hay poca radiación solar, mientras que en verano, donde la radiación es intensa, su uso es nulo, y al no disipar el calor, corremos el peligro de malograr los captadores, además de haber realizado una inversión sin utilización en 7/8 meses al año.

La gran innovación tecnológica para la utilización de la EST viene de la mano de las bombas de absorción que toman la EST en forma de calor y la transforman en frío, las hay en el mercado de tamaño industrial que acumulan la energía en depósitos de agua caliente y/o fría. En España, tenemos el privilegio de contar con las dos primeras bombas de absorción destinadas al mercado doméstico.

Recientemente, el World Economic Forum, coloquialmente llamado Foro de Davos, ha otorgado el galardón Technology Pioneer 2007 al grupo hispano-sueco ClimateWell por innovación tecnológica capaz de influenciar el desarrollo estable económico y social del planeta.

Las nuevas tecnologías son revolucionarias aunque llevan desarrollándose más de 30 años, habiéndose dado su gran impulso en los últimos tres años. Su tecnología de tres estados (gas, líquido y sólido), con acumulación de energía química (pila química) y con mínimo gasto eléctrico debido a unas pequeñas bombas de circulación de agua, permite una climatización completa, o sea refrigeración, calefacción, ACS y climatización de piscinas, día y noche, de forma rentable. Otra gran ventaja desde el punto de vista del país es que es una energía distribuida y de autoconsumo que como consecuencia reduce las puntas de electricidad que se producen en verano de forma consistente desde hace cuatro años por el uso del aire acondicionado.

Las máquinas, de uso principalmente doméstico (casa de 150 m^2), utilizan una media de 30 m^2 de captadores solares térmicos (CST). En un plazo inferior a 10 años se utilizarán más CST en climatización que en ACS, ahorrando el 70% del consumo energético de climatización. Es decir, ahorrando por cada vivienda hasta 20.000 kWh/año y reduciendo las emisiones de CO_2 en 15 Tm anuales.

La importancia de la difusión de esta tecnología se puede imaginar nada más que al multiplicar estos ahorros unitarios por el número de viviendas que se construyen en el mundo. O contemplar que el consumo energético mundial en climatización alcanza una tercera parte del consumo total.

Se construyen más de tres millones de casas unifamiliares en la parte soleada de la OCDE. En Estados Unidos y en Japón llega casi al 100% la penetración del aire acondicionado. En Europa es muy pequeña, pero crece rápidamente, sobre todo en Italia y en España. Hoy en día se venden más de siete millones de equipos de aire acondicionado al año, y el valor del mercado es de unos 10.000 millones de dólares.

En el futuro, esta tecnología se podrá utilizar, mediante su evolución, en la refrigeración de autobuses, de camiones frigoríficos, de ordenadores, ahorrando cantidades importantes de energía y de CO_2.

13.4. Los derechos de emisión en el sector eléctrico

Jerónimo Sanz y Valdés. Profesor de la Escuela de Caminos de la Universidad Politécnica de Madrid

El protocolo de Kioto se postula como uno de los instrumentos para combatir con el cambio climático por la creación de un mercado de derechos de emisión de CO_2, pretendiendo con ello la traslación de un problema ambiental al ámbito económico para la mitigación del problema.

El nivel de concentración de gases debería reducirse en un plazo suficiente para permitir que los ecosistemas se adapten de forma natural al cambio climático, asegurando así que la producción de alimentos no se vea amenazada y permitir que el desarrollo económico prosiga de manera sostenible. Entre las medidas propuestas para alcanzar los objetivos del protocolo de Kioto se encuentran el fomento de la eficiencia energética y la promoción de las energías renovables.

El nuevo mercado empezará a funcionar en el año 2008 con el compromiso de los participantes de llegar a 2012 con una reducción, para la Unión Europea, de sus emisiones globales en un 8% como paso previo y con la intención de acumular experiencia. La Unión Europea, a través de su directiva 2003/87/CE, creó un mercado dentro de sus Estados miembros que ya funciona desde 2005. Es solamente el análisis de esta reducida experiencia lo que nos permite predecir el comportamiento del mercado de derechos y su influencia en el sector eléctrico tanto en su producción como en su impacto financiero y las distintas posibilidades de tecnologías de sustitución en la estructura de su parque generador, ya que se ha considerado como un pilar de la estrategia comunitaria sobre el cambio climático un plan de intercambio interno de emisiones, para lo que la comisión aprobó en marzo de 2000 un Libro Verde para mejorar la comprensión de la compraventa de derechos de emisión entre instalaciones, todo ello dentro de un objetivo de avance hacia un verdadero mercado unificado, lo que plantea un debate sobre la dimensión comunitaria del comercio de derechos ya que la participación de las empresas plantea problemas relacionados con las ayudas estatales y la libre competencia que sólo pueden resolverse con medidas que impidan que los Estados miembros creen barreras a la libertad de establecimiento en el mercado interior. Es de esperar que un sistema comunitario de intercambio conseguirá el establecimiento de un precio único para las cuotas intercambiadas entre las empresas participantes en el mercado, por lo que es necesario conciliar un tratamiento equitativo entre las empresas nacionales y extranjeras con el deseo de los Estados de una mayor autonomía, lo que originaría un sistema de intercambio gestionado por cada Estado miembro frente a la creación de un plan comunitario armonizado.

Un sistema de comercialización, cuyo ámbito se acuerde a escala comunitaria crearía las condiciones óptimas para una competencia con igualdad de oportunidades entre los participantes de los diferentes Estados y garantizaría transparencia y seguridad jurídica a todas las empresas, logrando economías de escala significativas.

Dentro de los sectores a los que se aplica el sistema de comercio de derechos de emisión, que contemple criterios tanto de eficacia ambiental y económica como sus efectos sobre la competencia, viabilidad de gestión administrativa y política, se ha elegido inicialmente aplicarlo a un número pequeño de sectores económicos que contribuyen de forma significativa a las emisiones totales, entre los que están obviamente la producción de electricidad y calor que, en aquel momento, en la UE-15 contribuía con un 29,9% en las emisiones de CO_2, considerándose de aplicación a todas las instalaciones con una capacidad térmica superior a los 50 MW.

En los métodos de asignación de cuotas como en los de asignación gratuita, en función de criterios históricos, o el de subasta periódica, este último permite a las empresas adquirir los derechos de forma transparente, se plantea si la comunidad debe imponer uno de los sistemas o dejar a los Estados que opten libremente.

El comercio de los derechos se basa en la asignación de una cuota a cada agente correspondiente a un «objetivo de reducción de carbono» y se expresa en toneladas equivalentes de CO_2. Los impuestos energéticos, responsabilidad de cada Estado, y el sistema de comercialización deben plantearse de forma que actúen como instrumentos complementarios aplicables a todos los tipos de emisiones. Tanto el control como la vigilancia del cumplimiento por parte de las empresas de la legislación medioambiental comunitaria se llevan por cada Estado miembro. Las empresas están obligadas a medir sus emisiones reales, informar a las autoridades nacionales y hacer un seguimiento de las cuotas de emisión intercambiadas. Las emisiones serán objeto de seguimiento en el ámbito comunitario a través de los datos agregados de cada Estado miembro.

Tomando como base de partida los trabajos del Libro Verde, la UE adoptó la Directiva 203/87/UE de 13 de octubre por la que se establece un régimen para el comercio de derechos de emisión de gases de efecto invernadero en la Comunidad, directiva que entre otras actividades se aplica a las actividades energéticas: instalaciones de combustión con más de 20 MW de potencia térmica, refinerías de hidrocarburos y coquerías. Estas instalaciones deben presentar ante la Administración de cada Estado una solicitud de permiso de emisión de gases de efecto invernadero. Los permisos no son transferibles y son privativos de cada instalación, tienen tasados los requisitos de seguimiento y notificación de las emisiones y la obligación de presentar anualmente un número de derechos de emisión equivalente a las emisiones totales de la instalación en dicho año.

Los derechos de emisión sí son transferibles, las transferencias de derechos se podrán realizar entre personas, tanto físicas como jurídicas, dentro de la UE, y entre personas de la Comunidad y personas de terceros países con los que se han firmado acuerdos de reconocimiento mutuo de derechos.

El Plan Nacional de Asignación de derechos para España fue aprobado, con condiciones, en diciembre de 2004, habiéndose revisado recientemente a la baja.

Dentro del objetivo de la UE de crear el mayor mercado integrado de electricidad del mundo, se considera necesario introducir gradualmente competencia en el mismo, por lo que se desarrolló la directiva 2003/54/CE, cuyo propósito no es el unir 25 mercados nacionales distintos, sino crear un único mercado de electricidad removiendo los dos factores que lo imposibilitan, que son las importantes diferencias entre los precios de la electricidad entre los países y la debilidad en el volumen de transacciones entre países. La diferencia del precio de la electricidad para clientes industriales es, en algunos casos, del 100%, y por otra parte la capacidad de interconexión entre los Estados miembros es claramente insuficiente, marcando la comisión un objetivo de que todos los Estados deberían alcanzar una capacidad de interconexión equivalente, al menos, al 10% del consumo nacional.

El origen de estos déficits de competencia es debido a que la apertura del mercado en muchos países se produjo a partir de una estructura de mercado monopolística u oligopolística, el número de nuevos entrantes es muy limitado y la competencia creada por las empresas de unos Estados en otros sólo es posible por medio de grandes adquisiciones. Asimismo existe la tendencia a la integración vertical entre la generación y las actividades de aprovisionamiento y comercialización, lo que conlleva a una disminución de la liquidez de los mercados mayoristas, además la tendencia a fusionarse de empresas de gas y electricidad reducen los incentivos de empresas competidoras a invertir en nuevas centrales de gas natural.

Otro indicador de la falta de competencia en el sector lo indica el escaso número de clientes que cambian de suministrador, pues mientras que el número de grandes consumidores que cambia sigue aumentando, las pymes y los clientes domésticos siguen sin ejercer su derecho ya que las ofertas de la competencia o son inexistentes o no suponen una mejora real, y unido a las posiciones dominantes y a una separación insuficiente de actividades como la distribución, hacen percibir el cambio de suministrador como un riesgo.

Si bien las empresas, como respuesta a la introducción de la competencia en el sector, han disminuido sus inversiones en capacidad de reserva, sin embargo se ha ido mejorando en la adecuación entre generación y demanda desde la apertura del mercado.

En la UE la energía primaria procede fundamentalmente de las importaciones, y aunque se apoya en energías renovables y en combustibles de origen más diversificado como el carbón y el uranio, su fuente principal es el gas, en un mercado globalizado en el que es muy difícil la diversificación de las importaciones. Casi todo el gas importado en la UE procede sólo de tres países: Rusia, Noruega y Argelia. Con las reservas propias de gas disminuyendo y el consumo mundial aumentando de forma acelerada, la dependencia de este combustible debe ser un objetivo a superar mediante el uso de fuentes de energía propias. Más de un tercio de la producción de electricidad en la UE es de origen nuclear y algunos Estados miembros como Francia y Finlandia han seguido invirtiendo en esta tecnología, lo que les permite no generar emisiones de CO_2 e incrementar la seguridad de suministro en la UE.

El mercado de los derechos de emisión de CO_2 está formado por los dos elementos: la asignación de derechos gratuitos para cada instalación y el propio mercado, que fija el precio de cada tonelada de CO_2. Hasta qué punto los derechos que han sido asignados gratuitamente se comportarán en el mercado de acuerdo con su nulo coste de adquisición o lo harán conforme a un hipotético valor económico, lo que llamamos coste de oportunidad del derecho, la optimización de estos costes pretende hacer más eficiente la reducción de emisiones haciendo que apliquen medidas de reducción aquellas empresas a las que resulte más barato, y las demás puedan comprar sus derechos en el mercado.

Una empresa eléctrica puede decidir no invertir en la reducción de emisiones y dejar de producir parte de la energía. El precio del MWh lo marca un mercado y el precio de los derechos de emisión otro distinto, tendrá que arbitrar entre ambos ya que si en un momento dado el negocio del CO_2 es más rentable que el de producción de electricidad, la empresa podría reducir su producción para vender su excedente de derechos respondiendo a una función objetivo del tipo:

Max [Energía generada x precio de la energía en el mercado — Energía generada x factor de emisión (Tonelada de CO_2/MWh) x Precio del derecho en el mercado + Costes de producción (combustibles, operación, mantenimiento, etc.) — Volumen de derechos gratuitos recibidos x Precio del derecho en el mercado].

La consecuencia, considerando competencia perfecta lo que haría nula la influencia de la producción en el precio, es que el efecto producido por el mercado de derechos será que los costes de producción se incrementan en el precio del derecho.

Sin embargo, como no se pueden acumular derechos entre un periodo y otro, tenemos que incluir en el modelo la variación de los precios del derecho en los periodos futuros, lo que va a depender tanto de los futuros planes de asignación como de las expectativas del precio de los derechos en los mercados de futuros, de las capacidades de la red y sus interconexiones, de las disponibilidades de las centrales de generación, de los balances energéticos de cada país y de las distintas composiciones del equipamiento generador.

La contabilización de los derechos de emisión cuenta ya en nuestro país con unas directrices para el registro, valoración e información de los hechos económicos relativos al comercio de los derechos sin que exista una norma que armonice la práctica de las empresas europeas, lo que imposibilita la comparación de las magnitudes contables derivadas de este mercado.

Fundamentalmente se distinguen cuatro fases para este inmovilizado inmaterial valorado por su *fair value*.

- —En el reconocimiento de los derechos, éstos se reconocen como inmovilizado inmaterial y se tratan como donaciones, en el caso de los gratuitos, reconociéndose una subvención por el valor venal.
- —Durante el periodo de vigencia de los derechos, la valoración se hace a precio de adquisición o coste de producción.
- —En la fecha de cierre se reconoce como gasto correspondiente a las emisiones realizadas y, en su caso, el gasto que corresponde por el déficit de derechos imputándose al resultado la subvención asociada.
- —Cuando finaliza el periodo de vigencia y se devuelven los derechos equivalentes a las emisiones realizadas se darán de baja y se revertirá la provisión correspondiente.

13.5. La bolsa de los derechos de emisión del protocolo de Kioto

Juan José García Machado. Catedrático de la Universidad de Huelva.
Mª José Domínguez Conde. Profesora de la Universidad de Huelva

El protocolo de Kioto es un acuerdo internacional de lucha contra el cambio climático que se firmó en diciembre de 1997, una vez que se contaba con, al menos, 55 países y, entre ellos, suficientes países desarrollados que sumaran, como mínimo, el 55% del total en 1990, lo cual se logró tras la ratificación de Rusia.

Los gases contemplados como causantes del calentamiento global del planeta son: dióxido de carbono (CO_2) —el más importante—, anhídrido sulfuroso, metano, óxido nitroso, hidrofluorocarburos, perfluorocarburos y hexafluoruro de azufre. Los derechos de emisión, en el primer periodo 2005-2007, sólo afectan a un gas de efecto invernadero, el dióxido de carbono, y a algunos sectores industriales que más emiten, para evitar una complejidad difícil de asumir. En un futuro inmediato es probable que se incluyan también la industria química y el aluminio, y otros gases de efecto invernadero.

El protocolo afecta a todas las empresas de los sectores: eléctrico, papelera, siderúrgica, cementera, refinería de petróleo, fabricantes de vidrio y cerámica e industrias con instalaciones de cogeneración de más de 20 megavatios.

Kioto obliga a los países desarrollados a alcanzar una reducción mundial de las emisiones del 5,2% entre 2008 y 2012, frente a 1990. Además, para el mismo periodo, a los Estados miembros (EE.MM.) se les impone reducir un 8% sus emisiones y, en particular, España tiene que limitar a un 15% el incremento de sus gases (en 2004, en nuestro país, el aumento era ya del 45%).

El funcionamiento del protocolo de Kioto en la Unión Europea consiste en que cada empresa tiene que ajustarse a la asignación anual del Plan Nacional de Asignación (PNA) establecido por el propio Estado de cada país. Si sus emisiones la superan, tendrá que reducir las mismas hasta cumplir con las limitaciones impuestas, o ir al mercado a comprar derechos a otras empresas a las que les sobren (las empresas reducirán sus emisiones si sus costes de reducción son inferiores al precio del derecho).

Las características esenciales del comercio de derechos de emisión que deben tenerse presentes son dos: (a) su temporalidad, ya que serán válidos únicamente para el periodo de vigencia del correspondiente PNA, y (b) su transmisibilidad. Sobre este último punto, debe considerarse a su vez cuál puede ser el origen de los derechos de emisión, así como quiénes pueden ser los sujetos participantes en el comercio de los mismos.

Para el caso de España, en primer lugar, los derechos de emisión pueden tener su origen en: (1) El PNA español o un PNA de otro Estado miembro de la Unión Europea; (2) un tercer Estado parte del protocolo de Kioto, siempre que exista un previo reconocimiento de derechos; y (3) un ERU o CER procedentes de los mecanismos AC o MDL, respectivamente, que cumplan los requisitos necesarios para su conversión.

En segundo lugar, los derechos de emisión podrán transmitirse entre: (a) personas físicas o jurídicas de la UE; y (b) las anteriores y personas físicas o jurídicas de terceros Estados, previo reconocimiento mutuo.

En todo caso, para la compraventa de derechos de emisión será necesario tener abierta una cuenta de haberes en el Registro Nacional de Derechos de Emisión, en la que se inscribe la expedición, titularidad, transferencia, transmisión, entrega y cancelación de los mismos. Dicho registro está gestionado por Iberclear, que anota las compraventas y efectúa la compensación y liquidación de dichos valores.

Los mercados en los que se realizan las transacciones de derechos de emisión son, en buena parte, de carácter internacional (su fundamento económico reside en las diferencias en los costes marginales de reducción de los países, regiones y empresas), voluntario a priori (tan sólo en la Unión Europea comenzó a aplicarse una directiva de máximos de emisión en el año 2005), experimental (normalmente propuesto por entidades sin ánimo de lucro, a excepción de algunas empresas que pretenden promocionar este mecanismo y obtener experiencia para el futuro) y cerrado (las empresas y Gobiernos que participan en ellos lo hacen para mejorar su imagen comercial o para prepararse para el cumplimiento del protocolo de Kioto). Se trata de un mercado *cap and trade*, un sistema que establece un límite global de emisiones, asigna cuotas de emisiones a los participantes, y les permite comerciar permisos y créditos de emisiones entre sí, por el que se crea un derecho de emisión susceptible de ser negociado entre 28 países. Entre los agentes económicos intervinientes en este mercado cabe destacar:

En cuanto a los demandantes, se aprecia que la demanda está compuesta por Gobiernos y asociaciones entre el sector público y el privado. En Europa, los compradores de reducción de emisiones son las entidades públicas y privadas, que representan el 60% del volumen de reducción de emisiones adquiridas a través de transacciones basadas en proyectos (enero de 2004 a abril de 2005). El Gobierno de los Países Bajos es el mayor comprador, con un 16%, seguido de las empresas privadas del Reino Unido, con un 12%. Dos tercios del volumen adquirido por Europa corresponden al sector privado contra un tercio que corresponde a los Gobiernos de Holanda, Dinamarca, Suecia y Austria. Destacan también las entidades públicas y privadas de Japón (21%) y un 5% de entidades privadas de Canadá que, curiosamente, presenta poca actividad en este ámbito.

En cuanto a los oferentes, se detecta que la mayoría de la oferta de reducciones de emisión obtenidas por proyectos CDM y JI se generan en países en vías de desarrollo y economías de transacción. La mayor cantidad de reducciones de emisiones proviene de proyectos de Asia (45% del total), en donde el mayor proveedor es India (31%), con proyectos unilaterales en su mayoría, y le sigue Latinoamérica, con un 35% del volumen total, donde aparece como proveedor más importante Brasil (13%).

La materia prima o *commodity*, y activo subyacente de este mercado, es el derecho de emisión de una tonelada métrica de CO_2. Su origen es un «mercado primario» donde hay una serie de condiciones para la primera asignación o emisión, para los agentes que quieran acudir a él, y unas reglas de reparto de la cantidad total, en el caso de los derechos de emisión como un PNA. También podemos considerar como mercados primarios a los proyectos de desarrollo limpio y de acción conjunta, pues éstos son el origen del subyacente. Cualquier otra transacción que implique o no transferencia, y su negociación posterior, será realizada en los llamados «mercados secundarios».

La forma de negociar es lo que determina la evolución de los mercados secundarios en busca de liquidez, estandarización y reducción de los costes de transacción. En un inicio, es la «contratación bilateral», con contratos muy elaborados. Con el paso del tiempo y a medida que los agentes intervienen en las transacciones, «los contratos se estandarizan». El volumen de las frecuencias de las transacciones crece y empiezan a aparecer intermediarios *brokers* que intentan acercar la oferta y la demanda casando operaciones y abriendo estas operaciones a otros agentes («los especuladores») para que se incremente la liquidez de los subyacentes. Éstos son los mercados OTC (Over The Counter) y son el origen de los mercados organizados, entrando en competencia o como complemento de estos últimos.

En los mercados secundarios, sean OTC u organizados, se negocian las siguientes operaciones:

—Las *spot* o de contado, donde se produce la compraventa al contado de EUA, con entrega inmediata y pago en el momento (sin crédito ni plazo), que son aquellas en las que la negociación y la liquidación y compensación son simultáneas en el tiempo, o existe un reducido desfase temporal debido a razones administrativas.

—Las operaciones a largo plazo o *forward* que se trata de un contrato mercantil de compraventa de EUA, que contempla entrega en un plazo definido en el futuro con pago en el momento de entrega. Es un crédito negociado o preestablecido entre las partes, con lo cual, son aquellas en las que la negociación y la liquidación y compensación tienen un desfase temporal muy superior al establecido para las operaciones *spot*.

—Los derivados, que son instrumentos que se negocian tomando como referencia a un subyacente (normalmente, un activo negociado al contado), que permite tomar o reducir/eliminar riesgos en base a acuerdos de liquidación y compensación en un plazo firme o condicionados. Los derivados se negocian en los mercados de futuros y opciones, donde la entrega física de la mercancía se reduce considerablemente, cerrándose la posición con la contraria, si se ha entrado comprando o vendiendo, antes del vencimiento. Los futuros, por tanto, forman parte de un contrato de entrega futuro (cantidad y plazo estandarizado) que cotiza en una bolsa, permitiendo así su compraventa en cualquier momento hasta su vencimiento, y que, además, está sujeto a las condiciones de la bolsa donde cotiza. Se trata de instrumentos financieros para la gestión de los riesgos en operaciones con derechos de emisión.

—Las operaciones de estructurado, que es un contrato mercantil de compraventa de EUA que contempla varias entregas en distintos plazos, con sus correspondientes condiciones de pago. También ofrecen crédito y otras garantías negociadas entre las partes.

—Las operaciones denominadas internacional, que son parecidas a las de estructurado, pero se orientan hacia los proyectos que generan créditos de Kioto, cuyo contrato es conocido por sus siglas en inglés, ERPA.

En las operaciones regidas por contratos mercantiles, han de negociarse entre las partes todos los términos comerciales, además del aseguramiento de crédito y otras representaciones.

La realización de la compra de los derechos tiene las siguientes formas de negociación:

—De forma directa o mercado OTC, donde se compran EUA directamente al vendedor. Si no es una operación *spot*, requiere una relación contractual entre las dos partes. Puede utilizar o no los servicios de un intermediario para facilitar la operación y podrían encontrarse o no mediante una plataforma OTC donde cotizan ofertas de compra *(bid)* y de venta *(ask)*.

Se distinguen, por tanto, de un lado, las operaciones bilaterales entre los participantes de forma telefónica o simplemente cara a cara. Y de otro lado, se encuentran las operaciones OTC intermediadas a través de *brokers*.

Entre otros, cabe citar: Energy Brokers (Evolution Markets, ICAP, Natsource, Spectron, CO_2e, GFI Grou y TFS). En los contratos bilaterales de *brokers* OTC se distinguen: los de la EFET (que son preferidos por las eléctricas), los de las ISDA (que son preferidos por los bancos) y los de la IETA (que son preferidos por las asociaciones).

—Otra forma de negociación es a través de una bolsa, que consiste en un mercado organizado donde se cotizan y comercializan contratos estándares de EUA *(spot* o futuros). La bolsa actúa como contraparte de cada transacción. Cada miembro o cliente de miembro tiene que cumplir con las condiciones de adhesión (solvencia, cuotas, liquidación de posiciones, etc.).
En cuanto a las bolsas, concretamente en los Mercados Electrónicos Organizados, se distinguen los panaeuropeos, como ECX-IPE de Londres; y los regionales, como EEX de Alemania, EXAA de Austria, ECX del Reino Unido, Powernext de Francia, CLIMEX de Holanda, NORDPOOL de la zona escandinava y $SENDECO_2$ de España.

—Junto a la bolsa europea de emisiones, que es la alternativa más costosa, y al mismo tiempo más rápida, las empresas disponen de otras opciones para invertir en proyectos que les otorguen derechos de emisión: mediante la adquisición de participaciones en el fondo FC2E (en el que participan el Santander y el ICO), con mayor riesgo y a medio plazo, o a través del fondo de carbono público del Gobierno y el Banco Mundial, con un elevado riesgo y a más largo plazo.
En concreto, el Banco Mundial ha proporcionado un impulso al mercado del carbono a través de los distintos fondos que administra, por un montante total de 850 millones de dólares, a saber: el PCF (Prototype Carbon Fund1), el CDCF (Community Development Carbon Fund2), el BioCF (Bio Carbon Fund3), el CERUPT4 y ERUPT del Gobierno holandés, el Fondo Italiano de Carbono, el Fondo Español de Carbono5, el Fondo Danés de Carbono y el Fondo Panaeuropeo de Carbono.

—También se pueden negociar los derechos de emisión vía minorista, el cual se trata de un operador en los mercados de CO_2 que ofrece lotes parciales según sus propias condiciones (precio, crédito, plazo, etc.) a clientes minoristas. El operador es la contrapartida de las operaciones mayoristas y minoristas. El ofrecimiento minorista podría incluirse o no en otros productos o servicios. Los precios podrán ser referenciados o no a los precios de las operaciones mayoristas.

14. AUTOS

14.1. Deslocalización en la industria automovilística. Incidencia en la industria auxiliar

Dídac Ramírez, Juan Antonio Astorga y David Ceballos. Universidad de Barcelona IAFI

La industria del automóvil es un sector maduro cercano a su saturación, sobre todo en la UE, donde se observa una caída en las matriculaciones y en la producción interna. Esta madurez, junto con la mayor competitividad de los coches asiáticos y el fenómeno de la deslocalización (traslado de la producción a zonas con costes productivos inferiores), tiene importantes y negativos efectos en el sector automovilístico de la UE. En España es palpable una pérdida de puestos de trabajo que numerosos estudios, tanto académicos como de grandes consultoras, pregonan que se acrecentará durante los próximos cinco años.

El sector en cuestión, integrado por los grandes fabricantes y el conjunto de empresas auxiliares que trabajan para ellos, en España emplea a 72.000 personas en las primeras empresas, 253.000 en las auxiliares y de componentes, y 115.000 en concesionarios y talleres. Es una industria dominada por grandes compañías y que muestra una orientación territorial, de manera que la mayoría de las empresas automovilísticas concentra más del 50% de su producción y ventas en el bloque económico donde tiene su sede (Estados Unidos-América, UE-Europa, Japón-Corea-China-Asia). Fenómeno que aunque parezca erigirse en una barrera de entrada, justificada por las diferentes regulaciones, sobre todo medioambientales, de impuestos y de aranceles, no es un obstáculo para la deslocalización dentro del bloque económico. Un ejemplo de lo que comentamos es el crecimiento en empleo del sector, desde el año 2000, en los países de Europa oriental (62,4% en Eslovaquia y 41% en la República Checa), frente a los cerca de 120.000 empleos que han perdido los países de Europa occidental. En España las cifras no son tan altas, pero el reciente anuncio de cierre de la fábrica de Delphi en Puerto Real, que afectaría a 1.600 empleos directos, acumularía una pérdida de 5.000 empleos directos y bastantes más indirectos, también desde el año 2000.

Centrándonos en el subsector auxiliar y de componentes, asistimos a una concentración de empresas y a la desaparición de gran cantidad de ellas, que se estima que afectará a unas cerca de 9.000 empresas hasta el año 2010. Ello es debido a la gran competencia existente, a las altas normas de calidad, al elevado nivel de I+D, a los bajos márgenes, a la presión de los grandes fabricantes, y a las fuertes inversiones y mano de obra especializada.

Los menores costes laborales y productivos, que permiten competir en márgenes, la mayor facilidad de inversión así como una legislación más benevolente de las economías emergentes, son las principales causas que explican las presiones hacia la deslocalización de la industria auxiliar española, ya que hemos perdido la ventaja competitiva de los años ochenta de menores costes laborales dentro de la UE, somos un país dominado por pymes que resultan poco competitivas en márgenes y en atracción de inversión en I+D, y las propias economías de alcance benefician la concentración industrial.

Es por ello que hay casi unanimidad en las previsiones de pérdida de empleo por el traslado de la producción siguiendo criterios de eficiencia y optimización económica (deslocalización), máxime en un mercado cuya producción está a la baja y, por tanto, las nuevas factorías en Europa oriental serán a costa del empleo en Europa occidental, España incluida. El sector estima que cerca de 100.000 empleos (5% del sector de la UE) se traslade a Europa oriental hasta el año 2010 con inversiones que rondarán los 4.000 millones de euros.

Apenas se intuyen soluciones para evitar el traslado y la pérdida de empleo subsiguiente a causa de los incentivos económicos existentes, porque la teoría económica lo justifica a partir de criterios de eficiencia y por el carácter multinacional de las empresas automovilísticas, el cual desarraiga la gestión y dirección de una localización estable. Causas que afectan sobre todo a la industria auxiliar, ya que los grandes fabricantes, por una cuestión de identificación nacional de la marca y el importante peso del mercado local, tienden a ofrecer alternativas como la flexibilidad de costes laborales, bajas incentivadas o ajustes internos acordados con la plantilla. Ello no obstante, la industria auxiliar dispone de estrategias para afrontar el futuro con cierta confianza, como son el concentrarse en un «nicho de mercado» adecuado para sus productos, competir en calidad e innovación, establecer relaciones más dependientes como *proveedor-partner*, integrarse en la cadena de valor o suministrar más módulos y menos productos.

14.2. Expectativas de la producción de automóviles en España

Isidro Rivilla Barreno (Monitor SET), consultor de empresas y ex directivo de la industria del automóvil

Los expertos especializados en otear los diversos escenarios y horizontes de la industria del automóvil mundial utilizan en general unas metodologías y criterios de prospección muy similares que combinan modelos econométricos de previsión socioeconómica y sectorial, con esquemas de desarrollos tecnológicos y análisis de recursos y estrategias de los principales grupos multinacionales constructores de automóviles y de los intereses y relaciones cruzadas entre los mismos y con el imprescindible soporte estructural del complejo sector de industrias básicas y proveedoras de equipos y componentes.

En un mundo cada vez más globalizado política y económicamente, las grandes firmas multinacionales cuentan cada vez con más posibilidades y facilidades para llevar a cabo reformas organizativas y ajustes productivos a escala mundial, que en los países en desarrollo más directamente favorecidos se entiende como contribución a sus «procesos de industrialización», mientras que en otros —en los que el cambio en las condiciones competitivas resulta desfavorable— se entiende como «proceso de deslocalización», en el que ven cómo una parte de sus fabricaciones emigra a otras áreas sin que sea fácil en un primer momento su sustitución por otras más adecuadas a las nuevas circunstancias, o en el mejor de los casos, ven drásticamente limitadas sus posibilidades de futuros desarrollos de la correspondiente rama industrial.

Así tenemos, pues, que el principal objetivo del trabajo de prospectiva a medio y largo plazo consistirá en determinar el desarrollo de la producción de vehículos por área y por países. Para ello, como fases previas, resulta necesario analizar las correspondientes previsiones de demanda y de las estrategias competitivas de los grupos multinacionales a escala mundial.

Desde el punto de vista de la demanda, las previsiones se realizan analizando la influencia en la misma de los principales factores socioeconómicos (PIB, empleo y paro, rentas de los hogares y su capacidad adquisitiva...) y sectoriales (precios de los coches, de los carburantes, tipos de interés...). En los países emergentes (India, China...) se está produciendo un acelerado «proceso imitativo» propulsado por el incremento de la renta per cápita, liberalización de mercados, creciente bienestar social, reducción de impuestos y aranceles a los coches, implantación de sistemas de financiación a la compra e introducción de nuevos modelos.

Desde la perspectiva de la oferta, el análisis competitivo toma en consideración fundamentalmente la política de modelos («ciclos de vida»), desarrollos tecnológicos de la producción y coste de la mano de obra necesaria, lo que determina la asignación de la producción entre las plantas existentes y las nuevas localizaciones en otros países para aprovechar al máximo tanto la fuerte expansión de la demanda prevista en los mismos como las facilidades de instalación y desarrollo regular de la producción.

Importa destacar que a un plazo de cinco a seis años la información a la que los expertos tienen acceso sobre los planes de los principales grupos automovilísticos es bastante ajustada y detallada, ya que la mayor parte de las decisiones estratégicas están ya tomadas o en curso de ejecución. Para el horizonte 2012, con la inestimable información facilitada por MSI, Sistemas de inteligencia de mercado, socio en España de B & D Forecast, he elaborado un resumen de las expectativas de producción de vehículos ligeros (turismos y todoterrenos + comerciales hasta 3,5 Tm), con especial referencia a la UE y España.

En la jerga de esta industria se denomina Triad Region al área conjunta de Europa occidental, Japón y USA) y Non Triad Countries al resto del mundo, en el que los países emergentes más dinámicos son objeto de preferente atención. En éstos es donde se concentra el grueso del crecimiento de la demanda, pues en la Triad Region la línea de evolución es casi plana.

Y si en el periodo 2006-2012 la demanda mundial aumentará en 11.500 miles de vehículos, este incremento será cubierto en sus dos terceras partes por el incremento productivo proyectado en los países de Asia (sin Japón). De la misma manera, en Europa el incremento previsto en la producción de los 10 nuevos países de la UE será 3,7 veces el aumento previsto en la demanda de los mismos, lo que derivará en exportaciones crecientes a los demás países de la UE. Francia (tras las importantes caídas de años anteriores) y Alemania también aumentarán sus producciones en cerca de 600.000 vehículos al año cada una y muy por encima del aumento de sus demandas internas; en menor medida ocurrirá igual en el Reino Unido, mientras que Italia y España perderán producción respecto al nivel de 2006, pese al incremento de sus demandas internas de vehículos.

En España, en concreto, la producción anual de 2012 será inferior en 228.000 unidades a la de 2006, pese a un incremento de la demanda anual de 200.000 vehículos. Con todo, las expectativas apuntan a que tras caer a un mínimo de 2.172.000 vehículos en 2008, posteriormente se recuperaría el nivel rápidamente hasta un régimen productivo en torno a 2.400.000 vehículos al año.

14.3. La industria del automóvil en España, su problemática y la deslocalización

Miguel Junquera Cagigal. Miembro del consejo de administración de varios grupos del automóvil en España y Portugal, y consejero delegado de Global Resources of Purchasing

La situación de la industria del automóvil permanece estable en Europa, aunque con la producción estancada y con la nota destacada de que España no posee en el sector y a estas alturas una gran marca con control nacional. En nuestro país es estable la exportación de vehículos, que ronda el 80% de la producción total aunque está ligada básicamente al mercado intracomunitario. En España no somos globales debido a que dependemos de Europa occidental, no vendemos a países de crecimiento rápido de consumo, sino que lo hacemos a una Europa estabilizada.

La producción española, por tanto, depende casi en su totalidad del mercado europeo y, además, la gran mayoría de vehículos fabricados en nuestro país corresponden a los llamados segmentos B y C, siendo precisamente los coches más amenazados por el fenómeno de la globalización. El único segmento que ha crecido en ventas en nuestro país es el de los modelos 4x4, mientras que en los últimos cuatro años el volumen de turismos decreció en 300.000 unidades. Probablemente a medio y largo plazo nos quedaremos estancados, por ello cuando en Europa occidental, con un mercado maduro, lleguen los modelos fabricados en países emergentes, paulatinamente y con toda probabilidad dejaremos de fabricar coches en nuestro país.

Las grandes empresas del automóvil no están en España, sino en Alemania, Francia, Italia, USA, Japón, Corea del Sur, etc., por lo que no es posible pensar que vayan a dejar de desarrollar la fabricación de automóviles en sus países para hacerlos aquí, ya que los procesos desarrollados hoy en día en España no son ni óptimos, ni apropiados, sufriendo además graves problemas como el del absentismo laboral, encontrándonos con una tasa en torno al 7% (datos Anfac), mientras que en países como Japón o China llegan tan sólo a un 1%, lo que sin duda favorece su competitividad y productividad frente al determinante deterioro de las industrias del automóvil españolas.

Respecto a los temas externos a la empresa española que afectan a su competitividad, pueden señalarse: costes lógicos elevados, poco desarrollo del ferrocarril, carencia de regulación en la política industrial a medio y largo plazo, falta de un libro blanco de la industria en Cataluña y en España en general, carencia de expertos en procesos mientras que existe un exceso de «direcciones generales» y, por último, la fortaleza del euro, moneda que se ha reforzado un 32% en siete años. Para contrarrestar, se debería aumentar la productividad, reducir costes, ampliar la flexibilidad, mejorar la calidad y crear un buen clima de relación social. A nivel externo, es preciso reforzar las infraestructuras, reducir las tasas, conseguir más ayudas de las Administraciones del Estado, de las comunidades autónomas y de los municipios en donde esta industria se ve afectada, alta formación de los profesionales en fabricación y que se hable ya, muy seriamente, de una mayor inversión en I+D.

El proceso de deslocalización que inicialmente se plantea la CEE es hacia los países de Europa central y fundamentalmente oriental, en resumen los PECO, los cuales han recibido ya el 10% de la inversión total realizada en Europa, lo que ha supuesto que en estos países se haya creado el 20,9% del empleo total nuevo europeo. Tres países, Rumania, Eslovaquia y Bulgaria, absorben el 85% del empleo nuevo que se está originando. Son las empresas alemanas las que más colaboran en la creación de empleo europeo (35% del total), seguidas de las empresas francesas (13,6%) y asiáticas (11,8%). El 92% del empleo extranjero se basa en actividades productivas, siendo industrias como el mueble, la confección y las empresas relacionadas con el mundo del automóvil las que predominan. Es interesante el matiz que en estos tres países de segunda generación, estén atrayendo cada vez más a inversiones extranjeras en detrimento de los países de primera generación como Polonia, Hungría y Chequia; esto se debe a que los costes salariales de estos últimos países se están convirtiendo en menos competitivos respecto a sus países vecinos. Asimismo, conviene hacer notar que, en 2002, el coste salarial medio por hora en la industria alemana era de 32 dólares, el de Chequia era de 3,4 y el de Eslovaquia era de 2,7.

En la industria del automóvil el acceso al mercado ha sido una motivación fundamental de los inversores y fabricantes desde mediados de los noventa. Las nuevas capacidades de producción aumentan más rápidamente que el tamaño de los mercados locales, lo que originan exportaciones crecientes, especialmente hacia Alemania. La proximidad de las fábricas y la presión sobre los costes de producción atraen a los inversores, sin embargo los costes laborales no cuentan como un factor decisivo, ya que representa aproximadamente el 10% de los costes de ensamblaje y montaje de piezas y componentes y entre un 5% y 7% de la fabricación de motores. Lo cual no debe suponer obstáculo alguno a fin de que los costes salariales sean un factor atractivo en un contexto de aguda competencia, e incluso se ha reducido, en ciertos casos, el grado de automatización de las líneas de montaje dados los bajos costes salariales.

La marca Renault, por poner un ejemplo, es significativo que sea un fabricante que ha escogido un grado de automatización menor para sus instalaciones de Dacia en Rumania, donde los costes salariales son realmente bajos (150 €/mes), en concreto emplea 13.000 asalariados, en dos turnos, para producir 100.000 coches/año, mientras que los 5.000 empleados que trabajan en la factoría de Flins (Francia) producen 300.000 unidades. Observamos entonces que la flexibilidad constituye un factor explicativo complementario a la hora de crear las fábricas del automóvil en cuanto a la localización, implantación e idiosincrasia de cada entorno.

En relación con la República Popular China, estamos ante un fenómeno muy similar al de Japón primero y Corea del Sur después, cuando se hicieron presentes en el mercado automovilístico mundial en los setenta y noventa, respectivamente. Con periodos iniciales dificultosos hasta que consiguieron un crecimiento sostenido al ir logrando la confianza del mercado basándose principalmente en el principio «value for money» y donde a posteriori se ha ido implementando con método marcial, rigor, tenacidad y de forma paulatina procesos de calidad total para así poder fabricar productos que hoy varios de los fabricados en estos países disponen de la más alta cualificación en el mercado, es decir, Premium, y que cuya segmentación está no sólo corroborada por los expertos del sector sino por la opinión del público en general.

El fenómeno de la deslocalización (retirada de inversiones por ubicación más rentable) se relaciona con el *outsourcing*, o externalización de las producciones. En la segunda de las aceptaciones del fenómeno, sucede que las fábricas son cada vez más autárquicas, ensamblando sus vehículos con incorporaciones de partes y componentes que se consiguen en el exterior a un coste menor de lo que sería posible hacerlo *in situ*. En otras palabras, el *task training* está funcionando activamente, rompiéndose de esa manera la vieja tesis de la división internacional del trabajo y la teoría de los costes comparativos.

Cuestión fundamental para la actividad de ensamblaje cada vez más dependiente del exterior de las fábricas, es la industria auxiliar. En España ha alcanzado gran potencia, moviéndose con mucha agilidad en materia de externalización, para mantener costes y seguir ampliando su clientela en todo el mundo. En ese sentido, empresas como Filosa, Antolin, Lasso, Zatini y CCM se han establecido en China con fábricas de grandes dimensiones, desde donde proveen tanto a fabricantes chinos como a sus propios clientes en el resto del mundo, incluyendo España.

Sin embargo, estas pautas, más dinámicas sin duda y que aporta como concepto la industria auxiliar del automóvil, no pueden ser aplicables a las fábricas de automóviles debido a que los centros de decisión dependen, por ejemplo y entre otros, de Francia (Peugeot, Citröen y Renault), Alemania (VW y Seat), USA (Ford y Opel), sucediendo lo propio en el mercado de vehículos industriales, comerciales, etcétera.

14.4. La deslocalización de fabricantes de componentes de automoción en España

Xosé H. Vázquez. Universidade de Vigo.
Jesús F. Lampón Caride. Universidade de Vigo y GADI Planificación

Solemos hablar de deslocalización para referirnos a los traslados de la producción de bienes y servicios hacia otros países, independientemente de si la nueva producción la sigue haciendo la misma empresa o se externaliza. En un estudio reciente liderado por la Universidad de Vigo y financiado por la Consellería de Innovación e Industria se han analizado 34 casos de deslocalización parcial y total en España en el sector de fabricantes de componentes de automoción. En este trabajo hemos podido identificar algunos factores que ayudan a explicar las causas de este fenómeno.

Conviene empezar destacando que estas 34 deslocalizaciones han eliminado 5.500 puestos de trabajo. El destino final de la producción deslocalizada, tal y como se muestra en el gráfico 1, se reparte fundamentalmente entre Europa y el norte de África.

Gráfico 1. Destino de la producción deslocalizada en % de número de empleos eliminados.

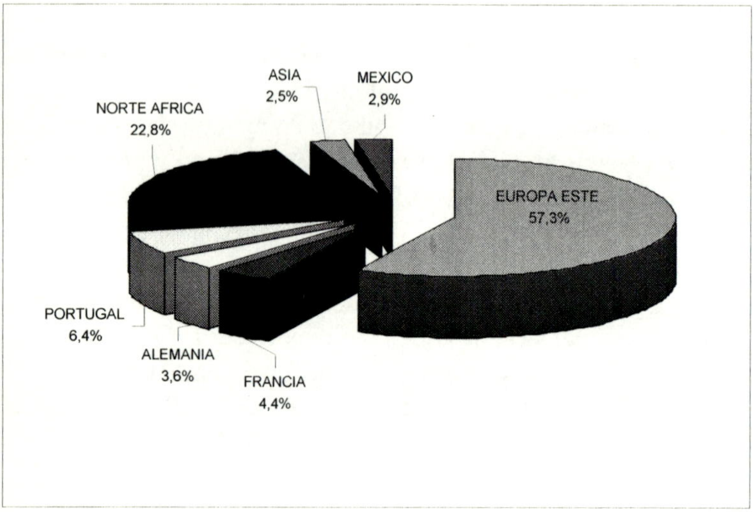

Fuente: elaboración propia.

De un primer análisis de este gráfico podríamos concluir que más del 90% de la deslocalización se ha realizado hacia países con costes de mano de obra inferiores. Es interesante observar, sin embargo, que las características de los productos deslocalizados pertenecen a lo que llamamos piezas o componentes (cableado, *airbags*, elementos de seguridad, iluminación, piezas plásticas y metálicas con procesos básicos de fabricación). En ningún caso se han producido deslocalizaciones de conjuntos o módulos, a pesar de que la práctica totalidad de las plantas deslocalizadas pertenecían a proveedores de primer nivel. La capacidad de modularización parece, pues, uno de los factores clave para explicar las decisiones de deslocalización en el sector.

Por otro lado, en este mismo gráfico podemos constatar la importancia de los países del este como destino final de los nuevos empleos generados. Polonia, Rumania, República Checa, Eslovaquia y Eslovenia han sido los países que han absorbido prioritariamente la producción española. No se trata únicamente, sin embargo, de una cuestión de costes menores. Las plantas de componentes han acompañado a los constructores que se han instalado en estos países y, en consecuencia, el resultado es la reorganización de los centros de producción de las empresas de componentes. En un entorno tan cambiante como en el que estamos inmersos, los criterios de localización inicial de una planta pueden perder importancia con el paso del tiempo en favor de otros criterios que hacen más atractivas otras localizaciones alternativas. Recordemos que entre el año 2000 y 2005, el número de automóviles fabricados en Europa del Este se ha incrementado un 30% (pasando de 2,7 millones a 3,5 millones). Esto implica para las plantas de componentes en España un traslado geográfico de parte de su demanda y, en consecuencia, el desgaste de una de sus ventajas de localización inicial: la proximidad al mercado.

Desde la Universidad de Vigo hemos medido además el porcentaje de ventas por cliente para analizar la concentración de la demanda de las plantas de componentes deslocalizadas. En el 15% de los casos hemos comprobado que la excesiva dependencia de un solo cliente (un centro de ensamblaje de automóviles) ha favorecido la deslocalización final, bien sea porque la planta de componentes haya perdido su ventaja de localización en proximidad (ventajas logísticas de relación, aglomeración o dependencia del entorno próximo) o porque sin una carga determinada de trabajo se hace inviable su rentabilidad.

Finalmente, otros casos analizados indican un desplazamiento de producción hacia países industrializados con costes de mano de obra superiores a España. Sin duda, la multinacionalización del sector ha implicado decisiones motivadas por la pertenencia a capital extranjero de las plantas y ha reflejado cierta protección de las instaladas en el país de origen (todas las plantas deslocalizadas tienen matriz extranjera). Ligado a este fenómeno de multinacionalización, además, conviene enfatizar que cada planta de componentes compite hoy en día más con el resto de plantas de su propio grupo empresarial que con otras plantas de empresas distintas.

El fenómeno de la deslocalización depende, pues, de un conjunto de factores muy diverso: desde el coste de la mano de obra o el nivel de modularización del producto, pasando por las características del mercado, proximidad y concentración del mismo, hasta las estrategias de especialización y reorganización de los procesos productivos de las multinacionales. Todos estos factores relativizan la importancia que algunos agentes conceden a las políticas industriales llevadas a cabo en España en los últimos años. Esto no quiere decir obviamente que la mejora del clima de negocios en materia laboral, mercantil o de infraestructuras físicas y tecnológicas no juegue un papel relevante. Simplemente quiere decir que, aunque acertar en estas políticas sea un ejercicio necesario —y difícil— para reducir el riesgo de deslocalizaciones, no es una condición suficiente ante la dinámica globalizadora y la autonomía de las multinacionales para decidir su estrategia. Nuestra visión, en todo caso, es que la previsible reducción del número de fabricantes de componentes y el incremento de su tamaño provocará una intensificación inevitable de este fenómeno, por lo que asistiremos a una relocalización a corto plazo de plantas a escala mundial cuyas condiciones de localización actual —no sólo en términos de costes— dejen de ser ventajosas.

14.5. La gestión de los residuos en el sector del automóvil (logística inversa)

Unai Tamayo Orbegozo. Universidad del País Vasco UPV-EHU

Se plantea un nuevo paradigma de gestión en los mercados europeos en el que el empresario no sólo debe atender los costes empresariales asociados a la fabricación y distribución de un producto en el mercado de consumo, sino también debe controlar los costes relacionados con la correcta gestión de ese producto convertido en residuo por el consumidor final.

Así, se introduce un nuevo concepto a gestionar por las empresas productoras y que comercializan sus productos en la Unión Europea (UE); este nuevo concepto se denomina logística inversa (Reverse Logistic).

El sector de automoción, por su enorme competitividad y su capacidad de abordar grandes inversiones, siempre ha tomado la delantera en asuntos que, posteriormente, han sido de aplicación generalizada en el ámbito empresarial.

Entre las más recientes estrategias en el sector del automóvil, más allá de los avances en materia de seguridad, diseño y confort, destaca la integración de las cuestiones medioambientales dentro de la gestión logística, tanto en los procesos productivos como en las prestaciones finales con las que se presentan los vehículos en el mercado.

La importancia que las cuestiones medioambientales han alcanzado en el sector de automoción durante los últimos años ha significado un replanteamiento de los sistemas de gestión dentro del sector. El éxito del nuevo esquema de gestión instaurado en el sector del automóvil ha sido un modelo de referencia por su consideración de los aspectos medioambientales. Por ello, sus experiencias se han trasladado a numerosos sectores, tales como el sector eléctrico y electrónico (móviles, ordenadores, electrodomésticos, etc.), el sector de la construcción, el sector del comercio y otros.

El cambio de imagen experimentado por el sector de automoción ha sido fulgurante, debido primordialmente al radical proceso de reconversión al que se ha visto sometido a raíz de la implantación de la Directiva 2000/53/CE, que insta al sector a la consideración de diversas consideraciones medioambientales en el proceso de comercialización de vehículos.

A este respecto, la Unión Europea, especialmente preocupada por la correcta gestión de los residuos generados por parte del sector, ha centrado su política en el establecimiento de un marco regulador integrador que marque las pautas en lo relativo a la gestión medioambiental de los automóviles, especialmente en lo relativo a la recuperación de materiales procedentes de los vehículos fuera de uso, dado su elevado volumen y el carácter peligroso de los materiales en ellos contenidos.

El nivel de exigencia de la nueva ley ha significado la reestructuración del sector, en donde las cuestiones medioambientales han cobrado un carácter prioritario.

Además, las premisas medioambientales van más allá del mero proceso de fabricación y comercialización de los vehículos, siendo el fabricante también el responsable del tratamiento ecológicamente correcto una vez que el vehículo deja de ser apto para su utilización como elemento de transporte.

Por ello, y al margen de cuestiones tales como la eficiencia energética de los motores, el empleo de componentes reutilizables, el menor uso de materiales en la fabricación o el empleo de materiales más ligeros y menos contaminantes cobran cada vez mayor importancia. Además, la nueva normativa ha dado lugar a la creación de centros autorizados para la recuperación y descontaminación de los vehículos al final de su vida o los denominados CARD, relegando a la desaparición a los ineficientes y ya extintos desguaces.

De hecho, dichos gestores especializados son los que han tomado un papel de liderazgo en materia medioambiental dentro del sector, encargándose de la recepción, descontaminación y despiece de los vehículos.

Este sector resulta ser un modelo en materia de gestión medioambiental, ya que, al haberse incrementado los índices de exigencia para la recuperación de materiales, actualmente los CARD recuperan el 85% de los materiales que entran en los centros de descontaminación, bien sea a través de la reutilización o la revalorización. Para el año 2015 el objetivo es reutilizar o valorizar el 100% de los materiales procedentes de los vehículos fuera de uso.

Además, su importancia relativa en el canal es notoria en la medida en que son los que se encargan de emitir el certificado de destrucción segura del vehículo, requisito imprescindible para poder darlo oficialmente de baja en Tráfico.

El porvenir del sector de automoción requiere de la estrecha coordinación y colaboración de todos los miembros del canal, desde los responsables del diseño, proveedores de piezas, ensambladores, distribuidores o recicladores. En dicho proceso el propio usuario o propietario del vehículo no queda exento de responsabilidad, puesto que es, en definitiva, quien ha de garantizar el abastecimiento al sistema.

También la labor de las instituciones públicas es vital para el buen funcionamiento del sector. Especialmente la Administración central, las delegaciones de tráfico y los ayuntamientos tienen un papel destacable, fundamentalmente en su labor de formación, información y concienciación medioambiental de la ciudadanía.

14.6. La matriculación en España en 2007

Isidro Rivilla (Monitor SET). Consultor de empresas y ex directivo de la industria del automóvil

Según la Dirección General de Tráfico (DGT) en el mes de mayo de 2007 se matricularon en España 182.986 vehículos en total —de los que 139.127 fueron automóviles de turismo—, lo que representa un descenso global tan sólo del 0,2% respecto al mismo mes de 2006.

Matriculaciones en España: resumen hasta mayo de 2007

	Mayo			Acumulado (enero-mayo)		
Mercado: Turismos	Unidades	Merc. %	Var.	Unidades	Merc. %	Var.
Total	139.127	100,0	-1,7	623.220	100,0	-3,2
Alquiladores	30.577	22,0	17,8	113.443	18,2	4,9
Distribución (Sin alquil.)	108.550	78,0	-6,1	509.777	81,8	-4,8
Mercado: Derivados						
Total	12.229	100,0	-6,5	55.238	100,0	-7,0
Alquiladores	1.883	15,4	-28,8	7.690	13,9	-18,3
Distribución (sin alquil.)	10.346	84,6	-0,8	47.548	86,1	-4,9
Mercado: Todoterrenos						
Total	13.786	100,0	14,4	61.633	100,0	-7,0
Alquiladores	614	4,5	7,7	2.913	4,7	6,3
Distribución (sin alquil.)	13.172	95,5	14,7	58.720	95,3	18,2
Mercado: Furgones						
Total	13.597	100,0	6,1	62.479	100,0	11,1
Alquiladores	2.494	18,3	1,7	10.583	16,9	12,4
Distribución (sin alquil.)	11.103	81,7	7,1	52.166	83,1	10,8
Mercado: Industriales						
Total	4.247	100,0	8,5	20.636	100,0	16,7
Alquiladores	168	4,0	20,0	791	3,8	35,4
Distribución (sin alquil.)	4.079	96,0	8,1	19.845	96,2	16,1
TOTAL Mercado	182.986	100,0	-0,2	823.476	100,0	-0,8
TOTAL Alquiladores	35.736	19,5	12,5	135.420	16,4	3,9
TOTAL DISTRIB. (sin alquil.)	147.250	80,5	-2,9	688.056	83,6	-1,6

En este leve descenso han influido especialmente las caídas en turismos (-1,7%) y en derivados de turismo (-6,5%), mientras que la tendencia ha sido significativamente positiva en los demás sectores. A destacar que las bajas acogidas al Plan Prever, en las nuevas condiciones del mismo, han descendido un 26,5% en mayo y un 29,2% hasta mayo. De la misma forma, las ventas a firmas de alquiler (+12,5%) han contribuido especialmente, excepto en derivados, al sostenimiento del mercado global. Como resultado el mercado neto de distribución ha evolucionado sensiblemente peor tanto en turismos (-6,1%) como en el total del mercado (-2,9%). Tras los registros del mes de mayo, el mercado global muestra una disminución del 3,2% en turismos y un 7% en derivados; pero sólo una ligera caída (-0,8%) de la matriculación total de vehículos respecto a los primeros cinco meses de 2006.

Asimismo, tras los resultados de mayo, el mercado neto de distribución ha evolucionado peor que el mercado global, tanto en turismos (-4,8%) como en el total de vehículos (-1,6%).

14.7. Los precios en el mercado del automóvil

José Armenteros. Ingeniero industrial. Consultor de Monitor Set

Según el INE, en el conjunto del año 2005 —al igual que ocurrió en 2004— los automóviles, sus repuestos y los seguros aumentaron sus precios menos que el IPC general, con lo que siguieron abaratándose relativamente. Por el contrario se encarecieron significativamente los servicios de mantenimiento y reparación, así como los carburantes y lubricantes.

A lo largo del año 2006 se volvió a apreciar que mientras los servicios de mantenimiento y reparación continuaron evolucionando por encima del IPC, los precios efectivos de los automóviles y sus repuestos, así como los seguros del automóvil, lo hicieron por debajo de la inflación general.

En el periodo enero-abril de 2007, todos los sectores excepto automóviles (+1,7%), carburantes y lubricantes (-3,4%) y seguros (+2,3%) se han movido por encima del IPC general (+2,4%), destacando al alza los servicios de mantenimiento y reparación y de otros servicios del automóvil, así como repuestos y accesorios, mientras que, especialmente, carburantes y lubricantes han frenado la inflación general.

Con ello, los precios reales de los carburantes (descontado el IPC) han sido en media un 3% más bajos que en 2006, aunque han repuntado fuertemente al alza desde el mes de marzo, con lo que se han visto mitigados también los efectos desfavorables sobre la evolución de la economía en general y del mercado del automóvil en particular.

Ipc— índices de precios del mercado del automóvil. (**Base 2005 = 100**)

Mes: abril 2007		**% Variación**		
	ÍNDICE DEL MES	MENSUAL	INTERANUAL	MEDIA
Automóviles	101,8	0,0	2,0	1,7
Repuestos y accesorios	103,3	0,6	4,0	4,1
Servi. mant. y reparación	104,5	0,6	4,5	4,9
Otros servicios del autom.	103,9	0,6	4,0	4,1
Carburantes y lubricantes	99,4	3,3	-2,8	-3,4
Seguros del automóvil	101,8	0,0	2,1	2,3
IPC-General	102,7	1,4	2,4	2,4

Facturación efectiva del mercado neto. Turismos y todoterrenos.

	Mayo-2007	**Acum. 2007**
Ventas distribución	-4,2%	-2,8%
MIX (coche medio)	1,1%	1,6%
Precio Autom. (INE)	1,8%	1,7%
Fact. Efectiva Distribución	-1,4%	0,4%
Fact. Efectiva Real (1)	-3,7%	-2,0%

(1)— Descontada la inflación (IPC)

En términos monetarios, la facturación efectiva del mercado neto en la distribución de turismos y todoterrenos se estima que ha estado en los primeros cinco o seis meses de 2007 tan sólo un 0,4% por encima de la de igual periodo de 2006, debido a que el descenso en un 2,8% en las unidades vendidas ha podido ser compensado por la subida en un 3,3% del precio medio.

En términos reales, descontando la inflación (IPC), la facturación efectiva cae hasta mayo 2007 un 2%, frente al práctico estancamiento registrado en el conjunto del año 2006 y al aumento del 4,8% en que creció la facturación efectiva real en el conjunto del año 2005.

15. AGENCIAS DE PUBLICIDAD

15.1. La publicidad ilícita: regulación publicitaria

Manuela Saco Vázquez. Profesora de la Universidad CEU San Pablo

El sector publicitario está fuertemente regulado en la mayor parte de los países, dentro de un marco de actuación definido por dos tipos de normas. Las normas jurídicas, que configuran el derecho de la publicidad, que hacen referencia, por un lado, a la normativa comunitaria, y por otro, a la normativa estatal española. Y en segundo lugar, las normas de carácter ético, que consisten en la aceptación voluntaria de las mismas por parte de los diversos colectivos que participan en la actividad publicitaria: anunciantes, agencias de publicidad y medios de comunicación; se denominan normas de autorregulación publicitaria y actualmente en España están detentadas por la Asociación de Autocontrol de la Publicidad (AAP) (13 de junio de 1995). El fin social de esta institución es velar por el cumplimiento de las normas legales y éticas que regulan o regulen la publicidad con su comunicación comercial y la idoneidad y veracidad de sus mensajes orales, escritos y por imágenes.

El derecho de la publicidad es un sector del ordenamiento extraordinariamente vivo, por ello, en materia de regulación publicitaria, aparecen con frecuencia nuevas normas. En España, las primeras normas jurídicas relativas a la publicidad aparecen en 1902 con la Ley sobre la Propiedad Industrial. En 1964 se promulga el Estatuto de la Publicidad, que es la primera ley específica de publicidad. Este estatuto fue perdiendo validez, por lo que en 1988 fue derogado por la Ley General de Publicidad.

En esta ley se define la publicidad ilícita como aquella publicidad que atenta contra la dignidad de las personas, la publicidad engañosa, la publicidad desleal, la publicidad subliminal y, finalmente, la publicidad que infrinja lo dispuesto en la normativa que regule la publicidad de determinados productos, bienes, actividades o servicios. En 2004, esta ley ha sido modificada para introducir nuevas normas relativas a los tipos de publicidad ilícita, concretamente a la publicidad comparativa y a la que atenta contra la dignidad de las personas haciendo especial hincapié en la publicidad que vulnera la dignidad de la mujer.

Por otra parte, el Código Penal (Ley Orgánica 10/1995) establece que serán castigados con la pena de prisión de seis meses a un año o multa a los fabricantes o comerciantes que, en sus ofertas o publicidad de productos, hiciesen alegaciones falsas de modo que puedan causar un perjuicio grave y manifiesto a los consumidores.

Dentro de las normas de carácter especial, también cabe destacar en materia de legislación publicitaria, la creación de la Ley de Servicios de la Sociedad de la Información y del Comercio Electrónico, que regula, entre otras cosas, la publicidad en Internet; así como la Ley contra la Violencia de Género de 2004.

En lo que respecta a la normativa comunitaria, para todos los Estados miembros rige la denominada Ley de Televisión sin fronteras, modificada por la Directiva 97/36/CE. En este proyecto de modificación aparte de la publicidad y el patrocinio televisivo, se da también un tratamiento específico a la televenta como fenómeno distinto de la publicidad y se califican los anuncios de autopromoción como una forma de publicidad. Además de estos formatos también se regula el tiempo de transmisión dedicado a anuncios publicitarios, de televenta o a otras formas de publicidad, que no debe rebasar el 20% del tiempo de transmisión diario. El tiempo de transmisión de anuncios publicitarios exclusivamente no rebasará el 15% del tiempo de transmisión diarios. Por otra parte, también se considera publicidad ilícita la publicidad encubierta o *product placement*, que es la presentación intencionada de productos y marcas a cambio de una remuneración, que pueda inducir al público a error. Y con esta ley, tampoco podrán patrocinarse telediarios ni emisiones de actualidad política.

15.2. Publicidad no convencional en televisión

Eva Marina Reinares Lara. Profesora de la Universidad Rey Juan Carlos

Una aproximación a la realidad de la comunicación comercial en nuestro país evidencia la importancia estratégica que para los agentes que conforman el mercado publicitario tiene en la actualidad utilizar formas comunicacionales alternativas a la publicidad tradicional dentro del medio televisión.

Las formas publicitarias no convencionales en televisión se pueden definir, por delimitación, como todas aquellas tipologías de comunicación comercial que utilizan el medio de forma diferente al uso convencional consistente en la utilización del espacio publicitario y sus diferentes duraciones para insertar *spots*.

En la actualidad se pueden identificar una gran variedad de tipologías publicitarias no convencionales con características, gestión y objetivos comunicacionales bien distintos del *spot* tradicional, como son las caretas de patrocinio, telepromociones, microprogramas, anuncios y programas de televenta, *barter*, *product placemet*, sobreimpresiones, televisión interactiva o publirreportajes, entre otras.

La aparición de estos formatos a principios de los años noventa supuso un revulsivo en el medio cuyos efectos no se han estudiado suficientemente.

El desarrollo de estas tipologías está propiciado por los excelentes resultados comunicacionales que consiguen en un contexto como el actual, de medios saturados y, en algunos casos, ineficaces.

Los argumentos que demuestran la gran relevancia de estas formas hacen referencia a cifras crecientes de facturación en los operadores, inversiones cada vez mayores de un número también mayor de anunciantes, estudios, parcialmente concluyentes, respecto a la eficacia de estas tipologías, o al panorama enormemente dinámico en el que formas hoy vigentes darán paso a corto plazo a otras aún más novedosas.

Todo ello invita a reflexionar sobre sus implicaciones tácticas y estratégicas dentro de la política de comunicación comercial de una compañía. Así cabe señalar:

- —La efectividad potencial de formatos novedosos, por lo que suponen de ruptura frente a formas de comunicación convencionales que, aun permaneciendo vigentes, cada vez tienen más dificultad para captar y retener la atención del espectador. Estas técnicas evolucionan rápidamente como un elemento más de competencia usado por cadenas y anunciantes.
- —Estas formas suponen en muchos casos la ruptura de las tradicionales fronteras existentes entre los contenidos estrictamente publicitarios y los informativos o de entretenimiento, con lo que consiguen flexibilizar las barreras con las que las audiencias masivas se enfrentan a argumentos publicitarios.
- —Aumentan las posibilidades de presencia de marcas en pantalla, optimizando toda la parrilla de programación, no sólo los cortes publicitarios, como soporte de comunicación comercial.
- —Correctamente gestionadas son una alternativa a las formas publicitarias y comunicacionales ya existentes, puesto que posibilitan la singularización de la marca dentro de un contexto mediático en muchas ocasiones indiferenciado.
- —Algunos estudios realizados por anunciantes demuestran positivamente la asociación de valores concretos de un programa con el producto-marca presente publicitariamente en él, y que el público objetivo acaba relacionando por afinidad. Éste es un elemento de compleja gestión y análisis, que destaca por encima de otros beneficios más evidentes.
- —Mientras que el *spot* presenta una rigidez formal, estos formatos admiten gran variedad de opciones y una gran creatividad en la adecuación a las

necesidades de comunicación comercial del anunciante y a los condicionantes de programación y audiencia.

En conclusión, las formas no convencionales presentan diferencias significativas para los anunciantes respecto a la publicidad convencional. En suma se trata de notoriedad y diferenciación del resto de propuestas publicitarias.

15.3. Control de la eficacia publicitaria

Manuela Saco Vázquez. Profesora de la Universidad CEU San Pablo

Los criterios para medir la eficacia de una campaña, lógicamente, deben estar en consonancia con los objetivos publicitarios. Teniendo en cuenta este aspecto, el control de la eficacia publicitaria puede plantearse en dos momentos diferentes: antes de lanzar el anuncio, *pretest* y después de realizada la campaña, *postest*. En función de este criterio, existen una gran variedad de técnicas utilizadas por las empresas que las podemos clasificar en: cognitiva (atención, conocimiento, recuerdo), afectiva (preferencia, nivel de agrado) y conativa (prueba del producto, fidelidad, incremento de uso).

En los últimos años, el número de campañas publicitarias se ha incrementado notablemente, provocando que la evaluación de la eficacia de la publicidad se conforme como un elemento clave para determinar si se han logrado o no los objetivos establecidos y, a la vez, fijar el grado en que las inversiones publicitarias se han rentabilizado y asegurar con una mayor probabilidad el éxito de las campañas.

En la actualidad, sin embargo, los presupuestos destinados al control publicitario son insuficientes todavía en el ámbito empresarial. Las agencias de menor dimensión no realizan este tipo de estudios por sus elevados costes y los reducidos presupuestos de los que disponen sus anunciantes para realizar las campañas.

Cuanto más amplio es el ámbito de actuación y el número de clientes de las agencias publicitarias, mayor preocupación manifiestan por la problemática del control publicitario, y lo que buscan fundamentalmente es llevar a cabo un seguimiento de la evolución de la campaña, obtener una mayor información para la realización de campañas futuras y valorar la consecución de los objetivos establecidos. Se pueden distinguir tres formas principales de medida de la eficacia publicitaria:

- —Medir la eficacia de la planificación de medios: que consiste en determinar la eficacia de los diferentes medios y soportes publicitarios para hacer llegar el mensaje a la población objetivo.
- —Medir la eficacia del mensaje: buscando la sintonía del mensaje (contenido y creatividad) con la predisposición hacia el mismo de la población objetivo, con relación a su adecuación del mensaje a los intereses personales, utilización de un código adecuado en la construcción del anuncio y repetición de los contactos.

—Medir la eficacia global de la campaña: ya que los efectos de una campaña dependen simultáneamente de los anuncios (mensajes), de los medios (soportes) y del calendario de difusión de los anuncios en los medios. La eficacia global de una campaña se mide a través de los siguientes parámetros:
  - Adecuada determinación del público objetivo, sus relaciones con el producto y sus características definitivas. Un anuncio publicitario sobre campamentos de verano para niños estará insertado adecuadamente en el periódico *Padres y Colegios,* líder de publicaciones para familias.
  - Correcta identificación de las necesidades, motivaciones y/o frenos, actitudes, imágenes del producto y de las diferentes marcas, oportunidades de consumo de los compradores potenciales. La ropa se presenta mejor de forma visual, el medio más adecuado para este fin, podría ser la televisión o las revistas especializadas.
  - Eficiente selección de los medios y soportes a utilizar en la campaña. El planificador de medios se encuentra con un amplio abanico de posibilidades, por lo que debe seleccionar en primer lugar el tipo de medio; en segundo, el soporte, y en tercero, la forma publicitaria. El empleo de los modelos matemáticos de evaluación y optimización de planes de medios constituye una herramienta eficaz en este proceso.
  - Número suficiente de exposiciones del público objetivo a la campaña publicitaria. Un anuncio publicitario sólo puede llegar a tener efecto si se recuerda.

15.4. La salud publicitaria del medio televisión

Pedro Reinares Lara. Profesora de la Universidad Rey Juan Carlos

Planificar una campaña por televisión requiere, además de experiencia, recursos, imaginación y una visión analítica continuada, una adecuada comprensión de sus potenciales limitaciones.

La televisión tiene unas características que la hacen imprescindible en determinadas estrategias de comunicación, mientras que su actual entorno competitivo implica unas limitaciones intrínsecas que constituyen una auténtica pesadilla para la figura del planificador. La atomización de las audiencias, el *zapping,* la saturación, la contraprogramación o el ruido publicitario son fenómenos consolidados que inevitablemente cuestionan si la televisión sigue siendo el medio de comunicación más efectivo para construir una marca, lanzar un producto o desarrollar estrategias de comunicación o *marketing* masivas.

Sin embargo, las cifras evidencian la confianza de los anunciantes en este medio. La televisión sigue siendo el primer medio por volumen de negocio, llegando a alcanzar el 44,5% de la cifra total de los medios convencionales. El incremento que ha experimentado en 2006 ha sido del 7,8%, situándose en 3.181 millones de euros, frente a los 2.951,4 millones del año anterior.

Hechas estas consideraciones acerca de la buena salud económica del medio, conviene reflexionar, a pesar de los problemas referenciados, ¿qué cualidades hacen imprescindible su utilización en las estrategias de comunicación?:

El alcance: no existe otro medio que permita contactar con prácticamente el conjunto de la población española (92%). Con este elevado alcance es sencillo, después de realizar discriminaciones sociodemográficas, disponer de una base de audiencia cuantificada en millones de personas.

El alto nivel de cobertura: no existe ningún medio que con solamente una inserción se pueda garantizar el alcance de un alto porcentaje del público objetivo. A pesar de los nuevos canales competidores todavía son posibles coberturas del 25% del total de la audiencia con una inserción en *prime time*.

La televisión permite la mejor relación inversión y notoriedad conseguida: según distintas fuentes proporciona entre tres y cuatro veces más puntos de notoriedad que los obtenidos con un gasto equivalente en otros medios.

Asociaciones cualitativas: nadie pone en duda que existe una transferencia entre los contenidos del medio y las marcas y productos que utilizan el espacio publicitario ofertado. Un buen ejemplo serían las asociaciones creadas mediante una utilización adecuada de los patrocinios televisivos.

Coste por contacto favorable: la relación varía en función de con qué medio se compare, pero por ejemplo un GRP de revistas puede costar entre 5 y 10 veces más que la misma audiencia en televisión.

Competencia entre los soportes: La Cuatro, La Sexta, nuevas autonómicas, cable, TDT, etc. Con este mercado tan dinámico no sorprende que la competencia en oferta comercial aumente el atractivo de la oferta publicitaria.

La calidad de la investigación centrada en el medio: los verdaderos árbitros del sistema publicitario español, las centrales, integran complejos departamentos de investigación, centrados casi de forma exclusiva en comprender la eficacia del medio.

Los departamentos comerciales de las cadenas: formados por especialistas muy cualificados para ofrecer soluciones de comunicación a los anunciantes.

La innovación en formatos publicitarios: las formas publicitarias no convencionales lejos de consolidarse transforman en ventajas las limitaciones del medio. El reciente entorno legal europeo del medio abre nuevas posibilidades de uso creativo de los soportes televisivos.

Con estos argumentos las elevadas inversiones de los anunciantes son más que nunca decisiones guiadas por el pragmatismo.

15.5. Objetivos de la planificación publicitaria

Aránzazu Mielgo Álvarez. Profesora de la Universidad CEU San Pablo

Los objetivos en un plan de *marketing* están relacionados directamente con la consecución de un incremento en las ventas de una serie de productos o servicios y asimismo con el intento de proyectar y crear una imagen positiva de la empresa anunciante en la mente de los posibles consumidores.

En el plan de comunicación se persiguen, en cambio, objetivos más específicos que podrán variar en función de distintos factores, como puede ser la fase de vida en la que se encuentre el producto anunciado. Uno de estos objetivos suele ser la consecución de un cierto grado de notoriedad para el producto que protagoniza nuestro diálogo comunicativo. Un ejemplo de comunicación realizada con este propósito es la campaña publicitaria que nos ofreció la firma sueca de automóviles Volvo para el lanzamiento del modelo S40. En el *spot* realizado por el director de cine Spike Jonze, que tenía como escenario el pueblo sueco de Dälaro, se intentaba buscar una respuesta lógica a la extraña coincidencia de que 32 familias de esta pequeña población compraran el Volvo S40 en un único concesionario y en un mismo día. Este anuncio, realizado tanto en formato cine como televisivo, nos relataba este suceso mientras una campaña *online* y de medios gráficos terminaban de despertar la atención de la audiencia sobre el caso. Con este tipo de campañas, que se suele utilizar principalmente en la etapa de lanzamiento de un nuevo producto, se intenta que el público comente el anuncio durante un tiempo y consiga la notoriedad deseada para ese nuevo producto o servicio.

Además del objetivo de notoriedad existen otros, como el consistente en ofrecer información acerca de nuestro producto-servicio, y que está relacionado de un modo más directo con la función o necesidad de informar al margen de las de persuadir y recordar, propias del proceso de comunicación. Así, los receptores, una vez que obtengan la información suficiente, tal vez lleguen a sentir una predilección o sentimiento favorable hacia la organización empresarial anunciante y hacia su cartera de productos o servicios. No existen reglas fijas que expliquen cómo se consigue este estadio sensorial, pero algunos estudios realizados en este sentido desvelan que es común la existencia de cierta simpatía por los productos anunciados en tono de humor, ya que logran conectar mejor con el público, y también por los que resultan más originales, debido a que potencian una buena imagen de marca. De esta forma es posible que generemos confianza y gusto en nuestros receptores de la comunicación, de modo que se sientan lo suficientemente incitados para llevar a cabo la acción o compra.

Lo habitual es que no exista un único objetivo en el horizonte, sino más bien el deseo de cumplir varios fines simultáneamente bajo un mismo plan, y que éstos también guarden en el futuro una relación prácticamente directa con las etapas o ciclos de vida del producto. No se busca cumplir los mismos objetivos, en la etapa de lanzamiento que en la de madurez.

A pesar de que, como hemos visto, intervienen diferentes factores en la fijación de los objetivos, todos ellos han de ser cuantificables y medibles para que, cuando acometamos la fase de control de nuestro plan, estemos en disposición de evaluar la campaña de comunicación realizada.

Por lo tanto, podemos concluir señalando que a la delimitación de los fines perseguidos con nuestro plan hemos de sumar la obligatoriedad de que éste sea coherente con el resto de la estrategia de *marketing*, utilizando para ello aquellos instrumentos que consideremos más adecuados para alcanzar los objetivos propuestos.

15.6. Publicidad en Internet

Miryam Martínez Martínez. Profesora de la Universidad CEU San Pablo

En la publicidad tradicional, medios como la televisión y la radio transmiten imágenes y mensajes a personas sentadas pasivamente, que pueden prestar atención o no al mensaje; además, la llamada a la acción no se produce de manera inmediata, pues uno tiene que acudir al establecimiento en horario comercial a conseguir más información sobre el producto. Sin embargo, en la publicidad en Internet, no sólo son los consumidores los que buscan los mensajes, sino que, en ocasiones, tienen la posibilidad de establecer una línea de comunicación con la empresa y conocer las respuestas a sus preguntas rápidamente.

Los principales formatos de publicidad *online* son los siguientes:

- —*Banner:* Suele consistir en una imagen gráfica insertada en la *web*. Normalmente incluye texto acompañado de animaciones. Si el usuario cliquea sobre el mismo, se activa un enlace que conduce al sitio *web* del anunciante. La clave de su éxito radica en la sorpresa, la ambigüedad y la curiosidad que despierta, pues un *banner* nunca debe desvelar lo que se encuentra al otro lado sino transmitir cierto carácter enigmático, capaz de llamar la atención y provocar el deseo.
- —Intercambio de *banners:* Cuando varios *websites* están interesados en intercambiar sus *banners*, pueden hacerlo ellos mismos, o bien acudir a una empresa especializada en este tipo de intercambios, pues el problema fundamental radica en encontrar sitios *web* cuyo público objetivo sea similar al de la empresa que desea anunciarse.
- —Botón: es un espacio publicitario estático, similar al *banner* pero de menores dimensiones, por lo general de formato cuadrado.
- —*Interstitial:* se trata de una página *web* inicial que aprovecha los instantes de descarga de la página solicitada, para ocupar la pantalla con un mensaje publicitario. Su duración es de 5 a 10 segundos; el internauta juega un papel pasivo, ya que aparece en la pantalla sin previo aviso y sin posibilidad de interrumpir su visualización.

—*Pop up/under windows* o ventanas desplegables: aparecen en forma de segunda ventana cuando el usuario descarga una página, si bien, en este caso, existe la posibilidad de cerrar la ventana e interrumpir la visualización.
—*Layers:* son figuras animadas que aparecen en la pantalla a modo de *pop-up*, pueden moverse por la pantalla para llamar la atención del usuario y tienen un *link* directo a la página del anunciante.
—Rascacielos: es un espacio publicitario de formato vertical y posición fija, ubicado estratégicamente en el lado derecho de la página para su pronta visualización.
—*Microsites:* es similar al *banner*, pero al hacer en él, abre otra ventana que remite al sitio original. Resulta mucho más rápido y efectivo al no tener que cambiar de dirección.
—*Roadblock:* consiste en hacer que el usuario pase por una página no solicitada para acceder a los contenidos que desea ver. Al igual que los interstitials y las ventanas desplegables, resultan intrusivos para los usuarios, lo que aumenta el riesgo de generar frustración y sentimientos desfavorables en la navegación si el anuncio no resulta de interés.
—*Product placement:* consiste en ubicar el producto o la marca del anunciante en un vídeo o en un juego interactivo.
—*Bartering:* se basa en el intercambio de espacios y tiempos publicitarios a cambio de los productos del anunciante. En Internet normalmente se intercambian enlaces o *banners*.
—*Spot leasing:* consiste en alquilar espacio publicitario en las páginas de un portal, durante un periodo de tiempo determinado, con el fin de que las empresas introduzcan sus *spots*.
—*E-mail* o correo electrónico: consiste en enviar información de la compañía a una lista de clientes previamente elaborada.

15.7. Publicidad en turismo

Blanca García Henche. Profesora de la Universidad CEU San Pablo

Las empresas y organizaciones turísticas utilizan básicamente los mismos instrumentos promocionales que otros sectores de actividad económica, pero se han de tener en cuenta algunos aspectos diferenciales que afectan al sector turístico:
—El principal problema para las empresas turísticas está en cómo plasmar lo intangible y los múltiples atributos del servicio. Por ello, habitualmente, hay pocas campañas coherentes y constantes.
—Es destacado el papel que desempeñan las Administraciones Públicas en la promoción turística, en particular en el caso de la promoción de zonas

y destinos turísticos. Las acciones de promoción en turismo requieren una estrecha colaboración entre el sector privado y la Administración si se quiere incrementar su efectividad. En este sentido, en turismo han de resaltarse las acciones promocionales cooperativas de pequeños alojamientos y empresas que por medio de asociaciones aúnan sus esfuerzos promocionales en beneficio mutuo. La publicidad turística está, en muchos casos, pagada con los fondos públicos. Los gastos publicitarios son muy altos y, por ello, existen pocas empresas que realizan anuncios individuales, únicamente los grandes grupos hoteleros, de distribución y de transporte.

—Destaca el mayor peso específico de determinadas actividades promocionales como las ferias turísticas, las relaciones con periodistas, por el gran impacto positivo de los artículos en revistas y los reportajes en televisión y el material impreso (folletos, catálogos, etc.).

—La publicidad tiene un peso relativo menor en el sector turístico en comparación con otros sectores de bienes de consumo (Bigné, 1996).

—Es destacable que, sin ninguna duda, la mejor promoción en turismo son las opiniones favorables de familiares y amigos. La mayoría de las investigaciones confirman la importancia de las opiniones y recomendaciones de familiares y amigos (el boca a boca) como fuente de información más importante, tanto a la hora de decidir dónde se viaja como a la hora de planificar el viaje (García Henche, 2006).

A la hora de analizar las campañas publicitarias del sector turístico se ha de distinguir si la campaña es de destino turístico y, por tanto, normalmente realizada por la Administración Pública o si es de empresas, ya que en este caso son las empresas o los pequeños propietarios o asociaciones los que realizan la campaña. En ambos casos los medios publicitarios son distintos. Las Administraciones Públicas utilizan la prensa diaria, los suplementos dominicales, revistas, televisión y la publicidad exterior. El sector privado utiliza especialmente revistas especializadas en turismo, publicidad en libros y guías turísticas, folletos y catálogos, Internet y, en algunos casos, suplementos dominicales de periódicos.

Además de anuncios existe multitud de material promocional impreso en el sector turístico. Solamente hay que dirigirse a una oficina de turismo para darse cuenta de la cantidad y variedad de material impreso que produce el sector turístico (guías turísticas, guías de servicios, mapas, planos y rutas turísticas, revistas, folletos, etc.). De hecho, a pesar de las nuevas tecnologías y del crecimiento de la oferta audiovisual, el material impreso es un instrumento de comunicación indispensable en el sector turístico, cuya efectividad depende de la capacidad de atracción a un público que recibe mucha información, de que el contenido transmita el mensaje adecuado y de que ese contenido se distribuya en el momento y lugar correctos.

15.8. Retos de la publicidad en el sector inmobiliario

Cristina Olarte Pascual. Universidad de La Rioja. Profesora de Marketing Inmobiliario

Se puede definir el sector inmobiliario como un pilar clave de la economía que gozaba de un éxito comercial sin precedentes usando una comunicación anclada en el esquema típico de ventas: una foto, una descripción y un precio. En épocas de crisis los gestores empiezan a pensar que el viejo esquema ya no sirve; hay que analizar qué es y cómo se lleva a cabo el proceso de comunicación comercial inmobiliaria, cuáles son los elementos y cómo difieren entre sí, para posteriormente examinar las principales decisiones que la empresa debe tomar en la elaboración de un programa de comunicación integral que funcione.

Aproximadamente 14.000 millones de euros se dedican anualmente a publicidad, lo que se traduce en una media semanal de 642 impactos sobre cada adulto español. Estos datos colocan a España en el tercer puesto del *ranking* mundial de saturación publicitaria, por detrás de Estados Unidos e Indonesia, con 789 y 728 anuncios, respectivamente. La media mundial es de 484 anuncios vistos a la semana (Initiative, 2006, 1-3). La comunicación es uno de los principales factores que rigen la vida de las sociedades modernas, condiciona su progreso y determina, en muchos casos, las condiciones económicas, políticas, sociales e incluso tecnológicas. Conseguir una imagen corporativa positiva es difícil y tiene un coste elevado, pero resulta rentable al favorecer directamente a la organización ante sus clientes y al proyectar el beneficio de una buena imagen sobre los bienes y servicios que oferta al mercado. Quizá el sector inmobiliario necesite que los profesionales sean conscientes de la importancia de la imagen. Como indicador de esta necesidad sirva de ejemplo un buscador de Internet: «mapa de la corrupción urbanística en España». En él aparecen aproximadamente 132.000 noticias relacionadas (Google, 2007).

El buen director de comunicación realiza una combinación de las diferentes herramientas para alcanzar unos objetivos marcados en el plan de marketing inmobiliario. Los principales instrumentos se clasifican en dos grandes grupos: convencionales (la publicidad en los medios de comunicación de masas) y no convencionales o *below the line (mailing* personal, buzoneo, *marketing* telefónico, regalos publicitarios, PLV, ferias, exposiciones, patrocinio, mecenazgo, anuarios, guías, directorios, catálogos, promoción de ventas, las relaciones públicas, entre muchas otras formas). Cada uno de los instrumentos de comunicación posee unas características distintivas, principalmente en costes, finalidad y orientación pública, que lo hacen más adecuado que otros en función de los objetivos de comunicación establecidos por la dirección.

Actualmente la inversión publicitaria del sector inmobiliario en Internet ha pasado de ser un medio experimental a contar con presupuestos exclusivos dedicados. Según Borrel Associates (2006), los medios *online* superarán en inversión a la prensa escrita en 2009 en Estados Unidos. Internet ofrece a las empresas y a los consumidores nuevas alternativas de interacción e individualización, configurándose como el medio del futuro. En 1998, en EE UU el sector gastó en anuncios en prensa una media de 655 euros por casa vendida. En 2005 la cifra se redujo a 500 euros. La inversión en medios en red pasó de 13,5 euros en 1998 a 175 euros en 2005 (Villaseca; 2006).

El presupuesto publicitario inmobiliario se está ajustando: mientras bajan los importes destinados a folletos gratuitos, carteles y *telemarketing*, suben los correspondientes a periódicos locales especializados e Internet. Los estudios indican que los agentes inmobiliarios valoran Internet como el medio con mejor ratio coste-efectividad y el segundo que más contactos útiles proporciona, tras el contacto personal (Real Estate Advertising; 2006).

Como formas publicitarias convencionales destacan el correo electrónico, la *website*, y el *banner*, no obstante, el avance tecnológico permite que los formatos se renueven con una gran continuidad, dando lugar a diversidad de formatos en constante evolución.

15.9. Relaciones entre agencias de publicidad y anunciantes: criterios de transparencia financiera (Ley Sarbanex-Oxley)

María Sánchez Valle. Universidad CEU San Pablo

La globalización de la economía y, en concreto, la interrelación entre los mercados financieros se hace especialmente visible en el sector publicitario, un mercado marcado por la competitividad, la internacionalización y las relaciones transfronterizas. Estas relaciones van más allá de la creación de campañas y marcas globales y se manifiesta, también, en la regulación del sistema financiero de las agencias.

En este sentido, normativas legales que en principio nacen para un mercado nacional como la Ley Sarbanes-Oxley, surgida en 2002 en Estados Unidos y aplicable a todas las empresas que cotizan en la Bolsa de Nueva York, se convierte en una ley de obligado cumplimiento para las agencias de publicidad asentadas en España que reportan a grupos internacionales.

El origen de esta ley se encuentra en los escándalos financieros como el caso Enron o Parmalat, que hicieron que se perdiera la confianza de los inversores y viene a poner orden en los procedimientos contables y administrativos de las empresas. El objetivo es mejorar la protección de los inversores a través de la divulgación por parte de las empresas de una información financiera exacta y veraz.

Los contenidos de la ley se organizan en 11 títulos que incluyen la creación de una Junta de Supervisión de Firmas de Auditoría o PCAOB (Public Acounting Oversight Board) encargada de vigilar las firmas de auditoría. Además, incrementa las exigencias para garantizar la independencia de los auditores, refuerza la responsabilidad corporativa y establece regulaciones más completas para los comités de auditoría, así como impone a los directivos el deber de certificar la información pública presentada. Por otro lado, se establece la obligación de elaborar un informe de control interno, la publicación de un código de ética para los ejecutivos del área financiera y una serie de medidas para gestionar los conflictos de intereses que pueden surgir cuando los analistas de inversiones recomiendan la compra de determinados títulos.

En la práctica, esta ley ha afectado radicalmente a la relación entre las agencias de publicidad y los anunciantes y, desde el punto de vista de las agencias de publicidad, son precisamente los anunciantes los que han salido mejor parados de la aplicación de esta norma. Valga como ejemplo la necesidad de existencia de contratos firmados tanto con proveedores como con clientes en los que se recojan todas las relaciones financieras que se produzcan entre ellos y que hasta ese momento no era una práctica habitual entre las agencias y los clientes. De esta manera, se evita la existencia de relaciones paralelas que puedan perjudicar en último término al anunciante y se hace hincapié en unas relaciones más transparentes con los agentes implicados en el proceso publicitario.

Otro de los aspectos sobre los que esta norma ha tenido un fuerte impacto es que ha sacudido uno de los pilares más controvertidos en la relación anunciante y agencia; el tema de la remuneración de los servicios de la agencia ha obligado a la empresa de publicidad a emplear un sistema más transparente. En definitiva, la aplicación de esta ley ha supuesto grandes cambios en los departamentos financieros de las agencias, por no hablar de los gastos asociados a la puesta en práctica de esta ley que requiere una inversión en tecnología, *software* y auditorías, entre otros gastos.

Pero no sólo las agencias multinacionales se rigen por criterios de transparencia, sino que el ordenamiento jurídico español, fruto de la misma situación económica que motivó la ley norteamericana, en 2003 incorporó la Ley que modifica el Mercado de Valores y la Ley de Sociedades Anónimas, aplicable a todas las sociedades anónimas que cotizan en la Bolsa de Madrid, con el fin de reforzar la transparencia de las sociedades anónimas cotizadas a través del refuerzo de cuestiones clave como el gobierno corporativo y la divulgación de la información en Internet. Con ésta se persigue incrementar el grado de transparencia de las sociedades y proporcionar mayor estabilidad y seguridad al accionista.

Por tanto, pese al escaso conocimiento de los anunciantes de estas leyes, lo que parece evidente es que a éstos les resulta más interesante trabajar con aquellas agencias que están obligadas a practicar una transparencia financiera. Así, desde el punto de vista de las agencias de publicidad, los grandes beneficiarios de éstas son los anunciantes.

16. MEDIOS DE COMUNICACIÓN

16.1. Los medios ante la convergencia digital

Ramón Salaverría. Universidad de Navarra

«Si las personas quieren información transmitida directamente a sus mentes, crearemos una edición para el córtex cerebral». Esta frase no pasaría de ser una extravagancia si no fuera por que quien la dijo, allá por el año 2002, fue nada menos que Arthur Sulzberger Jr., editor de *The New York Times*. Con ella, por descontado, Sulzberger no anunciaba una nueva modalidad de periódico telepático. En realidad lo que estaba expresando es una idea que comienza a marcar los pasos de los medios de comunicación del siglo XXI: hoy lo de menos es el soporte, lo que importa realmente es el contenido, la información. Incluso para un medio con tanta solera y prestigio en el papel como el *Times*.

Los contenidos, en efecto, circulan de manera cada vez más libre a través de las nuevas plataformas periodísticas. Y con ello, se han comenzado a resquebrajar también las antiguas barreras entre medios, propias de los tiempos analógicos. Hoy día, la versatilidad propiciada por las tecnologías digitales permite un rápido flujo en las organizaciones periodísticas de todo tipo de informaciones, tanto textuales como audiovisuales, a través de los diversos medios y soportes. La prensa se lee en el ordenador. La televisión llega a las pequeñas pantallas de los móviles. La radio no precisa de antenas para ser escuchada. Vivimos, en fin, en la era de la convergencia periodística.

Ante cambios de semejante envergadura, los medios están tomando medidas para acomodarse a este nuevo escenario, donde las reglas tradicionales del negocio periodístico comienzan a no valer. No en vano, en ese cambio les va la vida. Los medios de comunicación están obligados a reinventarse a sí mismos si no quieren perder el papel central en la vida pública del que disfrutaron durante el siglo XX.

Lo que mucha gente ignora, sin embargo, es que esa mutación no está siendo sólo epidérmica. Es decir, no afecta únicamente a los contenidos, la parte más visible de los medios. Por el contrario, la convergencia periodística es un fenómeno que está sucediendo en gran medida intramuros: en los despachos, salas de redacción y departamentos tecnológicos de los medios.

El impacto de la tecnología digital ha desencadenado un proceso de mudanza que afecta a todas las esferas de esos medios: desde su estructura empresarial y modelos de negocio hasta los propios perfiles profesionales de los periodistas, pasando por los procesos productivos, la configuración de las redacciones y hasta la relación con las audiencias. Todo, absolutamente todo, está cambiando.

Esta nueva complejidad del sector de los medios plantea retos que todavía están lejos de haber sido resueltos. Prueba de ello es que los principales foros profesionales del periodismo centran sus debates hoy día precisamente en las fórmulas más adecuadas para gestionar los medios en este nuevo escenario de convergencia y creciente complejidad. Todos nosotros formamos parte de un proyecto de investigación que, con financiación del Ministerio de Educación y Ciencia, pretende arrojar luz sobre los procesos y consecuencias de los actuales fenómenos de convergencia en los medios españoles.

Hay muchas más preguntas que respuestas todavía. Sin embargo, las experiencias de algunos mercados y medios donde ya se ha avanzado en procesos de convergencia dan pistas sobre cómo afrontar este reto empresarial y profesional.

Definiendo la convergencia

La primera pregunta es básica: ¿a qué nos referimos exactamente cuando hablamos de «convergencia periodística»? La cuestión no tiene fácil respuesta, ciertamente. Y es que, depende quién emplee esa expresión (editores, periodistas, desarrolladores de tecnologías...), suele utilizarse con sentidos bien distintos.

La convergencia periodística, en cualquier caso, podemos definirla como un proceso multidimensional que, facilitado por la implantación generalizada de las tecnologías digitales de telecomunicación, afecta al ámbito tecnológico, empresarial, profesional y editorial de los medios de comunicación. Este proceso propicia una integración de herramientas, espacios, métodos de trabajo y lenguajes anteriormente disgregados, de forma que los periodistas elaboran contenidos que se distribuyen a través de múltiples plataformas mediante los lenguajes propios de cada una.

De la mano de la convergencia, nuevas palabras llegan al vocabulario periodístico: multimedia, polivalencia, multiplataforma, movilidad, participación... Y todas ellas apuntan a una nueva forma de concebir la profesión. Nada que ver con las rígidas estructuras de producción, similares a cadenas de montaje, que hasta hace no muchos años sobrevivían en las redacciones y salas de máquinas de numerosos medios, sobre todo impresos. Frente a aquellas jerarquías verticales, ahora triunfan las estructuras orgánicas y horizontales, donde los periodistas asumen cada vez más responsabilidades en la cadena de producción informativa.

Y es que el fenómeno de la convergencia no sólo está contribuyendo a generar nuevos productos periodísticos sino que acarrea, y esto es quizá lo más importante, una nueva forma de *hacer* periodismo. De hecho, incide en distintos niveles: las tecnologías, las empresas, los perfiles profesionales y los propios contenidos. Veámoslos uno por uno.

Tecnologías multimedia

De todos los factores propiciatorios de la convergencia, el tecnológico ha sido hasta ahora el más influyente de todos. No en vano, gracias a la tecnología digital ha sido posible modificar las formas de producción tradicionales del periodismo, así como explorar nuevos tipos de contenidos.

El impacto de las tecnologías digitales en la producción periodística se remonta, por lo menos, hasta los años ochenta. En esa década, en las rotativas de los periódicos comenzaron a implantarse los primeros sistemas de impresión digital. También en las radios y televisiones se incorporaron los primeros aparatos no analógicos. Mientras tanto, las redacciones de un buen número de medios impresos y audiovisuales comenzaron a utilizar por primera vez los ordenadores como herramienta de trabajo habitual.

Al principio, el uso dado por los periodistas a los computadores era puramente ofimático: se empleaban apenas como máquinas de escribir con capacidades avanzadas. Ciertamente, no era poca cosa poder corregir un error tipográfico sin necesidad de pasar por el tormento de reescribir páginas y páginas con papel de calco. Sin embargo, los medios pronto advirtieron que, más allá de esa utilidad tan prosaica, aquellos aparatos con pantalla escondían un potencial mucho mayor.

Además de servir para escribir con agilidad, los ordenadores podían ser empleados también como herramientas de archivo, de acceso a fuentes informativas de agencia, como instrumento de diagramación y hasta como medio de comunicación interpersonal. Todas esas aplicaciones que hoy, en la era de Internet, parecen obvias a cualquiera, eran por entonces posibilidades que estaban por descubrir y que supusieron toda una revolución en los procesos productivos.

La transición de lo analógico a lo digital no ha estado exenta de dificultades y resistencias, sin embargo. Al igual que ha ocurrido en otras profesiones, muchos periodistas se han mostrado tradicionalmente recelosos ante las nuevas tecnologías. Y no sólo hace veinticinco años. También hoy día esta desconfianza sigue viva en un buen número de profesionales de la información, que se resisten a modificar sus rutinas de trabajo de toda la vida.

Con todo, el verdadero salto cualitativo en la producción periodística llegó con la popularización de la *web*. Ideada en entornos académicos a finales de los años ochenta, la *web* se convirtió en una plataforma de uso popular a mediados de los años noventa. Pronto, los medios de comunicación vislumbraron el potencial de aquella novedad.

Tras una efímera trayectoria inicial en redes telemáticas privadas como America Online, Prodigy o Compuserve, unas cuantas decenas de periódicos en el mundo —en Estados Unidos, sobre todo— comenzaron a explorar desde 1994 la posibilidad de publicar sus contenidos en aquella nueva red pública y gratuita: la *web*. España no quedó al margen de esa onda; los primeros diarios españoles se estrenaron en la *web* a principios de 1995 y, para finales de ese año, ya había una decena de títulos accesibles en la Red.

Así, se produjo un círculo virtuoso. El creciente número de usuarios conectados a esa red funcionó como efecto llamada para más medios de comunicación, quienes, interesados por atraer nuevas audiencias, se animaron a estrenar sus respectivas ediciones digitales. Paralelamente, la presencia gratuita en Internet de estas publicaciones —amén de otros sitios de utilidad y contenido diverso, claro está— suscitó el interés de más ciudadanos convencionales por aproximarse a la *web*. Resultado: la multiplicación exponencial de la audiencia de Internet tuvo su correlato en la rápida proliferación de publicaciones digitales. Había nacido un nuevo medio de comunicación... y una nueva audiencia.

La renovación tecnológica no afectó, sin embargo, sólo a los nuevos medios digitales, o cibermedios. Las nuevas tecnologías alcanzaron rápidamente a todos los periodistas, sin distinción de medio o especialidad.

Aunque, aun a finales de los años 1990, numerosos directivos de medios se resistían a que sus periodistas tuvieran acceso a la Red por miedo a que la utilizaran para «perder el tiempo», la evidencia se impuso e Internet se convirtió rápidamente en una pieza angular del proceso de producción periodística en cualquier medio. Gracias a sus cada vez más precisos buscadores, Internet se había convertido en una fuente de documentación, de información actualizada, de aplicaciones interactivas, de recursos multimedia y hasta en un escaparate de modelos que imitar. Esto desencadenó una mudanza en los procesos de producción de todos los medios y, en particular, de aquellos con redacciones más nutridas, como los periódicos. Esa mudanza es lo que hoy denominamos convergencia.

Paralelamente, también en la radio y la televisión se fueron generalizando las tecnologías digitales, primero en los procesos de producción y, más tarde, también en los de recepción. De hecho, las tecnologías digitales de televisión se implantaron con gran éxito entre el público, tanto en los hogares (reproductores DVD, discos duros TiVo, pantallas planas, la TDT, más recientemente la IPTV...) como en los bolsillos (iPod, teléfonos móviles 3G, el iPhone...).

Todo este proceso ha provocado una hibridación de los medios con tal rapidez que, hoy día, nos planteamos preguntas como las siguientes: ¿dónde acaba la televisión y empieza Internet? ¿Escuchar programas de radio en un reproductor MP3 sigue siendo radio? ¿Cabe hablar de periódicos digitales en un entorno como la Red, donde la información se actualiza continuamente?

Diversificación y concentración empresarial

Los profundos cambios tecnológicos han repercutido, como era de esperar, en otras esferas de los medios. Una de las más afectadas ha sido la propia configuración empresarial de las compañías de medios de comunicación. En la actualidad, el perfil de estas empresas se caracteriza por dos tendencias: la diversificación mediática y la concentración productiva.

La diversificación mediática tiene un sinfín de ejemplos, tanto en empresas privadas como públicas. Multinacionales de la comunicación como News Corporation, Pearson, The New York Times Co. O, en nuestro país, compañías como Prisa, Vocento o el Grupo Zeta, entre muchas otras, son ejemplos de esta estrategia. Todas ellas comparten un denominador común: pretenden estar presentes en todos los escenarios del mercado de la información y el entretenimiento. Así, promueven (o adquieren) proyectos en el mercado de la prensa, la radio, la televisión, Internet, la producción y distribución audiovisual, el negocio editorial, las agencias de noticias, los móviles... En un contexto de audiencias cada vez más fragmentadas, las empresas periodísticas de todo el mundo se esfuerzan por convertirse en multiplataforma.

Por su parte, la tendencia a la concentración productiva es mucho más reciente. Nace del deseo de optimizar la productividad de estas grandes industrias de los contenidos.

Una de las formas más en boga de multiplicar esa capacidad de producción es la implantación en los medios de la llamada «convergencia de redacciones». Se trata de un fenómeno que consiste en la unificación de equipos redaccionales previamente disgregados, con el objetivo de que el nuevo equipo único produzca contenidos simultáneamente para diversas plataformas o medios.

La convergencia de redacciones es, ciertamente, el fenómeno de moda en las organizaciones periodísticas de todo el mundo. Reviviendo el lema mosquetero de «uno para todos, todos para uno», cada vez más compañías remodelan sus instalaciones con el fin de integrar en un solo entorno de trabajo y, a menudo, bajo un mando editorial único, sus operaciones en diversas plataformas.

En los últimos tiempos, en efecto, proliferan los ejemplos de esta tendencia. Hoy por hoy, quizá el caso más destacado sea el del *Daily Telegraph* londinense. Este diario ha estrenado recientemente una emblemática redacción, estructurada en forma de estrella, en cuyo centro se sitúa una mesa editorial desde la que se coordinan simultáneamente sus actividades para el papel y la *web*.

Pero el *Telegraph* no es el único ni, desde luego, el primero en tomar ese tipo de medidas. Antes ha habido ejemplos como el del Tampa News Center, un proyecto puesto en marcha en el año 2000 en esa ciudad del oeste de Florida. Allí, la compañía Media General, propietaria del principal diario local *(Tampa Tribune)*, así como de una emisora local de televisión y de un portal de noticias y ocio (TBO.com), construyó un edificio en el que reunió a las redacciones de esos tres medios. Lo más destacado, con todo, fue la forma en que aquellos tres medios pasaban a organizarse entre sí: a través de una «mesa de coordinación multimedia». Desde hace ya siete años, esa base única de operaciones viene planificando, a menudo por separado pero cada vez más en conjunto, las coberturas informativas de cada uno de los tres medios.

Varios colosos del periodismo anglosajón han comenzado a sumarse últimamente a esta tendencia de integrar las redacciones impresa y digital. A lo largo del último año y medio, han adoptado un modelo de redacción integrada grandes cabeceras como *The Times*, *The Boston Globe*, *USA Today*, *The Wall Street Journal* y *Financial Times*, entre otras, aunque cada una lo ha hecho con sus peculiaridades. Precisamente el director del rotativo económico británico, Lionel Barber, al presentar el nuevo modelo ante sus periodistas, señalaba el sentido último de la nueva organización de redacción única: «Los cambios están diseñados para reducir cualquier tipo de duplicidad en nuestra estructura actual y en nuestros procesos, así como para simplificar y racionalizar nuestras operaciones editoriales. Tomados en conjunto, situarán a la *web* en el centro de nuestra redacción». Internet como eje editorial, ése es el nuevo modelo de *Financial Times*.

¿Y en España? También comienzan a darse pasos en ese sentido, aunque muy tímidamente todavía.

El diario gratuito *20 Minutos* ha sido, desde finales de 2006, uno de los pioneros en nuestro país en abrir un proceso de convergencia de redacciones. Desde entonces ha iniciado un proceso de reorganización del trabajo de sus redactores, haciendo que trabajen indistintamente para las ediciones impresa y digital. Antes, corporaciones regionales como el gallego Grupo Voz ya habían puesto en marcha proyectos de multiplataforma a escala local. También Vocento, cabeza visible de la prensa regional en España, además de implantar conglomerados de multimedios a escala local, había puesto en marcha una redacción centralizada para nutrir a las *webs* del grupo. Y, por descontado, otros grandes grupos de comunicación también han explorado diversas fórmulas de coordinación entre sus medios impresos, audiovisuales y digitales.

Quien más quien menos, todos los grupos de comunicación sopesan hoy día cómo coordinar sus medios de la manera más eficaz y productiva. El debate, de hecho, está tanto en los despachos como en las redacciones. ¿Acaso basta con una simple promoción combinada de los diversos medios? ¿Tal vez convenga coordinar los productos informativos? O, llegados al extremo, ¿no será quizá más lógico reunir en una sola todas las redacciones?

Demasiadas incógnitas y poca experiencia todavía. Probablemente por eso, aún en 2007 ningún medio español ha implantado todavía modelos de organización productiva tan audaces como los de ciertos medios anglosajones. El tiempo dirá si esas mudanzas en las salas de redacción se generalizan en el futuro.

Otra cosa ocurre con los periodistas, en quienes la polivalencia comienza a ser un rasgo cada vez más común.

¿Periodistas multimedia?

Los tiempos en que un periodista podía ser definido por su herramienta cotidiana de trabajo comienzan a quedar en el olvido. No hace mucho tiempo, sin embargo, esto era la norma. El periodista que trabajaba ante una máquina de escribir era un redactor. Quien tomaba imágenes tras una cámara fotográfica o de televisión era un cámara. Y quien se sentaba para relatar noticias ante un micrófono era un locutor.

Hoy día por el contrario, si bien esos perfiles siguen siendo reconocibles en las redacciones, en ciertos medios emerge un nuevo tipo de periodista polivalente que tan pronto escribe como toma fotografías o graba y edita sonidos y vídeos. Es la figura de lo que algunos han bautizado como el «periodista multimedia».

De hecho, comienza a haber algunos de renombre. Uno de ellos es Kevin Sites, periodista norteamericano que se hizo conocido como reportero para la CNN durante la invasión de Iraq en 2003, simultaneando ese trabajo con la edición diaria de un *blog* personal. Tras ese trabajo, Sites fue contratado por el portal Yahoo! para cubrir los principales conflictos de los cinco continentes en un proyecto denominado *Kevin Sites in the Hotzone* (http://hotzone.yahoo.com), donde a lo largo de un año publicó informaciones y reportajes transmitidos día a día desde cada uno de los 20 lugares escogidos, con textos, fotografías, sonidos y vídeos elaborados y editados *in situ* por el propio Sites.

Sin embargo, la posibilidad de que la figura de este tipo de *periodista-orquesta* se generalice plantea dudas a no pocos analistas de la profesión. Se cree que puede ser la excepción, pero desde luego no la regla. No en vano, como nos recuerda el refranero, quien mucho abarca, poco aprieta. Y, por tanto, una deriva alocada hacia la polivalencia profesional como forma de multiplicar la productividad puede producir un efecto perverso: el medio que apueste por ese tipo de condiciones de trabajo sufrirá una merma de calidad tan considerable que finalmente perderá interés y credibilidad para el público. El tiro le habrá salido por la culata.

Como afirma Juan Varela, director de *ADN.es*, uno de los últimos diarios digitales lanzados en España, «lo que es multimedia es una redacción, no sus periodistas». Dicho de otro modo: son las organizaciones periodísticas las que están obligadas a mudar sus estructuras y flujos de producción para acomodarse al nuevo entorno multiplataforma, en lugar de hacer recaer en los periodistas toda la polivalencia.

Ahora bien, los propios periodistas comienzan a darse cuenta de que, polivalentes o no, su forma de trabajar ya no podrá ser la que era.

En primer lugar, porque el modelo de trabajo cíclico propio de los periódicos tradicionales está dando paso a un nuevo tipo de periodismo de «cierre continuo», propiciado por los medios audiovisuales y, sobre todo, por Internet. Si la demanda de información es continua por parte del público, también lo es obligatoriamente para quienes la producen. Y esto exige modificar ciclos de producción periodística perpetuados durante décadas.

En segundo lugar, porque los periodistas pueden tener otros tipos de polivalencia, más allá de la mediática. El nuevo «periodista multimedia» no es necesariamente aquel profesional que escribe textos y produce piezas sonoras y de vídeo para difundirlas, a continuación, a través de medios tanto impresos, como audiovisuales e interactivos. Hacer bien tal cantidad de disciplinas, hoy por hoy, sólo está al alcance de hipotéticos periodistas como Kevin Sites o... Clark Kent (en efecto, el reportero *álter ego* de Superman). En cambio, en las redacciones se extiende una nueva estirpe de periodistas «digitales», cada vez más avezados en el uso profesional de buscadores y bases de datos, en la participación en redes sociales digitales, en el aprovechamiento de recursos de la llamada Web 2.0... Periodistas, en fin, que suman a las tradicionales destrezas investigadoras, redaccionales y editoriales de toda la vida, nuevos conocimientos derivados de la propia Red. Ésa es su nueva polivalencia.

Por último, otro factor de cambio para los periodistas es el tipo de contenidos que comienzan a ofrecer los medios. Hoy los medios cada vez reclaman mayores dosis de multimedialidad. Y es que el público, sobre todo el de las generaciones más jóvenes, se está acostumbrando a formas de información cada vez más visuales. En Internet proliferan las informaciones que recurren no sólo al texto como recurso comunicativo, sino también a las imágenes, infográficos, grabaciones de sonido y vídeos. Y esto genera una creciente demanda de contenidos gráficos y sonoros.

Muchos de esos contenidos audiovisuales, sobre todo los más especializados, deberán seguir siendo elaborados por profesionales específicamente cualificados para ello (fotógrafos, camarógrafos, técnicos de sonido...). Nadie duda de que hacen falta especialistas para fotografiar con precisión una carrera de cien metros lisos o grabar con claridad el gorjear de unas aves en una marisma. Sin embargo, muchas de las imágenes y sonidos con utilidad periodística no requieren de tal pericia técnica: pensemos, por ejemplo, en las incontables ruedas de prensa o en las encuestas callejeras. Hoy por hoy, gracias a las cámaras y grabadoras digitales, cualquier persona con un mínimo de entrenamiento puede fotografiar y grabar ese tipo de cosas con calidad razonable. Y no sólo tomarlas, también editarlas y publicarlas. Así lo demuestran a diario millones de *bloggers*. El tiempo dirá si, como parece, eso que ya es común entre los usuarios convencionales de Internet se convierte también en práctica extendida entre los periodistas profesionales.

Hacia un lenguaje ciberperiodístico

Si han cambiado las tecnologías, los medios y los perfiles profesionales, era de esperar que mudaran también los lenguajes del periodismo. Y así está ocurriendo, aunque todavía de manera más modesta que en las otras tres esferas.

La renovación en los géneros periodísticos, caracterizada por una creciente convergencia e hibridación de formatos, está teniendo a los medios de Internet como su principal escenario. Los cibermedios han comenzado a diseñar un lenguaje propio que aspira a aprovechar las posibilidades propiciadas por la nueva plataforma digital. ¿Y cuáles son las características de ese nuevo lenguaje periodístico? Esencialmente, tres: multimedialidad, hipertextualidad e interactividad.

Por las características de sus respectivos soportes, la prensa, la radio y la televisión no han contado históricamente con la posibilidad de difundir informaciones hipertextuales, multimedia e interactivas. Para conseguirlo, era necesaria una condición tecnológica añadida: un soporte digital y la posibilidad de conectar a los interlocutores del proceso comunicativo (periodistas y público) mediante redes. De ahí que haya sido en la última década, a raíz del crecimiento exponencial de Internet, que han comenzado a darse estos pasos en pos de un nuevo lenguaje ciberperiodístico.

Esa mudanza lingüística es el último eslabón en la cadena de fenómenos de convergencia que afectan hoy día a los medios. No en vano, el lenguaje de los cibermedios se caracteriza por amalgamar géneros y formatos procedentes de sus medios predecesores.

Ahora, como primer reto, un periodista debe saber contar una historia indistintamente con palabras, con imágenes o con sonidos; es el desafío de la multimedialidad. Debe saber cuándo una noticia reclama un protagonismo del texto y cuándo, por el contrario, una imagen o un sonido hacen que sobren mil palabras. Los periodistas están obligados a desarrollar nuevas modalidades narrativas, acomodadas al nuevo contexto de convergencia multimedia.

Segundo reto: la hipertextualidad. Es decir, la capacidad propiciada por la Red de organizar estructuras discursivas, lineales y no lineales, mediante unidades de contenidos multimedia. Los periodistas deben aprender a aprovechar las posibilidades hipertextuales de la Red para imprimir mayor profundidad y riqueza narrativa a sus informaciones.

Y, muy ligado a esto, emerge el tercer gran desafío: la interactividad. Los medios clásicos se han acostumbrado durante décadas a ser altavoces sólo de su propia voz. Es decir, son esencialmente unidireccionales. En la Red, sin embargo, este monopolio de la palabra pública se ha roto. Como demuestran los pujantes fenómenos de los *weblogs* y los foros, hoy cualquier persona tiene posibilidad de difundir sus mensajes a públicos diversos. En su relación con los medios periodísticos estos nuevos «superusuarios de la información» tienen asimismo mayor capacidad de elección y de respuesta. Y la usan. Saber escuchar y prestar la voz a estos nuevos lectores activos y exigentes es quizá la última gran lección que deben aprender los nuevos periodistas.

Un negocio con nuevas reglas

Todos estos procesos de convergencia están ocurriendo, conviene no olvidarlo, en un momento económicamente complicado para las empresas de comunicación. De hecho, quizá sería más preciso decir que esos procesos están ocurriendo en buena medida a causa de esos problemas. No en vano, con el advenimiento de la nueva sociedad digital, las viejas fórmulas del negocio de los medios han entrado en crisis. Las empresas de medios, en consecuencia, están buscando —con limitado éxito, por ahora— formas de mantener los antiguos ratios de rentabilidad de su negocio.

Mientras tanto, las señales de alarma para las empresas de medios de comunicación se encienden cada vez en más mercados. Ya no sólo en el impreso; también en el audiovisual.

La prensa de pago tradicional vive desde hace años en casi todo el mundo sumida en un preocupante estancamiento, cuando no en claro declive. En Estados Unidos, por ejemplo, tras marcar su máximo histórico de difusión en los años 1980, los periódicos sufren actualmente un proceso de galopante caída. La bajada en las ventas, además, ha empezado a producir un efecto esperable: una importante merma de la inversión por parte de los anunciantes. Según la Newspaper Association of America, en el segundo cuatrimestre de 2007 la inversión publicitaria en diarios ha bajado un 8,6% con respecto al mismo periodo del año pasado.

En Europa las cosas no pintan mucho mejor para los periódicos. En Francia, por ejemplo, 2006 fue el peor de los últimos veinte años para la prensa de pago, con una bajada del 3,1% en la venta de diarios de información general. Ahora bien, frente a este declive, la prensa gratuita está multiplicando su difusión y su cuota de participación en la inversión publicitaria también está creciendo.

En España, la prensa por el momento consigue capear el temporal y, según datos del Estudio General de Medios (EGM), mantiene desde el comienzo de esta década sus cifras de audiencia: en mayo de 2007, los diarios seguían siendo, con un 41,3% de penetración, el cuarto medio de comunicación por audiencia, por detrás de la televisión (88,8%), la radio (55,2%) y las revistas (48,2%). Sin embargo, no hay muchas razones para el optimismo entre los editores de prensa. Preocupa, por ejemplo, el progresivo envejecimiento del público, pues hoy el lector tipo de prensa en España tiene más de 43 años de media.

Los problemas también comienzan a azotar a los medios audiovisuales. La radio padece desde hace años una situación de estancamiento, tanto en audiencia como en formatos. Incluso la televisión, rey indiscutible de los medios durante las últimas décadas, ha empezado a vislumbrar la crisis. Y es que las nuevas formas de consumo de contenidos audiovisuales comienzan a restarle público y tiempo de visionado a la televisión tradicional. Fenómenos como los portales de vídeos (con YouTube a la cabeza), el consumo móvil de contenidos audiovisuales (posible gracias al iPod, los teléfonos 3G y otros aparatos similares) o la incipiente televisión por Internet (con importantes proyectos en ciernes como Joost) han abierto una brecha en el modelo de negocio tradicional de la televisión.

Todavía estas alternativas audiovisuales a la «caja tonta» son, desde luego, minoritarias. Sin embargo, las empresas de televisión comienzan a plantearse preguntas que evidencian su preocupación: ¿cuánto tardarán los televidentes en evitar las constantes interrupciones publicitarias si pueden ver en la Red el mismo programa sin cortes? ¿Tendrán futuro los canales de pago cuando, al igual que ocurre hoy con la música, la Red permita acceder fácilmente a todo tipo de contenidos audiovisuales especializados? ¿Valdrán de algo en el futuro las actuales licencias de emisión cuando los contenidos audiovisuales circulen sin fronteras por la Red? ¿Se interesará el público joven por unos contenidos televisivos con los que, a diferencia de Internet, no se puede interactuar?

Mientras estos nubarrones se abaten sobre los medios tradicionales, por lo menos los cibermedios ven su futuro cada vez más despejado. Tras la purga que siguió al estallido de la burbuja *puntocom* durante la primera mitad de esta década, los medios de Internet muestran una robustez editorial y económica cada vez mayor. Y es que tanto las audiencias como la inversión publicitaria no paran de crecer, cuando menos entre los medios más grandes y avanzados.

En el Reino Unido, según datos de la Advertising Association, durante el primer cuatrimestre de 2007 la inversión publicitaria en Internet creció un 42% con respecto al mismo periodo del año anterior, hasta totalizar una cantidad de 950 millones de euros. En España, conforme a los registros de Infoadex, los datos en 2006 también fueron espectaculares: la Red atrajo 160,3 millones de euros de inversión publicitaria, un 33% más que en 2005. Los anunciantes, en fin, comienzan a apostar con fuerza por Internet.

Esta bonanza ha provocado, en primer lugar, una renovada apuesta por Internet por parte de los grupos de comunicación. Asimismo, en segundo término, ha producido una deriva general de los medios digitales hacia modalidades de negocio basadas en el suministro gratuito de contenidos. Lejos quedan ya las apuestas por modelos de pago, como la protagonizada por la *web* de *El País* entre noviembre de 2002 y junio de 2005. La consigna ahora es alcanzar audiencias grandes y fieles para poder rentabilizarlas mediante la publicidad.

Sin embargo, los medios periodísticos tampoco se las prometen demasiado felices en Internet. No en vano, son ciertas empresas nativas de la Red —con Google como máximo exponente— quienes están atrayendo mayores audiencias y generando mayores beneficios, no sólo mediante la oferta de servicios interactivos sino incluso, últimamente, comenzando a competir con los medios en la oferta de contenidos. Prueba de ello es el acuerdo firmado por la compañía de Mountain View en septiembre de 2007 con cuatro grandes agencias internacionales de noticias —la francesa Agence France-Presse (AFP), la estadounidense Associated Press (AP), la británica Press Association (PA) y la canadiense Canadian Press (CP)—, en virtud del cual comenzará a ofrecer en su servicio Google News noticias de última hora a texto completo, y no sólo titulares como hasta ahora.

Los medios de comunicación, en definitiva, atraviesan un momento de cambios profundos. En un intento por ajustarse a la nueva sociedad, mudan sus procesos de producción, sus herramientas e infraestructuras, sus códigos comunicativos y, como se ve, incluso hasta sus modelos de negocio tradicionales. El tiempo dirá dónde desembocan esos cambios y, con ellos, el futuro del periodismo.

16.2. Nuevos lenguajes y formatos multimedia

Xosé López. Universidad de Santiago de Compostela

La evolución del paradigma de comunicación que establece Internet ha abierto las puertas a nuevos lenguajes y formatos multimedia. Los pasos son lentos, pero firmes. En el periodismo, el punto de partida está en el lenguaje periodístico, que suele combinar la eficacia comunicativa, la calidad literaria y las normas de estilo que adopta cada medio. No hay, pues, un único lenguaje periodístico ni un único estilo periodístico. Los productos informativos de la industria mediática de la actualidad han ofrecido a lo largo del último siglo, en los diferentes soportes, una gran variedad de modalidades. En la actualidad, los cibermedios nos han abierto las puertas a renovados lenguajes, con el hipertexto como principal referente, y nuevos formatos, con la clave del multimedia como elemento conductor. Es un paso más de un proyecto que abre nuevas puertas, suscita muchos interrogantes y anima a la experimentación y a la reflexión.

El impacto de Internet y de las tecnologías digitales está marcando una cara de la revolución que se está produciendo en la comunicación mediada tecnológicamente. Asistimos a un proceso caracterizado por profundas transformaciones en los medios precedentes y en los nuevos medios. Todos los ámbitos del sector de la comunicación experimentan importantes cambios, con nuevos paradigmas para la producción de contenidos y para el periodismo. De hecho, lenguajes y modalidades expresivas buscan aprovechar las características y posibilidades que ofrece el nuevo escenario para avanzar en la construcción de referentes multimedia.

Internet, el medio de comunicación esencial de la era digital, estimula la experimentación, al tiempo que nos muestra la cosecha recogida de estos últimos doce años, de la que podemos deducir que la escritura digital tiene identidad y que las nuevas formas de hacer ciberperiodismo se caracterizan fundamentalmente por la multimedialidad, la hipertextualidad y la interactividad; en los últimos dos o tres años comienza a surgir con fuerza un cuarto elemento: la personalización, la adaptación del mensaje a los intereses del usuario. Internet es el soporte multimedia por excelencia, lo que permite intuir que en el futuro, a medida que se superen las limitaciones técnicas de la red de redes, habrá productos más elaborados, es decir, con nuevos lenguajes más depurados y con formatos multimedia más definidos y con versatilidad para adaptarse con facilidad a las demandas concretas de información que necesita el lector en un momento determinado.

No cabe duda que los formatos multimedia cambian nuestra percepción de los procesos, al tiempo que nos ofrecen mayor volumen de información, en distintas dimensiones. La combinación de imagen en movimiento, sonido y textos integra lo que durante mucho tiempo encontró problemas para ensamblarse en una unidad. Ahora la convergencia de los diversos medios de comunicación tiene puertas abiertas de la mano de la red de redes, mientras se diluyen algunos aspectos de la vieja identidad de los medios tradicionales.

En este escenario, la retórica del hipertexto periodístico ha roto viejas barreras en la construcción del mensaje periodístico —propuesta de texto único, mensaje unívoco, comunicación unidireccional...— y, por tanto, debemos situarla en un nuevo panorama, el de los cibermedios, donde encontramos la integración de información de varios tipos en una misma unidad discursiva, ruptura de la secuencialidad, ruptura de la periodicidad, interactividad, ruptura de la jerarquización tradicional.

Es un escenario en el que cambia el papel del emisor —construye un texto más abierto...—, el mensaje —integra una obra compuesta de varias unitarias...— y el receptor —es más activo, puede interactuar...—. El significado del mensaje depende, en buena medida, del usuario, del uso que haga de la propuesta inicial, de los itinerarios que siga y de los contextos en los que se apropie del mensaje.

El último reto en buena parte de las redacciones es integrar dentro de las fórmulas narrativas tradicionales la «conversación» de los usuarios; éstos inauguran una nueva forma de recepción muy activa que Francis Pisani ha definido, acertadamente, como «ex audiencia». Muchos textos periodísticos se enriquecen de forma notable con las aportaciones del usuario y una de las nuevas capacidades narrativas del periodista será la gestión e integración de ese flujo de contenido externo.

Las fortalezas del hipertexto están en su propia configuración y en las vías de participación e intervención del usuario. Sus posibilidades en lo relativo a la organización y la construcción de los contenidos constituyen vías para dar valor añadido a la información mediante perspectivas y prismas diferentes que se ofrecen para que el usuario elija el camino que seguirá para informarse hasta donde desee. En los cibermedios la construcción del mensaje se hace mediante descripciones directas (siempre que sea posible), recogida de testimonios directos (siempre que sea posible), citas directas, variedad de fuentes... La narración no secuencial facilita la relación con otras informaciones, con las fuentes, la documentación... El hipertexto puede reforzar, por tanto, el discurso periodístico del convencimiento mediante la técnica de contar, contrastar, interpretar, argumentar...

La técnica periodística ha descubierto herramientas que aumentan su potencial para la comunicación efectiva y eficiente. El periodista descubrió nuevos lenguajes y nuevos formatos multimedia para la fabricación de información. Cada vez que consigue una buena integración de todos los instrumentos de que dispone para contar lo que pasa, el periodista construye un discurso con carga informativa para la comprensión de los usuarios. Por tanto, cuanto más se perfeccione la técnica, mejor se comunicará en los cibermedios.

El nuevo territorio está definido, aunque podemos asegurar sin miedo a equivocarnos que evolucionará y cambiará. Sin duda, el futuro de la renovación de los lenguajes y de los formatos multimedia está en Internet, pero el futuro no es sólo Internet.

16.3. Los periodistas cambian de perfil

Pere Masip. Universitat Ramon Llull

La BBC desplazaba al periodista Ben Hammersley como enviado especial a Turquía el pasado mes de junio para cubrir las elecciones legislativas. La particularidad de esta decisión era que Hammersley, además de cubrir el evento para la BBC News 24, la BBC World y el World Service, también lo hacía para la *web* convencional (www.bbc.ac.uk) y para la Web 2.0. El periodista británico mantenía un *blog*, desde el cual podía compartir con la audiencia sus impresiones sobre el país del Bósforo, y realizaba vídeos y fotografías que ponía a disposición del público en YouTube y Flickr, respectivamente. Y todo ello, en palabras del director de *Global News*, Richard Sambrook, para acercar a la audiencia la labor del periodista, mostrar cómo trabaja y las decisiones que hay detrás de cada reportaje.

Pero el ejemplo de Hammersley no es excepcional. La digitalización ha permitido que la labor del periodista se haya transformado y que la clásica distinción entre medios progresivamente se esté diluyendo. Esta transformación no afecta tan sólo a los periodistas que elaboran sus noticias para la red, sino también a los informadores llamados tradicionales. Cada vez es más habitual que periodistas de prensa se responsabilicen de confeccionar una información y de capturar instantáneas que luego serán publicadas en su medio —se produce, por ejemplo, en *El Periódico de Catalunya* y en el *Diari de Girona*—. De igual modo, los periodistas de televisión han asumido progresivamente las tareas de edición y desde sus estaciones de trabajo pasan a tener acceso a todo el material audiovisual. Sucede en la mayor parte de cadenas de televisión del país, entre otras en Telecinco, Antena 3 o TV3. Ahora, los periodistas pueden visualizar las imágenes, editarlas, realizar el montaje con un simple «copiar y pegar» y, desde los mismos ordenadores provistos de micrófonos unidireccionales, grabar la voz en *off*.

Así pues, ante este nuevo panorama, se observa cómo algunas *viejas* profesiones desaparecen o están en vías de hacerlo —como el montador musical, el operador de imagen o el fotomecánico—, al tiempo que otros perfiles profesionales de la comunicación se transforman, ya sea incorporando nuevas competencias vinculadas al uso de las tecnologías digitales, ya sea asumiendo tareas que hasta el momento venían desempeñando otros colectivos o ambos a la vez. Irrumpe así el periodista polivalente —o el «inspector Gadget del periodismo», como algunos lo han denominado despectivamente—, un profesional de la información capacitado para desarrollar distintas tareas con los medios tecnológicos que, en muchos casos, empleaban otras figuras para producir contenidos destinados a diferentes medios.

La irrupción del periodista polivalente ha suscitado un intenso debate en torno a sus ventajas e inconvenientes. Las empresas ven en esta figura una eficaz herramienta para reducir los costes de producción y mejorar la productividad y la rentabilidad gracias a la reutilización de los contenidos y su difusión a través de múltiples plataformas (televisión, prensa, radio, Internet, dispositivos móviles, etc.). Desde un punto de vista periodístico, entre las ventajas asociadas se señala un incremento del control sobre el proceso de producción y el aumento de la responsabilidad sobre el producto final, que gana en coherencia y unidad.

En contraste, colectivos profesionales como sindicatos y comités profesionales de medios han alzado su voz en contra de la proliferación de la figura del periodista polivalente, en la que ven un recurso de las empresas para justificar la reducción de las plantillas y una vía hacia la precarización laboral. Los sistemas digitales permiten que las tareas que anteriormente desempeñaban varios profesionales, ahora las asuma uno solo. Para los sectores más críticos, la polivalencia también incide negativamente en la calidad de las informaciones finales. La combinación de una formación incompleta para las nuevas tareas, con el mantenimiento de la misma presión —o mayor—, junto con una mayor carga de trabajo —el periodista no sólo debe redactar para un medio, sino para varios a la vez, adaptándose a los lenguajes y características propias—, provoca que la calidad de las piezas disminuya.

Diversas experiencias internacionales —como las del *Lawrence Journal-World, Orlando Sentinel* o *Sun-Sentinel* en Estados Unidos o la de *Turun Sanomat* y Turku TV en Finlandia— demuestran que sólo las empresas que apuestan por la formación de sus trabajadores han conseguido que la implantación de redacciones integradas con periodistas polivalentes produciendo para diversos medios sea fructífera y su esfuerzo se haya traducido en un incremento de la audiencia. Los expertos señalan que no es tarea fácil. La constante innovación exige que los profesionales renueven sus conocimientos de manera continuada y de forma acorde a las necesidades de las empresas, que deberán invertir en formación. También los centros universitarios deberán mostrarse mucho más ágiles y receptivos a satisfacer las demandas del sector.

Más allá de las dudas que los nuevos perfiles profesionales puedan generar, los tiempos que se avecinan demandan nuevos comunicadores. Periodistas capaces de manejar las nuevas herramientas digitales y los nuevos lenguajes, pero sobre todo, periodistas capaces de interpretar de forma independiente una realidad cada día más compleja, periodistas que permitan que los ciudadanos recobren la confianza en la profesión.

16.4. La prensa impresa ante el reto digital

Guillermo López García. Universidad de Valencia

El proceso de digitalización está siendo, sin duda, uno de los factores que con mayor profundidad está incidiendo en el negocio de la prensa tradicional. El modelo de pago de los diarios de referencia, en primer lugar, se ve subvertido por una oferta de contenidos gratuitos existentes en Internet incomparablemente mayor, por más que muchas veces quepa poner en duda el rigor y calidad de los mismos. El sistema de financiación publicitaria, en segundo lugar, se está resintiendo cada vez más ante la necesidad de repartir los anunciantes entre cada vez mayor número de medios, no sólo los digitales, también los diarios gratuitos en papel y los medios audiovisuales (como, por ejemplo, los nuevos canales de TDT). Y aunque la publicidad lleva casi veinte años creciendo en España a un ritmo muy alto (superior en ocasiones al 20% anual), no crece tan rápido como lo hacen los medios.

A este estado de las cosas cabría añadir un tercer factor, la cuestión generacional, que también perjudica a los diarios en papel. Las ventas están bajando a un ritmo preocupante, pero aún a más velocidad está subiendo la media de edad de los lectores. Contrariamente a lo que a veces dice el tópico, no es necesariamente cierto que las generaciones más jóvenes no lean. El problema estriba en que, aunque lean, desde luego no leen diarios de referencia. La oferta alternativa que ha emergido en la última década (y me refiero tanto a los nuevos medios digitales como a los ya mencionados diarios gratuitos) no sólo les resulta más barata, sino también más cercana a sus intereses e inquietudes. Se trata de una generación alfabetizada en lo digital y acostumbrada a un consumo rápido de la actualidad, a través de la televisión... Y a través, también, de las informaciones brevemente resumidas en la prensa gratuita.

Sin embargo, este escenario en apariencia tan pesimista puede matizarse si atendemos a los datos de audiencia de medios digitales: la gran prensa de referencia *(El País* y *El Mundo,* fundamentalmente, pero también los diarios locales con una posición de liderazgo en su ámbito) se encuentra sistemáticamente en las primeras posiciones, y más o menos ocurre lo mismo con los diarios especializados. No en vano los grandes medios españoles siguen siendo los depositarios de una mayor riqueza en términos de experiencia profesional, capacidad de análisis y acceso a la información. Si a ello unimos el valor de la marca, tan sólo es necesario apostar por los nuevos medios digitales para, si se hacen las cosas bien, conseguir una posición de liderazgo también en la Red.

Pero conviene hacer aquí dos importantes precisiones: la primera, que el liderazgo en un medio tan disperso en cuanto a la oferta como Internet nunca podrá darse en los mismos términos a como se da en el quiosco, donde el lector selecciona entre un abanico de opciones muchísimo más limitado. La segunda, que «apostar por Internet», esto es, apostar por un medio caracterizado por la apertura de sus contenidos, por su carácter multimedia, por el uso de enlaces para acceder a la información y por la interactividad con el público, significa ofrecer la mayor parte o la totalidad de los contenidos gratuitamente; establecer diversos mecanismos de interacción con el público, es más, tratar de hacer partícipe al público de la propia configuración de los contenidos; ofrecer contenidos no sólo escritos, sino también audiovisuales y otros, como las infografías, adaptados al nuevo contexto; y significa, por último, prestar atención, y otorgar relevancia, a los contenidos de calidad desarrollados en otros sitios *web.*

Todo esto, en buena parte, lo están haciendo ya algunos de los principales medios españoles. Véase, por ejemplo, lo ocurrido con *El País Digital.* Tras su fracaso en el intento de constituirse en un medio de pago, actualmente *El País Digital* no sólo ofrece la mayoría de sus contenidos en abierto, sino que también atiende a los demás parámetros (interactividad, carácter multimedia, atención a otras fuentes mediante enlaces...) que he mencionado. Los resultados, por el momento, le han permitido disputar de nuevo con *El Mundo* la posición de liderazgo en Internet.

No obstante, lo anterior no se refiere a los medios impresos, sino a sus versiones digitales. Y aunque tales políticas en Internet pueden generar un flujo de lectores provenientes de la versión digital a la versión impresa, indudablemente con esto no basta. La crisis de la prensa es, como indicaba al principio, una crisis generacional. Pero a ello también ayuda que los contenidos ofrecidos por buena parte de la prensa (en particular, los diarios regionales y locales) no se diferencien sustancialmente de los que ofrecen los gratuitos o muchos portales de Internet: y esto se debe a que los contenidos provienen de las mismas fuentes, las agencias de noticias y los gabinetes de comunicación. Para subsanar este problema, para aspirar al cobro por contenidos en papel, sólo cabe profundizar en la calidad, extensión y especialización de los contenidos. Intentar, en resumen, que, aunque lo que se ofrezca en papel también esté disponible en Internet, en papel se ofrezca mejor, con un mejor desarrollo y una mayor densidad informativa e interpretativa. Continuar en la línea actual, me temo, supone ahondar en la crisis de ventas.

16.5. La televisión del futuro: la era de la autoprogramación

José Alberto García Avilés. Universidad Miguel Hernández de Elche

La televisión seguirá siendo la principal fuente de entretenimiento e información, con un consumo medio superior a los 200 minutos por persona, aunque con formas de uso más diversas y fragmentadas que en la actualidad. *Sin embargo, la televisión del futuro dista mucho de ser el tótem mediático de las últimas décadas.* En todo el mundo, los ejecutivos y analistas tratan de averiguar y entender quiénes están viendo y qué ven en las nuevas formas de vídeo y televisión, donde se cruzan la tecnología, los contenidos y el modelo de negocio. Buscan pistas sobre la revolución de la autoprogramación, que simbólicamente comenzó con el lanzamiento del iPod vídeo: el propio usuario elige el qué, cómo, dónde y cuándo quiere disfrutar de los contenidos.

Se trata de una escena cada vez más habitual: Jaime se lleva a la cama su iPod vídeo, se coloca los auriculares y ve un capítulo de la serie *Perdidos* (que había descargado durante el día en iTunes) mientras a su lado, Laura ve su programa favorito en la TDT y los niños disfrutan de una película descargada de Internet. Se ha desatado un tráfico de series y filmes por Internet, especialmente entre los menores de 35 años. Prefieren «ver cosas en el ordenador antes que en el televisor», dicen, «porque así tienen el control sobre lo que ven», ejerciendo su libertad contra «la tiranía de los programadores». Más allá de este entusiasmo, los ejecutivos aseguran estar «muy lejos» todavía de alcanzar las audiencias de la televisión convencional.

La televisión se personaliza cada vez más. La combinación de la voz, la banda ancha, la televisión interactiva y la telefonía marca las estrategias de futuro, que permitirán al usuario elaborar una televisión «a la carta». Los autoprogramadores desean contenidos de calidad con un menú básico de ficción (películas y series), información y deportes, más allá de los géneros programados por las cadenas generalistas, donde la participación a través de la selección de vídeos de los espectadores es ya importante. La popularidad del servicio de almacenamiento y reproducción *online* de vídeos en YouTube (adquirido hace unos meses por Google) muestra cómo los internautas están elaborando espontáneamente sus protocolos de producción y consumo audiovisual. Actualmente, ese servicio ha superado los 130 millones de vídeos descargados por día. También se encauzan en esa tendencia los nuevos formatos audiovisuales con los que experimentan empresas como Yahoo, que emite cuatro canales de Current TV, y Apple, que vendió 150.000 películas durante la primera semana de la nueva versión del iTunes Store.

Los dispositivos interactivos serán precisamente los que terminarán con la televisión tal y como la conocemos. Según Vint Cerf, uno de los científicos que hace treinta años creó Internet, la televisión está viviendo el mismo momento crítico al que tuvo que hacer frente la industria musical con la llegada del reproductor audio digital MP3: «El 85% de todo el material de vídeo que vemos está pregrabado, por lo que uno puede preparar el propio sistema para hacer las oportunas descargas a voluntad», explica Cerf. «Va a seguir necesitándose la televisión para ciertas cosas, como las noticias y los acontecimientos deportivos, pero cada vez más va a suceder como con el iPod, donde puede descargarse el contenido para visionarlo más tarde».

El experto norteamericano señala que la mayoría pronto verá la televisión a través de Internet, lo que acarreará la muerte de los canales tradicionales. «Estamos empezando ya a ver la forma de mezclar y combinar informaciones... Imagínese la posibilidad de hacer una pausa en un programa de televisión y utilizar el ratón para hacer clic en cualquiera de los diferentes elementos que aparecen en la pantalla y averiguar más cosas al respecto». El consumo individual de la televisión en el ordenador es responsable de la demanda de esos contenidos y de la implantación de la televisión por Internet. La convergencia del acceso a Internet entre televisión y ordenador todavía está lejos, a pesar del aumento de penetración de la televisión IP y de la implantación de la TDT, más fundada en la recepción tradicional que en las posibilidades interactivas de esa plataforma. La televisión en el móvil es una realidad todavía muy incipiente. Tres de cada diez internautas usuarios de 3G han visto algún contenido en su móvil. Pero la experiencia se limita a los tecnófilos y la calidad aún no resulta óptima.

La televisión del futuro será multiplataforma, basada en pantallas múltiples y redes interconectadas en un sistema muy versátil. La interactividad superará los límites actuales de la televisión y los espectadores se comunicarán entre sí. Si hasta ahora la producción colectiva de contenidos *online,* sobre todo en *blogs, wikis* y listas de distribución, sigue creciendo, en la televisión interactiva alcanzará otra dimensión. Algunas empresas, como la BBC, apuestan a la tendencia de aplicaciones Web 2.0 para la producción de nuevos formatos. Otras, como la MTV, prefieren experimentar con juegos y clips interactivos. Aunque no haya fórmulas mágicas para lo que se avecina, todos intuyen que, en los próximos años, la televisión no será ninguna «caja tonta» y dejará de verse sólo en la sala de estar.

16.6. Mitos y realidades de la convergencia de redacciones

Bella Palomo. Universidad de Málaga

La convergencia es el concepto de moda en el mundo de la comunicación. Medios de la talla de *Usa Today*, *The New York Times* o el *Daily Telegraph* se han sumado a esta tendencia mundial transformándose en centros de producción multimedia, y según una reciente encuesta elaborada por la editora *El Tiempo* de Colombia a los responsables de las ediciones *web* de los periódicos más importantes de América Latina, el 74% de estos medios también planea integrar la redacción *online* y la impresa a corto, medio o largo plazo.

En España, hace un año el diario gratuito *20 Minutos* anunciaba la fusión de la redacción digital y la dedicada a la versión en papel. Aunque ya existían otros casos de integración multimedia en empresas más modestas, como *La Voz de Almería,* ésta era la primera vez que un gran rotativo de rango nacional lanzaba una propuesta organizativa de este tipo. Hoy todos sus periodistas están capacitados para desenvolverse en ambos medios, lo que ha supuesto una mejora en el producto y en los profesionales. Durante este año la plantilla se ha incrementado; se han triplicado las visitas a su sitio en Internet; los periodistas han sido distribuidos por secciones y han realizado cursillos de adaptación; se han creado tres turnos de trabajo que permiten una cobertura informativa real durante las 24 horas del día y se han unificado las líneas de mando. Arsenio Escolar, director del medio y promotor de la idea, no duda en recomendar en el sector que se extienda esta práctica tras realizar un balance que califica de «extraordinariamente positivo».

Ciertamente, algunas ventajas especiales han reducido el riesgo que tiene implantar un cambio tan radical en el seno de una empresa. Así, la juventud de una plantilla predispuesta al cambio ha permitido agilizar el trasvase de tareas y, al ser un gratuito, al no tener que vender información en un quiosco, no ha tenido que reservar informaciones para primar la versión impresa.

Sin embargo, como se apuntaba al principio, diarios de pago de prestigio internacional también han aplicado la misma estrategia. La colaboración, la flexibilidad y la habilidad para decidir coberturas multimediáticas son valores en alza que determinan una correcta convergencia, según los consejos de quienes ya la han puesto en práctica. La distribución homogénea de responsabilidades es otra de las fórmulas implantadas, y en los ejemplos más avanzados, los directores han pasado de representar a un medio a representar una marca, sin distinción de soportes.

Muchas incógnitas

Muchos son los cambios que conlleva la convergencia, pero también son muchos los interrogantes abiertos todavía en torno a esta cuestión. En congresos, seminarios, en el seno de la Asociación Mundial de Diarios (WAN) y en la propia *web,* los expertos debaten si el periodismo del futuro deberá practicar la integración para sobrevivir; si las facultades de Ciencias de la Comunicación reaccionarán a tiempo o se mostrarán indiferentes ante estos cambios; si el periodista del futuro se preocupará más por el proceso de producción que por el redaccional; cómo conseguir que los redactores más conservadores no se resistan a crear contenidos para varios medios al mismo tiempo o si la convergencia implica fundamentalmente una mejora económica para la empresa, y no tanto para el periodista.

La reinvención del periodista

El profesional de la información cobra un especial protagonismo en este contexto porque las nuevas necesidades de la audiencia y de las empresas han marcado también la búsqueda de un nuevo periodista. Ya sea calificado de «polivalente», de «universal» o de «multimedia», el periodista se erige como el verdadero símbolo de una nueva era en las redacciones, donde se huye del aislamiento y se impone la formación continuada, basada en el constante reciclaje de conocimientos eminentemente tecnológicos.

El perfil de este periodista multisoporte es mucho más ambicioso porque el trabajo en red entre los distintos medios que componen una empresa informativa multimedia requiere de la existencia de un profesional flexible para cubrir informaciones, suplir labores de documentalistas y, manejando la tecnología y el estilo de redacción adecuados, adaptar y transformar esa captura en bruto de un evento en un reportaje impreso, una pieza para el informativo televisivo, hacer una cuña radiofónica, un mensaje MSM, una alerta informativa en SMS o un especial para la *web.*

Esta amplitud de tareas a asumir ha estado rodeada de connotaciones negativas, ya que suelen aumentar las responsabilidades y las exigencias sobre el profesional, aunque esta nueva situación no se acompaña de un reconocimiento salarial. Se duda de que las empresas estén dispuestas a invertir en una convergencia de calidad ya que otras quejas indican que mientras la producción se multiplica, los recursos humanos no crecen en la misma proporción. Por estos motivos, en 2005 los trabajadores de la radiotelevisión pública portuguesa, RTP, manifestaron con una huelga su oposición a la figura del periodista multitarea.

Antonio Manfredi, director territorial de la RTVA en Huelva, no duda que la convergencia es el futuro, aunque el concepto se ha mitificado en exceso ya que en la actualidad en nuestro país «existen adaptaciones, pero pocas convergencias reales en las que se ponga al mismo nivel una serie de medios, y que éstos se nutran de los mismos profesionales». Desde su cargo como presidente de la Asociación de Periodistas Digitales de Andalucía ha detectado cierta preocupación en el gremio por la implantación de esta nueva estrategia de producción, por lo que reivindica que las empresas realicen una lectura más social y menos economicista del fenómeno.

El periodismo se está apoyando en la convergencia para, una vez más, renovarse. El dinamismo acelerado que acompaña al negocio de la comunicación y el deseo permanente de ser competitivos invita a una innovación constante. Por ello aún no ha reposado el nuevo sistema de convergencia en *20 Minutos* y Escolar ya se plantea un nuevo reto para un futuro próximo que supone un avance en la redacción única: «En dos o tres años tendremos una nueva realidad. Lo mejor que se haga para el sitio en Internet será lo que se publique luego en papel. Hay una emigración bestial de lectores a la *web* y hay que prepararse para un nuevo escenario en el que lo lateral será el papel». Esta realidad ya ha llegado a Estados Unidos. En el diario *Rochester Democrat and Chronicle* ya se exige a los redactores que escriban sus noticias primero para la *web* y luego para el medio impreso.

16.7. Periodismo y participación ciudadana: retos y oportunidades

Concha Edo. Universidad Complutense

Una de las características más interesantes de Internet es la interactividad, que permite a personas de todos los países relacionarse desde su ordenador, PDA, teléfono móvil o cualquier otro dispositivo actual o futuro con gente, entidades, bases de datos, empresas o instituciones de todo el mundo para intercambiar información o mantener una conversación en tiempo real. La Red es un nuevo espacio social, una gran ciudad en permanente renovación —la *aldea global* que vislumbró el canadiense Marshall Mc Luhan hace décadas—, asentada sobre los satélites, las torres de telecomunicaciones y los cables de transmisión.

Esta estructura comunicativa de alcance universal y fácil acceso ha influido de forma visible en el periodismo y en los periodistas. Como consecuencia, en las redacciones se está produciendo una evolución irreversible que, sin alterar los conceptos básicos, está removiendo el diseño, los contenidos, los géneros, los porcentajes temáticos y las secciones, los formatos, muchas rutinas de las redacciones, las inversiones, la publicidad y, sobre todo, la relación del medio con las audiencias.

En los primeros años de Internet esa interacción informativa con los lectores se materializaba en correos electrónicos con opiniones y en la participación en debates, foros, tertulias y *chats*. Después llegó la posibilidad de tener una página *web* propia y, a continuación, algo mucho más atractivo, barato, fácil de manejar: los *weblogs*, más conocidos como *blogs* y que en castellano se llaman bitácoras. Esta posibilidad de contar con un espacio propio, sin más esfuerzo que llenarlo con mayor o menor frecuencia, ha supuesto un cambio decisivo en las tendencias comunicativas.

Según estadísticas reciente hay en todo el mundo unos 100 millones de *blogs*, y aunque son un triunfo de la libertad de expresión y la democratización informativa, también está claro que tal cantidad de información es inabarcable y poco operativa. Paul Hayes, director ejecutivo de *Times Newspapers* afirmaba en un foro internacional sobre Internet celebrado hace unos meses que a medio plazo sólo unos pocos *blogueros* sobrevivirán: los *branded bloggers*, personajes cuyo reclamo es su firma; los *intelligent aggregators*, que aconsejan a sus lectores *sites* interesantes; los *well-connected bloggers*, con buenos contactos e información fiable como periodistas, políticos o especialistas, y los *brilliant bloggers*, con una calidad o creatividad que merece la pena ver.

Nuevo perfil para los periodistas

De esta tendencia participativa han surgido cibermedios que publican contenidos enviados por los lectores. El más conocido es el coreano *Oh My News!*, fundado por Oh Yeon Ho, que cuenta con una audiencia considerable y recibe de 150 a 200 noticias diarias que paga a 3, 5, 10 o 20 dólares. El máximo defensor de esta tendencia es el norteamericano Dan Gillmor, que publicó en 2004 el libro *We the media* y augura unos medios sólo con información ciudadana: *by the people, for the people.* Pero la realidad es que han pasado varios años desde que apareció *Oh My News!* Y todavía no le han salido competidores. Y Gillmor, por su parte, abandonó el periodismo tradicional —en *San José Mercury News*— para fundar el participativo *Bayosphere*, pero fue un fracaso y tuvo que venderlo. Sin embargo, hay algo en lo que acierta: los medios tienen que escuchar y dejar participar más a sus audiencias.

Porque esa participación no es algo irrelevante, sino una tendencia creciente que va a conseguir que los medios, convertidos en tantos casos en centros de poder politizados e ideologizados que buscan sus intereses, no tengan más remedio que contar con los lectores y aceptar sus sugerencias. En este entorno que va de la Red 2.0 a la 3.0, el paso siguiente lo constituyen, por ahora, las redes sociales: Friendster, My Space, YouTube, Digg o, en español, Menéame o Del.icio.us, entre otras que, según datos de Nielsen/NetRatings en 2006, tienen cerca de 70 millones de visitantes. Pero su oferta no es tanto informativa como de entretenimiento, y precisamente un directivo de Nielsen, Jon Gibs, las califica con precisión: cubren en Internet el espacio de los *realities* en televisión.

Esta participación ciudadana en la difusión de noticias y de propuestas personales ha llevado a que en determinados sectores se hable de «periodismo ciudadano», una expresión poco afortunada que no refleja la realidad. El periodismo exige niveles cultural y ético adecuados, capacidad de trabajo y de síntesis, lenguaje correcto, tenacidad, fuentes seguras y contrastadas, una firma fiable que garantice la veracidad y estructuras de trabajo profesionales. Pero también es cierto que en este contexto los periodistas tienen que asumir nuevos retos y elevar el nivel de su trabajo, además de coordinar el flujo informativo con exigencia de calidad, con los modelos textuales que brindan los géneros y con un rigor que ponga el sello de autenticidad.

Los periodistas y los editores profesionales son más imprescindibles que nunca en esta maraña informativa en la que nos movemos. Y aun contando con que los lectores envíen noticias, fotos o vídeos interesantes y publicables, hay piezas informativas que sólo pueden salir bien acabadas de una mano experta. Los directores de medios de todo en mundo están empezando a captar la situación y, en mayor o menor medida, van dando paso a la audiencia. Pero no se puede confundir esta aportación ciudadana valiosa, útil y, muchas veces, inestimable con el periodismo profesional: el éxito futuro de los medios está en función de los porcentajes que dediquen a cada una de estas dos vías de información.

16.8. Los medios ante la Web 2.0

José Luis Orihuela. Universidad de Navarra

Aunque la filosofía de la World Wide Web, puesta en marcha en Ginebra en 1989, siempre fue «social», lo cierto es que hasta que las herramientas de *software* no fueron lo suficientemente transparentes para los usuarios no iniciados, usar la *web* consistía básicamente en acceder a contenidos publicados por otros.

La llamada Web 2.0, término surgido en 2004 con motivo de una conferencia, o también *web social*, designa un nuevo estadio en la evolución de la *web*, caracterizado por la disponibilidad de aplicaciones en línea orientadas a facilitar la comunicación, la cooperación, la participación y la publicación de contenidos en la Red por parte de la gente corriente.

Los textos pioneros de Chris Willis y Shayne Bowman *(Nosotros, el medio,* 2003) y Dan Gillmor *(We the Media,* 2004) ya revelan de manera elocuente las señas de identidad del nuevo escenario: los usuarios de la Red, gracias a una serie de servicios de publicación en línea cada vez más amigables, se han apropiado de la tecnología y se han convertido en medios.

Cuando en diciembre de 2006 la revista *Time* designaba a los usuarios *(you)* como personaje del año, los «medios de la gente» ya se habían instalado para siempre en el escenario de la comunicación pública.

Publicar contenidos propios, comentar, valorar y promover contenidos ajenos, compartir fotografías, vídeos y enlaces de interés, cooperar con otros, comunicarse y compartir conocimientos por placer, son algunas de las actividades con las que los internautas han convertido a la Red en un nuevo espacio social y en una gran conversación.

Como ha ocurrido históricamente con anteriores revoluciones tecnológicas, los medios tradicionales inicialmente han asistido con un pasivo escepticismo a la emergencia de la *web social,* posteriormente han mostrado sus temores mediante discursos más o menos apocalípticos y finalmente se han plegado al nuevo modelo de comunicación cuando han comprobado que ya es mucho más que una tendencia pasajera.

En los dos últimos años se ha visto cómo paulatinamente las versiones digitales de los medios tradicionales han comenzado a ofrecer contenidos sindicados en fuentes RSS, *weblogs* de columnistas, opciones para comentar y votar noticias, espacios para los contenidos de los usuarios y una variada gama de «bisutería social»: los coloridos iconos de los servicios de promoción social de noticias (Digg, Menéame, Fresqui, Technorati, del.icio.us, etc.) que pueden encontrarse al pie de la mayor parte de las piezas periodísticas.

Más allá de adornarse con la estética de la Web 2.0, cabe preguntarse qué están haciendo los medios para cambiar, hasta qué punto pueden convertirse en medios sociales y, ante todo, ¿quieren realmente los medios dialogar con sus audiencias?

El carácter histórico de esta oportunidad ya ha sido destacado en la portada del monográfico *Guía para editores sobre Web 2.0,* editado en 2006 por la asociación mundial de editores de prensa IFRA: «Los periódicos llegaron tarde al fenómeno Internet y la mayoría lo siguen utilizando sólo como una biblioteca. Ahora el nuevo modelo de red se basa en servicios, interacción y contenidos creados por los usuarios. Dese prisa esta vez».

Algunas claves que pueden facilitar el proceso de adaptación de los medios tradicionales al nuevo escenario:

1. Hay que aprender a enlazar con criterio y perder el miedo a incluir enlaces externos como parte de la información que se elabora.
   Los enlaces facilitan la navegación a los usuarios, aportan valor y contexto a la información, y en la medida en que sean útiles, hacen que el usuario regrese al sitio del medio a por más.
2. Hay que aprender a colaborar con los usuarios y estar dispuestos a compartir los ingresos que se generen gracias a sus contenidos.
   Pedir abiertamente la colaboración de los usuarios cuando hayan sido testigos de acontecimientos noticiables o para que envíen sus fotografías, vídeos o escritos, no es suficiente. Debe revisarse el modo en el que se gestionan los derechos autorales del material remitido por los usuarios, así como el modo en el que se retribuyen las contribuciones que aporten mayor valor al medio.
3. Hay que ir a donde está la gente, no limitarse a captar visitantes para el sitio del medio.
   Entender la *web* como un espacio social y estar dispuestos a participar en la conversación exige a los medios tradicionales cambiar la mentalidad basada en la captación de audiencias y proyectar su presencia e identidad en los nuevos ámbitos en los que se desarrolla la vida de la Red (Twitter, Second Life, Facebook).
4. Hay que aprender a escuchar y diversificar el abanico de fuentes.

No basta que los medios se empeñen en facilitar la difusión de sus contenidos hacia sitios sociales, si al mismo tiempo no están escuchando las conversaciones que se producen en esos mismos sitios (muchas veces acerca de su propio material). Existen múltiples herramientas para el seguimiento de conversaciones en línea, rastreo de términos y marcas, y *rankings* de temas más enlazados. La Red, bien utilizada, puede ser un sistema de alerta temprana y detección de tendencias de gran valor para los medios.

5. Hay que facilitar a los usuarios la reutilización de los contenidos del medio.

   Revisar las restricciones que rigen actualmente la mayor parte de los contenidos publicados en línea por los medios tradicionales y ofrecer opciones para la republicación y mezclado de contenidos, será una señal inequívoca de que es está escuchando el mensaje de los nuevos medios.

16.9. Retos regulatorios para la información multimedia

Javier Díaz Noci. Universidad del País Vasco

La regulación sobre propiedad intelectual *(copyright)* nació en los albores del siglo XVIII, en la Inglaterra previa a la revolución industrial, ante los profundos cambios sociales que la imprenta había traído a la difusión de la difusión de las obras.

Otras muchas formas para transmitir la información se han inventado desde entonces: la radio, la televisión y, desde hace unos años, Internet, son algunas de esas tecnologías. Así, además del derecho de explotación mediante copias (propio de la cultura impresa), se han incorporado otros, como la comunicación pública (propio de la cultura audiovisual). La tecnología digital, que permite hacer copias fácil y rápidamente, y muy baratas, y la posibilidad de ponerlas a disposición de otros muchos usuarios en la Red hace que métodos como el canon (en realidad, compensación por copia privada) se hayan revelado insuficientes y polémicos.

Cada innovación técnica trae consigo la necesidad de que la legislación responda adecuadamente haciendo que los diferentes intereses y, en el fondo, la dinámica del mercado sean convenientemente garantizados. Si el sistema de *copyright*, propio de los países del área legal anglosajona (el sistema de *Common law)*, pone el acento en la empresa como motor económico, las leyes de propiedad intelectual del área de derecho continental o romano consideran en cambio que es el individuo quien como creador es la base de la economía intelectual. Todos los sistemas prevén la cesión (siempre temporal, limitada, mediante licencias) de los autores a terceros para la explotación de sus obras.

Internet es ahora un medio cotidiano en una buena parte de los centros de trabajo y los hogares de los países acomodados. La oferta, gratuita o de pago, que circula por la World Wide Web pone al alcance de la mano de millones de usuarios información inmediata situada en los más remotos confines del globo. Nos hallamos ante un volumen de negocio impresionante, el que corresponde a la sociedad de la información, en la que ésta es cada vez más claramente una mercancía, un bien de consumo.

La cuestión es hasta qué punto las leyes de propiedad intelectual vigentes dan cumplida cobertura jurídica a un tráfico tan intenso, internacional y constante como éste. Dejemos de lado posturas demagógicas o falsamente utópicas. El verdadero quid de la cuestión es cómo garantizamos que quien quiera pueda cobrar por las informaciones que pone a disposición en Internet, y quien no quiera hacerlo vea también salvaguardados sus derechos. Y, en principio, la Ley de Propiedad Intelectual española, que atribuye los derechos originarios a los autores, protege ambos, puesto que sólo los autores pueden decidir cómo y a quién ceden los derechos de explotación de sus obras, si es que lo hacen. Los derechos morales quedan siempre en su poder, y no está de más recordar que no se trata sólo de menciones de honor, y que pueden tener una clara importancia económica. Es más, el sistema legal de presunciones y excepciones, en principio, favorece a los autores. Para quienes desean difundir su obra en Internet sin que el ánimo fundamental que les guíe sea el lucro, existen las licencias tipo Creative Commons (pensadas sobre todo para el mundo anglosajón) o las Color Iuris (para el campo jurídico continental).

En el caso concreto que nos ocupa, el de la convergencia tanto tecnológica como empresarial, nos encontramos con posibilidades como la cesión de una obra a varios terceros. Es decir: supongamos que un periodista mantiene un contrato con una empresa que produce un diario impreso, que a su vez participa otra empresa, que puede ser diferente, que lanza un diario digital, y que, además, ambas forman parte de un grupo multimedia que engloba varios diarios, revistas, televisiones y otros medios, y que firma acuerdos de colaboración con otras empresas. ¿Hasta qué punto la obra que el autor cede a la primera empresa, y por la que cobra una determinada remuneración, puede ser cedida sin su consentimiento a esas otras empresas? ¿Y cuánto debería cobrar en estos casos si la empresa con la que mantiene su vinculación laboral obtiene un beneficio mayor, como es de suponer, por la publicación de las obras de su asalariado en otros medios? ¿Qué ocurre en el caso de los resúmenes de prensa, práctica que llevan a cabo empresas privadas e instituciones públicas? Si, como parece lógico y ahora indica la ley, se debe compensar económicamente, ¿quiénes deben ser los compensados: las empresas o los autores?

Otro caso, igualmente complejo, es el de las obras compuestas en colaboración (realizadas por diversos autores, en porcentajes a determinar), la modificación que se pueda y deba hacer de éstas (lo que constituye otro derecho reconocido por la ley, y que debe ser acordado y remunerado) o las obras colectivas, por ejemplo, los diarios, revistas, informativos de radio y televisión o páginas *web*. Por no mencionar los derechos de aquellos que no son autores en toda regla, sino ejecutantes: por ejemplo, los cantantes que interpretan obras de otro, o los locutores de televisión.

Nos encontramos así con una nueva economía que se plantea preguntas como éstas: ¿cómo encontrar un equilibrio entre el comercio y la difusión de la cultura? ¿Se trata de buscar fórmulas de pago directas o indirectas? Si es así, ¿con cargo a la publicidad, o a los intermediarios? No hay que olvidar que son los proveedores del acceso a Internet uno de los principales sectores beneficiados por las descargas, legales o ilegales, de obra intelectual. Y, sobre todo, ¿cómo hacer para que siga funcionando el derecho a ganarse la vida produciendo obras intelectuales?

16.10. Móviles y convergencia digital

Juan Miguel Aguado. Universidad de Murcia

Las capacidades tecnológicas de los dispositivos móviles (teléfonos, *smartphones* y PDA) han alcanzado un grado de desarrollo impensable hace sólo unos años, convirtiéndolos en una de las claves de futuro de la convergencia digital. En realidad, al referirnos a los móviles de última generación habría que hablar más bien de *meta-dispositivos:* un aparato que aglutina las funcionalidades de varios dispositivos diferentes (cámara, agenda, videoconsola, ordenador, reproductor, GPS...) bajo la bandera de la portabilidad y la conectividad ubicua.

Pero ese desarrollo tecnológico no es nada comparado con el grado de implantación social que han demostrado las comunicaciones móviles: mientras que actualmente sólo cuatro de cada diez españoles tienen conexión a Internet, nueve de cada diez tienen al menos un teléfono móvil y, de ellos, más de la mitad utilizan asiduamente funciones ajenas a la mera conversación (SMS, MMS, descargas, *e-mail*, etc.). Sólo en España se envían ya casi un millón de SMS diarios (en el mundo, un millón por segundo). Si, como afirma el sociólogo Manuel Castells, las tecnologías que facilitan las relaciones son aquellas que se asimilan mejor, no puede extrañar el éxito social de los dispositivos móviles. Tampoco ofrece duda su firme vocación de integración en el ecosistema mediático: ya en 2004, el informe de la Asociación Mundial de Periódicos (WAN) apuntaba al móvil como un elemento clave en el desarrollo futuro.

¿En qué reside su atractivo? A la ubicuidad y la conectividad continua el móvil añade, en primer lugar, una fuerte vinculación a la identidad del usuario: el móvil forma parte de nosotros, de nuestra vida cotidiana, incluso habla de nosotros a través de su aspecto (es un complemento más, como el reloj, la cartera o la pluma). Además, precisamente por su ubicuidad, el móvil ofrece una gran capacidad de adaptación al usuario y al contexto de uso: desde personalización de contenidos hasta acceso a información y servicios contextuales (como horarios de autobuses, ofertas en centros comerciales, guías de viaje, compra de entradas, etc.).

Todo ello hace del móvil un soporte complementario de otros medios capaz de aportar un enorme valor añadido no sólo a los productos o servicios, sino también a la imagen de marca. Esa naturaleza complementaria del móvil viene marcada por sus limitaciones tecnológicas y físicas: el pequeño tamaño de la pantalla, el tiempo de autonomía y la velocidad/capacidad de transmisión de datos. Los contenidos móviles, así, responden necesariamente a la máxima del *think small* (piensa en pequeño): informaciones reducidas a titular y *flashes* o episodios de no más de cinco minutos de duración (los *mobisodes* de series de la Fox, como las versiones móviles de *Perdidos* o *Prison Break,* duran tres minutos). Aunque las capacidades de transmisión de datos se hayan ampliado notablemente, la pequeña pantalla y los contextos habituales de consumo (casi siempre tiempos de espera o de desplazamiento) siguen aconsejando formatos reducidos de contenido que no sustituyen sino que complementan las otras plataformas de distribución (televisión, DVD, videoconsola, periódico, etc.). Precisamente eso convierte al móvil en una herramienta eficaz para la creación de valor añadido sobre la marca, ya sea una cadena de televisión, una cabecera de ámbito nacional o un estreno de cine comercial.

En el cambiante paisaje de productos y servicios que los medios vienen ofreciendo en soporte móvil, las alertas informativas SMS, las fotonoticias MMS y el *streaming* de vídeos y audio se encuentran entre los contenidos más demandados (www.dnxgroup.com/ideas/index_dnxTrends.html). Curiosamente, siendo el móvil originariamente una herramienta basada en la voz, llama la atención que el diseño de productos y servicios mantenga una clara orientación visual, como ocurre en los medios digitales en Internet. No obstante, comienzan a perfilarse iniciativas de interés para la explotación del potencial de audio del dispositivo móvil, como el servicio de reportajes en audio que ofrece el diario holandés *Volkskrant* o el uso de *podcast* vía móvil.

El dispositivo móvil se configura así como un soporte híbrido que aglutina los caracteres del medio convencional (dirigido al consumo privado de contenidos y servicios, como las alertas informativas, la descarga de vídeo o la televisión móvil), el medio conversacional (dirigido a las relaciones interpersonales, como el teléfono o el SMS) y los medios participativos (dirigidos a la difusión de contenidos producidos por el usuario, como en el *moblogging* o *blogs* móviles).

Es, precisamente, en la conjunción de su potencial participativo y de su potencia viral donde se concentra la aportación más significativa del móvil al proceso de convergencia. Allí donde hay un móvil (esto es, en todas partes) hay una cámara o una grabadora en tiempo real. Más aún, hay también una conexión ubicua a Internet, donde se puede descargar lo grabado, editarlo y reproducirlo. Esa capacidad de registro, conexión y difusión han llevado la lógica participativa de la *web social* a su máxima expresión, convirtiendo de hecho a los usuarios y lectores de los medios en testigos ubicuos, capaces de modificar la agenda informativa.

16.11. El largo camino hacia el hogar digital

David Domingo. Universidad de Iowa (EE UU)

En el lejano 1995, en el despertar de la era digital, el visionario director del Media Lab del MIT, en Massachusetts, escribió que algún día las tostadoras estamparían la última hora de nuestros valores de bolsa favoritos en el pan del desayuno, y las neveras nos avisarían de que se nos está acabando la leche. Nicholas Negroponte no iba desencaminado, aunque finalmente (de momento) son las neveras de alta gama las que ofrecen noticias y entretenimiento en una pantalla de plasma, sin rastro de inteligencia en la tostadora... ni en la nevera.

La casa inteligente es un sueño del siglo pasado que tan sólo unos privilegiados o pacientes manitas electrónicos han conseguido realizar. El elevado precio de los sistemas, la falta de estándares unificados y la complejidad en la instalación y uso de los controles han hecho que durante mucho tiempo el concepto de domótica, la automatización del hogar, no haya atraído al consumidor medio.

Internet, las redes inalámbricas *(wi-fi)* y la digitalización del entretenimiento han generado una nueva corriente dentro del mundo de la domótica que parece tener más posibilidades de éxito. Si hasta finales de los noventa la definición de la casa inteligente se centraba en automatizar persianas, iluminación, calefacción y seguridad, la industria se concentra ahora en integrar todos los contenidos y flujos de comunicación de los miembros del hogar en un sistema coherente y eficiente. Incluso los fabricantes de neveras se han apuntado este nuevo objetivo.

Las industrias culturales, cada vez más convergentes, están promoviendo desde fuera una digitalización del hogar que hasta entonces había evolucionado muy lentamente. La sopa de letras de los protocolos de comunicación de la domótica tradicional es un claro ejemplo de las dificultades a las que se ha enfrentado: en estricto orden alfabético tenemos BACnet, C-Bus, INSTEON, LonWorks, KNX, UPB y X10, el más veterano, creado en los setenta. El precio de un sistema de gestión digital del hogar sencillo puede llegar a ser muy reducido (a partir de 3.000 euros) si compramos los componentes por separado y los montamos nosotros mismos, pero la instalación de una verdadera casa inteligente puede costar más de 100.000 euros, sobre todo si se hace sobre una construcción ya existente. Bill Gates se gastó nada menos que 50 millones de dólares en digitalizar su hogar.

La electrónica de consumo orientada al entretenimiento audiovisual (desde el televisor hasta los videojuegos, pasando por la música) ha cogido el relevo como paladín de la convergencia digital en el hogar. El reto: hacer transparente para el usuario la interconexión entre aparatos para facilitar en cada momento la experiencia más satisfactoria. La música de un iPod debe poder reproducirse sin quebraderos de cabeza en los altavoces del sistema de sonido *surround* del *home cinema,* y la película bajada de Internet con el ordenador debería poderse ver en la pantalla de plasma de alta definición sin tener que grabar un DVD para la ocasión.

Un mercado con futuro

Cuando a la automatización del hogar se le suma el mercado del entretenimiento integrado, la proyección de futuro resulta muy atractiva: de 14.000 millones de dólares a nivel mundial en 2005, ABI Research estima que se pasará a 85.000 millones en 2011. En un primer momento, la estrategia de las diferentes industrias implicadas fue tratar de quedarse con todo el pastel: desde la informática, Microsoft y HP crearon el concepto de Home Media Center poniendo el ordenador en el centro de la gestión del entretenimiento; desde la televisión, las empresas de electrónica de consumo y de servicios de cable y satélite propusieron el Personal Video Recorder como el eje de la nueva era digital en el hogar.

Pronto unos y otros se dieron cuenta de que no tenían capacidad suficiente para ofrecer todos los servicios integrados al consumidor. Y llegó el momento de las alianzas, una nueva etapa de hibridación de productos (a medio camino entre el electrodoméstico, el medio de comunicación y el servicio de telecomunicaciones) y difuminación de fronteras entre antiguos enemigos irreconciliables: las empresas de cable y telefonía, las productoras de ordenadores y *software*, las de productoras de contenidos y las fabricantes de aparatos electrónicos. Un síntoma de los nuevos tiempos es la Digital Living Network Alliance (DLNA), que reúne a más de 200 empresas de diferentes sectores, liderados por Sony, Intel, Samsung, Philips, Matsushita, Microsoft, Nokia y HP.

Cada vez toma más cuerpo la idea que es más eficiente crear una red descentralizada de aparatos que se comunican entre sí que un sistema centralizado donde el peso recae en un ordenador central. La DLNA se encarga de certificar productos compatibles con la filosofía de la red inteligente. Los protocolos de Internet se han convertido en el estándar universal para facilitar que dos aparatos del hogar hablen entre ellos y a la vez permitan que su usuario los programe esté donde esté a través de interfaces *web*. Las palabras clave en la nueva era de la integración de electrodomésticos son Universal Plug and Play (UpnP) y Devices Profile for Web Services (DPWS), su futuro sucesor. Ambos están orientados inicialmente hacia la intercomunicación entre aparatos dedicados al entretenimiento, pero pueden acabar dejando obsoletos los protocolos de la domótica tradicional para construir, por fin, un hogar digital en el que todos los elementos se puedan coordinar.

El punto de inflexión será el momento en que el consumidor medio perciba que la digitalización del hogar le hace la vida más sencilla a un precio razonable. La clave es la creación de interfaces intuitivas y sistemas modulares en los que añadir un nuevo elemento sea tan sencillo como encenderlo y esperar que se comunique con el resto. El futuro ya está aquí, en forma de múltiples pequeñas innovaciones que nos acercan al sueño de Negroponte. Algunas tan estrafalarias como la tostada con los valores bursátiles inscritos: la Nintendo Wii se puede configurar como control remoto de la iluminación y temperatura de la casa, mientras que UN comercializa un televisor *wi-fi* impermeable que permite ver una película guardada en el ordenador del dormitorio mientras nos damos un baño de espuma en la bañera.